1,2,3,4!
Contando o tempo com Os Paralamas do Sucesso

1,2,3,4!
Contando o tempo com Os Paralamas do Sucesso

João Barone

máquina de livros

Direção editorial: **Bruno Thys** e **Luiz André Alzer**
Capa, projeto gráfico e diagramação: **Renata Maneschy**
Revisão: **Camilla Mota**
Foto da capa: **Mauricio Valladares**
Fotos do autor: **Márcio Farias**
Reproduções de imagens: **Cintia Mattos**
Tratamento de imagens: **Sidnei Salles**

Dados Internacionais de Catalogação na Publicação (CIP)
(eDOC BRASIL, Belo Horizonte/MG)

Barone, João.
B265u 1,2,3,4! Contando o tempo com Os Pralamas do Sucesso / João Barone. – Rio de Janeiro, RJ: Máquina de Livros, 2024.
416 p. : foto. ; 16 x 23 cm

ISBN 978-65-86339-23-9

1. Os Paralamas do Sucesso (Conjunto musical) – História . 2. Grupos de rock – Brasil – Biografia. I. Título.
CDD 779.781

Elaborado por Maurício Amormino Júnior – CRB6/2422

Grafia atualizada segundo o Acordo Ortográfico da Língua Portuguesa de 1990, em vigor no Brasil desde 2009.

1ª edição, 2024

Rua Francisco Serrador 90 / 902, Centro, Rio de Janeiro/RJ – CEP 20031-060
www.maquinadelivros.com.br
contato@maquinadelivros.com.br

Para minha esposa, Janete, meus filhos e aos muitos amigos que fiz ao longo de tantas décadas nessa incrível jornada musical.

Sumário

Apresentação

JOSÉ EMILIO RONDEAU

Parecia um robô de filme de ficção-científica. E foi amor à primeira vista.

Aquele amontoado de tambores, pratos, ferragens e pedais – uma bateria, a primeira que encarava de tão perto – era uma visão fantástica para o menino de 10 anos.

E causava uma tentação quase irresistível. Como lidar com o desejo praticamente incontrolável de sentar naquele banquinho, empunhar as duas baquetas e sair batendo em tudo que estivesse pela frente?

Não precisou resistir. Ele foi convidado a experimentar o instrumento, enquanto a banda de seu irmão mais velho, A Phome, dava uma pausa no ensaio. Nada intimidado, o menino reproduziu, com habilidade notável para a idade, a levada "preguiçosa" de Ringo Starr em *Ticket to ride*, música dos Beatles incluída na trilha do filme *Help!*, que assistira inúmeras vezes no cinema. Saiu-se muito bem – tão bem que, à noite, o irmão mais velho anunciou, na mesa do jantar: "Temos um baterista na família".

Ali era acesa a faísca dos 40 anos de João Barone como baterista e um dos três pilares dos Paralamas do Sucesso, uma das bandas mais importantes e longevas de toda a história do pop-rock brasileiro.

Agora, João compartilha essa jornada com sua forma toda especial de se expressar, utilizando uma verve informal – como se estivesse conversando numa roda de amigos –, mas sempre recheando seus relatos com referências e contextualização fartas, detalhadas, quase eruditas.

Barone apresenta o mundo conforme visto de seu privilegiado "posto de observação"– a bordo de sua bateria, seu veículo no estúdio e "um dos lugares mais nobres do palco, no centro, onde o assento do baterista ganha o status de trono" –, entrelaçando três narrativas: seu desenvolvimento pessoal e artístico; a gênese e a evolução do grupo musical que ajudou a definir; e os acontecimentos no Brasil e no mundo que moldaram João e seus companheiros de jornada – e, em muitos casos, que ele mesmo ajudou a moldar.

São décadas de estrada e vivência que João esmiúça com generosidade de detalhes: a começar pela infância e a adolescência num Rio de Janeiro de um passado hoje distante, quase só memória – o bucólico campus da Universidade Rural, no distrito fluminense de Seropédica, localizado no quilômetro 47 da antiga estrada Rio-São Paulo, pré-Via Dutra, bem à sombra da rota de aterrissagem dos jumbos que chegavam ao Aeroporto do Galeão.

Estão no livro o valioso e rico aprendizado informal oferecido pelas rádios AM, pelos discos dos pais e dos irmãos mais velhos, pelos shows e bailes no clube local e nas redondezas – uma variedade eclética de artistas e estilos que vai de Louis Armstrong a Clara Nunes, de Pino Donaggio a Bob Dylan, de Roberto Carlos a Cream –, assim como os relacionamentos pessoais e artísticos de vida inteira, envolvendo algumas de suas influências mais significativas, que vão desde um de seus primeiros instrutores formais, o multiinstrumentista João Fera, com quem voltaria a se encontrar nos palcos anos depois, aos músicos da banda que tanto o marcou: o baterista Stewart Copeland (que por pouco não produziu os Paralamas) e o guitarrista Andy Summers (com quem hoje João compõe um grupo paralelo aos Paralamas), dois terços do Police.

João nos inclui na elaboração das músicas e dos discos dos Paralamas (os bastidores técnicos são verdadeiras aulas), em suas incursões na produção de outros artistas – como Ed Motta – , nos transporta para momentos transformadores e definidores na trajetória de seu grupo, de banda cultuada por fãs do pós-punk a uma das mais criativas fusões de pop, rock, música brasileira, reggae, ska e ritmos africanos – como o primeiro Rock in Rio e as repetidas turnês pela América Latina, onde são tratados como ídolos locais.

Nos ensina, ainda, sobre a evolução do ecossistema do rock e do pop no Brasil: a chegada das rádios FM, as publicações especializadas, os videoclipes, a melhoria (e a democratização) dos estúdios de gravação, o aprimoramento da instrumentação e da sonorização nos palcos.

Barone nos ciceroneia até por todo seu profundo e dedicado conhecimento da bateria, nos educando sobre os diferentes componentes do instrumento e os resultados de cada variação na escolha e na combinação desses elementos – no palco e no estúdio, onde absorveu tudo possível sobre as sutilezas e os meandros das diferentes técnicas de gravação de seu instrumento.

"Alguma coisa perto daquela história dos Três Mosqueteiros, até mesmo incluindo o quarto", ele exemplifica, para definir o caminho percorrido ao longo dessas quatro décadas junto com seus companheiros paralâmicos – o guitarrista, cantor e compositor Herbert Vianna, o baixista Bi Ribeiro e o empresário José Fortes –, um trajeto artístico e musical que o definiu como baterista e também como pessoa, a consequência lógica de uma auto-descoberta iniciada no primeiro diálogo travado com seu instrumento de escolha, aquela criatura tão desafiadora lá na infância – mas tão convidativa – , uma conversa que nunca mais teve fim.

***José Emilio Rondeau** é jornalista, cineasta e produtor*

Preâmbulos

Poucas pessoas têm o privilégio – também poderia ser o infortúnio – de passar 40 anos exercendo uma atividade, seja ela qual for. No meu caso, tocar bateria nos Paralamas do Sucesso me proporcionou "conhecer o mundo inteiro sem gastar nenhum tostão", como diz o verso da *Melô do marinheiro* (mais precisamente, só faltam Oceania, África e agora a Antártica, que se tornou continente). Foi essa incrível jornada com a música até aqui que me permitiu comprar minha casa, criar meus filhos e pagar as contas. Achei que seria interessante contar um pouco dessa trajetória enquanto as memórias não se apagam, um dos perigos de estar por muito tempo ocupado fazendo alguma coisa. O único risco nesta narrativa é que o sentimento prevaleça sobre a razão, o que se explica pelo profundo prazer, amor, carinho e dedicação que tenho de tocar bateria e estar junto dos meus parceiros de vida nos Paralamas. Somos alguma coisa perto daquela história dos Três Mosqueteiros, até mesmo incluindo o quarto. Sou a prova de que os sonhos podem se tornar realidade.

Passados 40 anos de estrada, essa jornada segue adiante. Aqui vai um breve relato do tempo decorrido. A tentativa de narrar essa incrível trilha aberta pela música em minha vida começa pelas lembranças mais remotas e se conclui com um “falso epílogo”, que pode significar uma pausa para pegar fôlego e voltar contando mais 20 anos de experiências vividas em sua plenitude. Como Herbert já disse em *Dois elefantes*, o tempo é como um trem que custa a passar. Noutras vezes, quando estive prazerosamente ocupado com a música, o tempo pareceu voar, como nessas quatro décadas desde o começo oficial dos Paralamas em 1983, ao gravar nosso primeiro álbum, *Cinema mudo*. É aquela máxima de que o tempo voa nas horas boas e se arrasta nas horas ruins.

A motivação para escrever sobre os mais de 40 anos vividos nos Paralamas do Sucesso é, mais do que tudo, uma tentativa de preservar algumas das tantas lembranças dos muitos episódios dessa longa jornada até aqui, repleta de sonhos, alegrias, aflições, amores, tristezas, ansiedades, comédias e tragédias. Para isso, me orientei em grande parte pelas minhas – um tanto esfumaçadas – memórias, além de contar com o eventual auxílio dos amigos próximos para me certificar de algumas datas, lugares, fatos e pessoas. Sem ajuda, nada disso seria possível, e aproveito para eximir esses “colaboradores” de qualquer culpa e, ao mesmo tempo, me desculpar caso alguma versão dos fatos aqui narrados não seja exatamente igual à lembrança de cada um de nós, depois de tantos anos. Posto isso, posso assegurar que esta narrativa será a mais próxima possível dos fatos, ou mais ou menos perto. Também posso garantir que a história será contada por alguém que nunca perdeu sequer um show dos Paralamas do Sucesso desde 1981.

Parece que foi ontem quando eu chegava da escola, entrava no meu quarto, jogava os livros para longe e ia direto ouvir os discos dos Beatles, Rolling Stones, Creedence, Novos Baianos, Mutantes e outros mais. Nessa hora, sonhava que estava atrás de uma reluzente bateria, acompanhando com pedaços de bambu as músicas dos meus ídolos. Hoje, já se vão mais de 40 anos com Os Paralamas do Sucesso, um sonho realizado de viver tocando bateria. Foram muitos shows em muitos lugares, desde casas mambembes para meia dúzia de amigos e gatos pingados até plateias gigantes em ginásios, arenas e estádios. Foram muitas horas em estúdios gravando nossos discos, cada um contando uma história, cada música, um retrato de um momento. Passado todo esse tempo, ainda é emocionante estar com meus companheiros de estrada fazendo o que mais gostamos: tocar.

Talvez seja realmente verdade e eu esteja quase convencido de que a receita para seguir adiante na vida seja manter claras as lembranças sobre de onde viemos, ou aquele velho clichê de “tomar cuidado com seus desejos, pois eles podem se tornar realidade”, ambos os casos não explicariam melhor essa incrível trilha percorrida ao longo de tantos anos. Mas, antes que pensem que esses escritos são uma obra de autoajuda ou uma receita de obtenção de sucesso, me desculpem decepcioná-los, pois não são. Aqui estarão algumas reminiscências pré-dinossáuricas, pré-paralâmicas, uma espécie de crônica da minha vivência do ponto de vista de um lugar muito especial, que considero um dos mais privilegiados do mundo: sentado atrás de uma bateria. Que rufem os tambores!

PRELÚDIO Nº 1

Em defesa dos bateristas

Depois de 40 anos rodando no meio musical, pude comprovar que são inúmeras as piadas sobre bateristas, tantas que poderiam ser reunidas num livro (não será neste). A que mais sintetiza essa quase perseguição ao dedicado mantenedor do ritmo e do andamento numa agrupação musical diz que "bateristas são aqueles caras que andam com músicos". Não se sabe muito bem a razão pela qual somos alvo desse bullying ao longo dos tempos, tendo que pagar esse carma em vida.

Alegadamente, o tambor é um dos instrumentos mais antigos da humanidade, e acompanhou o homem em sua evolução através da história (certa vez, ao assistir um documentário sobre música apresentado por meu ídolo Stewart Copeland, ele afirmava que o instrumento mais antigo já registrado não foi um tambor, mas sim uma flauta feita de osso com milhares de anos, achada numa caverna pré-histórica). Talvez por isso ainda persista a memória residual de que bateristas seriam criaturas tão primitivas quanto o tambor ancestral, vistos atualmente como um novo neandertal, iguais aos que foram magnificamente retratados nas cenas de abertura do clássico de Stanley Kubrick, *2001: uma odisseia no espaço*, em que aparecem batendo, quebrando e arremessando ossos pelo ar.

Seriam então os bateristas esses personagens toscos e abrutalhados? Seres totalmente desprovidos de sensibilidade, pouco qualificados na condição de músico, uma vez que só precisam "bater" nos tambores e pratos (Senhor! Perdoai os que dizem "esse cara bate muito!"), munidos apenas de dois pedaços de pau, troncos ocos e alguns couros esticados? Para muitos, não precisamos nos ater aos conceitos musicais de que outros instrumentistas tanto necessitam, como harmonia, melodia, tonalidade, construção de acordes, ler e escrever a notação musical no pentagrama etc, etc. Apenas a marcação rítmica seria foco das habilidades esperadas de um bom baterista, nada mais.

Mesmo depois de muitos anos decorridos desde que a bateria deixou de ser um instrumento meramente de acompanhamento e ganhou cada vez mais espaço na música moderna em suas mais variadas vertentes, culminando com os grandes expoentes do jazz e do rock and roll, ainda assim os bateristas continuam alvo de piadas: "Por que reclamam? Quem mandou não escolher tocar um instrumento musical?". Uma piada recente relata: "Pergunta: qual foi a última frase do baterista antes de ser expulso da banda? Resposta: pessoal, eu fiz uma música!". Tem essa outra mais antiga: "Quantos bateristas são necessários para trocar uma lâmpada? Resposta: cinco, um para segurar a lâmpada e quatro para rodar a escada".

Em geral, os bateristas aturam e relevam as brincadeiras, demonstrando o bom humor que também lhes é característico, aquela qualidade incomum de saber rir de si mesmo. Outros tantos sentem-se ofendidos com as piadas, são os que se levam muito a sério, reagem mal e acabam assim fazendo a alegria dos piadistas. Mas a classe dos obstinados ritmistas é unida, sabe que é preciso sublimar essas demonstrações da mais aparente inveja pela nossa condição privilegiada. Afinal, além de oferecermos os fundamentos para uma boa construção musical – o compasso, o tempo, o andamento, a fluência, o pulso, o ritmo –, é bom lembrar aos outros músicos que eles obedecem à regra pela qual a maioria dos gêneros musicais foi batizado com o nome de um ritmo, sejam a valsa, a polca, a marcha, o tango, o swing, o jazz, o boogie-woogie, o foxtrote, a salsa, o merengue, o samba, o baião, a rumba, o bugalu, a bossa nova, o ska, o reggae, o mento, o blues, o funk e o rock and roll. São todos nomes de batidas, compassos, andamentos e células rítmicas.

Bateristas são uma espécie de maestro, nossas baquetas são batutas. Estamos posicionados num dos lugares mais nobres do palco, no seu centro, onde o assento ganha o status de um trono. Lá é de onde enxergamos pelas costas os outros músicos – aqueles mesmos que às vezes se colocam como nossos algozes e detratores com suas piadinhas infames. Para eles, contamos e marcamos precisamente o tempo para que possam tocar e cantar, damos o passo e o compasso da música, e assim fazemos o povo balançar a cabeça, bater o pé, bater palmas, levantar das cadeiras, dançar e aplaudir o show. E obtemos a vingança maior pela batalha do som mais alto, quando a bateria muitas vezes perde para os potentes amplificadores de guitarras: se em alguma hora faltar eletricidade, nosso instrumento não fica mudo, pois não depende de tomadas para emitir som.

Talvez essa alegada inveja seja decorrente da capacidade que os bateristas possuem de chamar a atenção apenas tocando o seu instrumento, sem maiores apelos visuais comuns aos guitarristas e vocalistas, com seus trejeitos, poses, roupas, penteados e outros tantos lugares-comuns. Os bons bateristas causam impressão, demonstram a firmeza de saber ocupar seu espaço, aquele senso de colocação inerente aos grandes goleiros no futebol, ou a mesma precisão, uma certa frieza e a objetividade dos grandes tenistas em quadra.

Costumo citar algumas das principais evidências que atestam a importância do baterista. Vamos lembrar dois nomes insubstituíveis na formação das duas alegadamente mais importantes bandas de rock da história. Primeiro exemplo: foram anos gramando, lutando para ganhar espaço e reconhecimento, até que os Beatles decolaram para a fama planetária, mas, constam nos autos, somente depois que Ringo Starr assumiu as baquetas do grupo. Os dois maiores compositores da música moderna, Lennon e McCartney, assim como George Harrison, afirmavam categoricamente que os Beatles jamais seriam o que foram sem Ringo. Segundo exemplo: Led Zeppelin, a emblemática banda de rock que definiu as bases do que ficou conhecido como heavy metal, era formada pela soma de virtudes de seus talentosos componentes, entre os quais se destacava o lendário baterista John Bonham. Ele personificava a usina de energia que impulsionou a banda, com suas batidas retumbantes. Sua importância era tamanha que o Led Zeppelin simplesmente acabou, após sua morte precoce, em 1980, pois seus integrantes afirmaram ser impossível substitui-lo.

Outro axioma quase científico foi construído ironicamente com os depoimentos de inúmeros ícones da música, em especial, no meio do rock. Lendários cantores, cantoras, guitarristas, baixistas, tecladistas, trompetistas, trombonistas e a quase unanimidade dos grandes mitos da música moderna, todos atestam o seguinte: uma banda será tão boa quanto for seu baterista. Nenhuma banda chegará a algum lugar, caso seu baterista não dê conta do recado.

Guardem bem esses fatos para que todos – juízes, desembargadores, advogados, padres, bispos, pastores, leiteiros, professores, donos de cartório, guitarristas, clarinetistas, harpistas, mecânicos, pilotos, mestres de obra, sapateiros, alfaiates, todos enfim – saibam da importância da bateria e dos bateristas. De qualquer forma, mantenha o bom humor, a autoestima elevada e não perca o compasso se você escolheu cumprir essa importante missão. O ritmo compensa.

PRELÚDIO Nº 2

A música e a bateria: passado, presente e futuro

Música significa muita coisa para muita gente. Ela será sempre boa enquanto agradar aos ouvidos – e ao coração – de quem a escuta, independentemente de sua classe social, idade ou gênero. A bateria levou um tempo para se firmar como o instrumento que conhecemos hoje. Tudo começou no início do século XX como decorrência da importância que o elemento rítmico ganhou cada vez mais na música moderna, em especial, nas derivações dos ritmos africanos que geraram a música gospel, o jazz, o blues e, mais tarde, o rock. Curioso notar que boa parte dos ritmos ancestrais africanos é de grande complexidade, com várias células polirrítmicas e compassos ternários, enquanto as batidas mais simples de compassos binários e quaternários acabaram mais conhecidas pela herança folclórica dos negros trazida para o sul dos Estados Unidos: os cantos das igrejas (gospel) que geraram o jazz, o swing, o soul e o blues.

A bateria foi se constituindo num instrumento único, resultado da união de vários elementos rítmicos antes desmembrados em instrumentos separados, como a caixa (tarol), o bumbo e os pratos de marcação, tocados quase de forma marcial nos grupos musicais que se apresentavam desfilando pelas ruas de Nova Orleans. Alguém teve a brilhante ideia de agrupar esses tambores e pratos de forma que apenas um músico pudesse tocá-los simultaneamente. No começo, o baterista tinha a função de acompanhamento, mas, com o passar do tempo, a bateria foi ganhando destaque, na medida em que era tocada com mais criatividade, inspirando os arranjadores das orquestras, solistas e demais músicos. Culminou numa explosão rítmica que cativou as plateias e deixou o público cada vez mais ávido por consumir música, fosse nos salões de bailes, nos teatros, nas rádios e nas lojas de discos.

O começo do século XX foi impactante, pois, se antes era preciso que músicos tivessem que ler partituras para tocar seus instrumentos em frente ao público, nesse período surgiram os fonogramas, permitindo que todos pudessem ouvir música, bastando ter um gramofone. A invenção do rádio também propagou mais ainda a música ao redor do planeta. Em pouco tempo, o comércio musical ganhava seus primeiros grandes expoentes, quando orquestras e cantores imprimiam suas composições num disco, outra invenção de grande apelo popular, para ser ouvido pelos consumidores onde quisessem, a qualquer hora.

As coisas tomaram um ritmo frenético, a música gerou um mercado enorme e se desenvolveu de forma irrestrita, até chegar ao fenômeno pós-guerra do rock and roll nos anos 50, a trilha sonora definitiva da juventude. Depois de séculos negligenciados pelos adultos, os jovens ganharam voz com o surgimento da cultura rock e ajudaram a construir o seu coletivo num novo lugar no mundo. Ser jovem era uma condição pouco privilegiada, parte de uma massa humana oprimida pela sociedade, geralmente lembrada na hora de ser enviada para morrer combatendo em guerras.

Depois de tanto tempo represada, a juventude aproveitou os meios de comunicação da cultura moderna para propagar uma mensagem libertária, inicialmente ingênua, refletida na quebra dos padrões de comportamento, para depois se tornar um incendiário meio de expressão, politizado na mensagem (conteúdo) e musicalmente instigante (forma), algo sem paralelo na história, com ecos ao redor do planeta. Alguns filósofos e escritores teorizavam sobre o rock and roll ser o representante maior da grande onda de fartura e otimismo que surgiu depois da Segunda Guerra Mundial, enquanto o mundo balançava com a possibilidade real de uma guerra nuclear destruir o planeta. O negócio era dançar sem parar.

No Brasil, o resumo da ópera (pode ser uma ópera-rock) seria mais ou menos assim: o rock chegou de mansinho e foi ganhando espaço na grande mídia, lá pelos anos 50, quando cantores como Cauby Peixoto, Celly Campello e outros faziam suas cópias de músicas estrangeiras, até que nos anos 60 a Jovem Guarda tentou dar uma cara mais original ao rock feito por aqui. No fim daquela década, o tropicalismo misturou mais elementos autóctones (samba, frevo, música caipira) com a eletricidade das guitarras, com Gilberto Gil, Caetano Veloso, Tom Zé e os papas da Tropicália, culminando com Os Mutantes, banda que representava os melhores esforços em termos de nacionalizar o rock. Nos anos 70, o rock brasileiro, que surgiu em plena repressão às liberdades pelo regime militar, ainda era um fenômeno restrito à classe média. A produção era limitada, não vendia muitos discos, tocava pouco nas rádios – que privilegiavam a música estrangeira – e tinha presença pífia nos palcos esparsos ao redor do país, mas insistia em sobreviver nas sombras da repressão cultural implantada pelos militares.

Um dos maiores representantes dessa fase foi reconhecidamente Raul Seixas, que, com seu jeito maluco beleza, conseguiu fazer com suas músicas a melhor crítica ao status quo da época, ora explicitamente, ora nas entrelinhas. Outro exemplo surpreendente surgido no mesmo período foi o Secos & Molhados, que em sua curta existência virou um fenômeno popular, de onde sairia consagrado Ney Matogrosso, uma espécie de David Bowie brazuca. Muitas bandas que copiavam o hard rock, como Made in Brazil, Patrulha do Espaço etc., surgiram também nessa época, especialmente em São Paulo, mas ainda ficavam restritas ao gueto do "roqueiro com cara de bandido". Quem acabou quebrando essa barreira foi nada mais nada menos que uma cantora: Rita Lee. Depois de sair dos Mutantes, com sua carreira solo, foi ela quem mais longe levou a bandeira do rock brasileiro como unanimidade nacional.

Com raras exceções, o rock nacional permaneceu num certo limbo, até o estouro da Blitz, em 1982, marcando o início da redemocratização do país, não por coincidência. A música nacional começava a romper os limites da censura imposta pelo governo por 20 anos e, antes mesmo do seu fim oficial, compositores, intérpretes e bandas da hora reavaliaram as mensagens entregues em suas canções. Uma rádio em Niterói, no Rio de Janeiro, tocava fitas de bandas sem gravadora, receita repetida em outras capitais brasileiras, que fortaleceu a nova onda do rock nacional. A geração dos anos 80 floresceu e ancorou definitivamente o rock dentro da tal Música Popular Brasileira, deixando de vez a ideia dos puristas e defensores da cultura nacional de que o rock era um elemento exógeno ao Brasil.

Desse momento em diante, pela primeira vez, e talvez única, o rock brasileiro se tornou hegemônico nos meios de comunicação existentes: rádio, TV, imprensa, casas de shows e até no cinema. Uma outra abordagem da temática urbana surgia com as novas bandas, que se deleitavam com a almejada liberdade de expressão de que outros artistas não gozaram nas décadas anteriores.

Das muitas bandas surgidas nessa fase, não seria exagero afirmar que a Legião Urbana se tornou o maior fenômeno do gênero no país. Outro fato marcante do período foi a consagração internacional de uma banda de metal brasileira, o Sepultura. A onipresença do rock durou até o fim da década de 1990. Na virada do século, junto com a implosão do mercado fonográfico, por conta dos ventos revolucionários da internet, o rock nacional pareceu encolher, se comparado – erroneamente – aos fenômenos musicais muito populares, então reflexos do gosto da massa, como o sertanejo e o funk. O hip-hop brasileiro, que surgiu nos anos 80, evoluiu e ocupou espaço de destaque nos anos 2000, em especial, propagando uma mensagem de teor social antes identificada com o rock.

Muitos alegam que o rock minguou, perdeu espaço. Outros acreditam que o rock permaneceu onde sempre esteve e o que cresceu foi o gosto popular por outros gêneros. Apesar disso, o público de nicho do rock também aumentou e, mesmo sendo menor em comparação ao tal gosto das massas, ainda consegue reunir plateias gigantes em shows e festivais no Brasil. Um fato é indiscutível e inabalável: o rock brasileiro construiu uma história de valor na nossa cultura e na nossa sociedade, tem um público fiel que valoriza seus ídolos consagrados e está aberto às tantas novidades que surgem e somem com a volatilidade das mídias sociais, das plataformas de vídeo e de streaming. Hoje está tudo aí, basta ir atrás e escolher a sua banda "da hora".

A democratização dos meios para a produção musical, a facilidade em se obter bons instrumentos e a possibilidade de gravar música nos computadores e divulgá-la diretamente ao público através das redes sociais formam a realidade vigente. São tempos fabulosos, em que um oceano de tantos talentos aguarda pelo momento de enganchar a atenção de um universo gigantesco de gente ávida por consumir música. As ferramentas atuais são muitas, mas uma coisa parece não mudar com o passar do tempo: nada substitui o talento e a inspiração para quem se aventura nessa imensa savana musical. Em contrapartida, os deuses da música exigem nada menos que total entrega e comprometimento de seus candidatos. A próxima banda de sucesso pode estar perdida neste exato momento no oceano da internet, ou surgindo numa garagem qualquer pelo Brasil afora. Só falta ser descoberta.

1! Reminiscências: em casa com a música

Volta e meia todo mundo se surpreende tentando resgatar as lembranças mais remotas guardadas na memória. Nunca fiz terapia de regressão, mas às vezes consigo lembrar de imagens, sensações, aromas e gostos que ficaram impressos nos confins do inconsciente. Se alguém me perguntar qual a minha maior reminiscência, guardarei este momento: eu, ainda muito criança, no colo da minha mãe em nossa casa. Ela sentada num sofá em frente a uma mesa de centro, onde havia algumas máscaras de carnaval coloridas, daquelas de papel com furos nos olhos e um elástico atrás. Algumas outras pessoas estavam ao meu redor, crianças brincando. Eu me assustava com fortes trovoadas, enquanto um aroma de terra molhada invadia o lugar, indicando uma tempestade de verão, em pleno carnaval. Claro que eu não identifiquei na hora essas imagens, mas esse lugar, essas coisas e pessoas são signos presentes em algum canto do meu subconsciente e fui capaz de armazenar tudo isso com o passar dos anos – e ainda há muitas lembranças de outras tantas coisas. Nem todo mundo consegue ter muita clareza sobre memórias remotas, o nosso subconsciente nos surpreende, guarda coisas e apaga outras.

Cresci na Universidade Rural, um lugar que os habitantes chamavam de Km 47, indicação da antiga Estrada Rio-São Paulo, que ligou as duas capitais por muitos anos, bem antes da Rodovia Presidente Dutra ser aberta. A região ficou conhecida pelo nome da universidade inaugurada em 1944 durante o Governo Vargas e possui ainda hoje um dos maiores campi do Brasil, com amplos pastos, gramados, lagos e prédios lindos, imponentes, em estilo colonial espanhol. Situa-se num município da Zona Rural do Rio chamado Seropédica (nome do cultivo do bicho-da-seda, que funcionou num dos setores da universidade durante um tempo). Seropédica era apenas um distrito do município de Itaguaí, onde havia uma grande comunidade japonesa dedicada à agricultura, com plantios de tomate e quiabo.

Meus pais se conheceram e se casaram em São Paulo, no começo dos anos 50, cidade em que nasceu meu irmão mais velho. Meu pai, funcionário público, foi enviado para trabalhar na então capital do Brasil e morou no aprazível bairro do Grajaú. Em pouco tempo, foi designado para trabalhar na Universidade Rural, numa repartição do Ministério da Agricultura, no setor de administração. A pequena comunidade era promessa de uma vida pacata; os moradores viviam em casas oferecidas pelo governo no entorno de onde trabalhavam. Meu outro irmão e minha irmã nasceram no Rio. Mais tarde, em 1962, eu nascia no Hospital dos Servidores do Estado, pouco tempo depois de a capital mudar para Brasília.

O tempo foi passando e meus irmãos saíram de casa. Fui o único que estudou na Universidade Rural. Ali, iniciei o curso de licenciatura em biologia, em 1982. A Rural sempre foi reconhecida pelos cursos de agronomia e veterinária e atraía estudantes não só do Brasil, mas também do exterior. Com os anos, aumentou o número de cadeiras e de novos cursos, que se beneficiavam dos bons professores e matérias ministradas nas áreas mais renomadas, dando origem às carreiras de engenharia florestal, geologia, zootecnia e licenciatura em biologia. As escolas de ensino médio da região também se beneficiavam: vários professores e mesmo estudantes universitários davam aulas, caso da escola técnica em agropecuária, que funcionava como preparo para o ingresso nos cursos de agronomia, veterinária ou zootecnia.

A Rural – como muitos dos seus moradores preferiam chamá-la – era uma comunidade boa de se viver. Passei minha infância e adolescência num lugar privilegiado, quando os conceitos de qualidade de vida ainda nem eram tão valorizados e levados em conta, como atualmente. As casas tinham quintais com pomares e árvores dos mais diversos tipos, separadas umas das outras por gramados e roseiras. Muitos moradores tinham sua própria horta, galinheiros e laguinhos com patos e gansos. De manhã cedo, a carroça do leiteiro deixava garrafas de leite fresco – produzido na própria universidade – na porta das casas; o padeiro passava de bicicleta e punha o saco com pães na soleira da janela. E ainda havia pequenos agricultores que ofereciam verduras e bananas na porta de casa, o senhor de bicicleta do queijo, da bananada e da goiabada, os comerciantes de utensílios com suas malas de trecos e os famosos vendedores de enciclopédia. Todos eles acabavam por movimentar o dia a dia daquela bucólica comunidade.

Eu jogava bola nos gramados das casas de amigos, subia em árvores que davam frutos de acordo com a época do ano, brincava de polícia e ladrão nas ruas de terra, andava de bicicleta, especialmente nas noites de férias no verão, quando voltávamos bem tarde para casa, e recomeçávamos tudo no dia seguinte. Ainda nas férias, já na adolescência, a piscina do Clube Social era o grande ponto de encontro, onde combinávamos na casa de quem seria a festinha daquele sábado. Ali começavam os primeiros namoros, paixões, curiosidades, descobertas, encontros e desencontros, olhares, intrigas adolescentes, a hora de convidar a menina perfumada para dançar a música lenta, os beijos, tudo resultado dos hormônios em ebulição.

Minhas mais remotas lembranças musicais começam no hábito de ouvir rádio em nossa casa, onde havia um clássico aparelho, daqueles modelos de mesa com válvulas, uma tela de tecido na frente protegendo o alto-falante, dois grandes botões de volume e sintonia e um seletor de frequências (AM e duas ondas curtas). Duas rádios eram as mais sintonizadas: na maior parte do tempo, a Rádio Jornal do Brasil AM. Nos sábados, às 18h, ouvíamos a Rádio Mundial, que transmitia o programa *Cavern Club*, do famoso disc jockey Big Boy. Ele apresentava em primeira mão os lançamentos dos Beatles, além de discos com raríssimas gravações piratas de shows e até mensagens de Natal que enviavam para os fã-clubes.

A Rádio Jornal do Brasil, ao longo de muitos anos de fiel audiência, tinha uma programação eclética, fato que julgo ter sido uma grande influência na minha formação musical. Na JB, eu escutava os grandes medalhões da MPB e os talentos na época emergentes, que dali há pouco seriam consagrados. O leque de estilos musicais era grande: João Gilberto, Tom Jobim, Cartola, Chico Buarque, Gil, Caetano, Paulinho da Viola, Milton Nascimento, Mutantes, Secos & Molhados, Gonzaguinha, Zé Rodrix, Raul Seixas, Tim Maia, Erasmo e Roberto Carlos e todas aquelas grandes vozes femininas nacionais, como Elis Regina, Maria Bethânia, Clara Nunes, Rita Lee, Dóris Monteiro, Nara Leão e tantas outras. A programação tinha também medalhões da música internacional, como Sinatra, Louis Armstrong, Tony Bennett, Charles Aznavour, Pino Donaggio, Sergio Endrigo, Peppino di Capri, Rita Pavone, Françoise Hardy, além dos na época jovens Tom Jones, Johnny Mathis, Lou Rawls, James Taylor...

Os Beatles e seus grandes sucessos tocavam com frequência na rádio, que selecionava as canções mais suaves como *And I love her*, *Yesterday*, *Here comes the sun*, *The long and winding road*, *Something*, entre tantos outros clássicos da banda. Sucessos da carreira solo dos quatro Beatles também faziam parte da programação da JB. Lembro do lançamento de *Imagine*, que tocava ao menos duas vezes ao longo do dia. Hoje, fica fácil de entender que essa música servia como um libelo em resposta ao momento da repressão política desenfreada que ainda se vivia no Brasil dos anos 70, assim como as muitas canções de duplo sentido de Chico Buarque, Taiguara, Gonzaguinha, que driblavam majestosamente a censura imposta na época aos artistas, cantores, cineastas, compositores, escritores e profissionais de outras expressões culturais.

Um programa que ficou anos no ar na Rádio JB chamava-se *60 minutos de música contemporânea*, dedicado ao rock, especialmente o progressivo. Os locutores eram os jovens Sérgio Chapelin e Eliakim Araújo, que depois se tornaram grandes apresentadores de telejornais da TV Globo. Era um dos poucos espaços nas rádios para o rock e tocava clássicos de monstros sagrados, entre eles Hendrix, Cream e Led Zeppelin, ou lançavam os novos trabalhos de bandas como Rolling Stones, Allman Brothers, Bad Company, Yes. Foi aí que conheci as grandes bandas progressivas: Genesis, Premiata Forneria Marconi, Emerson, Lake & Palmer, Jethro Tull e outras tantas. Inúmeras bandas e artistas do rock e seus subgêneros também apareciam, como Bob Dylan, Crosby, Stills, Nash & Young, T. Rex, Weather Report, Return to Forever, Santana, The Band, Steppenwolf, Thin Lizzy, Iron Butterfly, UFO, Blood, Sweat & Tears, Chicago, Steely Dan, America e Blue Oyster Cult, estes dos que consigo lembrar.

A rádio FM surgiu tempos depois, causando forte impacto pela qualidade da transmissão em estéreo. O rock ganharia uma estação exclusiva, a lendária Rádio EldoPop, iniciativa do visionário Big Boy, disc jockey atuante na cena carioca, com seus programas na Rádio Mundial, especialmente o já mencionado *Cavern Club*. A Rádio JB anunciava as músicas da programação e depois concluía os blocos musicais com o nome da banda ou do cantor e o nome dos compositores. Era um tempo de respeito e consideração ao trabalho dos artistas, coisa hoje em dia esquecida. Já na programação da EldoPop, uma rádio FM "experimental", não havia locutores e as músicas não tinham crédito, para desespero dos ouvintes. Era comum transmitirem discos do Pink Floyd na íntegra, sem o problema de virar o disco de lado, pois a programação era gravada em fitas de rolo com duas a três horas de som direto.

Levou tempo para que as rádios FM se tornassem mais parecidas com uma rádio normal, pois nessa época havia pouca gente com aparelhos que sintonizassem essa banda de transmissão, o que inviabilizava qualquer tentativa de exploração comercial, no caso, espaços de propaganda. Foi por isso que a EldoPop, mesmo sob a batuta do popularíssimo Big Boy, não podia ameaçar o público das rádios AM, especialmente o da Mundial. Naquele tempo, Big Boy trabalhava para as rádios do grupo Globo, além de escrever para jornais, revistas e ter um segmento no *Jornal*

Hoje, o conhecido noticiário da TV transmitido na hora do almoço. Big Boy entrava no ar sempre bradando sua vinheta "Hello, crazy people! Aqui é o Big Boy!". Era um cara superdivertido e carismático. Sua morte precoce foi um baque na época; estava no auge da popularidade.

Esse cenário da música foi a gênese do surgimento das rádios jovens e segmentadas no Brasil, na segunda metade dos anos 70 e ao longo dos anos 80. Fui testemunha da evolução, sem saber muito do que ocorria nas rádios paulistas e de outras capitais. Mas o ganho de espaço do rock foi parecido com o que acontecia no Rio. As rádios FM se multiplicaram. A EldoPop foi extinta, mas surgiram outras, como as famosas rádios de "música de elevador", de música clássica, até a consolidação das rádios jovens, em que as mais conhecidas eram as concorrentes 98 FM e Rádio Cidade. A 98, do grupo Globo, tinha uma programação popular, com nomes nacionais e estrangeiros, famosa por tocar músicas das trilhas de novelas ou dos célebres comerciais de cigarro na TV.

Durante um tempo, meu programa favorito era dedicado à música country, transmitido às 7h da manhã: chamava-se *Poeira e country*. Na lista de nomes do gênero, descobri o grande Willie Nelson, além de obviedades como Creedence Clearwater Revival e Johnny Cash. Depois, a Rádio Cidade, do grupo Jornal do Brasil, revolucionou o formato da sua programação ao popularizar apresentadores que ficaram superconhecidos pelas vozes e brincadeiras no ar, sempre tocando uma seleção de hits populares nacionais e – em sua maioria – estrangeiros. É curioso que, nessa época, havia uma luta dos artistas brasileiros para que mais música nacional fosse tocada nas rádios. Muitos atribuíam isso a uma imposição das gravadoras multinacionais que se estabeleceram no Brasil e que, de certa forma, forçavam a execução de artistas estrangeiros. As rádios tinham uma programação compartimentada: além do rock, promoviam espaços de música nacional e dançante, especialmente no auge da "era discotheque". Programas noturnos tocavam horas seguidas de disco music, dando um clima de boate onde quer que a rádio estivesse ligada.

O rock ficava diluído nas programações das FM, espremido entre sucessos de artistas populares e trilhas de novelas, ou perdido entre as dez mais pedidas dos ouvintes, e às vezes despontavam exemplos heroicos como Peter Frampton, Queen, Boston ou Supertramp (banda que eu detestava...). Era surpreendente que na Rádio Cidade algumas músicas incomuns, como *Hurricane*, de Bob Dylan, ou *American pie*, de Don McLean, ou ainda a climática *Stairway to heaven*, do Led Zeppelin, muito longas – contrariando o tamanho padrão de três minutos da maioria dos sucessos de rádio – acabassem em primeiro lugar nas listas dos ouvintes. Foi assim até que um dia, já na década de 80, surgiu a Rádio Fluminense FM e nada ficou como antes...

* * *

Música em nossa casa era uma constante. Minha irmã tinha aulas de piano num belo instrumento francês da marca Gaveau, de armário, madeira escura, com pés trabalhados, comprado e pago a duras penas em prestações pelo meu pai. Tinha um som aveludado, me lembro de ficar embaixo do teclado, ainda muito criança, durante as aulas, sentindo as vibrações das notas musicais. Meu pai tinha um lindo e estimado violão, parecia uma daquelas violas caipiras, de madeira escura, com cantoneiras de marchetaria de marfim e dois grandes entalhes de violino no tampo. Foram poucas as vezes em que vi meu pai arriscando acordes de suas canções favoritas, como *Chão de estrelas*, do Silvio Caldas, e *A noite do meu bem*, de Dolores Duran, ou de algumas guarânias paraguaias, além de outras reminiscências, depois de afinar sua viola demoradamente, usando um diapasão de sopro.

Ouvimos histórias sobre meu pai ter sido um grande e animado seresteiro em sua juventude, nos tempos em que morava em Foz do Iguaçu, sua terra natal. Em 1943, quando conheceu minha mãe, já em São Paulo, para onde se mudou a trabalho, ficou famoso entre os amigos como dançarino nos salões de baile, disputado pelas senhoritas para bailar ao som de orquestras que davam o tom romântico daqueles tempos. Outra história familiar diz que meu pai preparou uma participação como cantor num daqueles conhecidos programas caça-talentos ao vivo nas rádios, mas foi convocado para a guerra. Curioso como a música era incentivada nas famílias de antigamente, o que levou meu pai a nos dar instrumentos. A iniciação musical era parte dos currículos escolares. Minha irmã participou de recitais e meu irmão teve aulas de violão, mas não foram longe. Acabou que caberia a mim realizar as ambições artísticas da família, mas de forma inesperada e por caminhos inusitados.

A vitrola da nossa casa, modelo de armário, com a pick-up de braço automático de um lado e um enorme sintonizador de rádio do outro, chegou num belo dia, com muita festa, junto com alguns discos nos seus conhecidos formatos: os compactos e os long plays. A discoteca familiar era variada, incluindo Clementina de Jesus, Paulinho da Viola, Vinicius e Tom Jobim, Luiz Gonzaga, óperas, clássicos,

Beatles, Beatles e mais Beatles. Um dos discos que eu mais gostava era o compacto de *A banda*, do Chico Buarque, até que chegou o de *Alegria, alegria*, antes de *Super-Bacana*, ambos do jovem talentoso Caetano Veloso, seguidos por *Domingo no parque*, do Gil, outro baiano genial.

A música permeava nosso cotidiano. Lembro também que havia um sistema de som ambiente no Clube Social, palco de momentos especiais nas minhas lembranças musicais. O clube, do qual meu pai foi um dos fundadores, era ponto de encontro dos moradores, com um grande salão, varandas, bar, piscina, quadras de esportes, onde a música marcava ponto. O salão tinha um palco amplo e elevado, onde havia um piano usado para as aulas de ginástica rítmica. Instalado na secretaria, o sistema de som contava com uma espaçosa discoteca que servia de trilha do dia a dia do clube. Animava as tardes de sexta-feira, as manhãs de sábado e de domingo e os verões na beira da piscina.

Durante décadas, o clube foi cenário de divertidos bailes promovidos pelos estudantes da universidade, especialmente o aguardado Baile do Bicho, em homenagem aos alunos recém-chegados. Muito populares na época, as festas eram animadas por algumas das melhores bandas especializadas no repertório popular, que tocavam ao vivo os sucessos das paradas radiofônicas. O Baile do Bicho no Clube Social foi durante anos um grande evento local, que atraía o pessoal de toda a região. Algumas vezes, com tanta gente querendo entrar, ocorriam brigas e quebra-quebra, mas, na maioria de suas edições, a festa acontecia sem maiores problemas.

Alguns shows de artistas consagrados da MPB ficaram na história do clube. Nos anos 70, antes de se apresentarem, os Novos Baianos ensaiaram a tarde inteira um show particular para quem estava no clube naquele momento. Eu me lembro de ter ido ao bar comprar um refrigerante no caixa e, na minha frente, estava o garoto boa-pinta, cabeludo, com uma bata branca e um baixo elétrico Fender no ombro. Era o Dadi Carvalho, que desde cedo já demonstrava grande talento musical. Naquela noite, o show começou tarde, com o clube lotado, de não caber um alfinete. Do palco, Baby Consuelo encantava com voz e carisma, enfileirando os hits da banda, especialmente os do álbum *Acabou chorare*, estourado em vendas e em execução nas rádios.

Algumas bandas de baile consagradas também chamavam a minha atenção e a de meus amigos que curtiam música. Certa vez, o grupo O Rancho foi contratado para um baile, e acompanhamos a montagem e checagem de som. Eu ficava sempre de olho na bateria e no baterista, que nesse dia foi atencioso e me deixou ver de perto seu instrumento: uma daquelas baterias importadas, cheias de tambores e pratos, tudo do melhor – ele até me deixou "tocar" um pouco.

Dos muitos shows no clube, o que mais me marcou foi o de Hermeto Pascoal, surreal mesmo. Quem estava no clube presenciou um ensaio sem fim antes do show. O baterista era Márcio Bahia, e fiquei com a impressão de ter estado diante de um dos caras mais originais e talentosos no instrumento. Havia um percussionista – não lembro o nome – que tirava sons incríveis de instrumentos artesanais: chocalhos, placas de zinco, potes de metal, moringas e bacias com água, uma viagem sonora comandada pelo mestre de cabelos e barbas brancas. Ele lembrava um personagem do filme *O senhor dos anéis* que se materializou no sertão nordestino.

Outro grande momento no Clube Social foi a noite em que Beth Carvalho se apresentou, um exemplo do melhor samba que se podia ouvir na época. Até eu, em teoria um roqueiro, reconheci o quanto havia de requinte e originalidade naqueles músicos tradicionais que a acompanhavam com violões, cavaquinho e bandolim, além dos percussionistas de uma elegância e sutileza sem par. Na época, o álbum *Nos botequins da vida* estava estourado.

Depois desses shows marcantes, o clube seguiu com sua rotina de festas para os calouros da universidade. Lembro que já debatíamos o fato de as chamadas equipes de som – a onda dos disc jóqueis com equipamentos de música mecânica que surgiram nos subúrbios cariocas – estarem tirando o espaço e o emprego dos músicos das bandas de baile. Era um atestado de extinção para muitos grupos que trabalhavam no Rio e no restante do Brasil.

Puxando um pouco mais o tempo para trás, eu estava no jardim de infância quando a professora escolhia músicas para as crianças fazerem uma dublagem. A minha foi um grande sucesso da época: *Era um garoto que como eu amava os Beatles e os Rolling Stones*, versão em português de uma música americana gravada pelo conjunto paulista Os Incríveis, que volta e meia aparecia na televisão. Para a performance, enquanto o compacto da música tocava numa vitrolinha, eu interpretava a canção munido de um violão de brinquedo, em frente a um "microfone" feito de cabo de vassoura, uma lata de goiabada servindo de base e uma lata menor de graxa de sapato pregada na outra ponta. O ponto culminante era a hora do "rá-tá-tá-tá!" no fim da canção, um protesto contra a guerra no Vietnã, quando eu caía alvejado pelas balas imaginárias da metralha vietcong.

Mais tarde, já no ginásio, aguardava ansiosamente entrar na faixa etária que me permitiria tocar na banda marcial do colégio e desfilar no aclamado 7 de Setembro. Certo dia, minha turma passou por um teste de aptidão rítmica feito pela professora de música, Dona Luisa, que dava aula de piano para minha irmã. O teste exigia que o aluno marcasse, durante alguns segundos, um compasso binário, com um par de claves. Quase ninguém da minha turma conseguiu. Quando chegou minha vez, fiz a marcação (era um simples "tá-tátá") e fui classificado como apto para integrar a banda. O melhor disso tudo: os integrantes eram dispensados das aulas um pouco mais cedo para os ensaios realizados na semana antes do desfile da Independência, um evento sempre muito aguardado pela comunidade local. Nas vésperas do desfile, todo o colégio participava do ensaio geral, quando os alunos e a banda marchavam em forma pelas ruas locais, causando confusão no trânsito. Fui escalado para tocar tarol. Na época, eu ainda não tinha a menor suspeita de como os tambores entrariam na minha vida.

Lá em casa tinha uma televisão preta e branca, de pé palito. Ao ligar, parecia um filme do Flash Gordon, era o futuro do passado. Depois do clique do interruptor, um som de altíssima frequência subia baixinho, aparecia um ponto de luz branco metálico no centro do tubo cinza-esverdeado, que crescia até toda a tela ficar com uma luz branca, depois cinza, traços pretos horizontais e diagonais se alternando. Só então uma imagem lavada se estabilizava lentamente. Durante anos, isso fazia parte do ritual para assistir a desenhos animados na hora do almoço e de tardinha, na volta da escola. Dos canais da época, TVs Tupi, Rio e Excelsior, só sobrou a Globo. Na hora do jantar, meu pai assistia ao *Repórter Esso*, telejornal que permaneceu por décadas no ar. Séries eram depois da novela, comédias no sábado à tarde e programas de entrevistas e musicais no domingo à noite.

Pela TV, veio boa parte da minha formação musical, assistindo a artistas e grandes nomes. Fui testemunha dos festivais de música brasileira, dos especiais de música importados do exterior, exibidos como atrações de fim de ano, e de programas de auditório que apresentavam os maiores nomes da cena musical de várias épocas. Durante a Jovem Guarda, eu queria ser Roberto Carlos, depois, Ronnie Von. Achava o máximo Wilson Simonal, Jair Rodrigues... Fui testemunha do sucesso que Tony Tornado causou ao interpretar *BR-3* no festival da canção. Raul Seixas apareceu num festival desses cantando *Let me sing my rock and roll*... Adorava o Trio Esperança, com *A festa do Bolinha* e *Casaco marrom*. O programa do Flávio Cavalcanti era sempre garantia de grandes artistas, como o maestro Erlon Chaves, Trio Irakitan, Zimbo Trio, sambistas como Cartola, Clementina de Jesus, Elza Soares, Maysa, Leny Andrade, Os Cariocas e MPB-4.

No dia em que a velha TV pé palito foi aposentada e trocada por uma colorida, não houve cerimônia de adeus. Ainda assim, a TV colorida era de gabinete de madeira, mas sem pernas; ficava em cima de um carrinho com rodas. Demorou muito até que conseguíssemos finalmente ver a chamada de abertura da série do Batman – uma vinheta onde se lia "in color" – figurar com todas as suas cores berrantes. Um ritual que permaneceu foi o da fixação da antena externa num mastro no topo do telhado de casa. Depois de chuvas com fortes ventanias, era preciso subir lá e reajustar a posição da antena, uma tarefa perigosa, inicialmente realizada por nosso pai e depois por meus irmãos.

Também lembro quantas vezes foi preciso trocar a antena velha por uma nova, com seus tubos de alumínio em forma de espinha de peixe. Um dia, de acordo com a escala evolutiva da família, chegaria minha vez de subir no telhado e ajustar a antena, em vez de ficar lá embaixo com a função subalterna de gritar quando a imagem ficasse boa: "Aí! Aí! Para! Tá bom! Tá bom! Não! Saiu! Saiu! Volta! Volta um pouco! Passou! Volta!".

* * *

O velho despertador tocou estrepitosamente suas perturbadoras sinetas, sem perdão, às 6h30 em ponto, de um dia qualquer em 1974. Acordei, como sempre, querendo dormir mais. Levantei e fui me arrastando até o banheiro. Da janela, durante o ritual de lavar a cara para espantar o sono, vi um DC-10 da Varig na rota para aterrissagem no Galeão. Sobre os céus da Universidade Rural passavam muitos aviões em aproximação rumo ao aeroporto distante uns 60 quilômetros dali. Depois de tomar café, escovar os dentes e dar adeus ao Ringo – o dachshund da família –, segui para a caminhada de dez minutos até a escola. Ao dobrar a "esquina do pecado" (todas as cidades e lugarejos parecem ter uma esquina batizada assim), olhei para o céu e desta vez assisti passar flutuando, silenciosamente, um enorme Jumbo 747 da Pan Am, com aquela inconfundível corcova na dianteira e a bola azul pintada na cauda; parecia uma baleia Moby Dick voadora em *slow motion*.

Eu pensava ingenuamente que, pelos horários das aterrissagens, eu não chegaria atrasado na escola. A rotina de observar voos pela manhã me fazia sonhar em um dia voar num daqueles aviões. Passei parte da infância sonhando em ir à Disneylândia, como aqueles participantes de programas de TV que ganhavam compe-

Último da fila, o filho caçula teve poucas fotos no álbum de família, como essa no colo do pai ao completar 2 anos

Com o dachshund Ringo, que não era um cachorro baterista, mas ganhou esse nome por ser baixinho e narigudo como o Beatle

Minha turma da Escola Primária do Instituto de Zootecnia, na Universidade Rural, em 1974. Estudar no turno da manhã deixava o resto do dia livre para jogar bola

tições de conhecimento patrocinadas por agências de turismo. Depois, na adolescência, o sonho era fazer intercâmbio cultural e morar nos Estados Unidos. Só que não aconteceu. Eram tempos difíceis.

Minha massacrante rotina era a mesma de tanta gente ao redor do planeta: ir para a escola de manhã, voltar para casa, almoçar, fazer dever de casa e depois brincar. Num certo momento, comecei uma atividade extra: curso de inglês à tarde, que terminava já de noite. Fazia em dez minutos o caminho até o ponto de ônibus e voltava pela rua no escuro, ouvindo sapos, grilos, contemplando as estrelas e a lua. As ruas não tinham iluminação, era tudo escuro, o que, por outro lado, aumentava a dimensão do céu e das estrelas. Era comum ver meteoritos riscando o firmamento. Costumava ir dormir sonhando com alguma profissão, algo que valesse minha dedicação desde aquela hora.

Tive uma fase em que queria ser arqueólogo. Eu lia as apostilas de história geral do meu irmão, que estava no pré-vestibular, e eu no primário. Sabia tudo sobre as civilizações mesopotâmicas, da egípcia, os gregos, os romanos, as tribos bárbaras e seus chefes cruéis. Construí uma maquete enorme reproduzindo o Vale dos Reis, com as pirâmides e esfinge, em barro, num canto do quintal. Tinha até o Rio Nilo escavado na terra, onde corria água da mangueira que regava nossa horta. Ganhei de meu pai um livro, *Deuses, túmulos e sábios*, de C.W.Ceram, um tratado sobre o desenvolvimento da arqueologia, com uma parte dedicada ao Egito Antigo.

A fase arqueologia passou e veio a vontade de ser pesquisador de biologia. Na época, vários pais de amigos meus eram professores na universidade ou pesquisadores da Embrapa (Empresa Brasileira de Pesquisa Agropecuária). Eu e meus amigos fomos incentivados pelo pai de um deles, professor entomologista (especialista em insetos), no preparo de insetários: coleções de todo tipo de insetos, capturados em nossos quintais (usávamos vidros de geleia vazios, com algodão embebido em álcool, para dar cabo dos insetos sem danificá-los), para depois serem expostos, cuidadosamente montados em posição, com alfinetes especiais, em caixas de madeira com fundo de isopor e tampo de vidro. Essa atividade nos proporcionava conhecer aqueles bichos estranhos, de cores incríveis, com formas e funções diferenciadas. Sabíamos classificar suas famílias, filo, gênero, tão diversos entre si – mas, se tivessem seis patas, eram todos insetos.

Às vezes, pensava em me dedicar aos estudos de inglês e seguir a carreira de professor depois de conseguir os certificados de algumas daquelas renomadas universidades britânicas. Meu interesse pela língua começou cedo, quando a curiosidade sobre o que os Beatles diziam em suas letras me deram vontade de aprender o idioma de Shakespeare, que passou a ser de Lennon e McCartney. Estatísticas da época indicavam que – dentre alguns outros fatores – as músicas dos Beatles foram em grande parte responsáveis pela popularização do inglês no mundo. Não por coincidência, no meio do meu curso ginasial, o francês foi retirado dos currículos e o ensino do inglês tornou-se obrigatório.

No fim da infância, gostava de brincar de soldado, montar aviãozinho e ver séries de TV sobre a Segunda Guerra, mas fui desviado de tudo isso por conta dos Beatles. Deixei de lado essas atividades de criança para me dedicar ao novo tema que me acertou fundo: a música daqueles quatro caras que vinham de longe, mas que tinha um poder avassalador sobre tanta gente ao redor do planeta.

Na minha rotina escolar, havia o terror de aparecer alguma nota vermelha em matemática, física, química e português, matérias ministradas por professores exigentes. Mas até que me saía bem em biologia, história, geografia e inglês. No ginásio, assim chamado na época, além da iniciação musical, cheguei a ter aulas de francês.

No caminho de ida para a escola, de manhã cedo, tinha dias em que o frio era intenso, com neblina e garoa londrina. Dali a pouco, na volta para casa, o calor era saariano. Algumas vezes, o caminho era feito com amigos da rua, em outras eu andava sozinho imaginando coisas do tipo “será que um dia os Beatles voltam? Será que aquela menina linda que entrou na minha classe sabe que eu existo?”. Ao chegar em casa, ligava a TV para assistir ao herói japonês National Kid, enquanto almoçava. Assim foi meu dia a dia durante anos seguidos.

* * *

Nos anos 70, sentia uma enorme frustração pelos Beatles terem acabado. Eu vivi um pouco da beatlemania por conta dos meus irmãos, que chegavam em casa com discos deles. Eu me lembro em especial dos lançados depois de 1968. Tenho vaga memória da comoção causada pela notícia da separação em 1970, algo em que ninguém queria acreditar ou aceitar. Em jornais e revistas, críticos conjecturavam se ou quando os Beatles voltariam. Muitos jornalistas, em suas resenhas, achavam inevitável que eles retornassem lá pelos anos 80, com grande impacto comercial. Queria entrar numa máquina do tempo e sair em 1983 para assistir ao show de reunião dos Beatles.

Enquanto isso, mesmo depois da separação, a gravadora deles fomentava o consumo do que produziram em menos de dez anos de carreira, relançando filmes, a discografia oficial e coletâneas. Assisti várias vezes na telona aos filmes *A hard day's night* e *Help!*. Em Campo Grande, bairro da Zona Oeste do Rio perto da Rural, havia um cinema ruim que passava *A hard day's night* mês sim, mês não. Matei aula muitas vezes para ver o filme com amigos beatlemaníacos. Nessas sessões, a fita sempre queimava ou arrebentava e, quando voltávamos ao cinema, contávamos os remendos que o maquinista já tinha feito. Isso, sim, era *trash movie*. *Help!* vi umas cinco vezes no Veneza, em Botafogo. Era mais divertido, com cores vibrantes.

Foram inúmeras as reprises desses filmes na TV, com a dublagem tentando dar sentido às piadas nonsense e confirmando a velha máxima: o humor, na maior parte das vezes, é intraduzível. Vi inúmeros filmes dedicados aos beatlemaníacos em reuniões de fã-clubes e sessões especiais de cinema. Numa dessas, passou *Magical mystery tour*, originalmente feito para a TV. Já *Let it be*, canto do cisne dos Beatles, vi na TV, anos depois da separação da banda.

Também causavam rebuliço os álbuns da carreira solo de cada um dos Beatles. Houve aquele confronto entre o Paul romântico das belas canções de amor e o John politizado, com letras cáusticas criticando a sociedade. George se aprofundou na espiritualidade com outras tantas pérolas, sintetizada na canção *My sweet lord*, que, na minha opinião, se equipara ou mesmo supera *Imagine* em beleza e inspiração. Ringo foi o primeiro beatle a lançar um álbum solo, dedicado à música country, e depois veio com propostas pop totalmente mundanas, algumas boas, outras péssimas.

Assim a humanidade seguia seu curso, mas parecia esperar que os quatro cavaleiros de Liverpool se juntassem novamente. No entanto, chegou aquele fatídico dezembro de 1980. O assassinato de Lennon foi possivelmente a maior tristeza que sofri na vida, por sua forma violenta, inaceitável, inexplicável. Passei meses me recuperando do trauma e parece que foi assim com quase toda a população do planeta.

Na manhã seguinte ao assassinato, eu tinha prova na Cultura Inglesa para meu primeiro certificado em inglês da Universidade de Cambridge. Fui dormir cedo e perdi as primeiras notícias sobre o crime cometido por um fã louco, em Nova York. Acordei sem tempo de ligar o rádio, corri para pegar o ônibus e soube da notícia ao encontrar amigos no local da prova. Foi um choque. As notas no fechamento dos jornais na noite anterior eram curtas e não explicavam nada além de Lennon ter sido baleado na porta de sua casa e que já chegou sem vida ao hospital. "Que pasa, New York?". Ecoava na minha cabeça como sino, o refrão da música de John em homenagem ao lugar que escolheu para viver com sua amada Yoko. Era difícil de acreditar.

Durante o exame, ao ler os textos e responder às questões, minha cabeça só pensava nas músicas dos Beatles em cada palavra que eu lia: um texto mencionava algo sobre o governo norueguês, e a música *Norwegian wood* vinha inteira na minha memória. Fiquei catatônico e por pouco não fui reprovado, uma sensação exasperante. Uma tristeza se abateu sobre o mundo, era como se tivéssemos perdido alguém da família. Foi difícil nos livrarmos de luto.

Depois que meus irmãos foram embora de casa, fiquei sem compartilhar a discoteca de rock que possuíam. Nada mais de Beatles, Hendrix, Cream, Yes, Jethro Tull e outros ícones da música, que chegavam até meu quarto vindos da vitrola em alto volume do quarto deles. Além do rock, meu irmão mais velho gostava de trilhas sonoras de filmes. Me lembro especialmente de Isaac Hayes e da música do filme *Shaft*, que depois virou série de TV, e das trilhas dos filmes de Stanley Kubrick, *2001* e *Barry Lyndon*. Meu outro irmão me apresentou gêneros musicais e artistas mais sofisticados, nomes do jazz, entre eles John Coltrane, Miles Davis, Dave Brubeck, Lalo Schifrin, assim como do blues: B.B. King, Bessie Smith, Albert Collins, Muddy Waters. Ele me levou a conhecer também bandas e artistas nacionais, como Som Imaginário, Egberto Gismonti, Novos Baianos, Jorge Ben, Hermeto Pascoal, Quinteto Violado, Alceu Valença e Victor Assis Brasil, dos que consigo me lembrar mais facilmente.

Ouvia compulsivamente alguns desses discos. O LP *A tábua de esmeralda*, do então ainda Jorge Ben (antes de ser Ben Jor), era um dos meus favoritos. *Acabou chorare*, dos Novos Baianos, também não saía da vitrola; era tirar esse e pôr o *A tábua*. O instrumental dos Novos Baianos *Um bilhete pra Didi* era a faixa que eu mais ouvia. Aquela mistura de baião com rock não podia ser mais brasileira. Depois, o ousado primeiro disco da banda Som Imaginário ganhou o topo da minha parada pessoal com a faixa de abertura *Cenouras*, algo surreal... O baterista dessa banda era o lendário Robertinho Silva, que gravou e fez shows com Milton Nascimento, Egberto Gismonti, entre outros na cena da MPB e do jazz brasileiro, reconhecidamente um dos maiores representantes do instrumento na nossa música.

Meus irmãos me deixaram alguns compactos antigos dos Beatles como lembrança, daqueles que vinham com duas faixas de cada lado. Com o tempo, os discos ficaram tão arranhados que apenas aproveitei as capas para colar nas paredes do quarto, uma pena. O jeito era economizar na mesada e comprar meus próprios álbuns. Nessa época, houve o lançamento mundial da discografia oficial dos Beatles.

Deixava minha mesada na sessão de discos das lojas de departamentos. Se bem me lembro, o primeiro LP dos Beatles que comprei foi o *Beatles for sale*, de capa dupla. Apesar de ser considerado o disco menos criativo deles, por trazer versões de bandas e artistas que eles gostavam, era o álbum que eu menos conhecia. Ao longo de meses, consegui reunir toda a discografia oficial.

Dali a pouco, decidi ampliar meu espectro musical comprando álbuns diversos de rock de Led Zeppelin, Yes, Cat Stevens, Carpenters e algumas bizarrices da era disco pelas quais me rendi, como os da turma influenciada pela boa black music: Earth, Wind & Fire, Chic, A Taste of Honey e Donna Summer, que levavam adiante o legado de Stevie Wonder, Marvin Gaye e, o-maior-de-todos, James Brown. Esse gosto pela música negra americana veio por influência do Big Boy e de seu programa de rádio, em que ouvi pela primeira vez os grandes nomes da soul music e do funk. Aos poucos, fui fazendo a conexão entre a música dos Beatles, Stones, Led Zeppelin e Cream, e a matriz negra do sul dos Estados Unidos: o blues, o jazz e o R&B. Passados mais alguns anos e os ecos da black music chegariam em nossas praias com o surgimento de expoentes do naipe de Wilson Simonal, Tony Tornado e Tim Maia.

Outra lembrança dessa época: eu já era reconhecido na minha turma como beatlemaníaco e, algumas vezes, criticado por reclamar das seleções musicais das festinhas e taxado (reconheço, com certa razão) de "beatle-chato". Exigia que tocassem boa música, em vez dos sucessos do momento, como Supertramp, Pilot (com aquele um-hit-irritante *Canada*), Abba e outras bandas e artistas que execrava. Engraçada essa fase da adolescência, quando escolhemos contra o que e a quem direcionar nosso ódio, em que a música oferecia meios para externar esses sentimentos, assim como o amor e a paixão por determinado artista, banda ou gênero era capaz de agregar pessoas, mais que separá-las.

A verdade era que eu realmente exagerava nas minhas posições com os Beatles num patamar além dos outros mortais. Nas horas em que tocavam nas festinhas algumas obviedades do repertório deles como *Twist and shout*, *She loves you*, *Help!* ou *A hard day's night* e o salão enchia, eu me sentia vingado vendo aquela gente dançando. As meninas que adoravam Abba me irritavam. Nessa época, foram poucas as garotas que consegui abordar, num arroubo de intelectualidade, falando sobre Bob Dylan ou dissertando sobre a obra de Lennon e McCartney.

Houve um momento em que até me arrisquei a aprender uma ou outra música no violão, na esperança de poder tocá-las para alguma menina mais sensível. Depois de muita insistência, conseguia executar *Simple twist of fate*, do Dylan, e

Blackbird, dos Beatles. Fiz esse esforço todo, mas desafortunadamente nunca consegui me aproveitar disso para alguma conquista amorosa. Ainda por cima, outros amigos tocavam violão muito melhor e tiravam músicas conhecidas das garotas. Mais tarde, descobri que era mais fácil abordá-las conversando sobre horóscopo.

* * *

Enquanto eu e meus irmãos ainda morávamos com nossos pais, a música ia permeando o cotidiano da gente. Meu segundo irmão mais velho, João Guilherme, formou uma banda com alguns amigos do curso pré-vestibular, lá pelos idos de 1972. O nome era A Phome (isso mesmo: fome com "ph"). Eles ensaiavam na casa de um dos integrantes, em Campo Grande, onde eu e todo mundo da Universidade Rural íamos ao dentista, fazer compras no supermercado ou comer pizza numa das lojas de departamento.

Em algumas ocasiões, os ensaios foram na garagem lá de casa, o que causava algum incômodo na vizinhança. Alguém pode imaginar o que significava para uma criança ver aquela zoeira, amplificadores, guitarras, microfones ligados e... uma bateria? Sim, uma bateria, em nossa casa, bem ali na minha frente. Aqueles pratos presos num pedal, um outro pedal que batia no bumbo, um tambor com arames embaixo, como um tarol, aquele pratão grande que tremia quando batiam com aqueles pedaços de madeira finos de bolinhas nas pontas... Os tambores com aros cromados brilhantes, com acabamento em madrepérola amarelada, arrumados um perto do outro, somados aos pratos pendurados em tripés, aquilo tudo junto parecia um robô de filme de ficção. Mais ainda, o som que emanava daquelas peles esticadas dava uma vontade incontrolável de tomar o lugar naquele banquinho e sair batendo em tudo que estivesse na frente, de qualquer jeito!

Talvez seja essa a melhor descrição do que se passava na minha cabeça diante de uma bateria de verdade, aos 10 anos. Foi aí que aconteceu meu primeiro momento inesquecível. Eu já tinha uma queda pelo instrumento porque achava Ringo Starr o beatle mais divertido. Além das inúmeras reprises do filme *A hard day's night* na TV, havia um desenho animado dos Beatles, aos sábados à tarde, que eu não perdia por nada. Nesses desenhos, muitas músicas dos Beatles eram apresentadas, mas uma ficou gravada na minha memória: *Ticket to ride*, que fazia parte da trilha do filme *Help!*. No intervalo do ensaio da Phome, na hora do cafezinho, o baterista – de quem não recordo o nome – me viu chegando perto e perguntou: "E aí? Quer tocar um pouco?".

Eu agarrei empolgado as baquetas que ele me ofereceu ao se levantar do banquinho e tomei posição. A altura do banco me permitiu alcançar os pedais e, do nada, comecei a tocar com toda empolgação a batida inicial de *Ticket to ride*. Aquilo chamou a atenção de todos ali. Os amigos olhavam para meu irmão, tão surpreso quanto eles, indagando onde e com quem eu estava aprendendo a tocar bateria, mas ele apenas deu com os ombros... Essa batida tem um "tempo preguiçoso" do Ringo, ele toca meio atrasado, até isso eu consegui imitar. O episódio um tanto insólito representou minha iniciação como baterista. Mais tarde, no jantar, meu irmão comentou com a família que tínhamos um baterista em casa. Os elogios ecoaram e minha fama ganhou a vizinhança. A semente estava plantada.

Para quem ficou curioso em saber que fim levou a banda do meu irmão: eles conseguiram participar de um festival de bandas da Zona Oeste, que aconteceu num clube de Campo Grande. Disputavam com um rock contra sambas e baladas. De forma surpreendente, chegaram à finalíssima. A canção da banda do meu irmão se chamava *Paz, amor e muito pirulito*. Era um libelo pacifista, cuja letra falava em colocar "um sorvete na boca do canhão", isso no auge da censura do regime militar. A música ficou com um honroso terceiro lugar.

Fui testemunha da agitação no dia do festival, inclusive participei de uma pantomima durante a performance da banda: eu, minha irmã e amigos entramos no palco jogando balas, doces e pirulitos para a plateia, causando um grande rebuliço. Na mesa de jurados, estava o famoso ator, escritor e compositor Mário Lago, um dos muitos artistas perseguidos pela ditadura. Apesar do sucesso no festival, a banda acabou logo depois e nenhum dos integrantes seguiu a carreira musical.

O entusiasmo com a experiência durante o ensaio da banda do meu irmão me despertou um interesse cada vez maior pela bateria. Passei a ouvir com mais atenção as músicas em que as batidas eram presentes. Assistia aos programas de TV e ficava magnetizado sempre que aparecia um baterista. Não hesitei em pedir de presente uma bateria ao meu pai, que de início se esquivou, tentando me convencer de que eu ainda era muito criança para tocar o instrumento. E argumentou que eu deveria aprender música com o violão ou o piano que já tínhamos em casa. Diante da insistência, meu pai disse a verdade: uma bateria custava caro.

Apesar da dura realidade, não me dei por vencido. Alimentei durante muito tempo o sonho de ter uma bateria, qualquer uma. Descobri que havia nos jornais uma sessão de instrumentos musicais à venda, novos e usados. Recortava anúncios e deixava na mesa do meu pai, na ilusão de que ele um dia se sensibilizasse. Enquanto isso não acontecia, cortava pedaços de bambu e fazia minhas próprias baquetas. Sozinho no meu quarto, colocava discos de rock e simulava tocar minha bateria imaginária – o que muitos conhecem atualmente como a "modalidade musical" chamada de *air guitar* (guitarra imaginária), uma hilária competição mundial na qual um guitarrista de mentira imita o gestual de um guitarrista de verdade e o mais convincente ganha um prêmio.

Naqueles tempos, eu já praticava o *air drums*, ou qualquer coisa parecida. Se o som estivesse muito alto, minha mãe entrava no quarto e mandava eu abaixar o volume. Um dia, ganhei um belo fone de ouvido da minha irmã, que foi morar nos Estados Unidos. Foi a salvação dos conflitos por conta do som alto. Aos poucos, fui requintando minha prática na bateria imaginária, usando travesseiros empilhados sobre banquinhos e cadeiras ao meu redor. Depois, passei a tocar em frente ao espelho da porta do guarda-roupa, para assim avaliar a minha performance e trabalhar a movimentação. Incrível como a imaginação podia me levar para longe, me transportar aos estúdios de Abbey Road, depois, aos concertos ao vivo dos Beatles no Hollywood Bowl, ou do Led Zeppelin no Madison Square Garden. Bastava fechar os olhos e eu estava lá...

Minha fama de baterista na nossa rua só tinha uma coisa fora do lugar: eu não era dono de uma bateria. Enquanto o destino não conspirava a meu favor, resolvi direcionar minha curta mesada para ter algumas aulas com o baterista da banda de baile local conhecida como URB-7 (Universidade Rural do Brasil e seus sete integrantes, numa alusão ao nome da banda que acompanhava Roberto Carlos, a RC9). João Carlos era um exímio baterista, tocava já há muitos anos na banda, especializada em músicas das paradas de sucesso, incluindo rock da época.

A casa onde o URB-7 ensaiava era na rua logo abaixo do quarteirão onde morávamos. Nas tardes em que eu e meus amigos nos reuníamos para jogar futebol no quintal de um dos vizinhos, era possível escutar claramente as músicas que a banda preparava para os bailes, muitas delas de trilhas de novelas, tanto sucessos nacionais quanto internacionais. Em muitas ocasiões, nossas peladas rolavam ao som de Jackson Five, Creedence, Raul Seixas, Barry White e outros hits. Era notável a maneira como a irmã do João Carlos, Shirley, interpretava a canção *Ben*, sucesso de uma novela da época, imitando a voz do Michael Jackson.

Os integrantes da banda tinham talento. Naquele tempo, era uma luta conseguir bons instrumentos. Aqueles caras eram uns heróis, venciam toda sorte de dificuldades técnicas com o dom musical. Entre eles, havia um certo João Gonçalves, que dava aulas de violão para meus amigos e recebeu o apelido de João Fera, por conta de seus conhecimentos e habilidades musicais. João Fera também tocava violão e órgão nas missas da pequena capela local, no topo do Morro do Cruzeiro.

Minhas aulas de bateria com João Carlos seguiam o método empírico de tirar músicas de discos. Para isso, usávamos uma vitrola que tinha um seletor de rotação. Começávamos, por exemplo, ouvindo algum tema conhecido do Led Zeppelin tocado em 15 rpm (rotações por minuto), metade da rotação normal, para depois repetir as batidas tocadas em 33 1/3 rpm, velocidade original do disco. Foi assim que acompanhei a maioria das músicas do *Led Zeppelin 1*, em especial, *Good times, bad times* e *How many more times*. Esta última continha a incrível sequência de viradas, diferentes umas das outras, que John Bonham executou com maestria nos 16 compassos no meio da canção, seguidos por outros 16 na parte mais lenta, antes de voltar para a levada como uma locomotiva sem freio.

Me recordo de acompanhar discos de vários outros artistas e bandas: canções dos Monkeys, Deep Purple, Bachman-Turner Overdrive e demais sucessos do repertório do URB-7. Ficou na minha memória a introdução de bateria em *Welcome to the music*, da banda Bread, hoje pouco lembrada, que tinha o carismático vocalista David Gates, o favorito entre as bandas de baile da época, eternizado com o hit *If*, uma baladinha doce que nem tinha bateria. Uma outra música que acompanhei ouvindo o disco era *Barracuda*, do Heart, banda de hard rock de Seattle em que a bateria se destacava. Rolava um boato de que o próprio John Bonham teria gravado essa música com o Heart, mas era Michael Derosier nas baquetas, o baterista da formação original, que participou de todo o disco.

Acompanhei os momentos em que o URB-7 foi investindo nos instrumentos e equipamentos de som. Depois de uma bateria de madeira bem tosca (da marca Saema, concorrente mais barata da Pinguim, das poucas marcas nacionais), João Carlos ficou orgulhoso quando a banda passou a usar uma reluzente bateria de acrílico nacional (da marca Gope), cor de abóbora, parecida com a que John Bonham usava no Led Zeppelin. A bateria velha foi vendida para um outro conjunto, mas o pedal do bumbo ficou: era uma cópia nacional fabricada pela Pinguim do famoso Speed King, da Ludwig. Os pratos eram nacionais (marca Ziltannan), os melhores abaixo dos importados; tinham uma sonoridade razoável. Foi assim que desenvolvi um pouco mais de habilidade nos meses em que empenhei minha mesada nas aulas com o meu primeiro e único professor. Volta e meia eu conseguia comprar um par de baquetas da marca Arjac, a melhor que havia no mercado. Mesmo usando-as com certo cuidado, elas gastavam e quebravam com facilidade.

No Natal, ganhei do meu irmão mais velho um par de baquetas muito bom, com ponta de náilon. Minha família já sabia que eu sonhava ser baterista e o quanto almejava ter o instrumento. Meus pais fizeram o papel deles: me alertavam que dificilmente eu conseguiria viver de música. Se fosse algo como um hobby, tudo bem, mas minha mãe chegou a dizer: "Filho, não ache que você vai levar a vida batucando com dois pauzinhos...". Muitos anos depois, lembrei da biografia do John Lennon, em que a tia Mimi, que o criou, dizia o mesmo: "Música é legal, John, mas você jamais viverá disso". Olhando para trás, não sei quem estava sendo mais ingênuo: eu com o sonho de ser baterista ou meus pais receosos caso eu quisesse me tornar um músico e claudicasse nos estudos. Ambos os cenários pareciam se anular mutuamente. Na verdade, lá no fundo, eu almejava mesmo ser baterista, apesar de parecer muito improvável na prática. Mas sonhar, ao menos, era de graça.

Meus amigos da mesma rua que tinham aula de violão se empolgavam com o que aprendiam. O repertório era centrado em Beatles, principalmente nas canções da fase inicial, mais fáceis de executar. Não demorou para que a gente pensasse em formar uma banda. Numa das vezes em que fomos ao Rio, recordo que namoramos as vitrines das lojas de instrumentos da Rua da Carioca, no Centro da cidade, que reunia as mais tradicionais casas do ramo. Toda sorte de réplicas nacionais de guitarras e baixos, algumas raras marcas estrangeiras, pratos e baterias – umas até bem-feitas, outras, de baixíssima qualidade – simbolizavam nossos sonhos e desejos de ter um instrumento. Ficávamos babando nas vitrines como cachorros naquelas máquinas de assar frango nas padarias. Minha condição financeira me permitia, ao menos de vez em quando, comprar baquetas.

Tempos depois, amigos da vizinhança apareceram com um baixo, uma guitarra e amplificadores nacionais. Eu ainda não tinha a bateria. O pai de um desses amigos lembrou que na escola agropecuária, na época em que os alunos faziam saraus e festas, havia alguns instrumentos, entre eles uma bateria. Quando uma parte da escola foi desativada, esses instrumentos ficaram guardados por muitos anos em algum lugar. A tal bateria estava largada num almoxarifado. Com alguma lábia, a bateria foi requisitada para o colégio onde estudávamos e incluída no acervo da sala de instrumentos da banda marcial.

O dia em que fomos resgatá-la foi emocionante. Os tambores estavam jogados num canto de uma sala sem janelas, sob restos de prateleiras, soterrados por fichas de arquivos e recobertos por uma espessa camada de sujeira e pó, tornando impossível identificar a cor original. Era um kit de quatro peças composto de um bumbo pequeno, um tom-tom, um surdo e uma caixa. Um prato grande empenado, restos de um tripé de prato e uma máquina de contratempo danificada completavam o conjunto.

Aquelas peças velhas e sujas estavam longe de ser a bateria com que sonhei por tanto tempo. E ainda faltavam outros itens para compor um kit no qual eu pudesse tocar de verdade. Além disso, não dava para dizer que a bateria era minha; entendi que estávamos "socializando" o instrumento. Mas, no fundo, sentia como se fosse minha. Fiquei com a responsabilidade de reformá-la e assumir todos os custos. Levei-a para casa e dei um susto enorme em meus pais: aquele era o símbolo-mor do barulho.

Depois de uma bela limpeza, descobri que o acabamento era de fórmica vermelha, com um leve purpurinado dourado, já bastante desgastado. Não havia nenhuma marca, mas numa pequena plaquinha metálica, depois de um polimento, foi possível ler *made in Italy*. Seria uma bateria Stradivarius? Todas as partes metálicas – aros, canoas e parafusos – estavam enferrujadas e haviam perdido totalmente o cromado. Com muito polimento, surgiu um tímido brilho dourado do latão.

Talvez, pela falta de noção sobre os padrões de tamanho dos tambores, não tenha conseguido peles de náilon que coubessem. Meu professor de bateria sugeriu que eu preparasse peles de couro natural, um processo que dava um enorme trabalho. Primeiro, comprei numa marcenaria uma fina e flexível ripa de madeira e a dobrei como um aro, no mesmo diâmetro da boca do tambor, para se encaixar sob o vão do aro de metal. Depois, comprei um pedaço de pele animal, a mesma usada nos atabaques e congas tocados nos terreiros e que só era vendida em lojas de produtos de umbanda. Foi difícil encontrar peles finas e eu tive que fazer um tour forçado pelas lojas de material do gênero comuns nas zonas Norte e Oeste do Rio. Após encontrar a tal pele, foi preciso deixá-la de molho, em água quente, para amolecer o couro. Em seguida, montei a pele cortando-a um pouco além do diâmetro do aro e, depois, envolvendo-a no aro de madeira, utilizando a ponta de uma faca para empurrá-la ainda mole sob o aro.

Isso tudo exigia uma paciência budista. Quando a pele estava finalmente montada, chegou a hora de encaixá-la no tambor e deixá-la sob o calor do sol, até que secasse e esticasse completamente antes de ser apertada para afinação. Do contrário, não esticaria e jamais alcançaria afinação e som satisfatórios. Cheguei a usar um secador de cabelo para acelerar o processo. Foi assim com todos os tambores, os quais deixei apenas com a pele batedeira, sem a pele inferior, a chamada pele de resposta.

A caixa foi o único tambor em que consegui usar peles de náilon, mesmo assim, elas ficaram um pouco enrugadas nos cantos, até conseguir esticá-las o suficiente. Aprendi como esticar a esteira da pele inferior da melhor forma para dar o efeito desejado da caixa e fazê-la parecer um tarol. As peles ficaram bem montadas e consegui dar um timbre parecido com o de uma bateria mesmo, especialmente depois que coloquei uma almofada do sofá de casa dentro do bumbo. Era um som tosco, mas ao menos eu tinha onde tocar.

O prato não era de boa qualidade. Já havia aprendido algo sobre pratos, da tal fórmula secular secreta da liga de metais usada na fabricação. Os bons eram os turcos originais, que inclusive melhoravam de sonoridade com o passar dos anos, diziam as revistas de música que eventualmente conseguia comprar. Um prato importado era caríssimo, um similar nacional razoavelmente bom também custava muito para o meu parco orçamento. Li que não devia passar nada para devolver o brilho aos pratos, sob risco de estragar o som para sempre. O tripé de prato que restaurei era meio bamboleante. Usei algumas rodelas de feltro, achei uma borboleta de metal na caixa de ferramentas do meu pai, e o prato ficou no lugar. Depois de pedir um adiantamento da mesada, comprei um pedal de contratempo nacional, mas faltavam os pratos, muito caros.

O toque final foi recorrer ao meu antigo "professor" João Carlos. Ele me deu os restos de um banquinho detonado que mandei encapar num estofador e me emprestou um pedal de bumbo velho, todo surrado, que restaurei com molas de freio de bicicleta. Era preciso cuidado com os pedaços de ferro envelhecidos; temia me cortar num deles e ter que tomar antitetânica... Mas não conseguia me conter de excitação por finalmente ter em mãos – e pés – uma bateria, ou ao menos um arremedo de um instrumento que parecia ter saído dos escombros de um ataque aéreo da Segunda Guerra Mundial. O baterista-sem-bateria finalmente já tinha uma ao seu alcance.

* * *

Depois de muitas tentativas e cancelamentos, eu e meus companheiros de rua finalmente resolvemos nos reunir e tocar num dia em que meus pais saíram para fazer compras. Montamos os instrumentos num cimentado nos fundos de minha casa. Na guitarra, meu grande amigo Lula, um dos maiores e mais criativos caras para se brincar de forte apache. Ele jogava bola muito bem na linha e no gol e era grande apreciador de filmes de terror da produtora inglesa Hammer (nunca consegui entender como seus pais o deixavam ficar até tão tarde assistindo à TV). Os quintais de nossas casas se encontravam na cerca dos fundos, onde havia até um portão para que a gente pudesse ir um na casa do outro sem ter que dar a volta pelo quarteirão. Com o tempo, Lula se tornou fã inveterado de John Lennon, que tentava emular tocando uma guitarrinha vira-lata preta e branca.

Seu irmão chamava-se Antenor, era um pouco mais novo que a gente. Crescemos juntos, subíamos em árvores, jogávamos bola, brincávamos de pique-esconde, polícia e ladrão e tudo mais. Só que Antenor era um pouco do contra, fazia tudo ao contrário do que esperávamos, parecia de propósito. Nesse período, ele se dedicou ao violão e, depois, resolveu tocar baixo e conseguiu dos pais um belo instrumento nacional, daqueles que imitavam os originais americanos.

Lula e Antenor tinham amplificadores modestos. Nossa primeira tentativa de tocar juntos foi uma grande brincadeira. Estávamos mais empolgados com a reunião e a barulheira potencializada pelo insipiente conhecimento musical. Alguns dos amigos foram ao "ensaio", mas não conseguimos tocar nada que empolgasse a pequena plateia. Um dado curioso: as peles de couro natural afrouxavam com a umidade do ar elevada. Foi o que aconteceu no fim da tarde, além, é claro, dos meus pais chegarem e a gente ter que terminar com a bagunça. Acabou que essa nossa primeira experiência musical não foi lá tão empolgante e nos deixou com dúvidas se haveria uma segunda.

A bateria resgatada passou um longo período montada no meu quarto. Eu tocava acompanhando meus discos favoritos. Ao menos foi uma evolução do *air drums*. Ainda sentia falta de um contratempo completo, já que não tinha o par de pratos para o tripé que havia comprado. Apesar de eu conseguir tocar quando meus pais não estavam, ganhei uma certa antipatia dos vizinhos, o velho e inevitável problema de qualquer baterista, especialmente daqueles que não têm condições de isolar acusticamente o ambiente. Resisti às reclamações, mas por um período meus pais me proibiram de tocar em casa, e a bateria ficou desmontada um bom tempo.

2! Aprendendo a engatinhar na bateria

Passados alguns meses, meus amigos de banda reapareceram com a ideia de nos reunirmos para tocar. Eles estiveram se dedicando com o "professor" João Fera, tirando músicas dos Beatles e clássicos do rock em geral, algumas do Johnny Rivers e Chuck Berry. A novidade era terem conseguido uma sala no nosso antigo colégio, onde poderíamos ensaiar nas tardes de sábado, quando não havia aula. Levamos os equipamentos para lá, ocupamos uma sala cheia daquelas carteiras escolares antigas, de madeira escura. Afastamos a mesa do professor e montamos tudo no nível elevado da sala de aula – que parecia um palco – diante do quadro negro. Para nós, havia algo de transgressor naquilo, pois estávamos ali onde normalmente costumavam ficar os professores, o que de certa forma antecipava o clima da canção *Another brick in the wall*, do Pink Floyd, com o famoso refrão: "Hey, teacher, leave them kids alone!".

No colégio havia uma sala onde ficavam guardadas as cornetas, trombones e tubas tristemente abandonados da já extinta banda dos desfiles da Independência. Esse entulhado de instrumentos musicais parecia uma instalação de artista plástico modernista, de tão volumoso, grande e variado. Se vistos hoje, pareceriam o cenário desses programas de caçadores de relíquias. No meio da montoeira de taróis, bumbos e pratos de fanfarra, separei um par de pratos que pudesse servir de contratempo; tinham ao menos o tamanho ideal. Eram pratos para tocar com as mãos, iguais aqueles com uma alça de couro que a Rita Lee usava nos shows dos Mutantes. De fabricação nacional, eram prateados e tinham um som razoável. Depois de testar dezenas deles, separei um par de boa sonoridade que finalmente montei no tripé do contratempo. Também improvisei um segundo tripé (usando uma estante de partituras), onde pendurei um novo prato, além do outro velho e sem som que fazia parte da bateria. Me sentia o próprio Ringo Starr, com um kit de dois pratos! Naquele momento, se alguém me perguntasse qual a melhor bateria do mundo, seria aquela, em que ao menos podia tocar.

Começamos a fazer um som de fato. Meus parceiros conseguiam tocar algo parecido com uma canção com começo, meio e fim... uau! Antes mesmo de nos dedicarmos ao repertório beatle, a primeira música que tocamos foi o hit do Queen, o rockinho à la Elvis *Crazy little thing called love*. Depois, a versão do Johnny Rivers para *Memphis Tennessee*, do Chuck Berry. Johnny era um jovem cantor e guitarrista conhecido por reinterpretar rocks clássicos, como foi o caso de *Do you wanna dance*.

Até que estávamos nos saindo bem, mas faltava um detalhe: quem iria cantar? E, também, como iria cantar, já que não tínhamos microfones nem amplificador para a voz. Seguimos ensaiando sem voz mesmo. Um belo dia, Antenor chegou com um pesado pedestal e um microfone antigo que parecia ter saído de um filme dos anos 40, perdidos num armário na tal sala de instrumentos. Como ele havia comprado um novo amplificador para o baixo, o velho acabou sendo usado para o microfone, que, para nossa surpresa, funcionava. Era de uma tradicional marca americana e, onde quer que esteja hoje, continua sendo um belo – e caro – item de colecionador.

Depois de picos de microfonia, conseguimos alcançar algo parecido com o som de voz, acertando as frequências e o volume do microfone. Mas ainda faltava saber quem tentaria cantar. Os meses passavam e ninguém vencia a timidez para assumir os vocais. Um dia, tomei coragem para cantar a versão de *Memphis Tennessee*, do Johnny Rivers: de tanto repeti-la, já sabia de cor a letra. Eu ajudava o João Fera a tirar letras com aquela pronúncia figurada para o pessoal do URB-7 cantar. Fomos experimentando um monte de músicas. Se eu não conseguia cantar tudo, ao menos dava as dicas do vocal para as diversas passagens das canções, da intro para a parte A, depois para a B, ponte, refrão... Passamos a errar menos ao tocar, pois o vocal é sempre importante para guiar todo mundo.

As coisas pareciam melhores e um sintoma disso foi alguns amigos que moravam perto do colégio passarem a assistir aos nossos ensaios e nos incentivarem a tentar uma canja num baile do clube. Mas ainda nos sentíamos verdes e achávamos que era preciso ao menos mais um integrante para tocar guitarra. Um dia, um amigo nosso de uma família do Equador que morava na Rural resolveu tentar o violão com a gente. Ficou estranho, pois Lula já tocava guitarra base, como Lennon. Nosso amigo não era um guitarrista solo, como gostaríamos. Seu nome era Gonzalo. Ele e o irmão Patrício eram os melhores caras que vi jogar bola. Gonzalo era entusiasta da obra dos Beatles e, além do futebol, se tornou o melhor jogador de tênis da nossa turma e de toda a Rural, ganhando torneios universitários e da federação carioca. Mas tocar guitarra solo que era bom, nada... Ah, consta nos autos que foi ele quem começou a chamar o professor João Gonçalves de João "Fera".

Depois de mais de um ano de ensaios e planos, já em 1980, resolvemos arriscar a tal canja no intervalo de uma banda de baile no Clube Social. Foi tudo coordenado com o João Fera, que, depois do fim do URB-7, conseguiu o posto de tecladista no conjunto Cry Babies, que atuava por todo o estado. Ele nos ajudou nos arranjos, no preparo da lista das músicas e nos deu um pouco mais de segurança para a hora H do dia D.

Outro detalhe importante: a banda não tinha nome. Como ninguém conseguiu pensar em nada, eu saí com um provisório: Zenyatta. Era apenas uma apropriação de parte do título (*Zenyatta Mondatta*) do terceiro álbum do The Police, banda que eu já admirava muito. Na hora da apresentação, não me perguntem como, eu consegui tocar e cantar algumas músicas do repertório dos Beatles, como *Something*, *Twist and shout*, *Dizzy Miss Lizzy*, *You like me too much* e outras cantadas pelo Ringo: *Boys* e *Honey don't*, além de *Memphis Tennessee* e *Who'll stop the rain*, do Creedence Clearwater Revival.

Para nossa surpresa, a canja foi muito bem-recebida. O público reagiu calorosamente com aplausos e apupos generosos ao fim de cada música. Acabou o show, estávamos cheios de entusiasmo, fomos para casa e eu mal conseguia dormir. Fiquei em estado de êxtase por dias seguidos. Tínhamos encarado uma plateia pela primeira vez. O palco do Clube Social do Km 47 ou o Royal Albert Hall eram a mesma coisa em nossas cabeças. No dia seguinte, foi diferente caminhar até a escola e fazer as atividades cotidianas. Amigos comentavam do show, esperando que a gente repetisse a canja, mas não havia previsão de quando conseguiríamos tocar novamente.

Aquele momento poderia figurar como o marco inicial de uma trajetória de entrega e dedicação ao projeto da nossa banda e assim fazê-lo decolar. Não foi o que aconteceu. Senti uma enorme diferença entre o que a canja representou para mim e para os meus companheiros. Eu era o mais empolgado e queria mais. Talvez, meus amigos tivessem uma medida diferente do que representava viver de música, porque não havia ninguém da nossa turma ganhando a vida assim. O João Fera não era parâmetro. Bem mais velho e reconhecidamente um músico profissional, estava em outra batida.

Nossos referenciais próximos eram diferentes dos grandes ídolos, fossem estrangeiros ou nacionais, em quem nos inspirávamos. Músicos eram aqueles caras humildes do URB-7, como o João Fera, o João Carlos, a Shirley, que levavam uma vida dura. Eles batalhavam para ter o que comer, viajavam para todo lado, na maioria das vezes em condições precárias. Tocavam até de madrugada e depois ainda tinham que procurar trabalhos extra para ganhar alguma coisa além do minguado cachê dos bailes da vida. A realidade era bem diferente do sonho, mas estava claro que faltava aquela ambição positiva nos meus amigos, a mesma que crescia em mim. Eu queria mais. Fiquei desapontado quando deixamos de lado novamente a ideia de ensaiar.

Meus companheiros de banda estavam certos num ponto: não tínhamos um repertório próprio, éramos apenas um projeto de banda de baile, algo amadorístico, com os dias contados. Não nos dedicamos ao trabalho de composição, um dom inexistente entre nós. Não tivemos interação com alguém com composições originais e, ao mesmo tempo, era desconfortável a possibilidade de fazer músicas que outras pessoas não gostassem. Na nossa rua também morava o Serjão Izecksohn, que tocava violão e fazia músicas, mas não rolou afinidade.

Nessa época, conheci uma turma um pouco diferente, uns caras com quem o meu ex-professor de bateria João Carlos levava um som de vez em quando, lá na Rural mesmo. Era na casa do Toninho, de uma turma na frente da minha no colégio. Lembrava de conversas com ele nos recreios, nas rodinhas de amigos em comum. Ele demonstrava grande conhecimento sobre rock, principalmente o progressivo. A mãe dele era bibliotecária da universidade e morava numa linda casa perto do Pavilhão 1, dentro do campus. Num sábado de tarde, fui até lá convidado pelo João Carlos para vê-los ensaiando.

Toninho ouviu boas referências minhas e disse que a gente poderia tocar depois do ensaio. Fiquei impressionado: ele era dono de uma legítima Fender Stratocaster cor bege, igual a uma com que o Hendrix aparecia em revistas e capas de discos. Além de plugá-la num amplificador Fender Twin, usava pedais de efeitos, aquelas caixinhas de metal com botões, comandadas por um pedal, chamado Cry Baby, semelhante a um acelerador de carro. Tudo muito além do que eu podia imaginar.

Não eram apenas instrumentos e equipamentos profissionais. Toninho demonstrava ser um exímio guitarrista, daqueles que tiram os melhores sons e timbres da guitarra, com categoria e estilo. Seu irmão tocava baixo e não ficava atrás: usava um Fender Precision, outro ícone dos instrumentos categóricos do rock, da mesma cor bege da guitarra do irmão. Também tinha um bom amplificador, que entregava uma sonoridade marcante, aquele grave redondo. João Carlos havia levado a bateria de acrílico do URB-7.

O grupo de Toninho já tinha nome: Gato de Louça. Podia ser classificada com uma banda de rock progressivo, com temas originais, tocados em altíssimo volume, construídos ao redor do virtuosismo do guitarrista. A bateria do João Carlos em alguns momentos chegava a ficar baixa diante da potência dos amplificadores. O repertório era eminentemente instrumental e não havia músicas com letras, embora algumas tivessem arranjos vocais; um cara de quem não lembro o nome que cantava.

Depois do ensaio, Toninho me convidou para tomar a bateria e me animei para tocar algo no clima do que ele curtia, alguma referência de Hendrix ou Yes, mas sem reproduzir nada exatamente igual ao que conhecíamos. Comecei uma batida à la *Purple haze*, do Hendrix, e ele foi em frente, pondo fogo na guitarra. Foi muito legal, tive uma iluminação nessa hora, senti algo além do prazer em reproduzir músicas dos outros com meus amigos de infância. No meio dessa verdadeira trip, parecia que eu havia revalidado a vontade real de ser baterista. Tocamos direto esse improviso por uns 10, 15 minutos. Toninho parecia estar curtindo, pois não queria parar. No fim, eu ria como uma criança depois de aprender a andar de bicicleta sem rodinha. Naquela tarde, ganhei a credencial para frequentar os ensaios do Gato de Louça, mas voltei poucas vezes porque eram esporádicos.

* * *

Levou um tempo para eu reencontrar meus velhos amigos da rua. Eles estavam brincando com o repertório antigo e resolvemos tentar alguns ensaios. Gonzalo nos apresentou a um aluno recém-chegado na Rural, também vindo do Equador para estudar agronomia. Carlos dizia tocar violão e guitarra e conhecer bem o repertório dos Beatles. Combinamos de retomar os ensaios na sala do colégio nos sábados e ver se o Carlos poderia render cantando, mesmo no posto de guitarrista solo. Ele realmente tinha uma certa noção musical, conseguia reproduzir solos das canções que tocávamos, mas seu sotaque espanhol ao cantar em inglês era quase cômico: ele trocava o "v" pelo "b", era um tal de "She *lobes* you", "she was just *sebentin*"... A gente tentava com muito tato chamar sua atenção:

"Carlos, não é *sebentin*, é *seventeen*". E ele: "Si, si claro! Seventeen!". Aí, na hora de cantar, não adiantava nada, era *sebentin* de novo.

Fomos em frente. Eu cantava algumas músicas do set, ele outras, e fazíamos algumas vozes juntos. Quando o Carlos mandava o "b" no lugar do "v," o Lula olhava pra mim e a gente se rachava de rir. Numa época, eu ajudei o João Fera a fazer pronúncia figurada das músicas em inglês para o cantor do Cry Babies. Afinal, uma das qualidades do bom cantor de baile era o inglês correto, ou ao menos o mais próximo da inflexão original da música. Mas tinha cantor de baile que mandava qualquer uma na hora de interpretar em inglês, quase criando uma nova língua. Certa vez, um amigo americano, que estava morando na nossa vizinhança por conta de um intercâmbio cultural, morreu de rir quando foi num baile de clube e o cantor interpretou *Hotel California*, clássico da banda Eagles. Ele nos disse: "Não sei qual a língua esse cara está falando, mas estou entendendo tudo!". Lição aprendida: ter convicção é a alma do negócio.

* * *

Foi com muita surpresa que alguém – não me lembro bem – chegou num ensaio com a novidade: tinha marcado um show num pequeno ginásio municipal em Paracambi, município vizinho à Rural. Esta cidade era conhecida porque ali há o quartel do Exército onde todos os moradores da região se apresentam para tirar o certificado de reservista, um castigo para quem não queria prestar o serviço militar. Aos 18 anos, eu e meus amigos tínhamos pesadelos só de pensar em passar um tempo num quartel, caso fôssemos convocados. Para minha sorte, no ano em que me apresentei, havia excesso de contingente e fui dispensado.

Nosso show foi combinado com alguém da prefeitura local, era aberto ao público e não ganharíamos nada. Providenciaram um sistema de som com mesa, microfones e caixas para o ambiente (na linguagem técnica, esse equipamento se chama PA, abreviatura do inglês *public address*, o sistema de som dirigido à plateia). Nós levaríamos nossos instrumentos, amplificadores e bateria. A iluminação era da própria quadra de esportes.

Preparamos o repertório até o dia do show, a mesma lista de músicas das canjas nos bailes acrescida de algumas outras para chegar a uma hora de apresentação. No aguardado dia, fomos em dois carros, um deles, um Fusca com todo o equipamento. Não havia palco: montamos tudo no mesmo nível da quadra, de onde o público assistiria a nossa performance. O show começou cedo, era uma boa plateia, com umas 200 pessoas, que reagiam animadas. Tudo começou bem, mas, de repente, faltou luz. Esperamos alguns minutos que pareciam uma eternidade e a energia voltou. Seguimos com a lista de canções, até que... faltou luz de novo. Mais uma pausa e voltamos a tocar. Dali a pouco, outro blackout!

Quando a luz voltava, percebíamos que tinha menos gente na plateia. Apenas uns 50 e poucos mais empolgados permaneceram até o final. Acabou o show, algumas pessoas mais generosas nos cumprimentaram, conversaram um pouco sobre a paixão pelo rock, pelos Beatles, nos elogiaram e desejaram sorte. Foi muito edificante receber esse pequeno retorno, pareceu que agradamos ao menos aos "iniciados" na nobre arte de tocar músicas dos outros. De volta à dura realidade, desmontamos tudo e fomos embora tarde da noite. Estávamos mais cansados que realizados. Deu uma sensação de que fazer todo aquele esforço para tocar parecia não compensar muito.

Depois de mais esse show, passamos outro longo tempo afastados. A "minha bateria" ficava montada em meu quarto, coberta por um lençol. Eu eventualmente praticava um pouco ouvindo música e colocando travesseiros sobre os tambores para abafar o som. Às vezes, ia nos ensaios do Gato de Louça, naquele momento com um novo baterista, Ricardo, que juntou duas baterias Pinguim antigas numa só. Porém, não fiquei mais à vontade para tocar com o Toninho, pois o tal baterista era muito ciumento com o instrumento. Passou mais um tempo e o Gato de Louça escalou outro baterista, um paulista que cursava agronomia na Rural. Abraão morava com a namorada em uma ótima casa alugada, onde tinha um quarto exclusivo para sua belíssima bateria, um kit Ludwig de madrepérola escura, parecida com a do Ringo nos Beatles e com os melhores pratos que já havia escutado na vida. Ele era um cara legal e me deixava tocar.

Certo dia, meus amigos foram comigo a um ensaio na casa do Abraão. Toninho deu força para a gente tocar um pouco. Ficamos tímidos, porque era gritante a distância musical entre meus amigos de banda e os integrantes do Gato de Louça. Toninho e Abraão nos incentivaram a criarmos nossa própria música, em vez de reproduzir mecanicamente a dos outros, coisa que eu sentia falta da parte dos meus comparsas. Mas não adiantou muito.

Nessa época, comecei a entender intuitivamente alguns aspectos da música, especialmente sobre seu caráter coletivo. Uma banda é um somatório, interação entre partes. Além disso, sentia enorme vontade de me aprimorar e ir mais longe nos meus conhecimentos musicais, enquanto meus amigos pareciam presos por suas limitações. Quando eu tocava com o Toninho, rolava uma sensação boa de interação, sua capacidade musical contribuía para que eu tocasse melhor, com mais entrega. Dava vontade de nos encontrarmos com mais frequência e estender esse barato de tocar junto com alguém muito bom. Mas o que esperar de um baterista sem parceiros?

* * *

Enquanto o tempo transcorria, muitas coisas aconteciam comigo e com meu círculo de amizades. Recebi uma proposta para dar aula de inglês no colégio em que ensaiávamos, o mesmo onde eu concluí o ginásio, substituindo a professora titular, que estava de licença. Na época, depois de ingressar no colégio técnico em agropecuária, desisti e fui fazer um curso pré-vestibular em Campo Grande. Estava afastado dos meus amigos de rua e dos ensaios do Gato de Louça, quando me aconteceu uma efeméride musical.

Amigos de Campo Grande me procuraram para que eu os ajudasse a cumprir uma tarefa numa tradicional gincana de um clube da região. Eles tinham que apresentar um show com um sósia do Elvis Presley para ganhar pontos e, assim, entregar uma boa soma de dinheiro a uma instituição de caridade local. Daí que chamaram um cara famoso, considerado o melhor sósia do Elvis no Brasil: seu nome era Toni Lemos. Ele só se apresentaria se alguém tocasse com ele, e meus amigos do cursinho se lembraram de mim.

Topei participar na certeza de que, no mínimo, seria divertido. Combinamos de tocar músicas do Elvis, no melhor estilo Chuck Berry, que chegava nas casas noturnas apenas com sua guitarra, enquanto havia uma banda local para acompanhá-lo, supostamente conhecedora de todo o repertório dele. Foi assim com o sósia do Elvis quando nos encontramos no vestiário do clube e combinamos de tocar *Tutti frutti*, *Kiss me quick*, *It's now or never*, *Love me tender*, *Jailhouse rock* e fechar com *Hound dog*.

Toni Lemos, com seu topete arrumado, estava paramentado como o Elvis na fase Vegas: roupas brancas cheias de franjas, tachas prateadas e um belo violão folk, numa personificação convincente do Rei do Rock. Mas não era só figuração:

ele cantava e tocava bem. Na hora H, não apareceu o baixista nem o guitarrista e decidimos tocar nós dois, assim mesmo. Eu levei o bumbo e a caixa do meu kit, além dos pratos e pedais. Subimos num palco montado em frente à enorme quadra do clube cheia de gente, o Elvis brasileiro foi anunciado e começou o pocket show.

Foi surpreendente como o público reagiu bem. Ele me olhava sorrindo, estávamos agradando. Tive que me virar tocando apenas bumbo e caixa, tanto nas músicas mais rápidas quanto nas lentas, mas o resultado foi divertido, uma espécie de country-rock acústico. No fim do set, a plateia pediu bis e voltamos para tocar *Blue suede shoes*, deixando todo mundo louco. Foi assim o dia em que fiz minha inusitada gig com "o Rei do Rock". Voltei para casa e fui dormir pensando: ser baterista ainda poderia virar realidade?

3!
A calmaria que precede a tempestade

Um dia, eu estava numa edição da tradicional festa junina realizada anualmente na praça de esportes da Rural. Devia ser 1979 ou 80. No meio das barracas de churrasco e quentão, entre aquela gente toda vestida de caipira, camisas xadrez, vestidos rendados e chapéus de palha, reparei nuns caras com jeans esfarrapados e enormes alfinetes de saia escocesa presos nas laterais da calça. Usavam tênis All Star. Um deles estava com uma camiseta escrito Ramones, outro tinha uma cabeleira enorme, tipo aquelas de surfistas australianos, inclusive com as extremidades queimadas de sol, quase esbranquiçadas. Destoavam de todos ali. Cada figura que aparecia...

O ano de 1981 foi repleto de coisas interessantes. Depois do grande baque da perda de John Lennon, procurei reconstruir meu interesse por música voltando a atenção para o que surgia de novo, e fiz algumas descobertas. Havia um programa nas tardes de domingo na TV Cultura de São Paulo, exibido também pela TV Educativa do Rio, que se chamava *Som pop*. Nele, desde o fim dos anos 70, passavam vídeos de bandas novas e de trabalhos de nomes consagrados do pop/rock mundial.

Foi no *Som pop* que ouvi pela primeira vez o The Police, tocando *Can't stand loosing you* e depois *Roxanne*, só aqueles três caras que pareciam usar perucas louras, vestidos de preto, na TV da BBC, um cenário todo em vermelho. Foi como se eu tivesse visto os Beatles pela primeira vez na TV americana nos anos 60. Se muitos bateristas começaram a tocar ao verem Ringo com os Beatles na TV, descobrir o Police pela televisão teve o mesmo impacto para mim. Achei sensacional, especialmente o baterista que descia a mão nos tambores e pratos e fazia backing vocal.

Levou um tempo para que eu conseguisse comprar um disco deles: ainda não haviam lançado a banda no Brasil. Enquanto isso, ia descobrindo novidades através dos vídeos apresentados no programa, entre elas, The Pretenders, The Clash, The Jam, Kraftwerk, Devo, Dexis Midnight Runners, The Beat e Stray Cats. Algumas músicas dessas bandas tocaram inclusive nas rádios, já que estavam em comerciais de cigarro ou em trilhas de novela. Resenhas da imprensa musical também davam espaço para os novos artistas que surgiam na ribalta.

Desde os anos 70, época dos programas da TV Globo *Som livre exportação* (70/71) e depois o *Sábado som* (74/75), o rock estrangeiro ou brasileiro não tinha espaço na televisão. Algumas músicas do Raul Seixas e da Rita Lee, já na fase solo, pós-Mutantes, ficaram conhecidas via trilhas de novelas da Globo e acabavam ganhando destaque em programas musicais do canal. O programa do Chacrinha ainda era reservado aos sambistas e cantores bregas, retrato do gosto popular brasileiro. O rock era um fenômeno restrito à classe média das grandes capitais e demorou a ter espaço na mídia.

Assim, o programa *Som pop* era um oásis no deserto musical das TVs. Mais ou menos nessa época, surgiu na televisão um programa de um disc jockey chamado Monsieur Limá (o nome era uma brincadeira com a língua francesa, denotando sofisticação), em que o hilariante sujeito – que promovia bailes de esquipes de som no subúrbio carioca – apresentava vídeos de artistas e bandas da dance music e, às vezes, mostrava alguma coisa de rock. Era um herdeiro do lendário Big Boy. Nesse programa, assisti ao vídeo da música *Who are you*, com o The Who no estúdio de gravação, um deleite para quem gostava da banda e de rock.

Eram poucos os veículos que dedicavam espaço ao rock, além das resenhas de discos e shows nos jornais. Eu, que cresci nos anos 60/70, vivenciei um pouco do clima de repressão por conta do regime militar, mas vi exemplos desafiadores da censura, caso do jornal *O Pasquim*, que dava um pouco de espaço à música, com entrevistas polêmicas de artistas consagrados como Elis Regina, Caetano e Gil. Era espantoso como a produção artística nacional tinha um vasto plantel e funcionou a pleno vapor em meio à ditadura. Alguns exemplos: o artista plástico Hélio Oiticica e seus parangolés, parceiro conceitual do movimento da Tropicália, que tinha Caetano e Gil, além de Tom Zé, como expoentes. No cinema, Glauber Rocha simbolizava o ativismo político e a brasilidade. Na literatura, Carlos Drummond de Andrade, Erico Verissimo e Ferreira Gullar, com seu famoso *Poema sujo*. Ainda criança, testemunhei algumas conversas em família sobre a censura e os artistas que eventualmente surgiam, ou entre amigos mais velhos no clube e na escola. Havia um sentimento geral de insatisfação com os rumos do país na política e, especialmente, com a desvalorização do nosso dinheiro.

Em meados dos anos 70, a imprensa foi timidamente tentando encontrar o público jovem para abrir os canais de um promissor mercado de consumo. Também nessa época, parecia nascer a indústria fonográfica nacional, com as multinacionais chegando para investir na produção musical local, enquanto mantinham o monopólio da música estrangeira nas rádios. No começo dos 70, houve a tentativa de lançar a versão brasileira da revista *Rolling Stone*, que durou poucas edições. A revista *Pop* era muito conhecida, fazia a alegria das meninas, expondo jovens atores e atrizes da TV nas capas e glamorizando o restante da cena artística, com matérias sobre velhos e novos talentos do meio musical. Em 1976, era publicada em São Paulo a revista *Música*, direcionada aos interessados no tema, com uma abordagem específica, quase técnica, sobre instrumentos e equipamentos, além de trazer críticas de discos e shows.

No fim dos 70, surgiu a revista *Som Três*, que, assim como a *Música*, também publicava matérias sobre áudio e equipamentos de som e abria espaço para a crítica de discos, entrevistas com artistas e resenhas de shows. A revista lançava edições especiais, algumas em forma de pôsteres, sobre a obra de artistas e bandas, como foi o caso do número em homenagem ao John Lennon. Só mais tarde, em meados dos anos 80, surgiriam as revistas *Roll* e *Bizz* como veículos oficiais da cena rock/pop nacional, muito por conta dos efeitos causados pela revolução empreendida pela Rádio Fluminense, plataforma para a chegada da nova safra do rock brasileiro.

* * *

Em 1981, eu me dediquei ao máximo aos estudos para garantir vaga na universidade. A bateria mumificada continuava comigo. Mesmo depois de comprar um pedal de bumbo da marca Ludwig, igual ao que Ringo usava (encomendei-o a um amigo em viagem aos Estados Unidos), os tambores e pratos foram rebaixados de importância e transferidos do meu quarto para um canto da lavanderia, e por lá ficaram. Minha rotina no cursinho era de tempo integral: acordava bem cedo para pegar o ônibus para Campo Grande, a velha jornada de 40 minutos onde conhecia cada parada, depois de tantos anos no mesmo caminho pisado. Continuava lembrando dos tempos em que ia a pé para a escola perto de casa, sonhando em voar no Jumbo da Pan Am. Fiz um esforço para manter as aulas na Cultura Inglesa e chegava em casa depois das onze da noite, três vezes na semana. Tempos duros.

Em março, o Queen veio ao Brasil para um show em São Paulo, transmitido pela TV Bandeirantes, que causou impacto. O Brasil estava desacostumado com eventos de grandes nomes do rock, ficávamos à margem do circuito internacional, mesmo após Frank Sinatra quebrar o recorde mundial de público com seu show no Maracanã, em janeiro de 1980. Depois do Queen, alguns outros grandes nomes do rock viriam ao Brasil nos anos seguintes: The Police, Van Halen e Kiss. Nessa época, costumava ir a um baile disco com meus amigos no Clube Campestre, em Santa Cruz, frequentado pela galera do cursinho, além da minha turma da Rural. Rachávamos a gasolina com um amigo que tinha carro, única maneira de chegar lá. No meu grupo, não havia demanda por drogas, mas alguns passavam da conta na bebida. Depois do baile, sobrevivi voltando num carro com seis, sete caronas e dirigido por um motorista embriagado. Meu anjo da guarda quase pediu demissão.

Os meses se arrastavam naquele período de preparação para o vestibular. Nada acontecia de diferente da rotina. Nos fins de semana, jogava tênis com meu pai. Acordávamos cedo para não esperar outras pessoas usarem a quadra. Essas são as melhores lembranças que tenho do convívio com meu velho, algo de que, lá em casa, apenas eu desfrutei. Diferentemente de meus irmãos, que saíram cedo de casa, passei mais tempo convivendo com meus pais. Meu velho não me deu uma bateria, mas, em compensação, me incentivou na prática do tênis, que ele jogava quando jovem, me pagava aulas e me proveu com o melhor material possível: raquetes, bolas e uniformes. Durante a semana, eu e meus amigos treinávamos e disputávamos o torneio do ranking do clube. Nos fins de semana, jogavam pais e filhos, especialmente nos domingos de manhã.

Depois da beatlemania, virei um tenismaníaco. Acompanhei o nascimento do chamado "tênis força" dos anos 70, com Bjorn Borg, Jimmy Connors, Guillermo Vilas e John McEnroe, que chegaram atropelando os últimos tenistas clássicos, Ilie Nastase, Paschoal Penetta, John Newcombe, Arthur Ashe. Houve um tempo em que eu realmente queria me dedicar ao esporte. Minha irmã trouxe dos Estados Unidos uma raquete do mesmo modelo usado pelo meu ídolo, Guillermo Vilas, o tenista sul-americano que chegou a número 1 do mundo. Mas não consegui me destacar. O nobre esporte branco acabaria sendo não mais do que um passatempo.

Um acontecimento que me chamou atenção em 1981 foi o festival MPB-Shell, da TV Globo. Um monte de novos talentos apareceu nas eliminatórias, que começaram em março e terminaram em setembro. Entre os concorrentes, estavam alguns nomes que me fizeram tocar o sino quando assisti a suas performances musicais: Eduardo Dusek (que mais tarde se tornaria Dussek), Gang 90 & Absurdettes e Lulu Santos. *Areias escaldantes*, do Lulu, foi a música de que mais gostei, além de *Encan-*

tador de serpentes, de Jorge Mautner e Robertinho de Recife, e *Perdidos na selva*, da Gang 90. Esses novos e talentosos nomes não venceram o festival, mas ganharam um bom espaço e até tocaram nas rádios. Aliás, foi no fim de 1981 que uma rádio nova, ainda numa fase experimental, entrava no ar, uma tal de Fluminense FM, que tocava rock com um perfil parecido ao da extinta EldoPop. Na programação, músicas de artistas e bandas nacionais. Essa foi a entrada da Fluminense FM em cena, mas a revolução nas ondas do rádio ainda estava para acontecer.

Havia um programa na Fluminense dedicado aos Beatles, que se chamava *Revolution*. Assim como o saudoso *Cavern Club*, do Big Boy nos anos 70, também era transmitido aos sábados, no fim da tarde. O programa anunciava um telefone para que os ouvintes interagissem com o apresentador, Sérgio Vasconcellos. Tive uma recaída com a minha paixão beatlemaníaca e participava do programa, ligando várias vezes. Uma vez, o Sérgio pareceu curtir minha paixão e bagagem sobre os Beatles e me convidou para ir ao programa. Aquilo foi o máximo. Peguei o ônibus até o Centro do Rio e a barca para Niterói, onde ficava a rádio.

Meus amigos se reuniram para ouvir juntos e gravar o programa numa fita cassete. Fiquei no ar com ele durante todo o programa, mais papo do que música. Foi legal falar sobre aquelas coisas todas que povoavam o imaginário dos apaixonados pelos Beatles. Concentrei minha conversa no Ringo, o quanto eu o achava importante como baterista e no contexto da banda. Ele me perguntou se o meu grupo conseguia tocar as músicas dos Beatles da fase *Sgt. Pepper's* em diante, já que havia muita orquestração e efeitos. Eu me lembrei do Carlos e seu sotaque macarrônico, mas me safei dizendo que nosso repertório era da fase inicial, mais centrado nas guitarras.

Nessa época, ainda havia um grande ressentimento com a perda do John um ano antes. Pudemos falar um pouco e depurar o trauma. Era a deixa para contar uma passagem curiosa que aconteceu comigo e meus amigos no dia da vigília em homenagem ao John, promovida mundialmente. Era um sábado de tarde e combinamos de ir a um lugar muito bonito na Rural, um gramado enorme na beira de um lago, no horário que foi divulgado no Brasil e ao redor do mundo. Só que, no dia marcado e perto da hora escolhida, chovia muito. Mesmo assim resolvemos ir.

Quando chegamos ao lago, ainda chovia. Estávamos com o rádio do carro ligado numa das estações com a programação musical dedicada ao John naquele momento. O locutor anunciou a homenagem e tocou *Beautiful boy*, do álbum *Double fantasy*, em homenagem ao Sean, filho de John e Yoko. Naquela hora, a chuva parou como que por encanto. Descemos do carro para caminhar até a beira do lago e dei-

Na adolescência, os esportes ganhavam muito espaço no meu cotidiano, como futebol e skate. Mas o tênis virou paixão. As fotos para a caderneta escolar eram parte de um ritual anual

Uma bateria abandonada na Rural foi meu primeiro instrumento: levei-a para casa e cuidei com carinho, para terror dos vizinhos. Música era só brincadeira com alguns amigos de escola (Lula e Gonzalo, acima), mas demos canjas em bailes do clube local

xamos o som alto. As nuvens se abriram e o sol iluminou tudo com uma luz prateada muito forte, parecia algo especial acontecendo mesmo.

A vigília foi prevista para durar meia hora. Ficamos impressionados diante do lindo céu prateado, enquanto o rádio do carro tocava as músicas mais emblemáticas do Lennon, como *Imagine*, *Mother*, *Number 9 dream* e *Give peace a chance*. No espaço de meia hora, assim que acabou a vigília, o tempo fechou e a chuva voltou. Nunca fui muito chegado a esoterismos, mas tive a chance de narrar isso no programa do Sérgio. Terminou com ele me pedindo para avisar quando e onde minha banda tocaria para convidar os ouvintes.

Voltei para a Rural na longa jornada de ônibus com planos mirabolantes para a banda voltar à ativa. Ao chegar, fui ovacionado pelos amigos que tinham se reunido para ouvir a rádio. Chegamos mesmo a ameaçar uma volta aos ensaios, mas, dali a poucas semanas, nos ocupamos com os estudos.

Nessa época, engrenei um namoro com uma menina da minha turma do inglês. Ela era sensível, inteligente e muito bonita. Parecia que não se importava com o fato de eu não ter carro, morar longe e ter que pegar o último ônibus para ir embora. Depois de um tempo levando-a até o portão de sua casa, tivemos a chancela de poder ficar nas cadeiras na varanda da casa, antes de chegarmos ao sofá da sala – essa progressão foi muito peculiar. Era um namoro à moda antiga. Estávamos mais focados em estudar e não deixamos que o namoro atrapalhasse nossas metas escolares. Tínhamos um vestibular pela frente e foi bom enquanto durou.

Os meses se arrastavam durante o cursinho, as aulas de inglês e a rotina no ônibus que me levava de manhã e me trazia à noite para casa. Além de cada ponto, de cada trecho do caminho, eu conhecia a cara dos motoristas e trocadores que se alternavam nos turnos semanais. Concluí que deveria ter mais hora dentro daquele ônibus do que a soma das horas de voo de um urubu em vida.

Foi um tempo em que eu fazia algum exercício nos fins de semana: jogava tênis com amigos e, algumas vezes, com meu pai. Nos domingos, na hora do almoço, conseguia um pouco mais de aproximação com meu velho, que puxava assunto sobre sua época de escola, se mostrava interessado em saber o que eu faria na vida, aquele papo que muitos chamam de diálogo. Até um uisquinho a gente tomava, coisa que normalmente era restrita às festas familiares e de fim de ano. Nesse sentido, acabei deixando meus pais muito felizes: ao menos um dos filhos estudaria na Rural. Estava decidido a cursar licenciatura em biologia. Só faltava passar no vestibular.

4!
"Os Paralamas do Sucesso? Que nome, hein?"

Era um final de tarde como outro qualquer de outubro de 1981, eu estava lendo algumas apostilas do cursinho, quando minha mãe me avisou que tinha um pessoal na porta de casa procurando por mim. Era um amigo antigo, o Super, ou Carlos Eduardo Facre. Estudava na turma da minha irmã, Maria Elisa, mas na Rural todo mundo se conhecia. Super (um apelido que seus colegas do vôlei lhe colocaram, numa referência irônica ao Super-Homem) estava com o cara que vi naquela festa junina da Rural, o tal cabeludo que parecia um personagem da Disney. Se já não bastasse sua figura chamativa, ele estava numa Variant azul-claro ano 68, alemã, que me lembrei já ter visto rodando pelas ruas de Seropédica.

– Oi, João, tudo bem?

– Oi, Super! O que é que manda?

– João, esse é meu amigo da zootecnia, o Bi...

– Oi, Bi, beleza?

– Oi!

– O que é que manda, Super?

– João, o Bi vai tocar com a banda dele no festival de música que está rolando hoje na sala de estudos, lá no alojamento, mas o baterista deles não vai poder trazer a bateria. Você pode emprestar a sua?

Na hora fiquei meio confuso e até meio assustado, pois achei aquilo surreal. O Super não era meu amigo da turma da música, eu não conhecia o tal cabeludo, só lembrava de ter visto aquela figura excêntrica na festa junina e não tinha a menor noção do que ele iria propor.

– A gente leva e depois traz de volta, numa boa. Se quiser, pode ir com a gente – disse Super.

Fiquei tentado. A bateria estava largada fazia tempo. Me deu uma certa vontade de encarar aquela aparente aventura, quem sabe eu até acabaria tocando alguma coisa.

– Mas... Bi, sua banda é de rock? Está concorrendo?

– Não, hahaha! É que eu inscrevi umas músicas que não foram classificadas, mas a gente vai poder tocar enquanto não sai o resultado do festival – respondeu.

– Mas cadê o baterista?

– Ele deve chegar com o guitarrista que está vindo do Rio... *(era o Herbert)*

Eu até que fui com a cara daquele cabeludo para seguir em frente com o encontro às cegas do Super. Me lembrei das tantas vezes que meus camaradas de banda não queriam mais tocar ou se arriscar a fazer outra apresentação. Além do mais, seria legal para quebrar a monotonia. Resolvi apostar e ver até aonde a coisa iria.

– Super, minha bateria está desmontada faz um tempo, mas a gente pode levar e ver o que rola. Que horas vai ser?

– É agora!

É necessário fazer uma regressão na tentativa de narrar o arco temporal desses acontecimentos, época em que o telefone fixo era o meio mais direto de comunicação. Em 1981, ainda se encontravam espalhados pelas ruas, bares, esquinas e postos de gasolina o velho e infalível telefone público, o conhecido orelhão. Bi morava numa casa alugada em Seropédica, no Km 49, centro nevrálgico dos alunos da Rural que não conseguiam vaga nos alojamentos da universidade. Daí, alugavam quartos e se reuniam em repúblicas. Alguns privilegiados conseguiam as poucas casas disponíveis para rachar o aluguel com outros amigos estudantes, como era o caso do Bi. Ninguém tinha o luxo de um telefone fixo, algo que na época era exclusivo apenas dos comerciantes e de poucos moradores da região.

Naquele dia de tarde, Bi foi até a central telefônica que ficava no pavilhão 1 e ligou para a casa do Herbert, em Copacabana, para dar uma notícia bombástica: depois que ele conversou com os organizadores do festival de música estudantil, estava confirmado que Os Paralamas do Sucesso poderiam se apresentar naquela noite, enquanto os jurados escolhiam a música vencedora.

Herbert não estava em casa, então Bi ligou para Pedro, seu irmão, para que tentasse avisar ao Herbert. Eles teriam que correr. Seria uma roleta russa achar Vital. Bi ficou com a missão de conseguir uma bateria para que Vital, caso viesse, tocasse. Herbert acreditava que conseguiria encontrar Vital na escola técnica Cefet, ao lado do Maracanã, onde ele estudava, e pegá-lo na saída. Herbert estava decidido que se apresentariam com ou sem o baterista. No fim da tarde, quase noite,

Pedro e Herbert ficaram de plantão na porta da faculdade e nada do Vital aparecer. Procuraram e esperaram até o limite do horário. Resolveram seguir em frente rumo à Rural e deixaram um recado: quando o Bi ligasse, era para avisar que Vital não iria e que era para arranjarem um baterista...

Depois que enfiamos a bateria na Variant do Bi, partimos para o local da apresentação. No caminho, fomos conversando.

– Mas Bi... é Bi mesmo, em português, ou Bee, de abelha em inglês?

– Português mesmo, todo mundo pergunta se tem a ver com a loja, né? *(Bee era o nome de uma conhecida grife de moda, com uma rede de lojas nos shoppings e na Zona Sul carioca)*

– A banda tem nome?

– Tem: Os Paralamas do Sucesso... *(risos do Bi e do Super)*

– Caramba! *(risos)* Paralamas do Sucesso? *(mais risos)* E vocês já se apresentaram alguma vez em algum lugar?

– Não, a gente só ensaia... Nunca tocamos ao vivo...

– E o que você toca?

– Baixo, toco baixo.

– Ah, tá. E o resto da banda, como é?

– Tem o Herbert na guitarra, que compõe as músicas, dois vocalistas, o Naldo e o Ronel, eles tipo cantam, né? Aí tem o Vital, que é o baterista.

– Mas o baterista não vem?

– O Herbert ia pegar o Vital antes de vir pra cá, ia passar lá no Cefet, no Maracanã, onde ele estuda. Se tudo correr bem, chegará a tempo...

– Ah, tá... Mas se ele não vier, como vai ser?

– Não sei, né?

Super entrou na conversa:

– Bi, o João tem um conjunto que já se apresentou nuns bailes aqui do clube...

– Que isso, cara! A banda era só brincadeira... – respondi.

– Se o Vital não chegar, podemos ver se tocamos alguma música com bateria, né? Se você achar que dá...

– Cara, olha que a última vez que eu ouvi uma história dessas foi quando o baterista dos Beatles faltou e o Ringo tocou no lugar *(risadas)* – eu falei.

Se a nossa conversa não foi exatamente essa, chegou muito perto disso. Num instante, achei a coisa meio oportunista: eles precisavam de uma bateria, talvez de um baterista, e eu fui em frente, pensando que no final ao menos eu teria a chance de me divertir um pouco, qualquer que fosse o desfecho. Carregamos meus trecos para trás do palco, onde ficamos esperando o início do que seria a finalíssima do festival. O palco era composto pelas mesas de madeira espalhadas na ampla sala de estudo, na área dos alojamentos da universidade. Pesadas, sólidas, foram agrupadas e funcionaram bem, criando um auditório improvisado.

Era um lugar normalmente movimentado e o festival superlotou a sala. Os finalistas eram, em sua maioria, formados por duplas de violonistas que cantavam ou acompanhavam cantores. Os concorrentes iam se revezando, um após outro. O modelito dessa turma era o mesmo: batas de tecido, calça desbotada e chinelas de couro. Em geral, usavam óculos e tinham aquela pinta de intelectual de diretório estudantil.

Os vocalistas da banda do Bi chegaram: o tal Naldo também era da zootecnia e Ronel estudava engenharia florestal. Com o festival em andamento, estavam apreensivos com a demora do Herbert. Para descontrair, fizemos comentários sobre o teor das músicas e das letras dos concorrentes, bem naquele clima "viola enluarada". Teve uma música em que alguém puxou uma flauta transversa, tocando com um certo requinte até. As canções eram toadas, aboios e violadas, com forte sotaque rural. Muitos concorrentes vinham do interior.

As letras narravam cenas campestres ou mensagens ecológicas com um certo discurso político, algo impensável alguns anos antes. O Brasil vivia o início da abertura política; o atentado no Riocentro ocorrera meses antes, em represália à Lei da Anistia. As músicas concorrentes abordavam o sentido de coletividade na luta do homem do campo contra os coronéis latifundiários e a monocultura, o direito à terra e demais questões sociais do Brasil. Nada mais adequado para um festival de música universitário.

Perguntei ao Bi sobre o que falavam as músicas dos Paralamas. Ele explicou que eram sátiras e crônicas mais urbanas, coisas parecidas com o Grupo Rumo ou com Arrigo Barnabé, mas com uma pegada roqueira. Não foi à toa que ficaram de fora da seleção de canções do festival. Conversamos sobre música, encontramos afinidade nas bandas de rock e pós-punk inglesas, em especial, The Police, The Clash – que teve a resenha do álbum *Sandinista!* publicada nos jornais daquela semana –, além de outros nomes como Ramones, Sex Pistols e Queen, que o Bi havia visto em São Paulo. Comentei que o vi usando uma camisa escrito Ramones na festa junina da Rural e quis saber se era uma banda. Bi corrigiu: disse que era seu irmão Pedro, e sim, era uma banda punk de Nova York. Ainda comentamos sobre nomes que estavam surgindo na cena nacional, do naipe de Robertinho de Recife, Eduardo Dusek, Lulu Santos, Gang 90, Arrigo Barnabé, Premeditando o Breque, entre outros.

Super foi até a rua ver se havia sinal do Fusca vermelho do Herbert. Alguns minutos depois, resolvemos ir até a plateia para assistir aos concorrentes. Quando passávamos no meio da galera, Super entrou no salão, pedindo licença, com um amplificador de guitarra do tamanho de uma mala. Atrás dele, vinha um cara vestindo um moletom de Mickey Mouse azul-bebê da Disney, óculos com armação preta à la Buddy Holly, com um estojo de guitarra. Super nos viu:

– Bi! Olha aqui! O Herbert chegou!

Herbert estava acompanhado do irmão do Bi, Pedro, que já era parte da *entourage* do grupo. Pedro trazia o baixo do Bi num estojo de napa.

– Até que enfim! E o Vital? Nada? – perguntou Bi.

– E aí, pessoal! Vital sumiu! Passamos lá no Cefet, procuramos o cara por todo lado e nada. Viemos embora assim mesmo. Vocês arranjaram um baterista? – perguntou Herbert, ansioso.

– Herbert, esse é o João, baterista aqui da Rural. Ele trouxe a bateria dele.

– Uau! – Herbert não escondeu seu entusiasmo.

Nessa hora, mesmo com o lugar cheio, abriu-se uma clareira enquanto a gente conversava. Dei de cara com o Herbert e, do nada, comecei uma conversa fiada em inglês com ele, qualquer coisa assim:

– Hi, I'm John. How are you, man?

– Hi! I'm Herbert, are you the drummer?

– Yes, somebody has to do the dirty job...

– Oh, yeah!

Nota temporal complementar: tempos depois, Super me contou que quando foi à rua ver se Herbert estava chegando, viu de longe o Fusca vermelho estacionando. Se aproximou e Herbert estava saindo do carro afobado. Ao avistá-lo, correu em sua direção, agarrou-o pelos ombros e disse:

– Super! Você conseguiu um baterista? Me diz que você conseguiu!

Eu percebi o entusiasmo do Herbert com a possibilidade de a apresentação acontecer comigo na bateria, mesmo sem a gente nunca ter se esbarrado antes, sem ensaio, sem nenhuma combinação. Fomos todos de volta para trás do palco. Herbert estava curioso sobre mim e começou um interrogatório. Perguntou se eu tocava fazia tempo, se era com banda fixa, tudo com um certo cavalheirismo. Ele sondava o quanto eu poderia render.

Mas, àquela altura do campeonato, não faria a menor diferença: eu tocaria de qualquer jeito, sendo bom ou ruim. Contei que aprendi sozinho e levava um som sem compromisso com amigos da Rural, em canjas em bailes, coisas assim. O repertório era basicamente Beatles. Disse que sentia falta de tocar porque meus amigos abandonaram suas aspirações musicais. Também não curtiam muito as bandas novas tipo Police, Pretenders e Clash. Comentei que achava o Police os novos Beatles, gostava das músicas que começavam devagar e dobravam o tempo no refrão. Ele também curtia e ia comprar pedais de efeito como os que o Andy Summers, guitarrista do Police, usava.

Herbert contou que gostava dos violonistas virtuosos como Al Di Meola, John McLaughlin, Paco de Lucía e Philip Catherine e me perguntou se eu os conhecia, além dos mestres Hendrix e Santana. Mas que estava descobrindo guitarristas novos como Adrian Belew, Andy Summers e bandas da new wave. Falou que começou a tocar em Brasília, veio para o Rio pouco antes do Bi e, quando ele chegou, começaram a tocar em casa, só guitarra e baixo.

Do jeito que Herbert falava, parecia que eles tinham chegado de Brasília ontem. Fiquei impressionado quando ele abriu o estojo preto com o tradicional logotipo Gibson em letras douradas e sacou uma legítima modelo L6S preta, a mesma usada por Carlos Santana. Já havia visto anúncios dessa guitarra nas revistas *Rolling Stone* que meus irmãos costumavam comprar. Bi tirou do estojo seu baixo parecido com um Fender Precision, da desconhecida marca CNI, japonesa. Disse ter comprado numa viagem a Londres. Quanto ao Vital, o baterista ausente, contou que era amigo do cursinho, batucava com força nas carteiras da sala na hora da bagunça e foi convocado para tocar. Foi só depois que ele finalmente comprou de segunda mão uma velha Pinguim (líder do restrito mercado brasileiro desde os anos 60) que começaram a ensaiar na casa da avó do Bi. Nunca haviam se apresentado, mas falou do dia em que tocaram no quintal de uma casa de praia de amigos em São João da Barra.

– A conversa está ótima, mas como vai ser pra gente tocar? – perguntei.

Pedi uma ideia das músicas que tocaríamos. Herbert explicou que uma era meio no formato do Police. Começava devagar e acelerava na segunda parte, e chamava-se *Vital e sua moto*, sobre a sonhada liberdade do motoqueiro. As outras eram rocks mais simples. O tema urbano, que destoava totalmente do festival, estava presente nas músicas. O repertório tinha *Rodei de novo*, sobre as agruras e angústias de um estudante que levava bomba em matemática. Outra era *Pinguins*, um devaneio poético sobre as aves típicas do Hemisfério Sul que vez por outra apareciam nas praias durante o verão carioca.

A última música era *Reis do 49*, cuja letra falava da Rua Sete, o coração de Seropédica, onde moravam os já citados privilegiados alunos da universidade. Ali atrás, antes de subir ao palco, junto com os cantores Naldo e Ronel, passamos as músicas à capela, com o Herbert tocando guitarra sem ligá-la no amplificador. Um detalhe surpreendente era que, nessa época, ele não cantava, apenas tocava guitarra. Tive uma pequena noção do formato das músicas, mas senti um certo frio na barriga ao pensar no momento em que tocaríamos no palco, de frente para a plateia. Pensei comigo: vou ter que encarar os leões...

Montamos os equipamentos rapidamente, Herbert e Bi afinavam seus instrumentos, cantores testavam o microfone, apitos de microfonia vinham daqui e dali, minha humilde bateria estava pronta, até que finalmente fomos anunciados pelos organizadores.

– Pessoal, enquanto os jurados avaliam as finalistas, vocês ficam com o som do... Os... o quê? Paralamas? Do Sucesso? Hahahaha! É, então vocês ficam agora com o som dos Paralamas do Sucesso, que vão tocar algumas músicas antes de anunciarmos os vencedores do festival, ok?

Todos estavam a postos. Ronel e Naldo dividiam o mesmo microfone. Acho que Bi ligou o baixo no mesmo amp do Herbert. Não havia microfones para a bateria. Contei até quatro e começamos:

– Cinquenta menos cem, não sei quanto dá... noventa menos quinze, pra que quero saber? Rodei de novo! Ú-ú-ú-úúúú! Rodei de novo! Rodei de novo, meu bem! É! Rodei de novo!

Rodei de novo era um rockinho tipo Elvis Presley. O Herbert entrava solando direto depois de cada verso, mostrava que entendia do negócio.

Como eu não sabia as músicas, fiquei ligado no Herbert, que dava uma regida me olhando e acenando com a cabeça nas mudanças dos versos, na hora do solo e no fim de cada canção. Esses roquinhos foram fáceis de tocar. Até então, o único cara que eu já tinha visto tocando guitarra assim tão bem tinha sido o Toninho, do Gato de Louça. Não me lembro se Herbert já usava pedais, mas, como todo bom guitarrista, ele ia e voltava toda hora até o seu amplificador e aumentava o botão de volume mais um pouco, até que a guitarra se fizesse onipresente, mais alta do que todos os instrumentos no palco. Só dava guitarra.

Em *Rodei de novo*, não fui nada mal para quem nunca havia tocado junto. Conseguimos começar e terminar a música juntos porque tinha aquela grade padrão do blues de 12 compassos, usado nos roquinhos mais clichês dos anos 50. A plateia reagiu bem, gente dançando e curtindo a barulheira, totalmente oposto do que foi mostrado ali no palco ao longo do festival. Nas duas músicas seguintes, Herbert puxou a introdução com riffs de guitarra, o que me facilitou em acertar a entrada. Mas essas tinham algumas paradinhas, que ficavam antes do refrão, no fim de cada verso. Herbert foi um verdadeiro show-off durante a performance: quando entrava solando, mostrava destreza nas escalas e *bends*, acima e abaixo do braço da Gibson preta. Seu pequeno amp da marca Hohner, mais famosa por fazer gaitas harmônicas, até que entregava um som consistente.

Na segunda música, Herbert arrebentou uma corda da guitarra, rapidamente trocada entre uma música e outra com ajuda do Pedro. Bi tocava o baixo de forma bem compenetrada, nem olhava direito para os lados ou para o público. Mais adiante, em outro solo empolgado, Herbert arrebentou mais uma corda. Outra rápida troca e seguimos em frente. A plateia continuava animada. O curto espaço de tempo das músicas pareceu ficar menor, aparentemente, devido a nossa enorme excitação na hora de tocá-las, uma adrenalina e tanto. Vai ver que toda aquela empolgação foi o que fez Herbert arrebentar duas cordas, mas depois percebi que ele usava uma palheta feita de pedra, o que pode ajudar a estourar cordas, caso o guitarrista se empolgue.

Naldo e Ronel bradavam as letras meio como cantores de bandas punk. Com um sobretudo preto, Naldo lembrava o visual gótico que ficaria conhecido anos depois. Já Ronel usava camisa polo abotoada, parecia mais com um caixa de banco. Não tenho uma lembrança mais detalhada de cada música, tudo aconteceu rapidamente e, quando vimos, já tinha acabado, como fogo de palha. O que ficou mais forte na memória foi a reação da plateia. Parecia que a nossa apresentação surpresa havia animado bem os presentes. Teve um camarada entusiasmado que dançava enquanto rasgava um papel com os braços acima da cabeça, que arremessou depois no palco: era sua carteira de estudante!

No fim, recebemos os aplausos amigáveis da plateia e desmontamos os equipamentos, enquanto a turma do festival entrava para anunciar os vencedores. Bi e seus amigos de banda vieram me cumprimentar, muito felizes. Herbert foi enfático e falou para o Bi com ares proféticos:

– Não falei? Eu sabia! Tudo que a gente precisava era de um baterista de verdade! Eu sabia! Eu sabia!

Super, que nem era da banda, parecia meu empresário e comentou empolgado:

– Eu não disse que o João tocava bem? Eu falei!

O clima era realmente animado, especialmente para nós. Parecia que já tínhamos tocado juntos antes. Herbert e Bi ficaram empolgados e me felicitaram muito. Herbert foi bem direto e pediu para que tocássemos alguma hora outra vez:

– João, cara, a gente tem que tocar junto de novo, vamos nos encontrar, vamos combinar. Foi tudo muito maneiro, isso não pode ficar só por aqui...

– Cara, foi muito legal, eu também adorei! Você toca muito, nunca toquei com alguém assim tão bom! Vamos tocar de novo, sim!

Não me recordo se depois do show Herbert e Pedro voltaram para o Rio tarde da noite ou se dormiram na casa do Bi, sentindo-se como reis do 49. Bi e Super me levaram para casa, conforme o combinado. No caminho, comentei com o Bi que tinha achado tudo muito legal e esperava mesmo que voltássemos a nos encontrar. Eles me ajudaram a descarregar os tambores e pratos e nos despedimos. Meus pais me perguntaram de onde eu estava chegando àquela hora. Contei da apresentação e eles riram do nome da banda. Eu tinha que dormir, porque acordaria cedo no dia seguinte para um simulado do vestibular. A brincadeira foi boa, mas eu vivia a pressão social de entrar numa universidade, a dura realidade inescapável daqueles tempos. Afinal, esse negócio de tocar rock, carreira artística, não dá em nada... Por mais bizarro que tudo pareceu, fiquei com a sensação de que logo voltaria a encontrar os caras dos Paralamas do Sucesso.

5!
Universidade paralâmica

Além de passar no vestibular para minha primeira opção de carreira, licenciatura em biologia, realizei um sonho dos meus pais: ver ao menos um dos quatro filhos estudar na Rural, já que meus irmãos e irmã foram embora para outras praias. No dia em que vi meu nome na lista de aprovados no jornal, tomei uma medida radical: antes de receber o tradicional trote, me adiantei e raspei a cabeça com máquina dois, evitando aquela selvageria dos alunos veteranos. Comecei o ano de 1982 bem encaminhado. Os créditos do semestre me permitiam continuar dando aula de inglês no colégio local. Pude até pegar mais duas turmas, totalizando quatro. Fiz novas amizades na Rural e minha turma se tornou muito coesa.

Enquanto eu ia a pé de um pavilhão ao outro do campus, passei a encontrar com certa frequência Bi Ribeiro e sua indefectível Variant azul 1968, já que fazíamos algumas matérias em setores comuns aos nossos cursos – ele estudava zootecnia. Nossas conversas, sempre rápidas e apressadas, eu chegando e ele saindo, eram sobre o antológico show no festival e se ou quando nos reuniríamos para tocar de novo. Outras vezes, perguntava como estava a banda e ouvia dele que tocavam pouco, o Vital não ia mais aos ensaios e a bateria estava desmontada.

Passados alguns meses, fui surpreendido pelo Bi com uma conversa sobre uma provável apresentação dos Paralamas num bar do "49" (ou Km 49 da antiga Estrada Rio-São Paulo, como já expliquei). O evento estava sendo planejado pelo Bi mesmo. Ele me perguntou se eu me incomodaria em deixar o Vital tocar algumas músicas e concordei: "Se ele for desta vez, não tem o menor problema!". Seria uma única apresentação no movimentado bar Shopstake (era assim que se lia na placa), no ponto mais efervescente da Rua 7, o coração pulsante de Seropédica.

Curioso é que não havia show ou música ao vivo nesse bar. Bi contou com o apoio do Super para encontrar equipamento de aluguel e foram à casa do Seu João Conversa – apelido que virou sobrenome –, "dono" do conjunto de baile URB-7, cujos filhos e filha faziam parte da banda em que tocava o João Fera. João Conversa exigiu muito dinheiro para alugar apenas dois amplificadores e Bi me pediu para ajudá-lo a encontrar um amplificador de baixo mais em conta ou emprestado. Acabou que o Antenor, meu ex-parceiro da banda local, emprestou seu imponente amp de baixo nacional da marca Palmer. Nem me lembro se conseguimos arranjar um sisteminha de voz para os cantores, mas o show ia acontecer de qualquer forma.

Bi passou na minha casa naquela tarde, pegamos os instrumentos e fomos para sua casa no fim da Rua 7, mais perto do local do show. Ao anoitecer, Herbert chegou com seu Fusca trazendo amigos do Rio. Não me lembro de todos, mas entre eles, estava Helena Lemos (irmã do Fê e do Flávio Lemos, amigos da Turma da Colina), que passava uns dias no Rio, vinda de Brasília.

Pano rápido: depois do furo na apresentação do festival, repetiu-se a expectativa se Vital chegaria mesmo. Acabou que apareceu no seu carro, um Baja Buggy, junto com Pedro Ribeiro, bem na hora de nos dirigirmos ao local do show para montar o equipamento. Eu e Vital fomos finalmente apresentados por Bi e Herbert, o clima era de total camaradagem. Meu agora parceiro baterista parecia boa-praça, combinamos por alto que ele começaria tocando e depois eu assumiria. Tudo acertado, em seguida ele me deu um aperto de mão tão forte que quase quebrou meus dedos. Seria uma forma de sabotar minha participação?

Não havia palco. Montamos o equipamento no chão mesmo, num canto de uma área aberta, ao lado da ampla varanda coberta do Shopstake, que por volta das 20h já tinha gente em suas mesas. Herbert levou seu amp Hohner, mas a novidade era uma guitarra Giannini Stratosonic vermelha e dois pedais de efeito Boss: um chorus e um overdrive. Achei aquelas caixinhas coloridas, azul (chorus) e amarela (overdrive), superchamativas. Herbert me contava empolgado sobre como se dedicou a chegar na sonoridade do cara do Police, Andy Summers, usando algumas de suas ferramentas. Plugou tudo rapidinho e começou a dedilhar perfeitamente a introdução de *De do do do, de da da da* a todo volume.

Foi um impacto para mim. Conhecia essa música do clipe na TV, com os caras brincando na neve com guitarra e baixo em punho, dublando tudo, o que me lembrava as pantomimas dos Beatles em *Help!*. O som da guitarra estava simplesmente igual ao do Police. Quase que mediunicamente, reproduzi a batida da música na bateria, lembrando que tinha uma levada no aro da caixa. Bi começou a tocar o baixo. Num instante, o barulho de copos e garrafas das pessoas que já estavam no bar silenciou. Conversas pararam. Cabeças viraram para ver de onde vinha o som, para só então perceberem que éramos nós. Nos entreolhamos com sorrisos, aquilo era muito legal! O show nem mesmo tinha começado e já estávamos agradando.

Essa é a lembrança mais marcante desse dia. Acho que Bi e Herbert também pensaram, como eu, que aquilo era algo semelhante à realização de tocar numa banda de rock, a vontade de querer ficar e fazer durar o quanto possível, estender aquele momento prazeroso. Não lembro como fizemos na hora, a ordem das músicas e quais tocamos. Num instante, o Herbert se deu conta de que tinha que chamar o Vital para tocar um pouco, mas logo eu estava de volta à bateria. Foi assim que repetimos até mesmo as músicas que Vital já havia tocado.

As pessoas começaram a se aglomerar e a ficar de pé ao nosso redor, formando uma parede; quem estava atrás não conseguia nos ver. Houve até um certo empurra-empurra. Era muita gente. Os mais empolgados começaram a dançar. Num momento, vieram nos avisar que a Rua 7 estava parada de tanta gente querendo entrar, carros presos num enorme engarrafamento! Seguimos tocando e tocando. Só a versão de *De do do do*, a mais conhecida do repertório, foi repetida umas três vezes, estendida por muitos minutos além do seu tamanho original. Herbert não cantava a música, mas comandava a galera, que gritava "Du-du-du-du!!!! Dá-dá-dá-dá!!!!" na hora do refrão, com toda força! Ele parecia o flautista de Hamelin numa versão de guitarra em punho, comandando aquela gente animada.

Além dos roquinhos dos Paralamas, se não me engano, tocamos *Areias escaldantes*, do Lulu Santos, e no final a suíte *See me, feel me*, da ópera *Tommy*, do The Who, que Vital adorava e já tinha tocado no seu set. Muitos dos "ruralinos" (alunos da Rural) identificaram a canção antológica e reagiram com empolgação, gritando e uivando. Bons tempos em que universitários gostavam de rock. E a empolgação nos realimentava, nos fazendo tocar a música numa versão estendida, quase sem fim. Alguns de nossos amigos se lembram dessa noite, como o Super. Tocamos por quase três horas, mas minha mente não consegue resgatar muito do que se passou, foi tudo um flash. Nossa apresentação foi encerrada por três PMs. Eles adentraram o recinto e deram ordem para que finalizássemos o show por causa do caos que se instalara naquele quarteirão. O notório bar Shopstake jamais seria o mesmo depois dessa apresentação dos Paralamas. E nós também, depois dessa noite mágica.

Terminada a apresentação, ainda em êxtase, nos juntamos para conversar numa mesa do Shopstake, por sugestão do Herbert. Os equipamentos foram desmontados e guardados na Variant do Bi. Vital já tinha ido embora com Pedro e mais alguns dos caronas do Herbert. Talvez isso o tenha deixado bem mais à vontade para falar o que tinha em mente:

– Bi, João: o que a gente conseguiu aqui hoje foi foda demais! João, você tem que entrar pra banda! A coisa começou a funcionar com você! Leva tua bateria pra casa da Vovó Ondina nesse fim de semana, cara! A gente tem que tocar junto!

Foi assim, na noite desse dia, com esse teor imperativo, a convocação para eu integrar Os Paralamas do Sucesso. Fui praticamente forçado a entrar para a banda, como se eu já não estivesse pensado antes em me convidar para tocar com eles, desde o nosso inusitado primeiro encontro no festival e nas várias vezes em que esbarrei com Bi na universidade.

Tudo muito bem na teoria, mas, na prática, havia uma dificuldade para mim, que morava na Rural, em ir ao encontro deles para tocar. Deixei claro que não seria fácil. Senti o entusiasmo deles quando, num impulso, Bi e Herbert me ofereceram para ficar em suas casas no Rio. Combinamos que Bi me ajudaria a levar minha humilde bateria para o local de ensaio, um quarto no apartamento da avó do Bi, na mesma Rua Souza Lima onde Herbert morava em Copacabana.

Fiquei melindrado com a situação do Vital. Herbert explicou que ele estava sem entusiasmo e que eu tocava muito melhor que ele. Além disso, ia vender a bateria – desmontada e empoeirada no quarto de ensaio – para comprar uma moto, uma velha história que ele contava e que levou Herbert até a compor uma música sobre isso. Parecia que Vital, que havia sido incentivado pelo Herbert a comprar uma bateria de verdade por batucar bem nas carteiras da sala do cursinho, tivera todas as chances para se provar merecedor do posto de baterista, mas a coisa não deslanchava. Eu me senti muito considerado, aceitei e encarei na hora o desafio de integrar a banda. Herbert parecia cada vez mais convencido de que a gente conseguiria algo dali em diante. Num tom quase messiânico, disse:

– Ninguém mais segura Os Paralamas! Bi, depois de tanto tempo tentando, agora chegou a hora, eu sei que algo vai acontecer! Com o João entrando pra banda, a gente vai conseguir!

* * *

Foi difícil voltar ao normal depois dos momentos de excitação e felicidade tocando com Os Paralamas, que não saíam da minha cabeça. Acordava cedo e seguia para minhas aulas na Rural. Depois, à noite, dava aula de inglês no colégio local. Aos sábados, eu tinha duas turmas de inglês cedo pela manhã e pegava um ônibus por volta de 11h rumo ao Rio. Chegava à Rodoviária, no Centro, lá pelo meio-dia, e pegava o 127 para Ipanema, onde Bi morava com a mãe. Essa era minha rotina no fim de 1982. Bi havia levado minha bateria numa sexta-feira e combinamos nosso primeiro ensaio no sábado seguinte. Eu ficaria hospedado na casa dele. Fui recebido como se fosse um velho amigo da família. Conheci todo mundo e fomos para a praia, que ficava a um quarteirão dali.

Era algo especial: sempre desejei ir à praia, mas nunca tive muita chance. Lá pelo fim dos anos 50, meus pais costumavam alugar uma casa na Ilha do Governador quando meus irmãos ainda eram crianças, nos tempos em que havia praia limpa no bairro. Depois que eu nasci, por alguma razão, não teve mais praia com os filhos. Mais tarde, na adolescência, costumava acampar com amigos nas praias da Ilha Grande, no litoral fluminense. Eis que de relance eu estava ali, nas célebres areias de Ipanema, em pleno Posto 9, num sabadão ensolarado.

Sempre tive respeito pelo mar e, apesar de não ter a menor intimidade, sabia nadar. Logo aprendi com Bi, Herbert e Pedro Ribeiro as manhas para evitar as correntes e as valas. Dali a pouco conseguia até pegar jacaré, habilidade que meus amigos dominavam e me ensinaram. Nossos momentos na praia eram um interlúdio constante do que se tornou a rotina nos fins de semana. Depois do almoço na casa do Bi, seguíamos de carro até Copacabana, para o apartamento da Vovó Ondina, mãe da Luciana, mãe do Bi, onde nos enfurnávamos no quarto para tocar no resto da tarde.

No amplo apartamento no terceiro andar de um prédio igual aos muitos que se enfileiram lado a lado, tinha um quarto onde arrumamos nossos instrumentos. Não havia nenhum recurso para melhorar a acústica e diminuir a reverberação do som da guitarra, do baixo e da bateria. Bi e Herbert me contavam às gargalhadas das reclamações que o senhor idoso do andar de baixo fazia e do episódio em que PMs bateram na porta para reclamar do barulho e foram recebidos pela simpática velhinha de cabeça branquíssima, falando não se incomodar com o som alto e deixando os policiais sem argumentos. Esse episódio serviu de inspiração para uma música do Herbert. Fui apresentado à Vovó Ondina como o novo baterista, e começamos a tocar com todo o empenho.

Para terror da vizinhança, muitas vezes repetíamos a dose nas tardes de domingo, mas nem sempre tocávamos até de noite. Terminado o ensaio, íamos ao

Filipeta em xerox feita de próprio punho pelo Herbert e colada nas paredes do curso de arquitetura no Fundão, chamando para nossos shows no famigerado Western Club, no Rio de Janeiro

Mesmo depois que saiu da banda, Vital continuou amigo de todos e sempre aparecia nos shows no Rio. Era um cara muito divertido, intenso. Teve uma doença fulminante, e sentimos muito sua perda precoce, em 2015

Gordon, lanchonete de uma famosa rede na Zona Sul carioca, hoje extinta, que tinha como símbolo um simpático canguru. Ali, fazíamos planos mirabolantes para o futuro dos Paralamas: sonhávamos com bons instrumentos, shows, gravação de discos e viagens. Sonhar era de graça.

Essa era a nossa rotina todo fim de semana. De noite, íamos juntos ao cinema. Assistimos a alguns clássicos dos anos 80, como *Blade Runner*, *Fome de viver*, *Excalibur* e o primeiro longa da *Jornada nas estrelas*. Alternadamente, íamos ao Circo Voador, já aterrissado na Lapa, e ao Morro da Urca, lugares antológicos na cena musical carioca da década. No Morro da Urca, havia o anfiteatro, ao ar livre, que fechava o teto para garantir shows em dias de chuva. Antes e depois da atração ao vivo, rolava discotecagem com a pista lotada e, numa sala ao lado, vídeos num telão com as bandas em voga, no auge da new wave, os mesmos que passavam na MTV americana – por aqui, o consolo eram os musicais do *Fantástico* ou os vídeos do *Som pop*, ainda no ar.

O meio de chegar ao Noites Cariocas era através do bondinho, mas aventureiros penetras arriscavam subir a pé a trilha atrás do Morro da Urca, o que só acabou quando aumentaram a segurança do lugar. No Circo, as atrações eram mais ecléticas e de nomes desconhecidos. Assistimos ao rock pantomima do João Penca e Seus Miquinhos Amestrados, Alvin L e os Rapazes de Vida Fácil, além de bandas e nomes mais caretas como Alynaskyna, Água Brava, Zé da Gaita, até chegarem as bandas punk do Rio e de São Paulo.

Antes, durante e depois de nossos encontros, fazíamos planos mirabolantes para tocar em algum lugar, qualquer que fosse. Herbert e Bi se lembravam das investidas da turma de Brasília que chegava em lanchonetes e pedia uma tomada para ligar os amplificadores, tomando de assalto o lugar com a música. A tática foi levada a cabo pela banda punk Aborto Elétrico, do Renato Russo e os irmãos Lemos, que mais tarde formariam a Legião Urbana e o Capital Inicial. Herbert e Bi contavam histórias e mais histórias de quando moravam em Brasília, da primeira vez que viram uma guitarra, nas mãos de um certo Dudu Watson, que morava na quadra tal, e das bandas que estavam lá na ponta-de-lança da modernidade, na frente de Rio e São Paulo, como Blitz 64, Plebe Rude e o próprio Aborto Elétrico, cujo destaque era um tal de Renato Manfredini, o Renato Russo, descrito como um cara esquisito, muito inteligente, professor de inglês desde jovem, com cara de CDF (antiga denominação para os hoje nerds), mas profundo conhecedor de rock.

Supostamente, a galera de Brasília estava na vanguarda musical porque recebia informação antes das de outras cidades brasileiras, por conta dos filhos de diplomatas e de outros gringos de passagem pela cidade. Eles interagiam com a turma local, mostravam revistas, vídeos e discos de bandas que se tornariam referenciais do punk e pós-punk dos anos 70 e da chamada new wave dos anos 80. Pela narrativa deles, especialmente os relatos superlativos do Herbert, eu idealizava a capital federal como uma espécie de Londres misturada com Nova York, de tanta coisa espetacular que acontecia por lá. Na época, a capital era mais famosa pela terra vermelha, pouco arborizada, e pelos escândalos de corrupção, desvios de verbas e nepotismo protagonizados por seus políticos.

* * *

Na esquina da lanchonete que frequentávamos na Praça General Osório, havia um templo de informação: uma enorme banca de jornais que vendia toda sorte de revistas e publicações musicais importadas. Herbert era cliente, não deixava escapar nenhum número da *Guitar Player*, sempre estampando um monstro sagrado na capa. Quando a grana permitia, eu comprava a *Modern Drummer*, revista americana que trazia tudo e mais um pouco do mundo da bateria. Tanto Herbert quanto eu devorávamos essas revistas, até sonhando em um dia estar na capa de uma edição. Além da *Rolling Stone*, havia uma revista chamada *Musician*, que trazia atualidades do show business internacional e entrevistas com bandas, músicos renomados, diretores de gravadoras e produtores conceituados.

Quem também frequentava essa banca era o irmão mais velho do Herbert, Hermano, que tinha grande cultura musical, íntimo das últimas tendências do eixo Londres-Nova York e com a mente aberta para todas as vertentes musicais. Ele sempre carregava as últimas edições da revista *The Face* e do jornal *New Musical Express*, ambos londrinos, e seria responsável por indicar coisas legais para a gente escutar e ampliar nossos horizontes.

Hermano vivia ligado nos programas das segundas e sextas na Rádio Fluminense, o *Rock alive*, que nesses dias apresentava novidades, diferente dos clichês que a rádio costumava tocar no resto da programação. Eram bandas novatas: U2, Television, Elvis Costello and The Attractions, Madness, The Specials, The Selecter, Bad Manners, Haircut 100, The Clash, The Cure, Siouxsie and The Banshees, Soft Cell, The Pretenders, UB40, Blue Rondo a la Turk, Fun Boy Three, The Beat, XTC, Joy Division, The Jam e tantos outros nomes que entrariam para o hall da fama dos anos 80. Quem apresentava o programa era um tal de Mauricio Valladares, que interagia com os ouvintes pelo telefone, muitas vezes pondo as conversas no ar, outras tantas fazendo promoções para dar discos a quem respondesse perguntas sobre determinado artista ou banda da cena musical pop moderna. Assíduo ouvinte do *Rock alive*, Hermano tornou-se figura conhecida do programa e chegou a ganhar um ou outro disco.

Em alguns sábados, antes de começarmos a tocar, fazíamos sessões de vídeos na casa do Herbert - onde também fui muito bem recebido, para revezar meus pernoites nos fins de semana, antes de ficar definitivamente morando na casa do Bi. Assistíamos a fitas alugadas num videoclube, como o documentário *The kids are alright*, do The Who; o filme *Quadrophenia*, ópera-rock do The Who menos conhecida que *Tommy*, com Sting fazendo uma ponta; ou *Rude Boy*, em que a banda The Clash aparecia em shows e gravações. Era sempre inspirador ver esses filmes e depois ir tocar.

O irmão mais novo do Herbert, Helder, também estudava na Rural, cursava agronomia. Foi ele quem gravou para mim uma fita cassete com uma seleção de músicas das bandas e nomes da nova leva, muitos dos quais estavam na programação do *Rock alive*, do Mauricio Valladares. Os irmãos Vianna tinham uma bela discoteca, garimpada de uma pequena loja de discos novos e usados em Copacabana, que ficava perto da casa da Vovó Ondina. Escutava opressivamente essa fita no meu walkman, no caminho para as aulas na Rural, no ônibus para as aulas de inglês e a caminho dos ensaios aos sábados. Nessa fita, os destaques eram as bandas de ska The Selecter, The Beat, Madness e Specials, com espaço para algumas coisas mais punk/pós-punk como Ramones, Buzzcocks, The Police, The Jam, The Clash e até Ian Dury. Algumas dessas músicas a gente até tentava tocar nos ensaios, caso da versão ska de *James Bond*, do Selecter.

Os então cantores dos Paralamas, Ronel e Naldo, apareciam esporadicamente, mas foram se afastando. Herbert assumiu interinamente a função de cantor. Algumas poucas vezes, Ronel participava dos ensaios, cantando alguma coisa. Naldo aparecia na praia, nos encontrávamos de noite para ir ao cinema, ao Gordon, aos shows no Circo, mas esses personagens do início dos Paralamas não se envolveram mais musicalmente.

Quem também aparecia de vez em quando era Vital; ele pegava na bateria para tocar *See me, feel me*, do Who, e lembrar os tempos em que tocavam juntos. Vital era vidrado no Keith Moon. Nessas vezes rolava uma quebração, ele se empolgava com a pressão e o volume da guitarra do Herbert e descia a mão na minha bateriazinha velha, coitada! Eu acabava chateado porque as peles ficavam todas marcadas pelas baquetadas inclementes do Vital. Mas esses amigos da formação pregressa dos Paralamas, aos poucos, pararam de dar as caras nos ensaios na Vovó Ondina. Não apareciam nem mesmo para filar a pizza e o sorvete servidos sagradamente nas tardes de sábado.

Outro lance que acontecia durante os ensaios era a tentativa de gravar as músicas que tocávamos num aparelho cassete que o Bi tinha, um rádio-gravador que trouxera do Chile. Além do microfone que gravava diretamente no rádio, Bi acrescentou uma traquitana de fios ligados em dois microfones antigos de gravadores caseiros, quadradinhos, de plástico. Pareciam coisa dos anos 60. Esses microfones ficavam pendurados nos puxadores das portas dos armários e eram ligados na entrada de microfone do gravador, por um plug de fone de radinho de pilha. Por incrível que pareça, essa gambiarra que o Bi criou melhorava a gravação de nossos ensaios. Fizemos alguns registros de músicas do repertório dos Paralamas, como a já mencionada *Reis do 49*, *Rodei de novo*, *Pinguins* e *Mandingas de amor*, que falava das angústias da paixão.

Havia três músicas instrumentais: *Asa Sul*, uma ode ao Plano Piloto, *Sessé*, homenagem a um amigo de Brasília, e *Shopstake*, que Herbert fez em homenagem ao nosso show no bar do Km 49. Da safra recentíssima que Herbert começou a compor no curto espaço de tempo depois que nos conhecemos, apareceram *Patrulha noturna*, sobre violência policial, e *Encruzilhada agrícola-industrial*, um panfleto sobre intelectualidade que terminava num mal-estar gástrico num elevador.

Experimentávamos gravar após repassar cada música algumas vezes. Depois, escutávamos o resultado no próprio rádio-gravador, que tinha um som bem razoável. A fita, então, era duplicada num outro gravador com dois cassetes do Pedro. Assim, conseguíamos escutar as músicas ao longo da semana e voltar para os ensaios mais preparados. Essas gravações fizeram até um certo sucesso entre amigos e parentes. Herbert nos contou com orgulho que sua mãe, Dona Tereza, fez um comentário que elevou nossa autoestima até o hiperespaço: "Meu filho, agora vocês têm um baterista de verdade! Antes, com aquele tuco-tuco-tuco, vocês não iam a lugar nenhum, mas agora a coisa vai!".

Em casa, meus pais pareciam preocupados se as ambições de baterista prejudicariam minha vida universitária, no que estavam certíssimos. Eu, Bi e Herbert falávamos com todas as letras que faltava qualquer desculpa para mandarmos para o espaço nossos projetos universitários. Por isso, agarrávamos com toda força nossos sonhos e devaneios de conseguir viver de música, uma ilusão comum que nos impelia a seguir adiante, ainda mais depois do elogio rasgado de Dona Tereza. A mãe do Bi, Luciana, professora universitária, também era apoiadora dos Paralamas e adorou escutar o quanto estávamos progredindo com nossas gravações e o novo repertório. Não custava sonhar.

Depois de cada fim de semana de ensaios, a vontade de tocar e nos dedicar mais ao que estávamos fazendo só aumentava. Nessa época, já tocávamos músicas do Lulu Santos, como *Areias escaldantes*, *De leve*, *De repente Califórnia*, *Tudo com você* e *Tempos modernos*. Fazia pouco tempo que o primeiro álbum do Lulu, também chamado *Tempos modernos*, havia sido lançado e Herbert já sabia tocar e cantar todas essas canções. Mas, além do Lulu, ele estava empolgado com o trabalho do Robertinho de Recife, que em 1981 tinha participado do festival MPB-Shell, com Jorge Mautner, cantando *O encantador de serpentes*. Tiramos essa e outras músicas dele, como *Seja o meu céu* e *O elefante*, incorporadas ao nosso repertório.

Nossos ensaios nos fins de semana eram sagrados. Mantínhamos uma frequência fiel, nos divertíamos e continuávamos sonhando em conseguir espaço no que parecia ser o renascimento do rock brasileiro, após a censura e a repressão aos shows ou às aglomerações de jovens. A abertura política acontecia lentamente, mesmo com o tacanho general João Baptista Figueiredo como presidente, dando sequência ao processo iniciado no governo anterior, do general Ernesto Geisel. Figueiredo participava na TV Globo, nos domingos à noite, de um programa chamado *O povo e o presidente*, em que respondia cartas de cidadãos, numa vã tentativa de dar ares democráticos a sua gestão. Aparecer no programa de óculos escuros só reiterava a total falta de empatia com o cargo.

Enquanto isso, o estardalhaço que o Circo Voador causava com sua chegada a Ipanema no verão de 1982 era um indício de que havia uma sensação de liberdade que há muito não se vivenciava no país. No fim daquele ano, assistíamos ao crescimento de uma cena de rock inédita, catalisada pela revolução que a Rádio Fluminense iniciou ao tocar demos de bandas sem gravadora, até mesmo sem disco, entregues diretamente aos programadores.

6!
Uma rádio, um circo e uma revolução

O verão de 1983 prometia ser uma continuação do anterior sob a lona do Circo Voador no Arpoador, que revelara a Blitz, banda que misturava rock com uma narrativa performática herdada da turma do novo teatro do Asdrúbal Trouxe o Trombone, que havia lançado a popular peça *Trate-me leão*, de onde saiu Evandro Mesquita, ator e cantor do grupo. *Você não soube me amar* virou um hit instantâneo, a Blitz gravou um LP que vendeu como pão quente e as gravadoras resolveram apostar na garotada que entrava em cena. A Fluminense também tocava músicas de um disco-teste chamado *Rock voador*, produzido em parceria com o Circo e a gravadora Warner, que apostou em bandas e artistas novos para investir, posteriormente, nos que se destacassem. Era o chamado pau-de-sebo, LP com várias bandas. No *Rock voador*, estava grande parte dos nomes que frequentavam aquele palco, agora na Lapa, que se alternavam sob a lona: Celso Blues Boy, Sangue da Cidade, Mauricio Mello & Companhia Mágica, Malu Vianna e Papel de Mil.

Desse álbum, havia uma sexta banda que chamava a atenção com um nome tão estrambólico quanto o nosso: Kid Abelha e Os Abóboras Selvagens. Eram um sopro de novidade no meio de um monte de clichês de rock. Naquele segundo semestre de 1982, mais alguns nomes despontavam nas ondas da chamada Maldita, apelido autointitulado da rádio. Um tal de Lobão, baterista, compositor, cantor e guitarrista, ex-Vímana e ex-Blitz, lançava *Cena de cinema*, LP com ótimas canções, moderno, inspirado, mas que não recebeu apoio da gravadora, ao contrário de Lulu Santos, parceiro de Lobão no mesmo Vímana, banda de rock carioca de breve duração nos anos 70. Completando a nova frente do rock emergente, a Fluminense apostava no Barão Vermelho, banda carioca que tinha a melhor reputação no formato convencional do gênero, mas com destaque para seu cantor e compositor, um certo Cazuza.

Além da turma carioca, alguns nomes da chamada Vanguarda Paulista apareciam nas praias da Fluminense FM: Arrigo Barnabé, Itamar Assumpção, Grupo Rumo, Língua de Trapo e Premeditando o Breque, estes com uma linguagem nonsense e escrachada, nas músicas e nas letras, ora com algum elemento mais identificado com o rock, ora misturando algum outro gênero. Essa turma surgiu no Teatro Lira Paulistana e fez um certo sucesso com sua estranheza musical, bem fora do comum, caso do disco *Clara Crocodilo*, do Arrigo, que estava na programação da Fluminense, assim como muitas músicas do Grupo Rumo. De certa forma, esse movimento paulista serviu de abre alas para o surgimento da nova safra de bandas de rock, depois da consagrada trajetória dos Mutantes, de Rita Lee e de bandas mais roqueiras, como Casa das Máquinas, Made in Brazil, Patrulha do Espaço e Joelho de Porco.

Mas São Paulo ainda tinha muito mais novidades. A Fluminense dava espaço para o álbum independente *Grito suburbano*, que compilava bandas do movimento punk paulista como Cólera, Inocentes e Olho Seco. Fermentado na periferia paulista, o punk rendeu ares de um movimento representativo da música nova, dos que seguiam ao pé da letra o seu primeiro mandamento: "Faça você mesmo". Aquela música tosca e agressiva, com letras explícitas, serviu de panfleto para um expressivo número de jovens que se sentiam marginalizados pela sociedade; assumiu um sentido político-social que parecia o tiro de misericórdia no cerceamento da liberdade. Vinha na contramão do discurso metafórico dos grandes nomes da MPB, da coisa arrumadinha. Era anti-classe média burguesa dos playboys que curtiam disco music e roquinho progressivo viajandão. O punk era pura pólvora, haviam acendido o pavio.

A turma de Brasília, ainda que em pequena escala, já conhecia a sinceridade agressiva, a originalidade e o encantamento que emanou do punk paulista. Bi e Herbert contavam que era comum ver alguns brasilienses ostentando visual punk: cabelo moicano, camisetas e jeans rasgados, que escutavam Ramones, Pistols e outras bandas por lá, muito antes de eclodir o movimento em São Paulo. Dentre esses vanguardistas brasilienses, havia amigos do Bi e do Herbert, como Dinho Ouro Preto, Dado Villa-Lobos, Phillippe Seabra e mesmo Renato Russo.

Ecos do festival punk paulista O Começo do Fim do Mundo, ocorrido em novembro de 82, chegaram ao Rio, onde uma tímida, porém atuante cena punk começava a despontar, com bandas como Coquetel Molotov, Eutanásia e Descarga Suburbana tocando em espeluncas da Zona Norte carioca. Pedro Ribeiro, irmão do

Bi, pode ser considerado um dos primeiros punks a circular pela Zona Sul. Ele estudava no Colégio Andrews, em Botafogo, e volta e meia nos mostrava um ou outro fanzine punk, aqueles jornaizinhos feitos artesanalmente em cópias de xerox, com informações sobre bandas e locais de apresentações.

Desde o advento do Sex Pistols, o ideário punk chegou como questionador do que havia sido estabelecido pelo rock, ou seja, os clichês de virtuosismo instrumental, letras falando de devaneios líricos, de sexo, drogas e bebidas, ou outras tantas desculpas para o gorjeio de vozes rascantes de cantores que se empavonavam diante de plateias hipnotizadas, num culto de idolatria irrestrita. O punk veio para acabar com isso, especialmente ao preconizar que ninguém precisava tocar bem para montar uma banda ou falar das aflições que a vida impunha naqueles tempos. Derrubar os ídolos regressos era outro dos dogmas do movimento, um ideal que recebeu o sofisticado nome de iconoclastia. Significava, na prática, por um fim ao que era estabelecido como padrão de qualidade. Por isso, essa vertente do rock achou tanta gente em sintonia, desde nós, moleques classe média, até os abastados filhos de diplomatas de Brasília, "revoltados com o sistema".

Fomos contagiados pelos preceitos do movimento punk. Chamar aquilo de movimento, no entanto, era um pouco além da curva, uma contradição um "movimento" ser baseado na ideia de anarquia. Aquilo parecia mais uma tribo reunida com um canal de expressão forte, que tentava dar legitimidade aos garotos da periferia, os autênticos representantes dos excluídos. Eles se achavam donos dessa estética, usando a burguesia e os playboys como figuras antagônicas, que serviam como razão para direcionar o ódio associado ao tal movimento. A sociedade era culpada e deu os motivos para o punk eclodir. Daí que o punk se associou à retomada da doutrina de esquerda no país, ainda mais com o movimento dos sindicatos metalúrgicos do ABC paulista.

Não foi à toa que o tumultuado festival O Começo do Fim do Mundo recebeu as mais aberrantes conotações da mídia escrita e televisiva. O *Fantástico* tratou de pintar os punks como a encarnação do mal. Esse tipo de patrulhamento já acompanhava o rock desde muito antes: a Igreja condenava o liberalismo do paz e amor, o governo militar impedia aglomerações em shows e a polícia dava dura e baixava o cacete em todo mundo. Pensar – e agir – fora da caixa incomodava. Mas, depois do verão de 1982, havia algo de novo e muito forte no ar: a "vontade de ir contra" de uma nova geração finalmente ganhou voz no Brasil. Esse *zeitgeist* era irrefreável.

* * *

O momento eletrizante da cena musical, especialmente os shows no Circo, nos enchia de entusiasmo para seguir tocando e sonhando em ser parte de tudo aquilo. A maré estava virando a favor das bandas de rock que surgiam na contramão da forma como as gravadoras exploravam comercialmente determinados artistas consagrados, num moto-contínuo de contratos milionários, coberturas em Ipanema e Mercedes brancas conversíveis presenteadas aos medalhões da MPB. Uma nova geração chegava para levar adiante o legado do rock brasileiro dos Mutantes, Raul Seixas, Gil, Caetano, Tom Zé, Rita Lee em sua fase solo com o Tutti Frutti, Secos & Molhados, além de alguns outros artistas classificados como música brega, representados por Jerry Adriani, Odair José, Márcio Greyck, segregados por serem muito populares, mas que tinham um pé no rock, com suas guitarrinhas chacundum e letras de amor ingênuas. Os nomes mais facilmente lembrados como parte da história do rock brasileiro nunca conseguiram consolidar a produção do gênero no mercado local, com raríssimas exceções alcançando algum retorno comercial em vendagens de discos.

O rock nacional passou muito tempo preso num curral, mas nos anos 80 a porteira estava prestes a ser escancarada. Grandes shows de banda de rock internacionais começavam a entrar na agenda no Rio e em São Paulo. Tínhamos a sensação de que, com o momento político e com a difusão mais ampla das rádios e TVs, o rock brasileiro ganharia espaço inédito na MPB. Era uma reação em cadeia, um rastilho de pólvora aceso. Por hora, estávamos ali, enfurnados num quartinho em Copacabana, fazendo planos, juntando forças para chegar ao palco e dar nosso recado. Acreditávamos no que a gente fazia, só faltava encontrar nosso público. Mas como?

7!
A estreia nos palcos pra valer

Pouco mais de um mês depois de nosso show no bar Shopstake, Bi conseguiu que tocássemos num evento dedicado às mulheres do Diretório Central dos Estudantes na Rural, no dia 21 de outubro de 1982, na mesma sala de estudos onde nos conhecemos. Só que não ganhamos nenhum centavo, a apresentação era beneficente. Não foi tão ruim assim para nosso primeiro show oficial, mas nada além de uma nota de pé de página na trajetória paralâmica.

A história mudou quando Herbert pôs em prática um plano: tentar uma apresentação dos Paralamas em qualquer lugar que nos desse algum dinheiro para gravarmos num certo estúdio em Botafogo, o Tok, do famoso percussionista Chico Batera. Por conta do preço módico da hora de gravação, Lobão e nove entre dez bandas e artistas faziam suas demos neste estúdio para enviar à Rádio Fluminense.

Assim, Herbert chegou um dia com a ideia de tocarmos num bar chamado Western Club, aberto a bandas novas. O bar estava decadente, era palco de bandas de blues e rock mais convencionais, com um repertório manjado de covers de clássicos. Num rasgo de ousadia, Herbert foi lá falar com o proprietário e conseguiu duas datas. Algumas semanas antes, as páginas policiais dos jornais cariocas mencionaram esse bar como ponto de saída de uma gangue de motoqueiros que se envolveu num homicídio com um grupo rival, só para se ter uma ideia dos frequentadores.

Mas gente diferente da fauna local começava a aparecer por lá, como a banda The Way, formada por John Sullivan, cantor e guitarrista inglês que veio morar no Rio. Essa banda surgiu num festival estudantil da moribunda TV Tupi, em 1980. E, se não me engano, Alvin L e os Rapazes de Vida Fácil também já haviam se apresentado no Western, além de uma ou outra banda mais moderninha.

Para assistir ao show, Herbert contava como certa a presença de seus amigos do curso de arquitetura no Fundão (UFRJ), onde espalhou simpáticos cartazetes anunciando data, hora e lugar da apresentação dos Paralamas, desenhados por ele mesmo e replicados numa máquina de xerox por 10 centavos a cópia. A abertura do Western Club para bandinhas fora do padrão roqueiro atestava que qualquer atração que levasse meia dúzia de gatos-pingados serviria para o decadente bar melhorar seu caixa. Os shows seriam em dias de semana, o que poderia significar baixíssima presença de público. Se não me engano, foram numa terça e numa quarta.

O Western ficava num casarão antigo no Humaitá, Zona Sul do Rio. Tinha uma escadaria desde a entrada na calçada que levava ao primeiro piso, onde ficava o balcão e poucas mesas. Outra escadaria levava ao segundo andar, um salão não muito grande onde rolavam os shows. Chegamos de tarde para montar o equipamento e dar uma geral no som. Tudo cheirava a carpete molhado de cerveja, impregnado de nicotina – naquele tempo era permitido fumar em qualquer ambiente. A casa dispunha de um sisteminha de som bem ruim para a voz.

Voltamos na hora do show e o dono do bar nos ofereceu uma cota de chopes ou uísque, que trocamos por refrigerantes, causando estranheza: "Que raio de banda de rock é essa que não bebe?". Herbert sugeriu que a gente vestisse uns macacões de voo do seu pai, da época em que ele era cadete. A produção do guarda-roupa foi certeira. Além de lembrarmos que Sting do Police aparecia em fotos de macacão militar, os que Herbert trouxe couberam certinho na gente. Ficamos nos achando tão modernos quanto as bandas descoladas da época.

Amigos do Herbert começaram a chegar, garantindo uma pequena, mas animada plateia. Meu primo Edgard apareceu, representando a família. Edgard era contemporâneo dos meus irmãos e também uma espécie de herói para mim: tinha uma cultura musical vastíssima, além de ser o privilegiado dono de um raríssimo disco dos Beatles cuja capa foi retirada de circulação, chamado *Yesterday and today*, em que os garotos de Liverpool apareciam vestidos de açougueiros. Para mim, isso fazia meu primo ganhar o status de um semideus. Algumas vezes nos encontramos nas animadas sessões de um cinema da Zona Sul, onde assistíamos ao famoso US Festival, que rolou em setembro daquele ano, com bandas da hora como Police, Gang of Four, Talking Heads e alguns ícones, entre eles, Santana, Tom Petty e Grateful Dead.

As duas noites no Western foram um momento especial nesse início dos Paralamas. Herbert e Bi diziam que já tinham "se apresentado", ainda com Vital na bateria, no quintal da casa de uma namorada do Bi em São João da Barra, litoral norte fluminense. Mas, além de nossos shows casuais na Rural, estes no Western seriam os primeiros de verdade. Aliás, a foto do "show" com Vital estava colada com fita durex na parede do quarto de ensaio na casa da Vovó Ondina, com outras imagens do Bi, de seus irmãos e amigos, ainda nos tempos de Brasília. Tinha uma muito hilária do Pedro Ribeiro parecendo um índio, tirada quando acamparam numa quebrada nos arredores do Distrito Federal. E tinha outra de um moleque de óculos com lentes fundo de garrafa, segurando um violão folk. Era o jovem Dado Villa-Lobos.

De volta ao show no Western, do pouco que me lembro das duas noites, ficou marcado aquele mesmo clima de arrebatamento da plateia das nossas apresentações na Rural. Além das músicas do repertório original dos Paralamas – já estavam lá *Vital e sua moto*, *Patrulha noturna*, *Vovó Ondina é gente fina* e *Encruzilhada agrícola-industrial* –, fez parte do set um instrumental de *My way*, baseada na antológica gravação do Sid Vicious. Nesta versão, Herbert não cantava, apenas fazia a melodia na guitarra, como se fosse um solo, abusando da alavanca. Voltamos para a segunda noite mais seguros, com o Herbert estendendo alguns refrãos e solos. Outra que incluímos foi *Stray cat strut*, do trio rockabilly Stray Cats, cujo vídeo passava na TV e nos encantava. Herbert cantava e tocava com esmero e fidelidade à versão original.

Mesmo adeptos à filosofia musical punk, acreditávamos que, para tocar qualquer coisa, era preciso um mínimo domínio musical. Que nos desculpassem os punks e suas guitarras desafinadas, músicas de três acordes e bateria fora do andamento. Já tínhamos uma certa habilidade para tocar além da teoria preconizada pelo minimalismo agressivo punk. Herbert era um exímio guitarrista, que tinha como modelo Santana, Hendrix, Eric Clapton, John McLaughlin, Adrian Belew e o recém-descoberto Andy Summers. Só que os punks não podiam saber disso.

Terminamos a segunda noite eletrizados, com vontade de tocar mais. Tentamos, mas não conseguimos agendar novos shows no decadente Western Club, que tinha bandas já marcadas e outras tantas na fila de espera. Até esse espaço demonstrava que havia uma demanda por bandas de rock na cidade. Apesar de meio depreciado, o Western ganhou o status de palco de alguma coisa que podia ser definido como o underground do rock carioca, antes que outros bares viessem na mesma marola, como o Zeppelin, em São Conrado, e o Let it Be, em Copacabana.

Os dois shows representaram praticamente o marco zero da nossa trajetória no emergente cenário do rock carioca. A seleta plateia era composta de amigos, parentes e outros poucos desavisados – alguns, aliás, foram nas duas noites e, assim, testemunharam nosso começo. Ao pensar que hoje os artistas e bandas chegam a se incomodar com a plateia que fica opressivamente tirando fotos do show com seus smartphones, daquelas duas noites não ficou nenhum registro, nenhuma foto sequer. Ninguém levou uma câmera Xereta ou uma Polaroid ou uma Kodak Instamatic 177.

8!
"Atenção... gravando!"

Não me lembro do cachê no Western, mas foi o suficiente para pagar algumas poucas horas de estúdio para gravar a demo que seria enviada à Rádio Fluminense. Quem faria essa ponte seria o Hermano, que já havia falado com Mauricio Valladares sobre Os Paralamas. Uma vez, Hermano foi até a casa do Mauricio no Leblon para buscar um LP que ganhou numa promoção do programa e falou sobre a banda do irmão com esse nome maluco, Os Paralamas do Sucesso. Mauricio comentou com uma certa ironia o nome e sugeriu que Hermano apresentasse algum material gravado, uma fita demo, que ele então avaliaria as chances de tocar na programação.

Mauricio Valladares representava a ala de vanguarda da rádio, enquanto setores internos preferiam grupos e nomes mais consagrados. Em seus programas, sempre se escutava o novo. Foi ele quem apresentou primeiro para muita gente bandas como U2, The Jam, The Cure, Joy Division e nomes como Elvis Costello e Joe Jackson, além de alguns consagrados artistas e bandas que se reinventaram nos 80, como Peter Gabriel, David Bowie, Van Morrison, King Crimson, Frank Zappa e outros.

Foi um alento saber que Mauricio havia curtido a fita de ensaio dos Paralamas. O próximo passo era gravar a fita demo. Havia poucos estúdios disponíveis naquela época. O equipamento de gravação era caríssimo: gravadores multicanais, microfones, cabos, plugs, fitas, manutenção, técnicos e assistentes etc. Além disso, as gravadoras mantinham seus próprios estúdios como estratégia para restringir a produção de música e controlar o mercado – algumas multinacionais tinham seus escritórios no Rio, com estúdios, como RCA, Polygram, CBS e Odeon. Esse quase monopólio da produção estava longe de ser rompido, mesmo com a abertura que a Rádio Fluminense dava a bandas e artistas sem discos ou contratos com gravadoras.

Mas houve uma quebra de paradigmas: em vez de a Fluminense sofrer algum tipo de pressão para não tocar mais a turma nova do rock, acabou que as gravadoras foram lá ver em quem poderiam investir. O tal LP pau-de-sebo da Warner, em que o Kid Abelha e Os Abóboras Selvagens gravou duas faixas, foi feito pela gravadora em parceria com a Fluminense e o Circo Voador. Diretores de elenco e produtores musicais passaram a ficar de olho na programação da rádio e em quem fazia bons shows no Circo e atraía público. A soma dessas variáveis era o atestado aos candidatos ao sonhado contrato de gravação.

Em nossos devaneios, acreditávamos que conseguiríamos chamar a atenção de alguma gravadora. Uma de nossas explicações era uma forte autoestima, que pode ser facilmente confundida com a típica arrogância dos adolescentes tardios que éramos. Depois de ouvir grande parte das bandas na programação da Fluminense, nos comparávamos com elas e achávamos que poucos conseguiam chegar com uma proposta original. Era muito clichê do clichê. Assistíamos aos shows do Circo na Lapa, onde bandas como Água Brava, Alynaskyna, Sangue da Cidade, entre outras, desfilavam obviedades em um suposto repertório autoral. Escapavam de nossa língua ferina os poucos que chegavam com propostas originais, inteligentes e diferentes dos lugares comuns do rock, como Kid Abelha, Alvin L, Lobão, Lulu Santos e João Penca. Além do som diferenciado, havia um forte caráter no discurso desses artistas e bandas, com letras criativas e engraçadas. Mesmo quando se falava de amor, era de forma bem articulada, longe da pasmaceira das bandas que não conseguiam transpor um som convincente do rock estrangeiro e mostravam uma caricatura das letras do AC/DC, dos Stones etc.

Dessa turma, tínhamos um certo respeito pelo Celso Blues Boy, uma espécie de B.B. King branco ou um Eric Clapton brazuca. Sua maestria na guitarra superava a fragilidade de suas gravações. Para nós, também ficava claro a dificuldade em gravar rock no Brasil, onde tudo soava meio chinfrim. Mesmo os nomes mais consagrados que gravavam em estúdios top não soavam assim tão bem, se comparados com as bandas de rock estrangeiras. Achávamos o álbum de apresentação do Barão Vermelho, por exemplo, com uma sonoridade longe do padrão de uma banda de rock, como estávamos acostumados a ouvir. Ao vivo, eram muito bons, tinham uma pegada e tanto, mas no disco perdia-se muito dessa energia no processo de gravação. Tais observações eram apenas uma constatação cruel de que quase nada havia sido gravado no rock brasileiro com qualidade próxima dos discos de rock internacionais. Estávamos atrasados uns 20 anos em relação ao rock anglo-saxão, seja em grandes nomes, álbuns, produtores musicais ou legado.

Mais ou menos nessa época, alguns amigos brasilienses do Bi e do Herbert apareceram no Rio, nos ensaios na Vovó Ondina. Foi um animado reencontro, desta vez, com mais assunto e mais coisa acontecendo. Tenho lembrança mais clara do Dado e do Renato, que já estavam formando a Legião Urbana. Pedro Ribeiro recebeu uma fita dos ensaios da Legião e vivíamos ouvindo. Bi e Herbert estavam certos de que a turma de Brasília tinha lugar no cenário do rock emergente. Não precisaram me convencer, bastava ouvi-los. Eles tocavam de forma visceral, um som rascante, rápido, original e inspirador. Só aquela fita já dava o recado: a voz do Renato se destacava da pauleira punk. Era um trio também, com Renato tocando baixo e cantando. *Veraneio vascaína*, *Química* e *Ainda é cedo* acabaram entrando no nosso repertório.

Herbert e Renato trocavam muitas ideias sobre letras e bandas emergentes. Herbert tinha uma visão mais tradicional, admirava os grandes guitarristas, as formações roqueiras, mas estava sempre atento às novidades como Clash, Jam, Squeeze, Elvis Costello e Joe Jackson. Ele aceitava numa boa as músicas que falavam de amor e relacionamentos, mas Renato não tinha uma verve muito romântica, preferia o discurso mais ácido, inconformado e de forte crítica social que veio com o punk. Preferia falar disso em suas letras, o que ficava claro na primeira safra da Legião.

Os amigos de Brasília também se hospedavam no apartamento do Bi e do Herbert. Teve até uma história engraçada: a funcionária da casa do Herbert atendia o telefone e o chamava anunciando "um tal de Fubá" (era o Marcelo Bonfá, baterista da Legião). Por pouco ele não ganhou um nome artístico; Herbert só o chamava de Fubá.

* * *

Chegamos ao estúdio Tok para gravar quatro músicas. Havia um gravador de oito canais e o resultado era uma cópia mixada numa fita de ¼ de polegada, chamada de master. Também podiam copiar a mixagem em fitas cassete. Tanto a fita master quanto as cassetes nos eram vendidas. A fita normal para a máquina de oito canais – que custava caro – era reutilizada pelo estúdio.

As semanas anteriores foram dedicadas à definição das músicas. Escolhemos *Vital e sua moto*, *Patrulha noturna*, *Encruzilhada agrícola-industrial* e uma recém-escrita pelo Herbert, *Solidariedade, não*. Era uma tentativa dissimulada de criticar o programa de TV *O povo e o presidente*, exibido depois do *Fantástico*. A inspiração era o general Jaruzelski, ditador da Polônia que descia o pau nos sindicalistas do Solidariedade, comandados pelo líder Lech Walesa. As imagens do Figueiredo e do ditador polonês tinham em comum os óculos escuros, como dizia o primeiro verso da música.

Herbert chamou uma amiga para experimentar uns vocais nas músicas e ela levou a irmã. As duas fizeram apenas um ensaio de véspera na Vovó Ondina. Sem maiores credenciais, as meninas simplesmente não tinham nenhuma experiência anterior. Ensaiaram um vocal de apoio em *Vital*, além de ajudar num falatório simulando uma discussão de rua que abriria *Patrulha noturna*. Parecia que estava tudo bem com os vocais da dupla e acertamos que elas participariam da gravação. Herbert batizou o duo de Irmãs Virtude.

Tínhamos como pagar apenas duas horas de gravação, que incluía o processo de mixagem. O estúdio era, de certa forma, generoso com os novatos ao disponibilizar amplificadores de baixo e guitarra e até bateria. Fiquei aliviado: minha humilde bateria não parecia digna de um estúdio profissional. Levei apenas caixa, pedal e pratos. A bateria do estúdio era feita com cascos de fibra de vidro, algo que nunca tinha visto. As peles do kit estavam surradas, cheias de fita crepe grudada – recurso usado nos estúdios para matar harmônicos indesejáveis do tambor. Tratei de tirar um timbre que me agradasse, apertando as tarraxas até atingir um som satisfatório. Ajustei a posição dos tambores, posicionei os pratos e o técnico microfonou as peças da bateria. Pediu que eu tocasse separadamente cada uma para ajustar a equalização e o volume. Me sentia um profissional em pleno exercício de sua função.

Herbert e Bi fizeram o mesmo: ajustaram amps e afinaram os instrumentos. Estávamos todos na mesma sala do estúdio, tocando juntos, como se fosse um ensaio. O estúdio não era muito grande: tinha uma sala de gravação separada de uma menor, isolada acusticamente, onde ficava a técnica e a mesa de som, de onde se controlava a gravação. Herbert se posicionou em frente ao microfone. Tocamos um pouco para os ajustes. Foi aí que o técnico do estúdio – conhecido como Grilo, que já havia gravado com o Barão Vermelho e operava a mesa de som nos shows da banda – nos perguntou como queríamos gravar:

– Vão gravar primeiro a base de cada música ou vai ser tudo de uma vez só?

Olhamos um para o outro com aquela cara de "como é que é?". Ele nos explicou que gravar a base significava registrar primeiro a parte instrumental, especialmente a bateria e o baixo – a sessão rítmica. A guitarra poderia ser gravada junto, fazendo o ritmo. Depois, o guitarrista gravaria o solo e, finalmente, entraria o cantor. É o chamado playback. Gravar assim permitia um resultado melhor, um som mais limpo, sem deixar vazar os instrumentos no microfone da voz. Já gravar tudo ao mesmo tempo era mais simples, rápido, usado para registrar ensaios, um método mais informal, que muita gente acabava preferindo.

Optamos por gravar a parte instrumental primeiro. Nessa etapa, Herbert cantaria "sem valer" para orientar as diferentes partes das músicas, nos permitindo uma execução mais firme. Só depois ele cantaria valendo sobre a base, ouvindo tudo através de um headphone. As bases rolaram rapidamente, com bateria, baixo e guitarra rítmica valendo, e na sequência, a voz do Herbert foi gravada separadamente.

Na vez de gravar os backings das Irmãs Virtude, a coisa ficou complicada, pois elas eram amadoras. Tão amadoras quanto nós, é verdade, mas cantar expõe mais certas fragilidades e falta de experiência. Cantaram algumas vezes até o vocal ficar razoavelmente afinado, mas não tínhamos tempo para mais acertos. Gravamos o clima de bate-boca na introdução de *Patrulha noturna*, que ficou legal, mas a parte que entrava no segundo refrão de *Vital e sua moto* ficou frágil, assim como o vocal na introdução de *Encruzilhada*. Acabou que na hora da mixagem – processo de arrumar e equilibrar volumes e equalização de cada canal gravado – os vocais ficaram lá no fundo e não comprometeram a performance das Irmãs Virtude.

Estouramos pouco mais de meia hora do tempo que pagamos pelo estúdio, suficiente para o técnico de som terminar a mixagem das quatro músicas, além de copiar várias fitas cassete. O resultado ficou satisfatório para nós, acostumados que estávamos com o som tosco das gravações dos ensaios com a traquitana do Bi na casa da Vovó Ondina. No nosso entender, aquelas quatro músicas ficariam diferentes da mesmice que tocava na Fluminense. Nosso entusiasmo era tanto, que saímos escutando o cassete no carro do Bi a todo volume. Estava muito bom! Nosso plano ambicioso era claro: primeiro, conquistaríamos a Rádio Fluminense e, depois, o mundo!

Hermano ficou de levar a fita para Mauricio Valladares na casa dele, no Leblon. Ele curtiu, a ponto de convidar Os Paralamas para uma entrevista ao vivo, tocando as músicas em primeira mão na rádio. Hermano voltou com a notícia bomba e foi mais uma explosão de alegria. Não poderíamos começar melhor. Assim, numa noite de sexta-feira no fim de novembro, fomos a Niterói, nos estúdios da Fluminense. Antes do programa, conhecemos Mauricio. Nos pareceu um cara tranquilo, que logo caiu nas brincadeiras e ironias do Herbert. Além de tudo, sentiu-se em sintonia com o nosso gosto musical, ouvintes do *Rock alive* das segundas e sextas. Ele percebeu que tínhamos uma bagagem diferente da maioria que ia à rádio pedir para tocar uma demo.

Parecíamos velhos conhecidos. Ele havia acabado de fazer uma exposição de fotos num bar em Botafogo, mostrando seu incrível material capturado nos tempos em que morou em Londres, fotos em preto e branco de shows do Led Zeppelin, The Jam, Stray Cats e Siouxsie and The Banshees. Naquela noite, a pauta do programa incluía bandas como New Model Army, Echo and The Bunnymen, entre outros mais moderninhos. Não sabíamos que Mauricio estenderia a entrevista e tocaria as quatro músicas. Entre uma e outra, ele e a locutora Liliane Yusim nos entrevistavam, perguntavam sobre nossas influências, onde a gente morava, sobre o que nossas músicas falavam, coisas assim.

Eu achei engraçado o Herbert dizer: "Nós somos de Brasília, onde tem uma galera formando bandas de rock muito na frente de outras cidades, pela proximidade que têm com o que vem de fora, coisas que chegam lá antes daqui". Engraçado porque Herbert e Bi vieram morar no Rio em 1978, o Bi só começou a tocar baixo no Rio, a gente se conheceu em Seropédica, na Universidade Rural, e vivíamos no Circo Voador para ver os shows das bandas que tocavam na Fluminense e não tinham disco gravado. O Herbert claramente usava um discurso para dar a impressão de que a gente "vinha de fora", certamente para nos diferenciar das outras bandas da cena carioca. Dali em diante, não demorou para muita gente dizer – equivocadamente – que Os Paralamas do Sucesso vieram de Brasília, mas tudo bem.

Saímos do programa com a impressão de que instantaneamente nos tornamos celebridades. Mauricio falou que nossas músicas entrariam na programação da rádio. De fato, na sequência do *Rock alive*, naquela mesma noite, *Vital e sua moto* já tocou na programação normal. Nos dias que se seguiram, escutamos várias vezes *Vital* e as outras três gravações da demo em horários variados. Amigos nos contavam que ouviram Os Paralamas na Fluminense. Soubemos pelo Mauricio que *Vital* estava entre as mais pedidas. O legal da rádio era que os módulos da programação tinham um formato de três músicas, uma nacional e as outras duas estrangeiras. Ou seja, num determinado módulo, tocava *Vital* com Police e Jam, o que nos deixava no nirvana. Em outro, tinha Kid Abelha com Fleetwood Mac e Pretenders, e assim seguia.

Havia muitos novos nomes na programação da Fluminense, entre bandas, cantores e cantoras. Celso Blues Boy era onipresente com seus hits *Brilho da noite* e *Aumenta que isso aí é rock and roll*. Também Lobão, com músicas de seu primeiro disco, *Love pras dez*, *Doce da vida*, *O homem baile*, todas ótimas. Tinha uma cantora portuguesa chamada Lena d'Água, que tocava seu hit *Nuclear não, obrigado*. Tinha ainda o trio Água Brava com *Enquanto a bomba não vem*, o UPI com *Bad trip*, o Sangue da Cidade com *Dá mais um*, o cantor/guitarrista/gaitista Zé da Gaita com *Loteria esportiva*... Até a Blitz, consagrada com *Você não soube me amar*, estava na programação com as outras faixas do primeiro LP, *Mais uma de amor (geme geme)* e O *romance da universitária otária*. Ouvir nossas músicas ao lado de tantas outras boas obras era motivo de orgulho. Com esse romantismo e ingenuidade, a gente já se sentia parte da cena musical que emergia com força.

Enquanto nossas músicas tocavam na Maldita, seguíamos frequentando o Circo nos fins de semana, sonhando em subir naquele palco sagrado. Nesse período, os punks cariocas tomaram conhecimento dos Paralamas e fizemos contato com dois integrantes do Coquetel Molotov: o baterista Lúcio Flávio e o vocalista Tatu, que nos convidaram para tocar num lugar onde as bandas punks se apresentavam na Zona Oeste, o Dancing Meier Club, no subúrbio carioca. E lá fomos nós arriscar tudo em frente aos punks. Para nossa surpresa, tudo correu bem, o público nos recebeu com muito apreço e foi um ótimo teste em campo. Todos pareceram ver que a gente tocava melhor que as bandas que passavam por ali. Além das nossas músicas, ainda botamos fogo no lugar com as canções meio punk da Legião e fechamos a tampa com a versão de *My way*, do Sex Pistols. Recebemos o selo de aprovação da tribo punk carioca.

Continuávamos os ensaios na Vovó Ondina, quando Herbert chegou com a novidade: conseguiu outra data no Western, dali a algumas semanas, no dia 1º de janeiro de 1983. Mais ou menos nessa época, eu ousei mostrar uma letra que fiz para Herbert e Bi avaliarem. Era uma sátira amorosa em forma de bolero, intitulada *Ela é cínica*:

Brilho nos lábios
Na beira da piscina
Acendo um cigarro
Ela se inclina

Arriba arriba arriba
Grita o garçom
Essa garota acendeu
Mi corazon

Mas…
Ela é cínica
Faz que não me vê
Ela é cínica
Faz que não existo
Ela é cínica
Ainda quebro esse feitiço

Brilho nos lábios
Tal qual no seu olhar
Ela foi feita
Foi feita pra matar
Enquanto eu bebo
Tequila e daiquiri
Ela me olha
Já nem estou mais aqui

Mas...
Ela é cínica...

Diferentemente da piada sobre a última frase do baterista antes de ser expulso da banda ("Pessoal! Compus uma música!"), adoraram a letra com referências a coisas propositalmente cafonas que o Eduardo Dusek cantava. Quem curtiu mesmo foi o Bi, até encorajado pelo Herbert a interpretar a nova canção. Passei uma sugestão de melodia para a letra, o Herbert tratou de acertar uma levada e tentamos tocar com o Bi cantando. O resultado instantâneo foi uma das maiores crises de riso que tivemos na vida, daquelas de chorar, doer o abdômen e ficar sem fôlego de tanto gargalhar. O mais incrível foi que a música ficou divertidíssima e, depois de algumas passadas, consideramos até mesmo apresentá-la no próximo show no Western. Seria, sem dúvida, um ato extremado em nossa iniciante carreira: se Bi passasse nessa prova, teríamos a nossa sonhada consagração. Ou não.

Em mais um dia daqueles acelerados meses do fim de 1982, Herbert e Bi foram num show do Lulu Santos no Noites Cariocas, no Morro da Urca, para tentar falar com ele sobre a nossa banda. Conseguiram chegar ao camarim e Lulu foi camarada: Herbert falou de sua admiração por ele, conversaram sobre guitarras, e Lulu ficou curioso para ouvir a demo dos Paralamas – ele já tinha escutado *Vital* na Fluminense. Combinaram um encontro na casa do Lulu dias depois e passaram a se falar com regularidade pelo telefone. Papos sobre guitarras, produção, planos de carreira, afinidades musicais e tudo mais no carrossel que começava a girar para as novas bandas. Lulu até conversava com Dona Tereza, mãe do Herbert, quando ela atendia o telefone.

Herbert insistia para que Lulu produzisse Os Paralamas; ele havia feito dois discos do Premeditando o Breque, em São Paulo. Lulu não dizia que sim nem que não, mas era categórico em afirmar que Os Paralamas tinham que conquistar um público antes de ir atrás de gravadoras. Convidado para o nosso show no dia 1º de janeiro, ele não apareceu, mas, em compensação, nos convidou para abrir sua apresentação no Circo Voador, no dia 29 daquele mês. Flutuamos de felicidade e excitação, mal conseguíamos acreditar que enfim subiríamos naquele palco sagrado e consagrado, ainda mais abrindo para um dos nossos ídolos.

Contamos ao Mauricio Valladares sobre o show de abertura do Lulu no Circo. Ele tratou de nos apresentar à jornalista Ana Maria Bahiana, colunista de música do jornal *O Globo* e que também escrevia para a revista de música *Pipoca Moderna*, publicação de vida curta (1982/83), que contava ainda com a colaboração do marido dela na época, José Emilio Rondeau, e Ezequiel Neves, um dos mais notórios críticos do rock nacional. Todos vinham de outros trabalhos em revistas e jornais, como na primeira versão brasileira da *Rolling Stone*, que circulou entre 1971 e 1973. Mauricio nos chamou para fotografar na casa dele. Foram nossas primeiras fotos oficiais, feitas dentro da cabine do elevador de aço inox e espelhos. A foto seria publicada na próxima edição bimestral janeiro/fevereiro de 83 da *Pipoca Moderna*. Ana Maria escreveu uma legenda para a foto sobre nosso sucesso com *Vital e sua moto* na Rádio Fluminense e anunciou o show de abertura do Lulu Santos, no Circo Voador.

O show no Western no primeiro dia de 1983 já apontava para as novidades que o ano novo prometia. A brincadeira nos ensaios com o alter ego bolerístico do Bi cantando *Ela é cínica* foi ficando cada vez mais engraçada, tanto que resolvemos levar a cabo a performance dele no show. Herbert batizou essa entidade do cantor de bolero como Caubi Ribeiro. Outra ideia que tivemos foi a de usar um guarda-roupa baseado nos filmes dos anos 60 da série *Folias na praia*, com Frankie Avalon. Subiríamos ao palco com shorts e camisas havaianas, máscaras de borracha e respiradores de boca para mergulho, aumentando a pantomima. Já com nossas músicas tocando na Fluminense, acreditávamos que atrairia mais público além dos amigos e parentes.

Para a noite do primeiro dia do ano de 1983, até que apareceu bastante gente no Western. *Vital* e *Patrulha noturna* pareciam mais conhecidas. Também tocamos o tema do James Bond em versão ska da banda Selecter, além de misturar a guitarra de *I will follow*, do U2, no meio de *Química*, que incluímos no repertório desde então. A performance de Caubi Ribeiro aconteceu no bis e provocou uma gargalhada geral. Aparentemente, conquistávamos mais um pouco do tal "micropúblico" do qual o Lulu falava. A plateia adorou nossa performance. A escadaria para o sucesso é feita de inúmeros pequenos degraus, como os que levavam ao segundo andar do Western Club.

Esta foto e a debaixo ficaram inéditas por décadas e reapareceram como um raro registro de nosso show no Dancing Méier, reduto dos punks cariocas do subúrbio do Rio

Minha humilde bateria aguentou heroicamente a pauleira que preparamos para impressionar a plateia punk. Só não lembro quem sentia mais calor naquela sauna: nós ou eles

Manuscrito da música Cínica, brincadeira no formato de um bolero cafona que tocamos no Western Club, em 01/01/1983. Passei a letra a limpo atrás da filipeta do show no bar Shopstake, em 09/09/1982, dia em que entrei para Os Paralamas

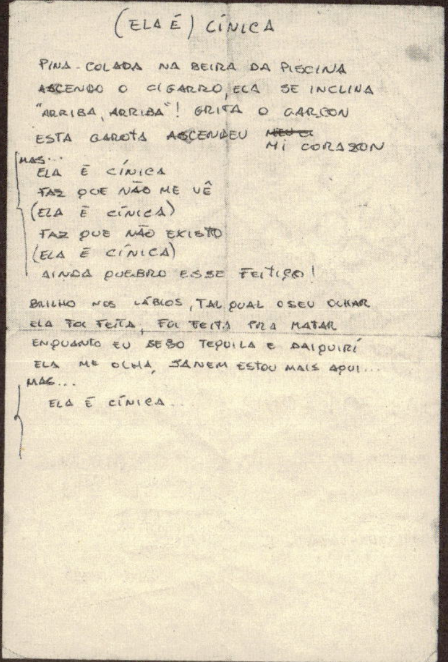

(ELA É) CÍNICA

PINA-COLADA NA BEIRA DA PISCINA
ASCENDO O CIGARRO, ELA SE INCLINA
"ARRIBA, ARRIBA"! GRITA O GARÇON
ESTA GAROTA ASCENDEU MI CORAZON
MAS...
ELA É CÍNICA
FAZ QUE NÃO ME VÊ
(ELA É CÍNICA)
FAZ QUE NÃO EXISTO
(ELA É CÍNICA)
AINDA QUEBRO ESSE FEITIÇO!

BRILHO NOS LÁBIOS, TAL QUAL O SEU OLHAR
ELA FOI FEITA, FOI FEITA PRA MATAR
ENQUANTO EU BEBO TEQUILA E DAIQUIRÍ
ELA ME OLHA, JÁ NEM ESTOU MAIS AQUI...
MAS...
ELA É CÍNICA...

No dia seguinte, vimos a repercussão do show no boca a boca das pessoas na praia. Ao menos dos amigos que frequentavam nosso point. Ganhamos alguns caraminguás, o que foi muito bom, porque Bi havia me convidado para fazer uma viagem até o Chile, por terra. Ele me convenceu quando disse que lá os instrumentos musicais tinham um preço razoável, inclusive, foi onde ele comprara o baixo Fender Precision. Pareceu uma ótima oportunidade para conferir e comprar alguma coisa que melhorasse minha bateria. Seria uma viagem aventureira: chegaríamos de ônibus em Buenos Aires, pegaríamos um trem para Mendoza e iríamos até Santiago cruzando os Andes num micro-ônibus velho, tipo jardineira. Já estávamos numa enorme expectativa para a jornada.

* * *

Certo dia, Herbert resolveu ir a São Paulo comprar uma raríssima guitarra Danelectro modelo Silvertone, que descobriu no jornal de classificados *Primeiramão*, publicado na capital paulista. Eu fui para São Paulo com meus pais e nos hospedamos na casa de uma tia, como fazíamos nas férias no começo de ano – Bi, Pedro e Naldo também estavam nessa viagem. Depois de Herbert comprar a guitarra, marcamos de nos encontrarmos na loja de instrumentos do Shopping Ibirapuera, mas demos com a cara na porta: a loja fechava aos sábados depois do meio-dia.

Tentamos, então, descobrir como chegar na periferia e ver alguma banda punk paulista. Fomos de metrô e ônibus até a região do ABC. Aqueles moleques com cara de riquinho e bronzeado de surfista provocavam olhares de estranhamento nas calçadas de São Bernardo. Perguntamos na rua onde tinha show punk. Uns nos disseram que era só seguir adiante, outros nos recomendaram dar o fora. Rodamos e não achamos nada de punk. Foi quando um grupo com cabelos moicano e de jaquetas de couro preto espetadas com tachas nos hostilizou:

– Isso aqui não é lugar pra boyzinho e burguesinho!

Saímos de mansinho, entramos em dois táxis e fomos embora dali ainda ouvindo os punks moicanos gritando para os moleques cariocas perdidos no ABC:

– É! Paga boy! Paga boy!

Voltamos de São Paulo com Herbert entusiasmado com sua rara guitarra Silverstone, modelo fabricado em massa nos anos 60 e que, nos Estados Unidos, era vendida exclusivamente na antiga loja de departamento Sears. Por isso, aliás, a guitarra era conhecida como "Sears guitar". As Silvertones ganharam má reputação de guitarra barata, mas um de seus mais renomados usuários era nada mais nada menos que Jimmy Page, o genial guitarrista do Led Zeppelin. Com Herbert empunhando o novo instrumento, nos dedicamos com redobrado afinco aos ensaios para o show de abertura do Lulu no Circo. Passávamos e repassávamos as músicas e bolamos arranjos e emendas de uma música na outra para causar furor no público. Ao menos, era essa a nossa ideia.

Durante o verão, além da movimentada agenda de shows do Circo, havia o famoso palco da discoteca Papagaio, na Lagoa Rodrigo de Freitas, ao lado do Estádio de Remo. Havia vários shows em matinês ali. Fomos assistir ao Lulu numa dessas tardes e, no fim, ainda encontramos Rita Lee e Roberto de Carvalho no camarim. Era algo fora do comum estar perto daqueles ícones do pop que representavam tudo de melhor que a gente poderia sonhar numa carreira musical. Lulu ainda tirou onda com a gente, nos apresentando para Rita e Roberto como "a próxima grande banda brasileira". O casal foi muito cordial. Eles ficaram curiosos em saber sobre o nosso som e dissemos que era algo mais new wave, meio Police. Roberto disse adorar o estilo do Andy Summers.

Quando estávamos saindo do camarim, ainda demos de cara com um outro "ícone do underground", se é que isso se aplicava: Serguei, o lendário cantor de rock carioca. Com o surgimento da Fluminense, Serguei – o andrógino personagem, mistura de Steven Tyler com Mick Jagger, com lentes de contato claras e uma cabeleira tipo mullet – ganhou uma certa exposição, com shows concorridos no Circo, depois que algumas de suas músicas toscamente gravadas chegaram à programação da rádio. Nós, dos Paralamas, não o conhecíamos. Lulu nos apresentou, com salamaleques e reverências. Ele nos deu noções de palco:

– Quem é o guitarrista?

Herbert se apresentou.

– Você? Mas, com esses óculos, não vai muito longe.

Com exagero nos gestos, nos mostrou como um guitarrista deveria se movimentar, com pernas abertas e poses clichês do Jimmy Page. Bi também foi orientado:

– Baixista tem mais é que ficar parado mesmo.

Finalmente, olhou para mim e deu a receita do baterista:

– Você tem que tocar de sunga e usando apenas uma gravata borboleta.

Ouvimos as explicações incrédulos e segurando o riso, com Lulu ao nosso lado. O *grand finale* aconteceu quando Lulu pediu para Serguei nos contar sobre o encontro dele com Janis Joplin no Rio. Demonstrando certa surpresa, ele desconversou. Disse apenas, numa entonação à la Greta Garbo:

– Isso não podia vazar...

Foi um momento marcante com ícones do rock brasileiro. Levamos para casa muitos aprendizados.

* * *

Nesse primeiro mês de 1983, as coisas aconteciam num ritmo empolgante, com ensaios na Vovó Ondina, praia, planos e mais planos. Nenhum de nós pensava em voltar para a universidade dali a pouco. Seria incompatível continuar estudando, frustrados com algo que não queríamos. Eu sonhava com uma bateria nova, super hiper profissional, com todos os pratos que pudesse usar. Mas precisaria de muita grana: os preços eram proibitivos, ainda mais se fosse importada, com taxas que aumentavam de três a quatro vezes o preço original.

Janeiro passou voando. Chegou o dia da jornada com Bi ao Chile. Partimos de ônibus para São Paulo, depois foram dois dias até a capital portenha, mais meio dia no trem para Mendoza – que teve problemas e ficou horas parado no meio dos pampas argentinos. Dali, foram oito horas de jardineira cruzando os Andes, onde em pleno verão pude ver neve pela primeira vez na vida, mesmo que na forma de enormes placas ao lado da estrada. Chegamos a Santiago no terceiro dia, ao anoitecer.

Como o pai do Bi ocupava o posto de embaixador do Brasil no Chile, ficamos hospedados na embaixada, uma enorme casa que se dividia entre a chancelaria e a moradia do embaixador. Só então pudemos nos recuperar da cansativa jornada. No dia seguinte, fomos nas lojas de instrumentos. A Casa Amarilla tinha baterias e acessórios de ótimas marcas, muito mais em conta do que no Brasil. Havia pôsteres de músicos famosos patrocinados por marcas renomadas de instrumentos, o tipo de coisa que não víamos nas lojas brasileiras. Meus planos eram adquirir uma caixa nova e uma estante de contratempo, o que já me serviria muito bem.

Depois de pesquisar preços e modelos, comprei uma caixa Tama cromada, com apenas oito afinações, um ótimo custo-benefício, além de uma estante de contratempo Tama. Também levei pares de baquetas americanas. Já estava melhor preparado para o show de abertura do Lulu dali a algumas semanas. Mas eu ainda não tinha uma bateria condizente, o meu combalido instrumento não seguraria o tranco de um palco maior como o do Circo. Bi me emprestou uma graninha para pagar as coisas de que eu tanto necessitava.

Foi um impacto também ver as lojas de discos de Santiago – no auge do vinil e do cassete –, no bairro de Las Condes, onde os lançamentos de artistas e bandas da Europa e dos Estados Unidos chegavam rapidamente. Ao menos não havia nenhuma censura nesse sentido: em plena vigência do governo ditatorial do general Pinochet, a molecada podia comprar tudo. Entretanto, a imprensa ainda era censurada. Ainda assim algumas rádios tocavam bastante rock. Volta e meia, a FM Carolina transmitia a gravação do show do The Police que acontecera em fevereiro de 1982, no festival de Viña del Mar. Foi nessa época que o Police fez um único show no Rio, no Maracanãzinho, com a turnê do álbum *Ghost in the machine.* Infelizmente, não pude ir. Minha família foi para São Paulo e não pude ficar. Depois, soube que o Herbert esteve lá e pirou.

Voltamos de ônibus de Santiago direto para o Rio, desta vez, numa viagem de três acachapantes dias. Retomamos nossa rotina de ensaios, com a expectativa da grande noite no Circo. Soubemos que havia a exigência de carteira de músico profissional para autorizarem nossa apresentação. Teríamos que fazer inscrição e prova prática na Ordem dos Músicos do Brasil. Não seria por conta da burocracia que não subiríamos ao palco do nosso tão almejado show. Agendamos a prova prática para um sábado de manhã. Consistia em tocar três músicas para uma banca examinadora avaliar se receberíamos a carteira de músico prático, estágio anterior ao de músico profissional – esta exigia outro exame, baseado nos conhecimentos de teoria musical.

Chegamos cedo ao local no Centro antigo do Rio de Janeiro. O ambiente era totalmente retrô, para não dizer depressivo, desbotado e antiquado. Aguardamos a chamada para a prova prática numa sala onde já esperavam algumas pessoas: uma menina e dois caras. Para quebrar o gelo, começamos a conversar e descobrimos que eram os integrantes do Kid Abelha e Os Abóboras Selvagens, que conhecíamos das músicas que tocavam na Fluminense. Para nossa surpresa, eles conheciam Os Paralamas e sabiam cantar *Vital*, *Patrulha* e *Encruzilhada*. Eram Paula Toller, Leoni e Beni Borja.

Eles foram chamados primeiro. Quando entraram, colamos os ouvidos na porta para descobrir o que tocariam. Foram ao menos duas músicas que estavam no tal disco pau-de-sebo: *Distração* e *Vida de cão é chato pra cachorro.* Quinze minutos depois, Paula, Leoni e Beni saíram convictos de que conseguiram aprovação da banca. Depois, foi a nossa vez. Separamos *De do do do, de da da da*, do Police, *Seja o meu céu*, do Robertinho de Recife, e *Autumn leaves*, um standard de jazz, como último apelo para convencer os jurados de nossa sofisticada musicalidade. Um dos examinadores nos perguntou se sabíamos o nome do ritmo da primeira canção que tocamos (a do Police). Dissemos que era rock. Ele retrucou: disse que era rumba. A bancada elogiou nossas interpretações, com o aparte de que deveríamos tocar mais música brasileira. Nossas carteiras estariam prontas em dois dias, o que foi suficiente para que cumpríssemos as exigências para tocar no Circo Voador.

Na saída, demos de cara com os Kid Abelha nos esperando. Também tinham ficado de orelhas coladas na porta e adorado nos ouvir. Daquele dia em diante, estreitamos a amizade e admiração mútua. Combinamos de nos encontrar num bar de Botafogo que se chamava Cochrane, com aparência de pub londrino, drinques com nomes hilários em inglês e comida inglesa. Ali se reuniam os "moderninhos". Havia propaganda do bar na programação da Fluminense. Apesar de não ter jukebox nem DJ, o som ambiente era muito bom: o melhor do rock, especialmente da cena inglesa da época. Nesse lugar, nos encontramos inúmeras vezes com Leoni, Paula, Beni, Alvin L (amigo do Herbert na faculdade de arquitetura e cantor dos Rapazes de Vida Fácil) e Mauricio Valladares. Foi nesse bar que traçamos planos sobre como ganhar espaço e como seria inevitável a nova tendência de bandas prevalecer sobre os anacrônicos roqueiros ainda existentes. Nessa época, Herbert se encontrou com Leoni e Paula e rolou uma parceria: *Por que não eu?*. Combinamos de gravá-la e voltamos ao estúdio Tok. A música – bem diferente da versão deles registrada meses depois no LP *Seu espião* – entrou na programação da Fluminense.

Em nossas resenhas com os novos amigos do Kid Abelha, comentávamos como essa turma toda chegando na Fluminense era – na sua grande maioria – musicalmente previsível, com os manjados clichês de rock, como o formato de 12 compassos do blues, letras qualquer nota, além da sofrível qualidade das gravações. Possivelmente, todos eles deviam falar a mesma coisa dos Paralamas e do Kid Abelha, bandas com nomes ridículos e um sonzinho longe do que se poderia chamar de rock. Ou seja, no final das contas, estávamos na mesma canoa. Se balançasse, quem iria cair?

9!
Debaixo da lona sagrada do Circo Voador

O dia do nosso show no Circo Voador chegou e não conseguíamos conter a excitação. Alguns amigos viram nos jornais e nos avisaram da chamada do show do Lulu naqueles minúsculos tijolinhos, onde estavam Os Paralamas do Sucesso como banda de abertura. Subir no palco do Circo seria a oportunidade tão sonhada por nós, que estivemos tantas vezes ali. Fomos checar o som de tarde e soubemos que Lulu também estaria. Chegamos a cogitar se ele faria uma *jam* com a gente, mas não tivemos nossas expectativas correspondidas. Conheci o baterista Edinho Espíndola, que gravou com Lulu. Combinamos que dividiríamos a bateria, um belo kit da marca Slingerland, alugado juntamente com o equipamento de som, sendo que eu usaria minha caixa, pedal e pratos.

Passamos algumas músicas e liberamos o palco rapidamente para a atração principal. Estávamos totalmente despreparados para as exigências técnicas que um show exige: técnico de áudio para o som direcionado ao público, técnico de áudio para o som do palco (chamado de retorno), iluminador, amplificadores de baixo e guitarra com ao menos um de reserva em caso de pane, enfim, ainda estávamos na idade da pedra. Nossa inexperiência nos impediu de exigir qualquer coisa, mas acabamos nos entendendo bem com os técnicos da casa, que entregaram um som satisfatório para uma banda de moleques recém-chegados. Quando apareceu, Lulu foi supersimpático e, mais tarde, nos desejou "merda". Voltamos para casa e tentamos nos acalmar para a hora do show.

Retornarmos ao Circo naquela noite quente de sábado, auge do verão. A plateia nos mostrava que não seria um show de rock careta ou de hippies bluseiros. Lulu Santos atraía um público "Zona Sul", a tal da juventude "surfista dourada", cabelos parafinados e belas meninas bronzeadas. Nos sentíamos musicalmente em sintonia com ele, daí que seria lindo se essa turma também já curtisse o som dos Paralamas, caso escutassem a Fluminense. Sabíamos da tradição da casa de começar tarde as apresentações. Subimos ao palco por volta da meia-noite. Antes, Perfeito Fortuna e Maria Juçá – os criadores e administradores do Circo – nos anunciaram. Eles costumavam entrar promovendo uma grande pantomima para apresentar as atrações. Estávamos prontos não só para o primeiro acorde da noite, mas para o nosso primeiro acorde no palco sagrado do Circo Voador.

– Boa noite! Nós somos Os Paralamas do Sucesso, a gente veio aqui pra divertir vocês! – anunciou Herbert.

As lembranças daquela noite são flashes rápidos do show, que durou pouco mais de meia hora. Logo na primeira música, percebemos que boa parte do público já tinha ouvido *Vital e sua moto* na Fluminense. Tocamos o repertório autoral ainda minguado: *Vovó Ondina é gente fina*, *Patrulha noturna*, *Encruzilhada*, *Solidariedade, não* e nossa versão de *Veraneio vascaína*, do Aborto Elétrico, que também mexeu com a plateia. Chegamos ao final com a certeza de que tínhamos agradado. O público pediu bis, e o bis tinha nome: "Vital! Vital!".

Tudo terminado, comemoramos com entusiasmo nossa estreia naquele palco. Na época, não bebíamos nada alcoólico, a festa era na base da empolgação espontânea mesmo. Não lembro se ficamos para ver o Lulu, nem se estivemos com ele pós-show. A gente nem lembra como voltou pra casa. Alguns desdobramentos dessa noite se estenderiam por alguns dias.

* * *

No verão de 1983, a Rádio Fluminense imperava no dial. Em sintonia com o Circo Voador, as bandas e nomes da programação se revezavam ao vivo no palco da Lapa. Nossos sentimentos naqueles dias eram de êxtase, de missão cumprida. Ainda de férias na faculdade, íamos à praia e chegamos a ser reconhecidos no Posto 9 de Ipanema por frequentadores do Circo e ouvintes da Maldita. Parecia, aliás, que toda aquela gente na praia ouvia a Fluminense e ia ao Circo. Por conta disso, estávamos esperando alguma coisa acontecer: shows, proposta de alguma gravadora, interesse de algum produtor legal e gravar um compacto ou mesmo um LP.

Herbert chegou com uma bomba: uma nota curta publicada na *Folha de S.Paulo*, logo após a nossa apresentação, rasgava a maior seda, do tipo "anotem esse nome", "estourados com o hit de verão na Rádio Fluminense, *Vital e sua moto*", "arrasaram no palco do Circo Voador, abrindo o insosso Lulu Santos, roubaram a cena". Era assinada pelo crítico Pepe Escobar, espécie de Barbara Heliodora (uma exigente crítica de teatro da época) do meio musical, ou um Pedro de Lara (famoso jurado do Silvio Santos que dava zero para todo calouro) do rock. Esse cara, que metia o pau em todo mundo, fez um deslavado elogio aos Paralamas. Ao mesmo tempo que nos chateamos pela forma que desdenhou do Lulu – parecia que os elogios lhe serviam como desculpa para falar mal dele, talvez reavivando alguma velha rixa São Paulo versus Rio, por conta do sucesso do Lulu –, corremos nas bancas para comprar o jornal.

Os jornaleiros da Zona Sul devem ter estranhado a quantidade de exemplares da *Folha* vendidos em único dia. Queríamos mostrar para todo mundo aquelas poucas linhas de um jornal de fora do Rio. Nossos pais não acreditaram, ficaram surpresos e, ao mesmo tempo, preocupados com a possibilidade de abandonarmos a universidade e optarmos pelas incertezas de uma carreira artística. Para nós, aquilo era um sintoma claro de que as profecias do Herbert começavam a se confirmar.

No restante das férias e mesmo depois da volta às aulas, nos atiramos com mais dedicação ainda aos ensaios na Vó Ondina. Nossa motivação com os estudos era nula, só tínhamos música na cabeça. Em algumas semanas, Bi conseguiu uma apresentação na mesmíssima sala de estudos da Rural, onde fizemos um show em outubro de 1981, no tal festival universitário. Desta vez, seria um evento para celebrar o Dia Internacional da Mulher, organizado pelo diretório estudantil. Enquanto isso, Herbert retomava as conversas com seu amigo da faculdade de arquitetura, Zé Fortes, sobre a possibilidade de ele se tornar nosso empresário. Zé estava numa viagem pela Europa e não viu nosso show no Circo, mas ficou impressionado quando Herbert mostrou a nota da *Folha*.

Herbert pegava carona com Zé para as aulas no longínquo Fundão, onde estudavam. Ouviam música da boa no toca-fitas do carro, conversavam e tinham gosto musical similar. Isso foi em grande parte a razão do convite ao Zé, que não tinha noção do que seria trabalhar como empresário de uma banda de rock, mas essa incerteza também o motivava a começar algo do zero e dividir com a gente a paixão por música. Estávamos todos com esse espírito, queríamos chutar o balde de nossas monótonas rotinas universitárias e tentar o que mais gostávamos: tocar. Zé topou e ficou de atender as ligações que o Herbert ou nós encaminhássemos a ele dali em diante. Já tínhamos um empresário! Subimos mais um degrau em nossa ambiciosa escalada.

Ensaiamos na minha casa para o show na Rural. Na véspera, meus pais viajaram a São Paulo, o que nos permitiu montar nosso equipamento na sala. No dia do show, mais uma vez, tivemos uma medida concreta de como Os Paralamas e *Vital e sua moto* tornavam-se populares, desta vez, em pleno meio universitário. Todo mundo que foi ao show veio falar conosco antes ou depois da apresentação, conheciam a música e a banda por conta da Rádio Fluminense. Aquele conselho do Lulu, de formarmos um micropúblico, parecia que estava acontecendo. Víamos nossa popularidade aumentar e não parávamos de nos imaginar gravando um disco e tocando em qualquer lugar. Eu sonhava com uma bateria melhor e estava decidido a me tornar um bom músico.

10!
Novas profecias paralâmicas

O ano de 1983 prometia. *Thriller*, música-título do disco de Michael Jackson lançado em novembro do ano anterior, estava estourada e o álbum seguia na rota de se tornar o mais vendido da história. Foi lançado também o terceiro LP do U2, *War*. *New year's day* e as outras ótimas canções não paravam de tocar na Fluminense, pelas mãos de Mauricio Valladares, enquanto as demais rádios nem tomavam conhecimento. A Maldita era um manancial de novidades, especialmente o *Rock alive* das segundas e sextas. De lá, saíam coisas como *The cutter*, do Echo and The Bunnymen, *Change*, do primeiro álbum do Tears for Fears, o álbum *Speaking in tongues*, do Talking Heads, bandas como Bauhaus, Killing Joke, Gang of Four, o primeiro disco do R.E.M., entre tantas outras novidades. Mas uma música marcou aquele começo de ano: a versão reggae de Peter Tosh para o clássico *Johnny B. Goode*, de Chuck Berry. Dali a pouco, David Bowie tomaria de assalto as paradas com *Let's dance*.

Entrementes (era esse termo usado nas histórias em quadrinhos do Pato Donald, quando duas coisas aconteciam ao mesmo tempo), a cena do rock carioca continuava efervescente. O Kid Abelha assinou contrato com a Warner para um single. Lulu Santos entrou nas paradas das rádios convencionais. A Blitz gravava o segundo LP, uma prova de fogo diante do gigantesco sucesso de *Você não soube me amar*, do primeiro disco. Um tal de Ritchie estourava nas rádios com *Menina veneno*. Diretores artísticos das gravadoras procuravam gente nova para arriscar na promissora onda do novo rock brasileiro.

Foi aí que novamente recebemos um alô do Mauricio Valladares. Ele mostrou a um amigo de uma gravadora os bons resultados dos Paralamas na programação da Fluminense. A nota na *Folha* também veio à baila. Esse cara era Jorge Davidson, diretor responsável pelo catálogo e lançamentos da área internacional da Odeon, gravadora do grupo inglês EMI (Electric and Musical Industries, fundada em 1931 na Inglaterra).

Jorge tinha procurado Mauricio para falar de uma banda chamada UPI, a tal que conhecíamos da Fluminense com a música *Bad trip*. Mauricio pôs Os Paralamas na frente do Jorge como uma melhor opção, e a reação foi boa. Ele agendou uma ida nossa à Odeon. Aquilo teve um efeito bombástico, parecia a realização de uma das profecias do Herbert. Era a primeira investida de uma gravadora, que tinha em seu *cast* a Blitz e alguns poucos nomes na mesma raia, entre eles o 14 Bis e um tal de Herva Doce (assim mesmo, com "h").

Jorge Davidson planejava levar novos nomes para o elenco da Odeon, mesmo sendo responsável pelos lançamentos estrangeiros da gravadora. Fez a ponte com o diretor de elenco nacional, Miguel Plopschi, também saxofonista da banda de iê-iê-iê The Fevers, representante máxima do rock chacundum, termo pejorativo para música brega da época. O grupo era famoso por versões de hits estrangeiros na Jovem Guarda e gravou sem receber crédito inúmeras músicas com Roberto e Erasmo, Eduardo Araújo, Trio Esperança, Jorge Ben, entre outros. Na época, os Fevers estavam estourados com um tema de novela da Globo, com letra do Nelson Motta. Nos dava um certo receio de ver um cara de uma banda tão anacrônica para o nosso gosto ocupando o cargo de diretor artístico de uma gravadora. Será que ele realmente iria nos apoiar?

Miguel nos recebeu muito bem e foi logo dizendo – entregando um certo sotaque gringo que parecia espanhol, depois soubemos que ele era romeno – que os Paralamas poderiam render legal. Afinal, tínhamos a nosso favor a resposta dos ouvintes da Rádio Fluminense.

– *Vital e sua moto* é um hit! – disse ele, mas pedindo licença para opinar e deixá-la "mais pop".

Foi aí que impôs regravá-la no estúdio, em melhores condições, e recomendou com veemência ao Herbert que criasse um refrão ou uma parte mais repetida. Também nos pediu outra "musiquinha boa" para o lado B de um compacto simples. A escolhida foi *Patrulha noturna*, que agradou em cheio com o refrão forte: "Qualé seu guarda, que papo careta/Só tô tirando chinfra com a minha lambreta".

Teríamos que assinar um contrato padrão. Saímos da reunião em êxtase. Gritávamos dentro do Fusca do Herbert que nem louco: "Contraaaaato!!! Contraaaato!!!! Vamos assinar um CONTRAAAAATO!!!!". Fingíamos que estávamos fumando charuto, batendo as cinzas na cabeça um do outro. As profecias de Herbert, o visionário, se realizavam num espaço de tempo cada vez mais curto.

Como não tínhamos advogado, Zé pegou o contrato e deu uma lida antes de assinarmos. Não havia muito a ponderar sobre as cláusulas: era pegar ou largar.

Jorge Davidson também garantia que não havia contrato melhor para artista iniciante em outra gravadora. No dia da assinatura, voltamos ao prédio da Odeon, na Rua Mena Barreto 110, em Botafogo, e conhecemos o presidente da gravadora, um suíço que se chamava Guy Deluz. Era um sujeito bem-humorado, com forte sotaque afrancesado. Nos deixou descontraídos no ato da assinatura do contrato, que previa, na sequência, um LP. Ele disse que estava gostando do Brasil, da música e do samba. Falou com entusiasmo da ida a um show do sambista Sargentelli e adorou ver as "muletas sambando com perrocas no cabeça!" (nota do tradutor: "mulatas sambando com perucas na cabeça"). Tivemos que segurar as gargalhadas.

* * *

Sob os auspícios do diretor Miguel Plopschi, adentramos o estúdio 2 da Odeon para regravar *Vital e sua moto* e *Patrulha noturna* para o chamado compacto simples. Herbert criou as partes novas de *Vital* – a parte B para servir de preparação antes do solo de guitarra: "Vital passou a se sentir total/Com seu sonho de metal", atendendo ao pedido do diretor, e o refrão "Os Paralamas do Sucesso vão tocar na capital/Vital e sua moto, mas que união feliz", que seria repetido várias vezes no fim da música.

Quem ficaria a cargo dos trabalhos, como produtor musical era Marcelo Sussekind, que já conhecíamos como baixista do Lulu Santos. Era um dos integrantes e fundador do Herva Doce e exímio guitarrista. Marcelo nos levou a um tour pelos estúdios da Odeon, explicando o que havia em cada um. Ele se deu bem com Herbert e Bi. Entendia muito de guitarra e baixo e as conversas não tinham fim.

Marcelo procurou nos deixar à vontade no estúdio e, com paciência, me instruiu como gravar ouvindo um click (termo para o metrônomo que orienta o tempo da música). Era preciso escutar o click através dos fones e assim tocar no tempo definido para a música. Já naquela época, havia no estúdio uma bateria eletrônica digital programável da marca LinnDrum , que provia essa guia rítmica, com sons de cowbell no primeiro tempo forte (1) e o som de aro de bateria (2, 3,4) nos demais. Marcelo deu uma dica certeira: um sintoma para saber se eu estava tocando no andamento seria não "ouvir" o click. Me ajustei sem problema à tarefa.

O estúdio 2 da Odeon era dotado de uma antiga mesa de gravação que veio da Inglaterra, diretamente da EMI. Segundo ele, era o mesmo modelo que os Beatles usaram no começo da carreira, quem sabe teriam até usado aquela mesma mesa. Se era fato, nunca foi comprovado. A máquina de gravação tinha 16 canais, algo incrível para nós. A bateria disponível no estúdio era igual – se não a mesma – a que usei no Tok, na gravação da demo para a Fluminense. Também havia um bom set de pratos. Qualquer prato profissional, aliás, já seria melhor do que os que eu tinha.

Marcelo disse que a gravadora costumava dar verba para as bandas contratadas comprarem instrumentos melhores, como aconteceu com os Fevers, o 14 Bis e mesmo o Herva Doce. Era uma forma de investir nos artistas, na qualidade do som, que certamente teria resultados nos shows e na gravação. Quem dera se o mesmo acontecesse com a gente. Não seria nada mal usarmos amplificadores Marshall, guitarras, baixos, baterias e pratos de marcas consagradas. Como já tinha lido em revistas importadas, descobri que a bateria do Stewart Copeland era de uma marca japonesa, Tama, e os pratos, Paiste, de uma fábrica suíça, a mesma de John Bonham e Keith Moon. O sonho de ter um set superprofissional parecia cada vez mais perto de acontecer.

Estávamos encantados com as dependências da Odeon. O estúdio 1, enorme, era reservado aos artistas top, como a Blitz, que acabara de gravar seu novo álbum ali. A mesa era da marca Neve (pronuncia-se "nív", sobrenome de seu criador, Rupert Neve, pioneiro das modernas tecnologias de gravações e reproduções de áudio), modelo 8078, de 48 canais, a mesma usada em outros estúdios top mundo afora. Havia uma sala só para mixagem, com outra mesa Neve menor. Os microfones, todos excelentes, iam dos mais espartanos Shure SM58, SM57, passando pelos caríssimos Neumann U47, Telefunken U48, AKG 414, entre outros. Já tínhamos uma noção de que havia um microfone ideal para captar determinado tipo de instrumento. Zoltan Merky, um húngaro que parecia um velho viking, cuidava do complexo de estúdios, do processo de gravação e da manutenção. Ele comandava um time de técnicos de som e assistentes que botavam a mão na massa: posicionavam os microfones, faziam o cabeamento, checavam se tudo funcionava bem, colocavam a fita de 2 polegadas na máquina, rebobinavam a fita ao fim da gravação, trocavam lâmpadas etc.

Tudo funcionava naquele complexo de estúdios sob a batuta do Zoltan, que vivia numa sala fumando e lendo manuais e livros sobre técnicas de gravação, estudos de acústica e eletrônica de áudio, com uma garrafa de scotch escondida sob a mesa. Em certas horas, aquilo até parecia uma repartição pública da Alemanha Oriental. Marcelo reclamava que ali reinava o mais acomodado processo de grava-

Primeira sessão de fotos dos Paralamas, feita por Mauricio Valladares no elevador do prédio dele, a tempo de ser publicada na revista Pipoca Moderna, *no fim de 1982*

Meu quarto no apartamento da mãe do Bi, em Ipanema, onde morei de 1982 a 1986. Apesar desses tambores estarem aí, só tocávamos mesmo na casa da Vovó Ondina, em Copacabana

Mais um registro do Mauricio, na assinatura de nosso contrato com a Odeon, *em março de 1983. Também estavam lá Zé Fortes e a namorada do Herbert na época, Malu Luz*

ção: ninguém podia mexer direito em nenhum daqueles botões e sair dos padrões impostos pelo senhor Zoltan. Não seríamos nós, moleques sem experiência, pintos recém-chegados no galinheiro, a cantar de galo.

Teríamos alguns dias corridos para gravar, o que não nos custou muito tempo. Fizemos tudo rápido, para satisfação do pessoal da gravadora, até porque fomos alertados que num estúdio tempo era dinheiro. Marcelo optou por gravarmos primeiro a base de bateria e baixo valendo, a chamada "cozinha". A guitarra e a voz apenas nos guiavam. Depois que passamos o som de cada um dos tambores e pratos, Marcelo me deu uma dica para melhorar o "sinal" (o mesmo que "volume", termo usado para a leitura do ponteirinho do marcador análogo "V.U." – *volume unit*, unidade de volume, em decibéis – que indica o volume ideal do som captado para a gravação. Havia um marcador de V.U. desse para cada canal da mesa). Para tocar a caixa, eu deveria usar a baqueta invertida na mão esquerda, já que sou destro, com o lado mais grosso tocando no tambor, garantindo assim mais volume na batida. De fato, aumentaram vários decibéis na leitura do V.U.. Desde então, uso o lado grosso da baqueta da mão esquerda para a caixa. Depois, constatei que alguns grandes bateristas também tocam assim, como Steve Gadd, Bill Bruford e Ian Paice.

Uma vez que o baixo e bateria estivessem ok, bem gravados, timbrados, sincronizados um com o outro, seria a vez de gravar separadamente a guitarra base, depois a guitarra solo e, finalmente, a voz e eventualmente algum vocal. O processo era necessário para "limpar" o som, evitando vazamentos. O amplificador da guitarra ou do baixo eram levados para uma cabine isolada. Herbert e Bi ficavam dentro do "aquário", ou técnica, a sala do estúdio com o console central, a mesa de som e a máquina de gravação – lembra a ponte de comando de uma nave do filme *Star trek*. De lá, eles tocavam seus instrumentos microfonados e escutavam tudo através das caixas de som da sala. Eu tocava da sala de gravação do estúdio, isolada acusticamente, e ouvia o pessoal através de fones. Estávamos separados, mas rapidamente nos acostumamos com o processo.

Herbert gravou a voz em duas passadas para cada música. Fez um esforço enorme para afinar e interpretar cada uma de forma convincente. Foi muito apoiado pelo Marcelo, trabalhando suas características vocais a seu favor. Marcelo achou que as repetições do refrão final poderiam ficar melhor com vocais de apoio e chamou dois vocalistas de estúdio, nada mais nada menos que os irmãos Roberto e Renato Corrêa, ex-integrantes dos Golden Boys, grupo da Jovem Guarda. Depois de um certo mal-estar (pensamos: "caramba, o que mais esses caras da gravadora vão querer que a gente engula?"), acatamos a sugestão e até conversamos amigavelmente com os irmãos Corrêa; éramos fãs dos Golden Boys em nossa infância, conhecíamos e adorávamos seus sucessos *Fumacê* ("ê, ê, ê, fumacê...") e *Cabeção* ("Você viu o cabeção por aí?"). Marcelo nos garantiu que os vocais ficariam bem baixinhos na mixagem, "só pra dar uma sombrinha, um suporte...".

Tínhamos muita confiança no Marcelo, um cara crescido na tradição do rock dos anos 60/70, ex-integrante da banda A Bolha, formada por ele e Renato Ladeira, que continuavam parceiros no Herva Doce. Marcelo vivenciou a fase das bandas de rock cariocas como O Terço e Vímana, do Lulu Santos, Lobão e Ritchie, que no momento estava estourando o hit *Menina veneno*. Ele dizia que uma gravação de rock precisava de ganho (volume), tinha que ser quente. O ponteirinho do V.U. de cada canal, seja da voz ou de cada instrumento, tinha que cruzar a "zona vermelha" dos decibéis, coisa que os "comportados" técnicos de som da Odeon não gostavam.

Marcelo achou que ainda precisávamos de algo na parte final do *Vital* e sugeriu uma guitarra marcando forte com *power chords* e um sintetizador com um som sequenciado, tipo The Who (*sequencer* é um recurso dos teclados em que um trecho era programado em sequência, ou seja, tocado e gravado na memória do instrumento, podendo ser repetido num *loop*, como na introdução da música *Baba O'Riley*, do The Who). A gente topou na hora.

Chamaram o tecladista Ricardo Bomba, que levou um teclado Oberheim e preparou a sequência que ficou gravada nessa música. Os teclados também emprestaram um som de sirene policial na introdução de *Patrulha noturna*, livremente inspirado na intro de *Police on my back*, uma de nossas preferidas do The Clash. Não rolaram mais interferências ou pressões da gravadora. Miguel nem foi ao estúdio, confiou tudo ao Marcelo. Jorge Davidson aparecia lá para dar uma força, principalmente quando encomendava suco de mamão com laranja e sanduíches de provolone com tomate do bar da esquina para aqueles três garotos esfomeados.

Mesmo melhorando a gravação desde a fita demo da Fluminense, ainda não estávamos satisfeitos com o resultado alcançado. O próximo passo foi o Marcelo mostrar o resultado das gravações para o Miguel. Ele disse que adorou, mas ainda faria uma audição fechada para gente da gravadora e outra para o pessoal das rádios, para ver a opinião deles. Alguns dias depois, voltamos para uma reunião com Miguel, que nos reportou: a música fora aprovada pelos "especialistas" e entraria na programação de rádios ao redor do país. Estava tudo ok para o lançamento do compacto simples.

Fomos apresentados aos diferentes setores da gravadora: promoção, imprensa, rádio, vendas e os demais diretores. Todos nos receberam bem e com um entusiasmo que nos parecia sincero. Acreditavam que teríamos sucesso. Era o começo, mas com uma amplitude muito maior do que imaginávamos. Estávamos sob os auspícios de uma grande gravadora e seria um desafio ver como seríamos aceitos na órbita da música comercial.

Para o lançamento do compacto, faríamos um trabalho de divulgação, com entrevistas, fotos, além da participação em programas de TV. Teríamos que nos dedicar inteiramente à música daquele momento em diante, o que tornava praticamente inviável continuar na universidade. Para mim, não seria traumático: cursava apenas o segundo semestre; Bi estava no meio da faculdade de zootecnia. Já Herbert dependia de poucas matérias para se formar. Ainda assim, ele mandou para o espaço a arquitetura, num gesto muito ousado. A escolha era óbvia, mas, se nada desse certo, poderíamos retomar nossas trajetórias universitárias, com grande resignação. Não foi necessário grandes questionamentos para trancar as matrículas. Estávamos prestes a realizar a maior mudança de nossas vidas.

Fizemos questão de chamar Mauricio Valladares para as fotos da capa do compacto, que por sua vez convocou um amigo, o desenhista Ricardo Leite, para o projeto gráfico. Em pouco tempo, a prova da capa foi concluída e aprovamos o resultado. Em mais alguns dias, numa reunião na gravadora, fomos presenteados com algumas caixas de discos, cada uma com dez compactos. Ouvimos pela primeira vez na sala do Jorge Davidson. Fomos para a casa do Bi e colocamos o compacto na pick-up. Ver aquele disco girando e tocando nossa música foi uma emoção difícil de descrever, um momento especial, a coisa mais próxima da realização de um sonho. Nosso disco estava tocando! E ainda repetiríamos várias vezes esse ritual, essa sensação, com pais, irmãos, amigos... A vida podia ser bela.

11!
O primeiro LP e a guerra de sorvete

Quase simultaneamente à entrega dos disquinhos na gravadora, *Vital e sua moto* chegava às lojas de discos – sim, elas existiam nessa época – e começava a tocar em algumas rádios populares, nas quais rapidamente entrou nas listas de mais pedidas. Foi emocionante ver a música ganhar espaço nas paradas, depois da trajetória pregressa que já havíamos traçado na Fluminense. Não lembro exatamente o dia e a hora em que *Vital* entrou na parada das mais pedidas da Rádio Cidade, por exemplo, mas recordo que ela tocava junto de pérolas como *Let's dance*, do Bowie, *Electric avenue*, do Eddy Grant, *She blinded me with Science*, do Thomas Dolby, ou *Tempos modernos*, do Lulu, e *Pintura íntima*, do Kid Abelha. Era um moto-contínuo emocional, agora ouvindo *Vital* nas paradas transmitidas no fim da tarde, às 18h, quando a mais pedida do dia tocava antes da famigerada *Voz do Brasil*, às 19h. Por várias vezes, escutamos *Vital* no topo da lista. Vibrávamos com os ouvintes, via telefone, pedindo nossa música. Era qualquer coisa parecida com fazer um gol no Maracanã lotado e Pelé comemorando com soco no ar.

A primeira versão de *Vital e sua moto* continuava a tocar na Fluminense, assim como as outras três músicas que entregamos lá, *Patrulha noturna*, *Solidariedade, não* e *Encruzilhada agrícola-industrial* (que mais tarde se chamaria simplesmente *Encruzilhada*). Da mesma forma, as músicas do Kid Abelha do LP pau-de-sebo da Warner seguiam tocando na Maldita, mesmo com o estouro do compacto simples de *Pintura íntima* atingindo o topo das paradas de rádio e mais de cem mil cópias vendidas. Tínhamos um pé na rádio alternativa e o outro nas rádios populares.

Uma curiosidade dessa época é que fomos avisados pelo Mauricio Valladares que o departamento de censura do governo proibiu a execução de *Solidariedade, não* na Fluminense, sob a justificativa de que a música tinha forte teor político. Quem diria, uma rádio alternativa receber restrições da Polícia Federal e uma banda de moleques cariocas amordaçada pelo teor político da letra de uma música. Pouco foi comentado sobre isso na época, quando já se falava na passagem do poder para um presidente civil.

O LP da Blitz teve duas faixas censuradas, supostamente pela "linguagem de baixo calão". Para não ser recolhido, riscaram manualmente as duas últimas músicas do lado B de cada LP já prensado, algo surreal. Entre outros casos de censura na música, houve o do primeiro disco de Leo Jaime, que em breve entraria na órbita de nossas amizades. Vimos shows do Leo quando ainda se apresentava com a banda João Penca e seus Miquinhos Amestrados. *Phodas C*, seu primeiro LP, só podia ser vendido lacrado, com um aviso de impróprio para menores de 18 anos. A Divisão de Censura de Diversões Públicas, da Polícia Federal, ainda se mostraria ativo por mais alguns anos, na pessoa de uma certa diretora Solange Hernandes, autoridade que assinava os atestados de censura.

* * *

Nossas atenções estavam voltadas para preparar o repertório e gravar o prometido LP (abreviatura de disco de 12 polegadas, o *long play*, devido ao tempo estendido de audição). Crescia nossa carga de compromissos. *Vital* e *Patrulha* já estavam gravadas, faltava escolher as outras. Passamos um pente fino no que tínhamos em mãos. Herbert achava que precisava apresentar algo melhor e compôs algumas músicas. Foi assim que surgiram *Foi o mordomo* e *Cinema mudo*, que se juntariam a *Encruzilhada*, *Vovó Ondina* e à instrumental *Shopstake*, do nosso repertório. Também decidimos gravar *Química*, do Renato Russo, que tocávamos nos shows, junto com *Veraneio vascaína*, que acabou fora do disco, sem maiores motivos. Descartamos outras mais estapafúrdias como *Pinguins*, *Reis do 49* e *Rodei de novo*.

Adentramos novamente o estúdio 2 da Odeon para iniciar os trabalhos, sob a batuta do Marcelo Sussekind, ainda precisando de músicas para fechar o LP. Foi muito legal ver o Marcelo reconhecer o talento do Herbert na guitarra, dando força a ele para criar partes novas e aprimorar as existentes, acertando timbres e texturas dos pedais de efeitos. Na bateria, não tínhamos para onde correr, além de um som meio padrão com o somatório dos tambores e pratos disponíveis, a microfonação, a sala com paredes e pisos forrados de carpete com a acústica morta e um músico iniciante.

Marcelo também deu força para o Herbert cantar melhor, com dobras das vozes para encorpar o resultado, em tempos em que gravar era um processo instantâneo, semelhante ao de se fazer uma boa fotografia, algo difícil de ser manipulado posteriormente. Bi tratava de se esmerar no domínio do seu baixo, ainda trabalhando com seus limites e aprendendo no processo. Marcelo também foi muito camarada com ele, dando dicas e passando segurança para mais um marujo de primeira viagem naquele barco.

As gravações da bateria aconteceram da forma menos recomendada: como tínhamos que revezar o estúdio, era preciso montar e desmontar tudo no início e no fim das sessões. Dava um certo trabalho e contribuía para deixar o som diferente cada vez que mexíamos nos microfones, por mais que tentássemos manter os padrões. O ideal seria manter tudo montado até o fim das gravações para seguir uma unidade sonora. Mas isso – ter o estúdio exclusivo para gravar (*lockout*) – era coisa de artista consagrado.

Usei a bateria disponível no estúdio, a mesma com que gravei *Vital* e *Patrulha*, o tal kit com tambores de fibra de vidro, com alguns pratos de ataque de uma conhecida marca com nome turco. A minha caixa Tama estava dando conta do recado, mas sentia algo diferente no caminho entre o som que eu tocava e o som gravado. Tentava explicar isso aos técnicos e ao produtor, mas não teve jeito: estava submetido aos critérios técnicos vigentes. Quem sabe se gravássemos um próximo disco, conseguiria um melhor resultado no som de bateria.

Os trabalhos prosseguiam em ritmo acelerado, aumentando a urgência de mais duas músicas para fechar o repertório. Um dia, eu brincava com um violão na casa do Herbert e fiz uma sequência de acordes que o João Fera tinha me ensinado. Herbert gostou e ficou com aquilo na cabeça. Começou a escrever a letra e pediu ao Renato Russo que o ajudasse a terminá-la. Foi assim que surgiu *O que eu não disse*, uma balada romântica, parceria minha, do Herbert e do Renato, um eclipse raro, que acabou entrando no LP. O formato da balada foi inspirado no nosso mentor Lulu Santos. A música pedia um slide guitar; Herbert imaginou que ficaria perfeito no clima da canção. Lulu foi convidado para gravar nessa faixa, queríamos um pouco de seu grande talento como guitarrista. Marcelo sugeriu que usássemos um som de caixa mais suave. Foi muito legal quando ele experimentou o processo de disparar o som de caixa da bateria eletrônica Linn através do canal da caixa que eu tocava, conhecido como *trigger* (gatilho). Na gravação, o som digital dessas peças da bateria eletrônica substituiu o acústico enquanto eu tocava. Esse processo também foi usado para o som do bumbo. O resultado ficou ótimo.

Outra ideia que martelava a cabeça do Herbert era uma letra com mais uma levada de ska. Marcelo adorou e sugeriu que a gente gravasse um arranjo de sopros. A música se chamava *Volúpia*, um devaneio sobre desejos carnais quase explícitos, com uma boa dose de humor:

Volúpia, volúpia
Você é sensual
Volúpia, há, há, há!

Eu vejo um avião no céu
Que vai pra onde você mora
Eu sinto a toda hora

Essa coceira, esse calor
Eu acho que sentei
No formigueiro do amor

Fechamos o repertório. Gravamos tudo rapidamente, uma constante em nosso processo de produção dali em diante. Não sofremos pressão do diretor artístico Miguel Plopschi, que não apareceu no estúdio. Jorge Davidson era constante, sempre proativo, dando força para o que a gente resolvesse fazer. Nessas passagens pelo estúdio, Herbert começou a falar ao Jorge sobre o Renato Russo, de quem a gente gravou *Química*. Insistia em que ele e sua banda, a Legião Urbana, mereciam uma oportunidade para gravar.

Marcelo Sussekind apareceu no estúdio com um amigo chamado Ruban. Era compositor e parceiro do Nelson Motta no hit gravado pelas Frenéticas, *Dancin' days*, em 1978. Ele contou que estava produzindo uma banda só de meninas chamada Sempre Livre, que lançaria uma composição dele com a atriz Patrícia Travassos, *Eu sou free*. Quando gravávamos *Cinema mudo*, Marcelo aproveitou que Ruban era tecladista e sugeriu que usasse um teclado antigo largado num canto do estúdio – ao lado de um enorme órgão Hammond B3 – chamado de clavicórdio, com um som parecido ao de um cravo medieval. Ruban fez uma melodia em cima da guitarra e o som ficou legal. Acabou que o Herbert tocou o teclado junto com ele, a quatro mãos, cada um em uma oitava diferente, deixando o som mais interessante. A música ganhou novas cores: aprovamos a experiência no ato.

Outra visita aguardada foi a de Lulu Santos, que, apesar de não ter aceitado produzir nosso disco, topou gravar slide guitar em *O que eu não disse*. Lulu foi supercamarada, ouviu a música algumas vezes e gravou várias passadas, fazendo frases e escolhendo as melhores. Que privilégio contar no disco com Lulu, de quem éramos fãs incondicionais. Sabíamos tocar várias de suas músicas. Poder vê-lo no estúdio trocando figurinhas com Herbert, seu grande discípulo, era mais um grande momento para nós. Fizemos uma audição do repertório gravado e Lulu gostou. Ele achou que tínhamos tudo para seguir adiante e nos elogiou bastante. Ouvir suas impressões nos deu alívio. Não estávamos lá muito seguros dos resultados das gravações. Bem ou mal, era aquilo que tínhamos no momento, com a percepção de que poderíamos render muito mais, numa próxima oportunidade, caso houvesse.

* * *

Nosso primeiro LP já tinha data de lançamento antes mesmo de terminarmos a mixagem, a toque de caixa. O nome do álbum, que iria acompanhar nossa trajetória, ainda não estava decidido. A mixagem foi no próprio estúdio 2. Não usamos a sala do outro lado do corredor, com uma mesa melhor e recursos de finalização: eco, compressores e filtros sonoros, além de caixas de som (monitores) que proporcionavam melhor audição do trabalho em curso, obedecendo a padrões técnicos que impactavam no resultado. A pressa contribuiu para nossas impressões do disco não serem tão positivas. Em poucas semanas, após reuniões para definir a arte da capa, o disco estava pronto e batizado de *Cinema mudo*. Não foi menos emocionante do que com o compacto ver aquela bolacha rodando e tocando nossas músicas, outro "primeira vez" no nosso carrossel de emoções. Era mais que um *déjà-vu*, era tudo verdade mesmo.

Para o lançamento, o setor de divulgação da gravadora agendou inúmeras entrevistas com os cadernos de cultura dos grandes jornais, revistas e demais canais de imprensa. A maioria delas era feita numa sala na Odeon, onde passávamos horas e horas respondendo aos inquéritos de jornalistas e críticos. Dentre os muitos jornalistas, havia um que mostrava grande conhecimento e interesse pelo emergente rock brasileiro: Jamari França. Ele escrevia para o *Jornal do Brasil*. Acompanhávamos sua coluna e críticas frequentes no *Caderno B*. Reconhecemos o Jamari das muitas vezes em que o vimos nos shows das bandas novas no Circo Voador. Era uma figura onipresente na cena musical carioca. A crítica dele foi muito generosa. Ele pareceu perceber nossas influências e identificou virtudes e falhas, apostando que a gente poderia evoluir musicalmente. Foi mais uma emoção ver uma crítica ao nosso disco num grande jornal.

O setor de divulgação da gravadora nos apresentou a uma enorme agenda de programas de TV, tanto jornalísticos quanto de auditório e musicais, como o *Cassino do Chacrinha*, *Globo de ouro*, entre outros. Em São Paulo, tinha o *Clube do Bolinha* e o *Programa Barros de Alencar*. No Rio, a Rede Manchete tinha uma atração no formato de parada de sucessos, semelhante ao *Globo de ouro*, além do programa da Xuxa, que logo seria contratada pela Globo. Todos eram paradas obrigatórias dos artistas e bandas emergentes. Fora do eixo das grandes redes, havia o *BB vídeo*, na Record, no fim da tarde, comandado por Billy Bond, com clipes estrangeiros de músicas estouradas e algumas nacionais de bandas novas, cujo diferencial era a produção com um orçamento promocional miúdo.

Gravamos com eles um vídeo de *Patrulha noturna*, que ficou durante um tempo entre os mais pedidos. Era uma bagunça trabalhar com Billy Bond, um cara divertido e anarquista, que conhecíamos como integrante do grupo punk Joelho de Porco nos anos 1970. O *BB vídeo* fez sucesso em sua trilha alternativa, uma espécie de Rádio Fluminense na TV, e até criou uma parada de sucesso exibindo clipes das mesmas músicas que emplacavam nas FMs, inclusive as nacionais. Pouco depois, promoveu concorridos shows no Estádio de Remo da Lagoa (exibidos na TV), no Morro da Urca e na boate Papagaio. Anos mais tarde, depois de o programa sair do ar, todo o acervo foi extraviado, incluindo a fita com nosso vídeo. Tudo isso construía a cena musical do momento, e nós já começávamos a ser protagonistas.

Os divulgadores da Odeon nos avisaram com muito entusiasmo que gravaríamos um musical para o *Fantástico*. Seria o primeiro de muitos para o programa, no qual apareciam grandes nomes da música nacional e internacional, uma potente plataforma de lançamentos, assim como os comerciais de cigarro com suas trilhas sonoras. Os roteiros dos quadros eram ingênuos, em geral, uma transposição literal das letras em imagens e esquetes. Não havia muita conversa com o diretor: fazíamos o que ele tinha em mente, o que se chamava sutilmente de "linha editorial do programa". Éramos obrigados a nos submeter aos padrões estéticos da emissora, sob a alegação dos divulgadores e diretores da gravadora de que o mais importante era a vitrine, a megaexposição numa das mais concorridas janelas midiáticas da época. Como atenuante, pensávamos: quantos artistas e bandas não dariam tudo para estar no *Fantástico*? Engolíamos, então, aquele remédio amargo com resignação.

Depois que *Vital e sua moto* apareceu no *Fantástico* e a música ganhou as paradas de sucesso de rádios do Brasil, o LP foi lançado com um espaço considerável nos canais de divulgação. Cabia agora aproveitar a exposição na mídia e fazer nossa agenda de shows. Contávamos com a entrada de algum dinheiro do contrato com a gravadora para investir em bons instrumentos, coisa difícil naqueles tempos. Um dia, numa visita às instalações dos estúdios, um dos técnicos nos levou a um almoxarifado meio escondido, junto ao estúdio de mixagem. Ali, alguns artistas guardavam provisoriamente seus instrumentos. Me deparei com tambores e ferragens de uma bateria desmontada, abandonada há mais de um ano, segundo me relataram. Eram os restos da bateria do Lobão, que deixou a Blitz pouco antes do enorme sucesso que a banda alcançaria. Durante um ensaio ali, rolou uma briga, e Lobão saiu batendo a porta, largou os tambores e nunca mais voltou.

Pensei em procurá-lo para fazer uma oferta pelo kit que serviria muito para mim. Fui direto ver com o Jorge Davidson se podia pegar aquelas panelas abandonadas. Ele deu sinal verde e se comprometeu a acertar o valor com o Lobão. Reagi feliz como criança ao pôr as mãos nas peças da marca japonesa Tama. Os tambores eram um bumbo de 22 polegadas, uma caixa de metal cromado de 14x5 polegadas, um tom-tom de 13, um de 14 – ambos só com as peles batedeiras, chamados de *concert toms* – e um enorme surdo de 18 polegadas (aprox. 46 centímetros), todos na cor preto-piano. Estavam em bom estado, meio arranhados, mas bastava algumas peles novas e pronto. Das ferragens, havia uma pesadíssima estante de contratempo, o garfo dos tom-tons e os pés do surdo, além de uma estante de prato com os cromados descascando e restos de tripés com vários estágios faltando. Seria fácil comprar estantes para compor um kit razoável. Também precisaria de pratos. Meu sonho de ter uma boa bateria estava prestes a se concretizar.

* * *

Fomos indicados pelo Jorge Davidson para uma apresentação na série de shows que aconteciam nas tardes de sexta-feira na praça de alimentação do Barra Shopping, onde vários artistas conhecidos já tinham tocado. Seria o primeiro show depois do contrato com a gravadora. Chegamos perto da hora do início e não tínhamos combinado a passagem de som. Já havia uma bateria no local, e os técnicos de som, em teoria, deixaram tudo preparado.

Só que o local estava repleto de gente, porque a divulgação foi boa, com chamadas na rádio que promovia o evento. Todo mundo ali parecia conhecer Os Paralamas do Sucesso. Subimos ao palco e acertamos nossos instrumentos para iniciar o show de uns 40 minutos de duração. Abrimos o set com *Vital*, deixando a plateia empolgada. Seguimos tocando as músicas mais animadas: *Patrulha noturna*, *Cinema mudo*, *Vovó Ondina* e *De leve* (versão do Lulu Santos para *Get back*, dos Beatles). Quando tocamos *Química*, a turma mais animada começou a bater cabeça, pular, foi uma loucura. Alguns bagunceiros começaram uma guerra de sorvete. Eram sabores variados voando para todos os lados: baunilha, morango, chocolate... Até que a chuva chegou ao palco e tivemos que parar o show.

Depois do susto, achamos graça. Os seguranças, com os paletós pretos embranquecidos de sorvete de creme, nos retiraram do palco, enquanto a plateia gritava “Vital! Vital!”. Tentamos convencê-los de que seria pior não terminar o show, mas a chuva de sorvete não parava. Fomos escoltados para um lugar protegido, escorregando nos sorvetes espalhados pelo chão. A visão da praça na mais descontrolada anarquia parecia cena de filmes americanos de adolescentes arruaceiros, do tipo *Porky's* ou *Animal house*. Saímos do shopping pela ala oposta ao local da bagunça. No dia seguinte, notas nos jornais e na TV falavam da confusão, e a organização do shopping cancelou a série de shows. Já tínhamos em nosso currículo a seguinte manchete: “Banda de rock provoca guerra de sorvete”. Nada mal para começar.

Logo depois do “Ice Cream War Concert”, fomos escalados para tocar numa lona de circo montada no Planetário da Gávea, abrindo um show do Herva Doce, a banda do Marcelo Sussekind. Ficamos superempolgados, só que na hora não pudemos tocar devido a “limitações técnicas”. Mas passamos a ter uma proximidade com os parceiros do Marcelo que estavam sempre nos estúdios da Odeon: Renato Ladeira, tecladista e compositor da banda, era divertido, e o baterista, Peninha, muito brincalhão. Eles viviam falando entre si como nordestinos, com um sotaque forçado, como os personagens do Chico Anysio, fazendo chacota de tudo: “Éberti! Aumente a zabumba que a sanfona tá mutcho alta!”. O Herbert, com suas origens paraibanas, adorava aquilo e a gente morria de rir.

Daquele momento em diante, o telefone do Zé Fortes passou a tocar com pedidos de show dos Paralamas. O número era o da própria casa da família dele. Ficamos empolgados quando o Zé fechou o show de lançamento do disco no Noites Cariocas, no Morro da Urca, outro palco sagrado onde vimos muitos dos nossos ídolos. Tivemos apoio da gravadora para fazer um enorme pano de fundo de palco, com as nossas caras impressas, em cima da arte da capa do LP. Foi um sucesso de público. Podíamos perceber o aumento exponencial da nossa popularidade, resultado dos programas de TV e execução das músicas nas rádios. Esse ciclo virtuoso parecia funcionar como uma engrenagem perfeita.

* * *

Por conta do apadrinhamento do Lulu Santos, fomos convidados para o programa de entrevistas *Noites cariocas*, apresentado na Record Rio pelo grande personagem cultural e musical Nelson Motta e pela Scarlet Moon de Chevalier, jornalista e ativista cultural, além de esposa e musa inspiradora do Lulu. Na Record, também participamos do *Realce*, primeiro programa de surfe, skate e esportes radicais da TV, apresentado pelos surfistas Antônio Ricardo e Ricardo Bocão, e pela modelo Patrícia Barros. Adorávamos participar desse programa, nos dava uma sensação de pertencimento, nos sentíamos falando para a galera da praia que nos reconhecia no domingo, depois de um show no Circo Voador. Herbert e Bi eram meio metidos a pegar onda, mas eu nunca os vi em cima de uma prancha. Era engraçado vê-los falando com o Bocão sobre surfe. Enquanto surfistas, Herbert e Bi eram ótimos músicos.

Eu até gostava de surfe, assisti a *Endless summer* no cinema, comprava roupas de surfe (camisa Hang Ten e tênis All Star) na loja de surfware Ala Moana, mas não tinha intimidade com o mar, até pegar jacaré com Bi e Herbert no Posto 9. O dia em que eu soube que Brian Wilson, dos Beach Boys – responsável em grande parte pela associação das letras e músicas da sua banda com a cultura surfe –, jamais desceu uma onda, passei a admirá-lo ainda mais. Em termos de esportes radicais, vale ainda citar que Zé Fortes voava de asa-delta e chegou a competir em alguns torneios, mas largou de mão.

Seguindo a estratégia de divulgação da gravadora, fomos incluídos em shows promocionais que reuniam vários artistas. Um deles foi uma grande festa pelos 20 anos de carreira dos Fevers, sinônimo de popularidade. Mas naqueles tempos do politicamente incorreto era comum a visão preconceituosa da classe média sobre os artistas cultuados pela população mais pobre, o povão. Os Fevers, Odair José, Wanderley Cardoso e até mesmo Jerry Adriani estavam no mesmo saco de Waldick Soriano, Reginaldo Rossi, taxados como "ídolos das empregadas", "reis do chacundum", "papas do brega", e outros adjetivos preconceituosos na órbita do cafona. O diretor artístico da Odeon, Miguel Plopschi, saxofonista dos Fevers, fez questão que Os Paralamas fossem apresentados no show de aniversário da banda, no Maracanãzinho.

Jorge Davidson aproveitou a deixa e sugeriu que pegássemos roupas na Yes Brazil, famosa loja onde sua esposa trabalhava. Saímos da butique em Copacabana com macacões verdes e camisetas camufladas, escapando da palheta das cores ácidas limão e cor de abóbora, moda no início dos anos 80. No dia do show, passamos a tarde num ensaio geral no Maracanãzinho. Artistas da Odeon como Dalto e José Augusto e as bandas 14 Bis, Herva Doce e Blitz estavam escalados. Foi uma chance para a gente se aproximar dessa turma toda.

Os Fevers tinham emplacado um sucesso na abertura de uma novela das sete. O show parecia uma produção de TV, com artistas e bandas entrando e saindo do palco, e nós faríamos o playback de *Vital e sua moto*. Voltamos à noite, com o ginásio já lotado. A cada anúncio de nomes populares, a plateia vinha abaixo. Mas, quando entramos para tocar *Vital*, ninguém conhecia a música. Teve alguns que até reagiram positivamente, porque deviam ter visto a gente no *Chacrinha*. Aos poucos, porém, o público foi gostando e recebemos aplausos no final.

Pouco tempo depois, fomos escalados para tocar num grande show de aniversário da Rádio 98 FM, na Praça da Apoteose. A lista de participantes era bem maior, com artistas de todas as gravadoras. Nos sentimos descontraídos nos bastidores: compartilhamos o camarim com Lulu Santos, uma das grandes atrações do evento. Como ele faria uma apresentação à la Sting no famoso Show da Anistia – cantando sozinho com sua guitarra –, oferecemos de tocar com ele alguma das músicas que conhecíamos. Depois de nossa apresentação, com *Vital* e *Cinema mudo*, se bem me lembro, acompanhamos Lulu em *Tudo com você*, *Como uma onda* e *De repente Califórnia*. Foi uma tremenda emoção estar naquele palco na frente de milhares de pessoas e ainda acompanhar Lulu Santos, mais uma história para o nosso querido diário.

Começamos a fazer viagens a São Paulo, onde cumpríamos uma estafante agenda de divulgação, imprensa, rádios e TVs. Era comum embarcarmos na ponte aérea Rio-São Paulo ao lado de estrelas de TV, galãs de novela, políticos, artistas e bandas, desde Cauby Peixoto e Agnaldo Timóteo até nossos compadres do Herva Doce. Os aviões eram os quadrimotores turboélice Electra, espaçosos, confortáveis, com uma espécie de sala com assentos em forma de sofá na cauda. Era para lá que corríamos assim que embarcávamos. Por passarem tantas horas naqueles aviões, Renato Ladeira e Marcelo Sussekind saíram com uma brincadeira, com o ruído da vibração resultante do timbre grave dos motores do Electra desafinando entre si, quando o avião já estava em velocidade de cruzeiro: "Hummmmmmmmm". Depois do pouso, eles imitavam o som com as próprias vozes, enquanto esperávamos a bagagem. Nós nos juntávamos na brincadeira, fazendo o mesmo som, desafinando o timbre dos motores.

Renato também imitava um comissário de bordo português enquanto o avião taxiava, falando alto:

– Senhores passageiros, para vossa própria segurança, queiram por favor se levantar de vossos assentos somente depois da parada total dos nossos ventiladores!

E todos a bordo morriam de rir, inclusive as comissárias de bordo. Apesar da cansativa agenda de promoção em São Paulo, pegar um voo da ponte aérea era sempre motivo de alegria.

A Odeon hospedava seus artistas em São Paulo no Hotel Jandaia, na Avenida Duque de Caxias, na região central da capital paulista. Durante muito tempo, esse hotel foi nossa casa na cidade. Seu restaurante era ótimo e as refeições, incluídas na conta da gravadora. O prato mais pedido era um filé alto com molho de champignons e batata palha. Ali se hospedavam também artistas de outras gravadoras, sambistas, cantoras e cantores românticos e a nova safra das bandas de rock. Era comum encontrar Reginaldo Rossi, Waldick Soriano, Jane e Herondy, Wanderley Cardoso, entre outros.

Muitas vezes, as mesas eram divididas entre os artistas e os divulgadores. Tínhamos um divulgador que nos acompanhou por muito tempo, o Niltão. Ele vinha tomar café cedo com a gente e depois nos levava em seu carro para as rádios e os programas de TV. Passávamos horas nos engarrafamentos, fazendo o dia parecer que tinha 48 horas. No fim da cansativa jornada, Niltão jantava com a gente no "hotel das estrelas". Na divisão dos quartos, eu ficava com Bi, e Herbert, com Zé. Muitas vezes, os quartos eram interligados e passávamos horas conversando, fazendo planos, dando risadas, depois das extenuantes jornadas.

De tanto nos hospedarmos naquele trecho da cidade, descobrimos que ali perto, na Avenida São João, ficavam as famosas galerias de lojas de disco e de outras muambas. Tínhamos compulsão por relógios digitais da Casio, tanto os multifunção, com calculadora e relógio, como os de mergulho. Não era para menos: o Police aparecia com esses relógios em todas as fotos. Parecia até um truque de marketing associado, pois eles nunca fizeram comerciais da marca. De tempos em tempos, voltávamos nessas lojas para comprar um modelo novo.

12!
Os Paralamas na sua telinha

Estávamos nos acostumando com a intensa agenda de divulgação do nosso primeiro disco. A Rede Globo ficava no Rio, nossa base, onde já fazíamos programas com alto índice de audiência, medido pelo chamado Ibope, abreviatura do Instituto Brasileiro de Opinião Pública e Estatística (como já dizia a letra de *Cinema mudo*, "melancolia não dá Ibope"). Gravávamos *Fantástico*, *Globo de ouro*, mas o programa que passamos a frequentar com mais assiduidade era o *Cassino do Chacrinha*.

Cada programa tinha uma dinâmica diferente. Os musicais do *Fantástico* eram uma superprodução, com locações, guarda-roupa, iluminação, efeitos como neblina e chuva, tudo sem hora para acabar. Sofríamos horas e horas até começar a gravar, e depois tome mais espera para a cena seguinte, com mudanças de cenografia e de luz. Apesar da grande audiência, fazer o *Fantástico* era um trabalho exaustivo e aborrido. Chegamos a virar madrugadas nessas gravações.

O *Globo de ouro* era o programa com a parada de sucessos da semana, uma mostra de como a música estava presente na televisão. Artistas e bandas de todos os gêneros se encontravam nessa versão brasileira do programa inglês *Top of the pops*. Todos faziam playback, já que tocar ao vivo era uma operação custosa.

Mas, em matéria de bizarrice, nada se comparava ao *Chacrinha*. Abelardo Barbosa veio do rádio, onde teve programas de calouros. O programa contava com uma plateia ensandecida se descabelando diante de seus ídolos, uma bancada de jurados formada por atrizes e atores em evidência nas novelas da emissora, além de um ou outro entendido em música. Eles avaliavam calouros patéticos em busca da fama. Para completar, um time de animadas dançarinas, as chacretes, passava do início ao fim do programa fazendo coreografias.

Chacrinha comandava tudo como um chapeleiro maluco, muitas vezes jogando – no caso, o verbo certo seria arremessando – à plateia os brindes mais insanos: "Quem quer o bacalhau da Maria Bethânia aí?". E atirava um enorme pedaço de bacalhau salgado. Passado um tempo, ele vinha com outra loucura: "Quem quer a mandioca da Simone aí?". E jogava uma enorme mandioca para a sempre eufórica plateia. Essas pobres pessoas que participavam de forma tão exaltada no auditório do Chacrinha, na sua maioria moças, eram conhecidas pelo termo pejorativo de "macacas de auditório", algo inaceitável nos tempos atuais. Havia uma forte carga sexista das chacretes, com exíguos collants e coreografias sensuais, algo um tanto inapropriado para o horário dos sábados à tarde. A receita de dançarinas sensuais virou regra nos programas com a mesma fórmula, como *Clube do Bolinha* e *Barros de Alencar*. Como bem dizia o Velho Guerreiro, "na televisão, nada se cria, tudo se copia".

Jamais vou esquecer nosso primeiro *Cassino do Chacrinha*. Nos bastidores, estavam Sidney Magal, Wando, Simone, José Augusto, Amado Batista, Roupa Nova, Rádio Taxi e Fevers. Todos aguardavam a entrada em cena amontoados num corredor, até serem anunciados e correr por um túnel para o palco, onde faziam dublagem da música, o playback. Ninguém escapava de fazer mímica, uma deslavada mentira artística imposta aos participantes do programa. Pura encenação. Para nosso alívio, alguns artistas muito legais participavam daquela loucura, como Lulu Santos, Eduardo Dusek, Raul Seixas, Erasmo Carlos, além das novas bandas que despontavam: Magazine, Barão Vermelho e nossos amigos do Kid Abelha e do João Penca.

Assumindo o clima do programa, até que fazer a dublagem no meio daquele caos terminava sendo engraçado, ainda mais com o assistente de palco do Chacrinha, o Russo, uma mistura de contrarregra com palhaço, cada dia fantasiado de um jeito: bebê, índio, pirata... Ele fazia pantomimas, dançava e pulava em cena, enquanto Herbert tentava cantar. Nesse clima de brincadeiras, em pleno programa ao vivo, certa vez, Herbert deu uma rasteira no coitado do Russo, que caiu feio, de costas no chão e pernas para o ar. Herbert se assustou e foi ajudá-lo, mas viu que estava tudo bem, os dois se abraçaram e todo mundo ao redor morreu de rir com a cena surreal – e provavelmente quem estava assistindo em casa também. Isso tudo sem parar a música! Os bateristas, por sua vez, tocavam em pé, usando apenas um prato e uma caixa; era preciso entrar no clima do escracho.

O programa tinha uma audiência monstruosa e eu confirmava isso pelo número de pessoas que comentava comigo na rua: "Você é aquele baterista que apareceu no *Chacrinha*? Vem cá, que palhaçada aquela bateria do programa, hein?". O programa do Chacrinha já foi motivo de estudos de comunicação moderna e avaliações acadêmicas de fenômenos populares, na tentativa de entender seu sucesso. Mas o que mais nos marcou foi que o tal "bacalhau da Maria Bethânia" deixava um cheiro que impregnava os bastidores. Aquele odor só deve ter desaparecido do antigo Teatro Fênix, de onde o programa era transmitido no bairro do Jardim Botânico, quando foi – infelizmente – demolido no começo dos anos 2000.

* * *

Em São Paulo, alguns dos programas de auditório eram cópias do *Chacrinha*, como os já citados *Clube do Bolinha* e *Barros de Alencar*, com aquele clima brega, e dançarinas, artistas e bandas se revezando no palco. Tinha também o da Hebe Camargo e o secular *Almoço com as estrelas*, apresentado pelo casal Airton e Lolita Rodrigues.

Até que finalmente nos deparamos com outro ícone da TV: Silvio Santos. Estivemos em inúmeros programas de sua emissora, com ele pessoalmente e em outros, com Raul Gil e Gugu Liberato. Quando participamos do famoso *Qual é a música?*, levamos o prêmio em dinheiro e, no dia seguinte, comprei um pedal de bumbo novo na loja de instrumentos Leimar. Em outra ocasião, entramos ao vivo numa maratona musical no programa do palhaço Bozo, de um palco montado no parque de diversões Playcenter. Dias depois, fizemos um dos melhores programas locais, *Fábrica do Som*, na TV Cultura. O som era ao vivo, sem playback, algo raro na época.

Aproveitávamos as idas a São Paulo para tocar por lá. Nossa primeira apresentação fora do Rio foi na Heavy Metal, casa de shows em Santos. O dono, Toninho, tinha uma rádio na cidade que, além de promover os artistas, levava-os para apresentações. Voltamos inúmeras vezes à Heavy Metal, com uma frequência de shows maior até que em nossa própria cidade. Em São Paulo, também tocávamos toda hora no Rose Bom Bom, uma danceteria – como passaram a chamar as casas noturnas com música mecânica e show ao vivo. Ainda tocamos em outras casas do gênero, como Clash e Latitude 3001 e nos pubs Victoria e Woodstock.

Nossas incursões paulistanas nos permitiram viver um pouco da cena musical local. Assistíamos a bandas novas como Ultraje a Rigor, Ira!, Titãs do Iê Iê e Magazine, em espaços como Sesc Pompeia e Madame Satã. Nos aproximamos do pessoal. Ficamos amigos do Ultraje. Herbert e Roger se entenderam superbem. Ambos tinham uma língua ferina e transportavam para as letras a contestação que despontava nas temáticas do momento, as angústias, as tragédias e a comédia da vida comum daquela geração. As músicas do Ultraje eram superconhecidas por seu público fiel. Antes mesmo de gravadas, *Inútil*, *Mim quer tocar*, *Ponto de ônibus* e *Marylou* já estavam na boca do povo. Sempre que íamos a um show do Ultraje, acabávamos dando uma canja. Numa ocasião, na gravação do *Fábrica do Som*, substituí o Leôspa, baterista do Ultraje, que estava doente.

Num show no Rose Bom Bom, tocaríamos depois do Magazine. Foi a primeira vez que nos encontramos. Tanto o Kid Vinil quanto o guitarrista Ted Gaz, o baixista Lu Stopa e o baterista Trinkão eram superlegais, hilários, e logo nos tornamos amigos. Chamamos Kid Vinil para cantar com a gente *Sou boy*, seu grande hit. Passamos a dividir os camarins nos programas de TV paulistas, onde aguardávamos horas para gravar. Para quebrar a monotonia, Lu Stopa fazia imitações impagáveis de músicos conhecidos – a do Lee Marcucci, baixista do Rádio Taxi, era de rolar de rir. Trinkão fazia os trejeitos do Lulu Santos inspirados nas performances aeróbicas de Mick Jagger. Já Kid era dotado de profunda sabedoria musical: conhecia as bandas punks e new wave, novas e antigas. A modernidade musical, porém, não aparecia nas músicas do Magazine, que fazia sucesso popular com um iê-iê-iê revisitado, mostrado nos hits *Sou boy* e *Tic tic nervoso*.

* * *

Os muitos shows me exigiam demais em termos físicos, ainda mais tocando em lugares fechados, com pouca ou nenhuma ventilação e ainda por cima com fumantes. Resolvi me preparar melhor tocando de short, tênis e camiseta, ao estilo do Stewart Copeland. Mesmo assim, terminava os shows encharcado de suor. Também precisei recorrer a um artifício para atenuar os muitos calos nas mãos, novamente apelando para Mister Copeland, que aparecia em fotos enrolando seus dedos com *silver tape*, aquela fita prateada que os americanos usavam para qualquer necessidade. Tive a sorte de um amigo que fazia manutenção nos amplificadores do Herbert trazer essa fita dos Estados Unidos. Eram muito úteis também para colar nas peles dos tambores e abafar um pouco os harmônicos, "secando" o som.

Mesmo protegendo os dedos, se formavam calos e muitas vezes doía até retirar as fitas; alguns tinham bolhas de sangue e a pele saía junto com a fita. Ainda no quesito acidentes de trabalho, acontecia de bater sem querer com as falanges dos dedos nas bordas de algum tambor e era sangue para todo lado. As peles brancas da bateria ficavam salpicadas de vermelho. Não chegavam a ser uma tela do Jackson Pollock, mas dava um efeito... Show após show, assim eu ia engrossando o couro.

13!
Primeiro, o Brasil. Depois, o mundo!

Em julho de 1983, participamos da Festa Nacional do Disco, um encontro de artistas promovido pelas grandes gravadoras na serra gaúcha. Conhecemos um monte de gente da cena musical: Gang 90 & Absurdettes, Cazuza, medalhões da MPB como Ney Matogrosso, Zé Rodrix, Nelson Gonçalves e Ivan Lins, artistas de todas as vertentes musicais, do samba, do rock e da música romântica. Havia sempre burburinho na recepção e nas salas de conferência do hotel, onde rolavam palestras e entrevistas. O bar e os restaurantes reuniam um monte de gente da forma mais descontraída. Ao chegarmos lá, Herbert e Kid Vinil se encontraram e descobriram algo em comum: ambos eram devoradores compulsivos de banana split, sorvete de creme com chantili e calda de chocolate sobre bananas fatiadas.

Estava previsto um jogo de futebol com os artistas, num campo de um time local. Era manhã de um sábado de sol, o que afastou um pouco o frio europeu da cidade. A imprensa ficou em cima dos artistas mais badalados, entre eles, Fagner – conhecido peladeiro – e o sambista Dicró, famoso pelos sambas com letras de duplo sentido. Herbert não se animou a participar, Bi não tinha ímpeto futebolístico e eu fui mais pela insistência do Jorge Davidson, que jogava todo fim de semana. Quem estava meio pelas beiradas era o Lobão, ainda nada conhecido e levado ao evento por sua gravadora. Jorge Davidson me avisou que ele participaria da pelada.

Achei que seria uma boa oportunidade para agradecer pelos restos de sua bateria abandonada na Odeon. Ao entrar em campo com o uniforme fornecido pelo evento, puxei conversa com Lobão. Disse que Os Paralamas eram fãs do trabalho dele que tocava na Fluminense. Ele ficou superfeliz e disse que também conhecia Os Paralamas e ironizou que seu disco solo, lançado depois que saiu o da Blitz, continuava desconhecido. Agradeci pelos restos da sua antiga bateria – até hoje não sei qual foi a combinação do Jorge com ele – e sugeri um encontro com os outros caras da banda na volta ao hotel. Em relação ao placar da pelada, não tenho a menor lembrança de quanto foi.

Nos encontramos com Lobão no quarto do Herbert, que ficou maravilhado com a guitarra Rickenbacker modelo 370 de 12 cordas que ele empunhava. Era linda, na clássica cor madeira clara e escudo branco. Herbert levou sua Giannini vermelha e os dois mostraram músicas um para o outro. Lobão percebeu que tínhamos uma pegada forte de ska, ritmo jamaicano incorporado pelas bandas inglesas da new wave. Alternadamente com Herbert, ele tocou músicas que conhecíamos de seu disco solo e disse que tinha algumas novas, inspiradas nessa onda do ska-new wave. Aquilo nos deixou numa sintonia bem legal. Admirávamos o trabalho do Lobão e nos sentimos parte da mesma onda. Combinamos de nos apresentar juntos e de nos encontrar no Rio.

* * *

A rotina de apresentações e programas de TV não dava trégua. Estendemos os shows a cidades do Espírito Santo, Bahia, Rio Grande do Sul, Santa Catarina, Paraná e Minas Gerais. Juiz de Fora, onde havia a danceteria Factory, era parada obrigatória nos primeiros anos. Numa das vezes, o ônibus arrendado estourou o pneu na estrada, causando grande susto.

Já nos muitos shows em Volta Redonda, o contratante nos fornecia uma Kombi, onde enfiávamos o equipamento e íamos junto, já com Flávio "Big" Rangel, um amigo do Bi dos tempos da Rural, como roadie. Num sábado à tarde, saímos do estacionamento da gravadora com a Kombi dando sinais de que o motor não estava bem. O motorista deu uns passes no carburador e fomos em frente. Mais adiante, já na Avenida Brasil, ele anunciou que teria que passar em casa, no Complexo do Alemão, para trocar de Kombi. Aceitamos com resignação, rezando para que nada acontecesse.

Já era de noite quando adentramos as ruelas e becos do local, tentando não demonstrar preocupação. O motorista foi direto no motor da outra Kombi, sacou o carburador e instalou-o no motor da Kombi com nosso equipamento. Enquanto ele fazia o serviço, procuramos um orelhão para avisar ao Zé do nosso atraso e de onde estávamos. Ele iria depois no carro dele. Mais tranquilos, fomos tomar um refrigerante numa birosca, incógnitos, e reparamos que o lugar não era lá tão barra pesada ou diferente de qualquer outro bairro da cidade. Voltamos à estrada sãos e salvos para o show daquela noite.

Nossa primeira ida a Porto Alegre foi inesquecível. Lá também havia um circo onde as bandas de rock se apresentavam. Só que era circo mesmo, com palhaços e animais. Alguns dias da semana, o picadeiro era arrendado para shows de bandas. Essa foi a primeira vez que despachamos o equipamento num voo, com custo pago pelos produtores. Dividimos a noite com uma banda local, chamada Urubu Rei, da qual um dos integrantes se tornaria um reconhecido produtor musical e jurado de programas de novos talentos: Carlos Eduardo Miranda.

Foi emocionante essa primeira viagem dos Paralamas até lá, onde morava meu irmão, aquele que tinha uma banda. Depois de aparecermos nos programas de TV e com *Vital e sua moto* nas rádios, atraímos um tímido, mas empolgado público. Antes do show, um dos músicos do Urubu Rei – os integrantes vinham do meio teatral – nos desejou aquela tradicional boa sorte dos atores: "Merda pra vocês!". No caminho até o palco, que ficava na penumbra, pisei num gigantesco cocô de elefante. Limpei o tênis e concluí que a merda não era figurativa: desejei que, pela quantidade, nos trouxesse bastante sorte!

Já a primeira passagem por Salvador foi um pouco traumática. Lá também havia um palco para bandas de rock montado num circo. Chamava-se Circo Relâmpago, onde já tinham se apresentado Raul Seixas, Camisa de Vênus, Barão Vermelho e as novas bandas de São Paulo. O contratante nos deu um calote. Não pagou o combinado antes do show. Mesmo assim, Zé Fortes contornou o problema e conseguiu que a gente se apresentasse nas condições possíveis, com um equipamento de som horrível e uma luz pior que a de um cabaré de beira de estrada. O show mudou de dia e de hora: tocamos num domingo de tarde e, para nossa surpresa, havia uma galera empolgada que salvou o baixo-astral. O cheque sem fundos do contratante está guardado como lembrança até hoje na gaveta do Zé.

Nossa primeira viagem ao Espírito Santo foi no mínimo divertida. O show era em Vila Velha, município vizinho a Vitória. Desta vez, Zé não foi, porque era o dia de sua formatura, na mesmíssima turma de arquitetura em que o Herbert deveria estar. Eram duas apresentações negociadas pelo Zé com produtores locais. Do aeroporto, fomos levados numa Kombi até um hotel, na verdade, uma hospedaria de última classe. A gerente parecia ter saído de um filme trash do John Waters, algo como a famosa travesti Divine sem a *finesse* da nossa Rogéria. Os quartos eram celas, com camas desarrumadas e sem banheiros.

Não demorou um minuto para que a gente decidisse não ficar lá. Tivemos que ameaçar o contratante de ir embora e não fazer os shows. Fomos parar num hotel de meia estrela, que, se comparado à espelunca da Divine capixaba, parecia um Hilton. Nos shows, mais roubadas: no primeiro, numa quadra de um clube, não havia iluminação. No segundo, uma espelunca que chamavam de danceteria, não tinha monitores de palco. Fizemos o show ouvindo apenas o eco do som do P.A., mas sobrevivemos. Dali em diante, combinamos de nunca mais fazer show sem o Zé.

Já em Santa Catarina, nossa primeira vez foi diversão pura. Fechamos duas apresentações com um produtor de Criciúma. Chegamos dois dias antes para promoções nas rádios locais. Ele nos levava de um lado para outro num luxuoso Camaro branco conversível, com estofamento vinho. Mesmo com a movimentada agenda, tivemos tempo de ir à praia.

Uma das apresentações foi numa boate chamada New York. O espaço em meia-lua destinado às atrações não permitia montar a bateria, de tão pequeno. Apertamos daqui, esticamos dali e apareceram tapumes para prolongar as laterais e a frente do "palco". O Herbert não poderia pular muito, sob risco de balançar e derrubar tripé de microfone, bateria e amplificadores. Na hora do show, claro que ele não se conteve e o resultado foi que eu me sentia num carro alegórico de escola de samba: balançava demais! Afortunadamente, nenhuma tragédia aconteceu, ainda mais porque o palco era bem baixinho.

Em outra ocasião em que o Zé não viajou com a gente, fomos levados até Ribeirão Preto para uma apresentação num clube. Chegamos na véspera, fizemos promoções nas rádios da região e ficamos hospedados no sítio de um divulgador do escritório da Odeon em São Paulo. Na tarde do show, fomos checar o espaço e... surpresa: seria playback! Se fosse na TV, a gente até deixava passar. Mas um show era totalmente contra nossos princípios. Para piorar, arranjaram uma bateria da pior espécie, parecia de brinquedo. Discutimos se faríamos ou não a tal apresentação, para não queimar nosso filme. Acabamos cedendo e pagando um mico gigantesco. Seria ainda pior se a plateia se revoltasse com o show de mentira, o que, para nossa sorte, não aconteceu.

14!
Aos poucos, uma bateria

Com o dinheiro que comecei a juntar, pude comprar alguns pratos e acessórios para reconfigurar a bateria abandonada que ganhei da gravadora. Em nossas idas até São Paulo para shows, programas de TV e rádios, sempre arranjávamos tempo para dar uma passada na loja Leimar. Ficamos amigos dos donos, uma família tradicional no comércio de instrumentos. Tinha muita coisa importada e, por incrível que pareça, com preços bons. Herbert comprou guitarras lá e eu, pratos e acessórios.

Sempre que aparecíamos, os proprietários nos levavam no depósito nos fundos da loja, onde havia instrumentos antigos que sobraram dos estoques da época em que as importações eram menos caras. Havia também instrumentos velhos de fabricação nacional: Herbert e Bi se encantaram com um baixo semiacústico e uma guitarra descascada, comprados para serem usados nos playbacks dos programas de TV. Era um banquete para os olhos: tinham baterias de acrílico originais dos anos 70, pratos envelhecidos, ferragens sem uso, mas enferrujadas. Foi lá que arrematei um set de tambores de efeito iguais aos do Stewart Copeland. Eram quatro tubos pretos e longos, os octobans, da Tama, lançados no fim dos anos 70. Esperava voltar um dia com grana suficiente para comprar uma daquelas raríssimas baterias vintage.

Naqueles tempos, os músicos dependiam de fornecedores do mercado paralelo, os muambeiros, que traziam material importado ofertado nos estúdios. Montenegro, um dos mais conhecidos, trabalhava como comissário de bordo da Varig e oferecia preços convidativos. Ele trazia guitarras, baixos, pedais de efeito, coisas não muito grandes. Os Paralamas eram seus clientes fiéis e eu, o mais assíduo: encomendava pratos, peles de tambor, baquetas e... *silver tape*! Era inevitável ficar na mão dos muambeiros para conseguir bons equipamentos por preços viáveis. As taxas de importação tornavam os valores impraticáveis, consequência da estratégia do governo de desenvolver a indústria nacional – o mesmo que aconteceu no campo da informática, que resultou em um imenso atraso tecnológico ao país. Por outro lado, o governo também em nada contribuía para melhorar a qualidade dos instrumentos nacionais. O jeito era achar brechas.

15!
Do Rio a Nova York, tocando em duas bandas

Havia poucos lugares no Rio para bandas novas, além do Circo e eventualmente do Noites Cariocas, no Morro da Urca. Tocar no Canecão era para medalhões como Caetano, Gil, Rita Lee, Gal e Bethânia. Mais ou menos nessa época, fomos chamados para um show nesse lugar sagrado, reunindo bandas e artistas em homenagem a Fernando Gabeira, um dos exilados políticos que tinha voltado ao Brasil com a abertura política. Foi uma noite concorrida, que marcava a criação do Partido Verde, uma oportunidade e tanto de subir no palco do Canecão. Quem sabe algum dia conseguiríamos nos apresentar ali.

Nessa época, Zé Fortes passou a dividir uma sala comercial em Ipanema com Leninha Brandão, empresária da banda Brylho, do primo dela, Arnaldo Brandão, que durante anos foi baixista do Caetano. Leninha acabou cuidando também da carreira do Lobão. Numa ocasião, ela recebeu uma proposta para que Lobão e Os Paralamas se apresentassem em Nova York, numa casa de shows chamada Danceteria. Junto com o CBGB, Limelight, The Bottom Line e The Ritz, era um dos palcos mais conhecidos das *small venues* (lugares pequenos) de Nova York nos anos 80, por onde já haviam passado Madonna, Talking Heads, The Police e outros. Esse lugar foi tão marcante que gerou a onda de danceterias, espaços com pista de dança de música mecânica e palcos para shows, que também viraram febre pelo Brasil afora. O dia em que soubemos que iríamos para Nova York tocar na Danceteria foi comemorado como um Natal antecipado, ficamos eletrizados.

Antes da viagem, já tínhamos assistido a Lobão no Circo Voador, com Claudinho Infante na bateria e Arthur Maia no baixo. Com Leninha e Zé dividindo o mesmo escritório, nos aproximamos mais. Lobão tinha acabado de fundar a banda Os Ronaldos e começava a rodar os palcos cariocas com um novo repertório. As músicas eram ótimas e ele conseguiu contrato com uma gravadora para lançar um disco.

Para a viagem aos Estados Unidos, havia todos aqueles trâmites para visto de trabalho. E, em cima da hora, o baterista do Lobão, Baster, teve o visto negado pelo consulado americano. Leninha consultou o Zé se eu poderia tocar bateria no show do Lobão. Combinamos um ensaio-teste no estúdio onde eles estavam reunidos. Acompanhei todo o repertório e, depois que acabaram de tocar o set sugerido para o show, assumi a bateria do Baster, que era irmão do Guto, guitarrista dos Ronaldos. Não houve nenhuma complicação maior para mim e ainda ficou acertado que Lobão pegaria nas baquetas para tocar e cantar – em inglês – uma novíssima composição dele, com letra sobre uma tragédia ocorrida semanas antes, quando um avião de passageiros da Korean Air foi abatido por um caça russo ao entrar no espaço soviético, por suspeita de espionagem – a música se chamava *Bang the Boeing* e nunca foi gravada. Fizemos mais um ensaio e tudo pareceu bom o suficiente para que eu fizesse o show com Os Ronaldos.

Chegou o dia da viagem. Mais um sonho dos Paralamas se realizava: uma apresentação internacional num palco renomado nos Estados Unidos, em plena Nova York. Já estávamos acostumados a voar na ponte aérea Rio-São Paulo e também para Porto Alegre e Curitiba. Desta vez, iríamos para bem mais longe. Contei cada minuto antes da viagem e troquei meus cruzeiros novos por dólares para comprar o que pudesse nas lojas de instrumentos da lendária Rua 48, no distrito dos teatros da Broadway.

O voo direto Rio-Nova York seria pela Aerolíneas Argentinas, pousando no aeroporto de LaGuardia. O avião seria um Jumbo 747, igual aos da Pan Am que sobrevoavam a Rural quando eu ia cedo para a escola. O preço das passagens da Aerolíneas estava mais em conta do que o da Pan Am. Quando estávamos aterrissando em LaGuardia, um susto: o Jumbo arremeteu. Isso, num avião menor, não chega a ser um susto, mas num 747, a coisa muda de figura. O piloto informou que a torre mudou a cabeceira da pista e mandou abortar o pouso.

Depois do desembarque, ficamos superexcitados: estávamos em Nova York no meio do outono, uma temperatura fria, mas deliciosa. Já no caminho até Manhattan, tudo era impressionante: as pontes, o Shea Stadium, os arranha-céus, os parquímetros, os *checkers cabs*, as esquinas da rua com *walk* e *don't walk*, os carros que paravam para os pedestres, o misterioso vapor que saía dos bueiros das ruas e calçadas... Ficamos num hotel duas estrelas na Rua 46, chamado Remington, famoso por hospedar a brazucada que chegava em Manhattan para gastar seus caraminguás.

Para nós, esse hotel seria muito conveniente: ficava ao lado da Rua 48, para onde corremos ao largar nossas malas no quarto. Nunca vou esquecer a entrada na loja Manny's Music, com a parede recoberta de fotos de celebridades da música de todas as eras e gêneros, emolduradas em quadrinhos de 30cm x 15cm. Bastava pensar em alguma estrela do rock, Hendrix, Beatles, Stones, Dylan, Beach Boys, B.B. King, The Who: todos tinham sua foto lá com autógrafo e dedicatória. Jazzistas, blues men, cantoras, pianistas, violinistas... As fotos eram uma atração da loja.

Dizem que as mais fortes lembranças que guardamos na memória estão relacionadas aos aromas. O cheiro de instrumento novo nessas lojas ficou impresso de forma indelével no meu inconsciente. Algo que tem a ver com madeira nova, nas mais variadas nuances. Os guitarristas chamam isso de perfume dos estojos de guitarra nova. A sessão de bateria ficava no segundo piso. Cheguei lá com as pernas bambas de emoção. Um sonho estar diante de toda a sorte dos melhores instrumentos de percussão.

Antes de comprar, fiz uma pesquisa nas lojas vizinhas. A concorrente de porta da Manny's era a Sam Ash, com uma ótima sessão de bateria. Fui também na Drummers World, ao lado do nosso hotel, que atendia bateristas de jazz. Acabei por comprar na Manny's uma caixa Tama King Beat cromada de 14x5, pratos Paiste, um Hi-Hat de 13 polegadas Fórmula 602 Heavy e um Crash-Ride de 18 polegadas da série Rude, que trazia uma novidade no visual: era de metal escuro com um acabamento martelado – ficou famoso por ser usado pelo Stewart Copeland. Também adquiri estantes de prato do tipo girafa, desenvolvidas pela Tama para facilitar a vida dos bateristas.

Além das grandes lojas, algumas outras menores funcionavam na Rua 48, como a Rudy's Music Stop, com guitarras e baixos usados, alguns raríssimos exemplares, e também boas pechinchas. Foi lá que Herbert comprou uma Stratocaster da série Strat, cor de maçã do amor (*candy apple red*), igual à do Lulu Santos da capa do disco *Tempos modernos*. Bi achou um enorme baixo Alembic, usado pelo lendário bass man Stanley Clarke.

Estávamos andando por todos os lados da Big Apple, aproveitando o que podíamos, alimentados à base de hot dogs das carrocinhas em cada esquina. Fomos aos arranha-céus, ao Central Park, mas começávamos e terminávamos o dia nas lojas de instrumentos da Rua 48.

No dia do show, chegamos de tarde na Danceteria para checar o som e fazer um último ensaio. Definimos que Os Paralamas tocariam primeiro. Foi uma satisfação enorme estrear uma bateria Tama, modelo Royal Star, de madeira avermelhada, com dois tom-tons e um surdo. Leninha, empresária do Lobão, tinha acabado de comprá-la, encomendada pelo baterista da banda Brylho. Juntei com as coisas que comprei e o kit ficou pronto para os shows. Passamos o som, tudo estava ok.

A apresentação começava cedo. Tínhamos um ótimo backstage, com bebidas, comidas e destaque para aquelas garrafinhas verdes da Heineken, que não precisava de abridor: era só torcer a tampa, algo revolucionário para nós, brazucas. O set dos Paralamas – o mesmo das danceterias paulistas – foi uma pedrada. Estávamos numa empolgação sem par, tocando em Nova York, com instrumentos novos. Emendávamos uma música na outra sem deixar a peteca cair. Herbert, de vez em quando, falava em inglês, até se tocar que na plateia – que não lotou a casa – tinha um monte de brasileiros. O público vibrou e saímos do palco com a sensação de que seria difícil para quem tocasse depois.

Não deu outra: Lobão fez o que pôde e, inclusive, não faltou entusiasmo do baterista suplente. A plateia, parada, olhava como se já tivesse gastado todo o gás com nosso show. O set terminou com a lacônica *Bang the Boeing*, que, mesmo com letra em inglês, não empolgou. De volta ao camarim, sentíamos um certo constrangimento do Lobão, com um sorriso amarelo que entregava – sem reconhecer – que a noite foi nossa. Mas não estávamos nem aí para competição, apenas as coisas rolaram a nosso favor. No dia seguinte, voltaríamos para casa, depois da overdose de prazeres que a Big Apple nos proporcionou.

16!
Todo mundo na mesma canoa

O fim de 1983 chegava movimentado, com shows e os infindáveis programas de TV. Fazíamos essas apresentações com alguns novatos da turma do rock emergente e nos aproximamos de muita gente: Leo Jaime, 14 Bis, Brylho, Ultraje a Rigor, João Penca, Ira!, os já compadres Magazine, Titãs, a banda de meninas Sempre Livre, Absyntho, Metrô, os amigos do Kid Abelha, Eduardo Dusek, Gang 90, Lulu Santos, Blitz, além de outras com quem não nos aproximamos muito, como Sangue da Cidade, Camisa de Vênus, Eletrodomésticos, Degradée e Dr. Silvana. Havia também um monte de grupos sem gravadoras, entre eles As Mercenárias, Azul 29, bandas punk paulistas, sem falar que ainda surgiriam as bandas brasilienses. As gravadoras estavam apostando alto no novo rock e jogavam muita coisa no mercado para ver se dava certo.

Nessa fase de ressurgimento do rock nacional, havia uma certa camaradagem geral, mas, no fundo, todos ali estavam se medindo pelo grau de sucesso nas rádios e de vendagens de discos. O reflexo direto disso era a agenda de shows, que aumentava com a exposição na TV e na mídia em geral. Herbert tinha uma interação grande e fez parcerias com Leo Jaime, Leoni e Paula Toller. Com Leo, gravamos uma versão de *So lonely*, do Police, na forma de sátira sobre a tal mulher que chefiava o setor de censura do governo, a Dona Solange. A música era uma paródia que caiu como uma luva com a sonoridade do título e de seu refrão: *Solange*. Para alívio geral, a canção não foi censurada.

Os Paralamas foram relativamente bem-recebidos pela crítica. Havia uma boa vontade dos críticos com o surgimento de novas bandas, na esperança de revelarem em suas bolas de cristal outro megassucesso perto do que conseguiu a Blitz. Desde as primeiras notas publicadas sobre Os Paralamas, aproveitamos para dar uma noção razoável de nossas influências, mencionando representantes da new wave inglesa, em especial os trios The Police, Stray Cats e The Jam, e também do U2, Ramones, The Clash e das bandas de ska The Beat, The Specials, Bad Manners, Madness, além das referências nacionais como Lulu Santos, Robertinho do Recife, Gang 90, Lobão, João Penca, Premeditando o Breque e Arrigo Barnabé.

A sonoridade que trouxemos – bastante referente ao Police – chamava mais atenção que a temática urbana das letras e da voz de timbre adolescente do Herbert. Alguns críticos até declararam que não iríamos muito longe. Consideramos tudo que recebemos dos críticos, de bom e de ruim. Achávamos que diante do pouco que havíamos feito até ali, o saldo era positivo, mas acreditávamos que ainda tínhamos muito gás pela frente.

* * *

Entre o fim de 1983 e o começo de 1984, Herbert estava se dedicando opressivamente às novas composições e demonstrava preocupação com o que seria nosso próximo trabalho. Num cenário ideal, ele preparava um novo lote de canções para um LP que desse à gravadora opções de músicas de trabalho. No lado prático, debatíamos muito sobre como obter melhores resultados de nossas gravações, queríamos quebrar o esquema burocrático dos estúdios da Odeon. Nossa autocrítica foi severa: não gostamos do resultado do primeiro LP. Para nossa sorte, o ano de 1984 começou com mudanças na gravadora: Miguel Plopschi saiu da diretoria artística e em seu lugar assumiu Jorge Davidson, nosso brother desde sempre. Certamente, dali em diante, Jorge nos daria mais possibilidades de fazer o que almejávamos. Na prática, seria gravar no estúdio 1 e usar a sala de mixagem. Mas nem tínhamos o repertório configurado.

Nessa mesma época, houve grande movimentação na Odeon por conta do anúncio de que Peter Tosh, artista renomado da gravadora EMI – e o maior representante do reggae desde a morte precoce de Bob Marley – viria ao Brasil para shows em janeiro de 1984. Jorge Davidson já articulava uma possível abertura dos shows com Os Paralamas, afinal éramos da mesma gravadora, e recebeu o apoio da diretora do setor internacional da Odeon, Chiquinha Burnier. Zé Fortes, por sua vez, estava conversando com os empresários e produtores encarregados da turnê por aqui do artista jamaicano, que surfava no retumbante sucesso mundial da sua versão reggae para *Johnny B. Goode*.

Como era comum de acontecer com muitos shows internacionais, a vinda de Peter Tosh vazou na imprensa, mas a turnê foi cancelada semanas depois. Um balde de água fria para nós. A estrela-mor do reggae simplesmente desistiu de vir ao Brasil, sem maiores explicações. A surpresa ficou por conta dos contatos que Zé Fortes mantinha com os produtores que trariam Mr. Tosh. Eles o avisaram que haviam fechado a vinda de Jimmy Cliff, outro ícone do reggae, nas mesmas datas previstas para a turnê do Peter Tosh. E queriam manter Os Paralamas como banda de abertura. Foi uma senhora virada de placar aos 48 do segundo tempo.

A relação dos Paralamas com o reggae aconteceu por conta das bandas inglesas influenciadas pelo ritmo jamaicano. Os casos mais explícitos eram The Police, The Clash e as bandas de ska do que ficou conhecido como movimento Two Tone, como The Specials, Madness, The Beat. Até Bob Dylan, em abril de 1983, havia se rendido ao reggae, gravando *Jokerman*, do álbum *Infidels*, em que contou com a renomada dupla jamaicana de baixo e bateria Sly & Robbie.

Meus conhecimentos sobre o reggae eram genéricos, centrados na figura de Bob Marley e seus sucessos, desde o fim dos anos 70 até sua morte em 1981. Meu irmão uma vez chegou em casa com o álbum *Catch a fire* e teve que explicar aos nossos pais sobre a capa e o uso ritualístico da maconha na religião rastafári. De vez em quando, as paradas de sucesso das rádios brasileiras tocavam um ou outro artista do reggae, caso do Jimmy Cliff, que eu conhecia de sua apresentação num festival internacional da canção no Rio, em 1969, e depois de um programa de TV com Gilberto Gil, já nos anos 80. Jimmy Cliff havia recém-estourado nas paradas em 1983 com a música *Reggae night*, além de ter anteriormente emplacado outro hit num comercial de cigarro, *The love I need*. Agora, iríamos abrir seus shows.

* * *

Bi chegou um dia na casa da Vó Ondina com umas fitas cassete que seu tio lhe deu. Era música étnica africana, coisas gravadas de tribos e grupos folclóricos. Mas havia uma fita de um jamaicano chamado Yellowman, que descobrimos ser uma celebridade na Jamaica. Ficamos maravilhados com sua música. Era um MC (*master of ceremony*), albino, tinha a boca torta, com o rosto deformado por alguma doença. Foi um precursor do rap e do hip-hop que conhecemos hoje. Começamos a ir em busca de reggae original, *made in* Jamaica. Tanto que na viagem que fizemos à Nova York para o show por lá, o Bi passou nas lojas de discos e saiu com uma coleção de novas bandas e cantores jamaicanos.

Nosso primeiro show em Porto Alegre foi num circo (não "voador", de verdade!). No caminho até o palco, pisei num enorme cocô de elefante. Como dizem no teatro, "merda!"

Canja com os músicos jamaicanos Chinna Smith (guitarra) e Tyrone Downie (piano), da banda de Jimmy Cliff, no restaurante do hotel em Salvador, durante a turnê de 1984

Mauricio Valladares, um precursor do reggae ao Brasil, tocava muita coisa legal em seu programa, como as bandas UB40 e Black Uhuru, de quem nos tornamos fãs. Por conta do Mauricio, descobrimos coisas do reggae original, artistas que estouravam nas paradas londrinas, vindos da Jamaica. Eram nomes como Dillinger, Dr. Alimantado, U-Roy, Gregory Isaacs, Frankie Paul, além do renomado Yellowman. Começamos a mergulhar na estética reggae, nas sonoridades, padrões e estilos diversos. Aprendemos o que era dub, cujo inventor foi Lee Scratch Perry, que o Mauricio tocava direto na Fluminense.

O dub foi uma vertente do reggae criada com o uso de efeitos, principalmente, câmaras de eco e reverberação, ligadas em todos os instrumentos e na voz. Os fundamentos do dub serviram como base para boa parte da música eletrônica que começava a ganhar espaço no mundo e, mais ainda, nas pistas de dança. O dub praticamente reinventou a música eletrônica – conhecida desde os anos 70 pelas batidas robóticas de bandas como Kraftwerk e artistas como Gary Numan – e a dance music.

Fomos nos especializando em reggae. Herbert virou um expert nos pedais de efeito e na timbragem da guitarra com as sonoridades características do estilo. Começamos a fazer experiências e improvisos nos shows, como tocar músicas novas que o Herbert acabara de escrever e estender partes instrumentais como se fossem dubs. Sabendo de nossa inclinação para o reggae, Lulu Santos nos convidou para gravar uma música que entraria num curta-metragem da cineasta Ana Maria Magalhães. Ele compôs uma melodia para uma letra do poeta e agitador cultural Waly Salomão e achou que a gente faria bem a levada reggae, dando um molho diferente à canção, cuja letra era uma ode aos poetas alternativos da cena carioca. Nos encontramos num estúdio e gravamos em algumas horas a primeira versão de *Assaltaram a gramática*, que hoje se encontra perdida. Gostamos tanto do resultado que a música foi incorporada ao nosso repertório.

* * *

Aquele verão de 1984 seria inesquecível e marcante para nós. Um ano atrás, estreávamos no Circo Voador. E agora viajaríamos por várias capitais abrindo os shows de Jimmy Cliff. O primeiro deles foi em São Paulo, numa casa chamada Palace, uma espécie de Canecão, onde se apresentavam nomes consagrados. Ficamos numa tremenda pilha ao saber que o show seria lá. Como não tínhamos uma equipe de produção para as mudanças no palco, teríamos um espacinho na frente do que estivesse montado, sem alterar a posição da banda do Jimmy Cliff.

Combinamos que eu usaria a mesma bateria, trocando só os itens pessoais de qualquer baterista: a caixa, o pedal do bumbo e os pratos. Insisti para usar os octobans comprados na loja Leimar, que foram despachados no caminhão, com o equipamento do show, de cidade em cidade. O Palace estava lotado, com os ingressos vendidos antecipadamente. Mas, no dia do show, nos disseram que não tocaríamos por atrasos da produção, que não nos deixou tempo para montar os equipamentos e ajustar o som. Foi uma baita frustração.

De São Paulo, rumamos para o Rio, onde fizemos a abertura no palco do Maracanãzinho, com sua péssima acústica. Tivemos a chance de checar o som na tarde antes do show, quando fizemos uma animada *jam* (nota: eu havia me esquecido completamente desse show e fui lembrado pelas fotos incríveis do Mauricio Valladares. Por coincidência, Mauricio havia resgatado e postado fotos do tecladista Tyrone Downie, por ocasião de seu falecimento, em novembro de 2022).

O terceiro show aconteceu em Vitória, no novíssimo Ginásio Álvares Cabral, com tratamento acústico e fama de ser o lugar favorito do rei Roberto Carlos. De tarde, fomos acertar o som e ficamos para ver e aprender mais do reggae com nossos então já amigos da banda do Jimmy Cliff: além de Tyrone Downie, tecladista do The Wailers, que tocou nos últimos shows do Bob Marley, o baterista era Mikey Boo Richards, que havia gravado com o Black Uhuru, banda superimportante da cena reggae moderna, e o guitarrista Earl China Smith, que também tocara com os Wailers. Acompanhamos todas as passagens de som e ficamos ligados no que essas feras do reggae faziam. Um aprendizado e tanto.

A cidade seguinte foi Belo Horizonte e depois Salvador, onde se abriu uma segunda data, diante da grande procura por ingressos. Chegamos lá em 2 de fevereiro, festa de Nossa Senhora dos Navegantes, que no sincretismo da religião afro-brasileira é Iemanjá. O hotel ficava perto da orla de Itapoã, com as ruas tomadas de gente. A cidade inteira estava parada, com o povo dançando na rua ao som eletrizante dos atabaques e surdos, uma espécie de samba diferente do que ouvíamos no Rio. Foi impactante, parecia que estávamos na África.

Os dois shows no Clube Bahiano de Tênis, previstos para o salão do lugar, aconteceram no campo de futebol. E lá fomos nós ver o *sound check* dos jamaicanos. Jimmy Cliff nunca aparecia, estivemos com ele em poucas ocasiões, geralmente nos bastidores antes e depois do show ou nos saguões dos hotéis e aeroportos. Não rolou interação nossa com ele, sempre recluso. Melhor mesmo foi a interface com seus grandes músicos jamaicanos, convívio que serviu como uma imersão no reggae, um PhD nesse estilo.

Na turnê, já estávamos tocando algumas canções da nova safra do Herbert. Uma se chamava *Meu erro* e outra, *Óculos*. Herbert nos mostrou as músicas ainda nos ensaios na casa da Vovó Ondina, no fim de 83. Nosso set list na turnê do Jimmy Cliff não era só reggae e ska; também apresentávamos uma pegada mais roqueira. Encarávamos a plateia com apenas uma música conhecida: *Vital*. *Cinema mudo* empolgava os fãs mais descolados, mas surpreendente mesmo era ver que outras não conhecidas também animavam o público. O arranjo de *Meu erro* era diferente do que gravaríamos mais tarde, baseado numa música do trio The Jam chamada *Heatwave*, com uma intenção mais roqueira. *Óculos* ainda não tinha a introdução com a bateria. Começava com um groove meio caribenho sugerido pela guitarra.

Usávamos uma receita para iniciar os trabalhos: tocávamos um improviso de reggae para dar ao nosso técnico de som um tempinho para ajustar o equilíbrio dos instrumentos e da voz. Herbert apresentava a banda e fazia média com a plateia. Só então começávamos o show, emendando repentinamente com *Patrulha noturna*. Nossas tintas roqueiras até que funcionavam bem com o público, que no fundo estava lá para assistir ao grande nome do reggae. Mas, em alguns momentos, a gente até sentia como se tivesse ido nos ver. Voltamos para casa com uma ótima experiência de encarar grandes audiências e credenciados com um diploma de reggae obtido na prática. Nada mal para começar o animado ano de 1984, aquele do famoso livro do George Orwell.

17!
"Olha, Hebe..."

Nos primeiros meses de 1984, fomos chamados para uma participação em cinco faixas do disco *Brega chique*, do Eduardo Dusek, entre elas, uma música do Herbert, *Recebi seu bilhetinho*, bem rockabilly, que o Dusek adorou. Rolou uma promessa de sairmos juntos em turnê. Ele estava estourado com o hit *Doméstica*, desse álbum. Mas acabou que não topamos parar nossos trabalhos para nos dedicarmos à agenda dele. Numa noite no Morro da Urca, chamamos Dusek para tocar músicas que gravamos juntos. Foi divertido. Herbert ganhou um apelido que o acompanha desde então. Quando ele apresentou o Dusek e o chamou ao palco, houve aquele momento exclamativo:

– Um dos caras mais geniais da nova safra da música brasileira: Eduardo Dusek!!!

Ele entrou em cena, agradeceu aos apupos da plateia, e Herbert bancou o apresentador de TV, perguntando qualquer besteira, do tipo: "Mas Dusek: afinal, você é brega, chique ou chique-brega?". Ele fez uma cara engraçada e respondeu:

– Olha, Hebe...

A plateia morreu de rir e a gente no palco também. Era um início de frase típico dos entrevistados do programa da lendária apresentadora Hebe Camargo. Herbert também riu muito e, desse dia em diante, passamos a chamá-lo carinhosamente de Hebe, uma vingança leve e longamente aguardada dos amigos e mesmo desconhecidos, que ele magistralmente apelidava, sem dó nem piedade. Herbert era uma espécie de rei do bullying nas escolas onde estudou: professores e amigos acabavam tendo seus apelidos mais conhecidos do que os nomes verdadeiros. Durante um tempo, ele chamou o Bi de Bilbo, numa alusão ao Bilbo Bolseiro, nome aportuguesado do personagem do livro *O senhor dos anéis*.

Devo ao Herbert a escolha do meu nome artístico. Desde o início, ele insistiu que usasse o Barone, João Barone. Achei ótimo escolher o nome da minha mãe, quem sabe na esperança de ela aceitar com menos apreensão minhas aventuras musicais que se iniciavam.

* * *

Havíamos retornado da turnê com Jimmy Cliff cheios de ideias e inspirados para gravar um novo disco. Ainda fazíamos muitos shows no primeiro semestre de 1984, mas começamos a nos concentrar nas novas composições do Herbert, já que entraríamos em estúdio em poucas semanas. Com Jorge Davidson na direção artística da Odeon, teríamos melhores condições para gravar. Fizemos alguns ensaios no estúdio 2, não lembro se chegamos a gravar uma demo, mas dali a pouco adentramos o estúdio 1 para iniciar os trabalhos.

A nova safra de músicas passou por testes ao vivo, diante do público: não poderia haver melhor prova. As reações foram muito boas, mesmo sendo músicas desconhecidas. Jorge insistiu que continuássemos com Marcelo Sussekind, que nos prometeu melhores resultados, com mais tempo e recursos. Concordamos. Achávamos que seria melhor continuar dialogando com Marcelo do que nos submetermos a algum produtor tirano, sob a ameaça de termos nosso som e personalidade descaracterizados em prol de resultados comerciais. Além disso, Marcelo e Herbert se davam bem em termos guitarrísticos, o que já era um bom caminho. Os técnicos de estúdio também eram excelentes: Renatinho, Guilherme, Amaro e Franklin.

Mesmo com a garantia de que gravaríamos usando o melhor que a Odeon dispunha, acabou que ficamos com os horários da noite/madrugada, pois tivemos que revezar o estúdio 1 com outros artistas já agendados durante o dia. Ficamos com as brechas do escalonamento. Exigiria um certo esforço, como na gravação do primeiro álbum, mas não nos deixamos abater por isso e começamos os trabalhos com o ânimo redobrado.

18!
Na fila para o show da Maldita

Em 2 de abril de 1984, houve o show de aniversário de dois anos da Rádio Fluminense, desta vez no famoso Canecão. Os Paralamas, depois do sucesso também nas rádios convencionais, ficaram com a reputação de uma das mais notórias bandas catapultadas pela rádio. Eram inúmeras atrações naquela noite, entre elas, Roupa Nova com a participação de Steve Hackett (integrante da lendária banda de rock progressivo Genesis), Blitz, João Penca, Sangue da Cidade, Lobão, Celso Blues Boy e... Serguei, o roqueiro carioca famoso pelo affair com Janis Joplin na rápida passagem dela pelo Rio de Janeiro em 1970. Na tarde daquele dia, fizemos questão de passar o som no local e entramos na longa fila de artistas com o mesmo objetivo. Nos bastidores, Herbert estava com sua então namorada Paula Toller em meio ao agito de músicos e bandas que se revezavam antes do *sound check*. A produção ofereceu aos dois um camarim para atenuar a longa espera.

Já no palco para testar o som, Herbert surgiu transtornado. Ele nos contou que pouco antes, Lobão – não o encontrávamos há tempos – e sua empresária ficaram alguns instantes no mesmo camarim do Herbert, a quem ele costumava animadamente chamar de Herberto. Herbert aproveitou para mostrar uma música nova, chamada *Me liga*. Depois de cantar alguns versos, Lobão teve um acesso de raiva: esbravejou que parecia com uma música sua ainda inédita, chamada *Me chama*, e saiu batendo a porta. Eu e Bi achamos aquilo surreal e nos solidarizamos com Herbert em sua perplexidade.

– Quem esse cara pensa que é? – reagi.

Me liga era mais chegada ao singelo "bolero" do Lulu Santos, *Como uma onda*, além de outras baladas românticas, como *True*, do Spandau Ballet, ou canções da banda americana Squeeze, ou do Steely Dan, 10cc etc. Além disso, a invenção popularizada por Graham Bell em 1876 se tornou presente nas letras do cancioneiro popular nacional. *Pelo telefone*, de Donga, lançada em 1916, foi alegadamente o primeiro samba registrado na história. Depois, vieram Jorge Ben com *O telefone tocou novamente* e Nara Leão com *Telefone*. Até Tim Maia mencionou na canção *Telefone* o objeto da era moderna mais associado ao amor e suas mazelas. Havia inúmeras outras referências de um telefonema ou ligação em versos gravados, como o hit da Gang 90, também intitulado *Telefone*, sem contar com a miríade de canções estrangeiras em que *telephone* ou *call me* são uma constante, de Chuck Berry a Blondie e Stevie Wonder.

Era muita presunção, autorreferência e soberba do Lobão achar que estava sendo plagiado. Os Paralamas fechariam a noite, e seria uma via-crúcis esperar madrugada adentro as infindáveis atrações. Lobão, escalado como penúltimo, subiu ao palco com um show diferente do habitual, com uma inflexão punk, agressiva, que para nós parecia estragar as boas músicas de seu repertório. Não nos cruzamos nos bastidores e, dali em diante, não houve mais cordialidade entre ele e Os Paralamas.

Por que razão um moleque recém-chegado à cena musical, como Herbert, tão respeitoso com a obra do Lobão, incomodava um cara tão experiente e com tanta estrada? A reação agressiva só podia ser um sintoma de que Lobão não aceitava que seus companheiros de geração, Lulu e Ritchie, e agora Herbert, estivessem fazendo mais sucesso do que ele. Lulu estava estourado, Ritchie era um fenômeno de popularidade com *Menina veneno*, mas Lobão, coitado, não tinha um hit sequer. Talvez fosse o típico caso de "a inveja é uma merda". Quem sabe alguma hora, com uma dose de sucesso musical, ele ficasse mais calminho? Quanto ao show daquela noite, o público esperou até o fim pelos Paralamas, ovacionados no encerramento do aniversário da Maldita.

* * *

Também no começo de 1984, veríamos a chegada da Legião Urbana à Odeon, resultado da campanha dos Paralamas para que a gravadora a contratasse. Renato, Dado e Bonfá ainda fariam acertos de rota até que suas músicas fossem registradas com a intensidade necessária. A banda começou a gravar demos no estúdio 2. Aparecemos para ajudar na interação com os técnicos e com Marcelo Sussekind, que orientou as primeiras experiências da Legião em estúdio. Levou um tempo para avaliarem que era preciso, no papel de produtor, alguém mais em sintonia com a estética e conceitos da banda.

Surgiu, então, José Emilio Rondeau – jornalista e diretor de TV, antes de se aventurar como produtor musical –, que levou adiante o trato conceitual que Renato e seus parceiros necessitavam na busca pela sonoridade da banda. Foi interessante acompanhar, ali mesmo, o nascimento daquela que se tornaria a maior banda de rock da história da música brasileira.

Mauricio Valladares teve um papel importante no começo da Legião. Assim como aconteceu com Os Paralamas, ele foi um abre-alas entre a banda, Jorge Davidson e, depois, José Emilio. Poucas pessoas, como ele, podiam conversar de igual para igual com Renato, Dado e Bonfá sobre bandas da cena alternativa como Joy Division, Gang of Four, Comsat Angels, The Smiths ou Buzzcocks para chegar perto dos conceitos musicais que eles desejavam explorar. Mauricio fotografou os primeiros momentos da Legião e ajudou a colocá-la na plataforma que a levaria à estratosfera da popularidade.

19!
Busca pelo som ideal da bateria

As primeiras sessões de gravação do que viria a ser o álbum *O passo do Lui* foram voltadas para encontrar um som de bateria diferenciado do padrão vigente nos discos nacionais. Era uma das nossas maiores ambições. Estávamos convencidos de que Os Paralamas tinham um punch ao vivo que não fora até então devidamente captado em estúdio. E isso exigia um trabalho meticuloso de captação do som da bateria. Havia poucos exemplos de baterias bem gravadas no rock nacional. Curiosamente, inúmeras gravações no samba e na bossa nova – Edison Machado, Milton Banana, Dom Um Romão e até Airto Moreira, para citar os mais conhecidos – criaram uma identidade herdada dos processos de gravação do jazz, com tudo ao vivo, todo mundo tocando junto. Mas a sonoridade do rock nacional estava longe de chegar perto do que se fazia na matriz anglo-saxã do gênero.

Tínhamos lido matérias em revistas estrangeiras sobre produtores que davam a receita para gravar bem bateria, como Hugh Padgham, famoso pelo som do Phil Collins na música *In the air tonight* e que também produziu o Police, The Jam, Genesis, a banda inglesa XTC, que eu adorava, além de outros tantos artistas consagrados. A maneira acidental pela qual Hugh Padgham descobriu o som de bateria do Phil Collins mostrava como o estúdio poderia ser usado de forma criativa. Num determinado momento, ao falar no microfone de comunicação entre o estúdio e a técnica, enquanto Phil estava passando a bateria, Hugh percebeu o peculiar resultado sonoro: o pequeno microfone captou a ambiência da sala, deixando o som da bateria como se tivesse aumentado de tamanho, fenômeno sonoro conhecido como compressão. Assim, resolveu usar microfones melhores, espalhados pelo estúdio, voltados a captar o som da bateria e os passou por compressores – uma espécie de amplificador para encorpar o volume de instrumentos e vozes. Não demorou para que outros produtores usassem as descobertas de Hugh Padgham. E por que nós não poderíamos experimentar também?

Marcelo Sussekind estava tão empolgado quanto a gente em fazer o melhor som possível no estúdio. A enorme sala de gravação da Odeon – inaugurada em 1978 pelo então Príncipe Charles – tinha boa acústica, projetada para gravar orquestras, com pé-direito de seis metros, uma ampla área acarpetada e painéis acústicos nas paredes, além de três pequenas cabines separadas umas das outras (*sound booths*), para impedir vazamento de som em gravações simultâneas. Formando um grande L, havia um canto menor da sala, com um vidro separando a técnica, painéis rebatíveis de madeira nas outras paredes e no teto. Foi esse o lugar escolhido para montar a bateria.

O estúdio dispunha de excelentes microfones, cada modelo voltado para determinada função: os caríssimos Telefunken U47 e Neumann U87, para gravar voz, foram colocados em par, afastados da bateria, captando a ambiência. Esse tipo de microfone é da família dos condensadores, ou seja, para funcionar, necessitam de uma fonte de alimentação chamada *phantom power*. São muito sensíveis, com o diafragma grande, que escutam tudo, imprescindíveis, já que captam os sons mais sutis. Microfones também condensadores, mas com outra função, foram usados para captar os pratos da bateria. Parecem enormes canetas e escutam só altas frequências, por isso captam melhor o som dos pratos. Normalmente, são posicionados em par, elevados sobre a bateria, e um terceiro do mesmo tipo fica perto do contratempo.

Havia ainda os Neumann KM84 e/ou Shure SM81. Já os microfones ideias para os tom-tons são do tipo dinâmico, que aguentam alta pressão sonora: são colocados para captar – sem distorcer – a pancada (volume) dos vocais, amplificadores de guitarra, tambores e instrumentos de percussão. O estúdio dispunha do Sennheiser, modelo 421. Para captar o grave do bumbo, havia o grande Electro-Voice RE-20, de alto padrão. Já a caixa requer um microfone para o agudo da esteira e o corpo do tambor, usado embaixo, apontado para a esteira. Havia um excelente Sennheiser 441 para essa finalidade. Posicionado na pele de cima da caixa, ficava um Shure SM57, o Fusquinha dos microfones. Esse esquema de microfonação era próximo do ideal e se tornou padrão para gravar baterias em estúdios mundo afora.

Dedicávamos tempo, cuidado e atenção na busca do som ideal da bateria. Os tom-tons não tinham peles de reposta. Para combinar, também não usava pele de resposta no surdo. Experimentamos microfonar os tons e o surdo por dentro, mas não ficou bom; havia excesso de harmônicos. Optamos por captar com o microfone apontado para a pele na borda superior do tambor. Tentamos usar um microfone para cada um dos quatro octobans, mas o resultado também não agradou. Percebemos que o som característico desses tambores de efeito ficava melhor quando captado através do microfone de ambiência.

Eu tinha uma grande preocupação na captação dos pratos, algo que sempre marcou a gravação dos bons discos de rock. Cada marcação no contratempo, no prato de condução, cada pancada nos pratos de ataque deveria ser bem definida. Precisávamos fazer algo próximo da sonoridade dos discos de bandas internacionais que ouvíamos. Um truque aprendido em minhas leituras sobre gravações foi posicionar os pratos o mais alto possível, evitando vazamento pelos microfones dos tambores e proporcionando melhor captação.

No segundo dia de preparos no estúdio, os resultados sonoros já estavam francamente melhores do que na primeira gravação. Apesar disso, Marcelo ainda achava que podia melhorar a captação da ambiência da bateria e experimentou uns microfones com a forma de um ladrilho, da marca Crown, modelo PZM. Era um novo tipo, chamado de microfone de superfície ou de zona de pressão. Em teoria, era indicado para gravar sons de ambiência, com uma característica peculiar: ao mesmo tempo que nivelava o som, parecia que havia um compressor na captação. O resultado ao colocar esses microfones no chão, em vez dos U87 distantes da bateria, foi surpreendente. Conseguimos chegar num som do instrumento diferente de tudo que já havia sido gravado antes no rock brasileiro. A empolgação foi geral.

Nesse período, imediatamente antes e pouco depois do começo da gravação do álbum *O passo do Lui*, houve um processo de imersão musical de cada um de nós. Como tínhamos abandonado a universidade e nos dedicado completamente à carreira, nos sobrou tempo e disposição para aprimorar o trabalho. Herbert, que sempre foi muito exigente com ele mesmo e já mostrava sua grande capacidade como guitarrista e compositor, se concentrou em cantar de forma mais convincente. Ele achava que precisava melhorar. Muito além de ser um guitarrista-cantor, em breve Herbert se afirmaria como uma personalidade vocal e intérprete perfeito para suas composições.

Bi sentia que precisava ampliar seu espectro musical e teve aulas com um professor-baixista. Aliado ao dote instintivo para o baixo, Bi estava sempre atento aos sons e referências que descobria em suas influências, trazendo para as nossas músicas. Em pouco tempo, ele conseguiu enorme avanço, coisa que eu e Herbert reparamos porque Bi era um daqueles casos de quem não consegue assoviar e bater palma ao mesmo tempo. Isso provou que nem sempre a musicalidade se expressa nas formas mais óbvias e pragmáticas. O resultado foram as incríveis linhas de baixo das músicas criadas por ele em *O passo do Lui*.

Quanto a mim, vivia intensamente o sonho de me tornar baterista, concretizado pelas condições que Bi e Herbert me ofereceram: ter com quem e onde tocar. Também procurei me aprimorar no instrumento. Chegava ao estúdio mais cedo para praticar. Me dedicava especialmente a tocar com uma guia rítmica, o famoso click, melhorando assim o meu tempo e andamento. Na hora de gravar, eu já estava aquecido. Ficamos tão afiados, que as gravações do *Passo do Lui* terminariam em pouco mais de uma semana.

Herbert e Bi já tinham acertado seus instrumentos e sons para que as gravações começassem. Fomos passando música por música antes de gravar, mostrando ao Marcelo, aceitando eventuais dicas e sugestões dele para o formato final de cada uma. Um ótimo recurso que nosso produtor usou foi programar uma determinada batida numa bateria eletrônica Linn, no andamento desejado, com sons de percussão, em vez do click-clack monótono dos metrônomos que geralmente serviam como guia rítmica. Isso facilitou minha vida na hora de gravar. Numa das músicas, *Fui eu*, a guia complementou tão bem a música, que acabou ficando na gravação. As canções prontas foram sendo registradas muito objetivamente. Passávamos uma vez antes de gravar, depois um ou dois takes valendo e, pronto, a base estava registrada na fita magnética de 2 polegadas.

Quando começamos a gravar o álbum, já tínhamos definido uma linha estética baseada na cena ska/two tone inglesa, inclusive, batizamos de *Ska* uma música que estava sem nome. Usamos todos os elementos rítmicos – a batida sincopada entre a caixa e o contratempo – e sonoros deste estilo musical jamaicano, adaptado pelas bandas pós-punk da cena inglesa, que ficou conhecido como new wave. Marcelo sugeriu gravarmos um solo de saxofone. Relutamos, mas aceitamos. Mais uma vez, o convocado para a missão foi Leo Gandelman, autor do arranjo de metais em *Volúpia*, do álbum anterior, e que fazia parte da banda de Lulu Santos. Muitas músicas de que gostávamos da banda The Specials tinha o saxofone de Lionel Saxa Martin, jamaicano em ação desde os anos 60. Mostramos algumas para o Leo, e ele entendeu tudo, inclusive observou uma certa semelhança entre o ska, a polca e o klezmer, um tipo de música judaica, o que o deixou mais à vontade para gravar.

Se já não bastasse o espaço dado à bateria na introdução de *Óculos*, o fim de *Ska* pediu algo climático e explosivo. Fui incentivado por Herbert, Bi e Marcelo a "quebrar tudo". Concentrei-me em fazer as viradas nos tom-tons e surdo, indo e voltando nos tambores nos oito compassos finais e fechando na caixa. Passamos a música duas vezes, mas a que valeu foi a primeira.

Falando em gravar de primeira, estávamos no estúdio de madrugada e, antes de terminar os trabalhos, gravamos *Romance ideal*, canção de amor rasgado à la The Smiths. A música era de Martim Cardoso, amigo de Bi e Herbert dos tempos de Brasília, que estava morando no Rio. Ele a mostrou no violão ao Herbert, que pôs letra e achou pertinente ao repertório, fazendo a parceria com o velho amigo. A canção precisava de ajustes no formato, especialmente no tamanho do solo de guitarra. Como era tarde, passamos uma única vez para sentir no dia seguinte se seguia numa boa direção e só então gravaríamos "a boa". Voltamos ao estúdio, ouvimos, gostamos e gravamos novamente. Passamos mais dois takes e não gostamos do resultado. A primeira versão, sem compromisso, tinha ficado melhor, mais espontânea e foi a escolhida para o álbum.

Uma das faixas mais legais do *Passo do Lui*, na minha opinião, é *Menino e menina*, um híbrido de reggae e música afro, o elemento da guitarra no estilo juju music. Nem sabíamos que a faixa seria predecessora do mergulho na estética africana que se tornaria tão presente no nosso próximo disco.

Quem começou a aparecer nas gravações foi o novo diretor artístico, Mayrton Bahia, irmão do baterista Márcio Bahia, que tocava com o Hermeto Pascoal. Mayrton foi contratado para ajudar nos trabalhos dos artistas da Odeon e estava produzindo o disco do músico e compositor Vinícius Cantuária, recém-entrado na gravadora. Ele nos apresentou ao Vinícus, conhecido como baterista da seminal banda de rock O Terço e que depois tocou anos com Caetano Veloso. O hit *Lua e estrela*, gravado por Caetano, é de sua autoria.

Vinícius nos levou para conhecer Caetano em cartaz com o show *Velô*. Demos até um depoimento para o especial de TV da turnê. Na sequência, Mayrton chamou Os Paralamas para gravar uns vocais numa faixa do álbum do Vinícius, curiosamente uma homenagem a nós, chamada *Esse som eu quero*, uma ode de amor aos Paralamas. Depois de lançado, o álbum do Vinícius emplacou o hit *Só você*, e a música em nossa homenagem também ganhou execuções nas rádios.

* * *

Enquanto *O passo do Lui* era finalizado, a turma da gravadora planejava o lançamento do disco e as estratégias de divulgação das músicas. Havia curiosidade com o repertório, na esperança de mais algum sucesso. Queriam colocar nossas caras na capa do LP, velho estereótipo de marketing para marcar bem o produto, mas não concordamos. Não lembro se foi o Herbert ou Bi que sugeriu botar o Lui na capa, nem se foi antes ou depois que escolhemos o título do disco. Tínhamos esse tema instrumental bem ska, que, quando tocávamos na Vovó Ondina, o Lui - um amigo de Brasília que gostava de ir aos ensaios sempre que estava no Rio - ficava dançando, pulando loucamente sem parar aquela dança dos punks ingleses, chamada de *pogo*. Assim, a música foi batizada de *O passo do Lui*, em homenagem a ele.

Mauricio Valladares foi novamente o encarregado das fotos. Fez uma sessão com a gente e outra com o Lui, que acabou estampando a capa. Nós aparecemos na contracapa - em nova sessão na casa do Mauricio - e no encarte, com imagens no Cristo Redentor, de manhã cedo, para aproveitar a luz natural, segundo nosso exigente fotógrafo. Herbert vestiu um moletom azul-bebê do Mickey, o mesmo que usava quando o conheci no show do nosso primeiro encontro. Mauricio pediu que ele trocasse de camisa com o Zé para variar um pouco as imagens. Valeram os esforços: ficamos muito satisfeitos com o resultado.

* * *

Quando Herbert nos mostrou *Óculos*, a música já estava bem estruturada, com introdução, versos e refrão. A sequência de acordes da intro me fez pensar numa batida de iê-iê-iê, mas lembrei de algo diferente: a marcação de *The bed's too big without you*, do Police. Essa batida, porém, não carregava a música, que precisava de uma levada mais empolgante. Marcelo nos ajudou a criar uma longa introdução, mais elaborada, um instrumental com a harmonia do verso e do refrão, antes da voz entrar. Resolvi experimentar a tal batida da música do Police e foi uma explosão! O som estava tão impactante, que todo mundo no estúdio ficou vidrado. Tambores e pratos soavam perfeitos, um som vivo, realista, com ambiência, especialmente os quatro octobans, com seu timbre peculiar.

A opinião geral foi de que a música tinha que entrar de qualquer jeito. A batida ficaria como abertura, nos oito compassos da intro, logo somada à guitarra e ao baixo, entrando em partes. A batida do instrumental ficou intercalada com o uso do aro da caixa na marcação, pontuada com alguns acentos nos pratos, tudo costurado com o bumbo reto, no compasso 4x4, nos 20 compassos antes do Herbert cantar. No refrão, funcionou a batida iê-iê-iê, porém, mais poderosa, com o bumbo reto e o contratempo aberto, potencializando esse momento da música. Depois de repetir o refrão pela segunda vez, fizemos um break de reggae, dando uma respirada, para então voltar com toda força no refrão pela última vez e seguir num apêndice final, um improviso repetido com a guitarra sugerindo um clima meio caribenho.

Marcelo achava que algumas músicas necessitavam de algo mais melódico, como *Óculos* e *Meu erro*, e insistiu que usássemos sons de teclado. Ele pensou em marimbas na intro de *Óculos*, para realçar o clima caribenho que já vinha com a guitarra depois da marcação da bateria abrindo a música. Concordamos na hora, inclusive dando referências de músicas com algum molho caribenho, do repertório de bandas new wave inglesas como Haircut One Hundred, The Beat e The Clash.

Marcelo chamou Jotinha, tecladista de estúdio que tocou durante anos na banda do Roberto Carlos e um arranjador requisitado. Mostramos algumas músicas. Ele ouviu e gravou as marimbas na introdução de *Óculos*. Ficou tão legal, que pedimos para voltar com as marimbas no fim da faixa. Desde a hora em que a gravamos até o fim da sua mixagem, essa música se tornava cada vez mais eletrizante. Todo mundo que ouvia se empolgava. Era algo diferente do que estava sendo produzido até então. Ficamos orgulhosos do resultado, nossa autoestima estava na estratosfera.

Em *Meu erro*, com uma levada melódica na abertura e apenas o riff de guitarra acompanhado pela linha de baixo, precisávamos de algo para quebrar a linearidade e enriquecer a canção. Desta vez, nós é que tomamos a iniciativa de chamar um tecladista: Fábio Fonseca, um velho amigo. Tínhamos enorme admiração por ele, que fazia shows com sua banda e repertório próprio, depois que deixou o Brylho. Mostramos a música a ele no estúdio e pedimos um som de sintetizador parecido com o de *Jump*, novo hit do Van Halen. Eram as cordas sintetizadas do famoso teclado Oberheim Ob-xa, coincidentemente, o que ele havia levado. Fábio criou uma espécie de riff em cima da harmonia que agradou a todos e deixou sua preciosa contribuição para a que viria a ser uma das canções mais conhecidas do nosso repertório.

Mais tarde, quando mixávamos a faixa, tive a ideia de somar o som de bateria eletrônica Simmons para dobrar as viradas dos tom-tons. Seria preciso empregar o artifício chamado *trigger*, que já tinha usado em *O que eu não disse*, no álbum *Cinema mudo*: toda vez que o som dos tom-tons entrasse, dispararia simultaneamente os sons eletrônicos. Só que o módulo da bateria eletrônica não funcionou e os sons não dispararam. Resolvi gravar tocando em playback os tom-tons da Simmons e dobrando cada virada em tempo real. Acertei a maioria das viradas de primeira e repeti as que não ficaram muito certeiras.

O esforço foi válido: a música já começava com o impacto da virada de bateria. Também na mixagem, acertamos um som caprichado da caixa, usando o efeito *gated reverb* bem destacado. Sugeri que a gente tentasse somar o som do bumbo com o da bateria LinnDrum. Desta vez, o recurso do *trigger* funcionou e o resultado da soma do som acústico com o eletrônico foi excelente. A faixa ficou um primor de equilíbrio depois de mixada, com o bumbo sequinho pontuando a levada e o baixo do Bi roncando na medida. Nem fazíamos ideia de que essa música, em breve, encheria as pistas das danceterias Brasil afora.

Outra sugestão do Marcelo foi na gravação de *Assaltaram a gramática*, a tal música do Lulu Santos e Waly Salomão que gravamos para o curta sobre os poetas malditos do Rio. Como era um reggae, Marcelo achou que poderíamos pôr um molho com um órgão dando aquela batida tradicional do ritmo jamaicano. Ele conhecia o cara para mais essa: Ricardo Cristaldi, que tocava com Gilberto Gil e tinha essa referência do reggae. Ricardo gravou a levada de órgão e ainda fez um climinha de sintetizador na parte final da música, que nos agradou. Depois, Lulu e Scarlet Moon foram ao estúdio gravar a parte recitada da letra. Lulu fez uma dobradinha cantando com Herbert. Auxílio luxuoso.

Marcelo nos colocou para fazer "ô, ô" no refrão de *Óculos* e também cantou. Ainda teve Paula Preuss fazendo uma segunda voz em *Fui eu* e *Me liga*. Era minha namorada na época e estava no estúdio quando Marcelo sugeriu os vocais nessas duas músicas. Como Paula tinha alguma noção musical, foi escalada para a missão. Fizemos uma passada, a gente curtiu e ela gravou de primeira. Outra participação casual no álbum foi a de Renato Russo, a convite do Herbert, na faixa *O passo do Lui*, com apenas uns vocais "ô ô ô". Na segunda parte da música, pedimos ao Renato para gritar "vai, Lui!", o que foi feito com todo fôlego pelo ainda desconhecido líder da Legião Urbana, que estava no estúdio ao lado na pré-produção do primeiro álbum da banda.

Alguns dias depois, convocamos Lulu Santos para uma audição. Queríamos a opinião dele, nosso mentor, antes de darmos tudo por encerrado. Estávamos empolgados. Todos os envolvidos nas gravações se mostravam positivamente surpresos. Com Lulu, não foi diferente. Depois de elogios para essa e aquela música, ele perguntou qual seria o carro-chefe do disco. Havia unanimidade em lançar *Óculos* e *Meu erro*, mas faltava consenso de qual seria a primeira música de trabalho. Lulu achou que *Meu erro* não tinha um refrão marcante, o que em sua opinião poderia não "colar" junto ao público. Herbert estava seguro de que os versos "Bastaria! Ah meu deus era tudo que eu queria" funcionavam. Mesmo discordando nesse aspecto, ficamos satisfeitos que o Lulu tivesse gostado. A opinião dele era importante para nós. *Óculos* acabou escolhida como a faixa de lançamento.

Enquanto terminávamos de mixar *O passo do Lui*, a Legião entrava em estúdio para gravar as demos do que seria seu primeiro álbum. Muitas das descobertas que Os Paralamas fizeram no estúdio 1 foram aproveitadas nas gravações das bandas de rock que assinariam com a Odeon, caso da Legião e, dali a pouco, da Plebe Rude. Marcelo Bonfá, inclusive, usou minha bateria em algumas faixas, como *Soldados*, na qual faz uma levada nos tom-tons. Não lembro se usou os pratos também. Como não pude deixar o instrumento direto para a Legião seguir nas gravações, a produção alugou do baterista Téo Lima um kit muito bom de tambores, pratos e uma caixa excelente para o restante das gravações. Bonfá usou uma caixa de 6,5 de madeira que tinha um som poderoso. Aos poucos, a Legião foi achando a veia certa para gravar suas músicas.

* * *

Antes do lançamento do *Passo do Lui*, continuamos fazendo shows em tudo quanto era danceteria no eixo Rio-São Paulo, com eventuais escapadas para outros estados, capitais e cidades do interior de Minas, Paraná e Santa Catarina. Ficamos felizes de tocar em Brasília, onde encontramos os amigos de longa data do Bi e do Herbert. Seguíamos com algumas aparições nos programas de TV, visitas às estações de rádio e frequentávamos as reuniões na gravadora para a preparação da agenda de divulgação do disco.

Foi nessa época que conhecemos Carlos Savalla, técnico de som, com anos de estrada, que trabalhou com o Herva Doce. Convocado pelo Marcelo para ouvir a gravação, ele ficou tão empolgado que pouco tempo depois largou o Herva para trabalhar com Os Paralamas. Tivemos uma forte sinergia com Savalla, um cara com uma bagagem musical enorme e que tirava um baita som nos shows que assistimos do Herva Doce, com quem dividimos o palco certa noite. Começamos um ciclo de trabalho que iria durar por muitos anos. Savalla fazia milagres com os equipamentos de som da época.

Nossos shows ganharam notoriedade pelo repertório energético e pelo alto impacto sonoro. Herbert sabia explorar a plateia com maestria. Muitas vezes, estendia um refrão para o público cantar junto ou improvisava alguma coisa, surpreendendo o público, assim como a mim e ao Bi! Nessas horas, ele olhava pra gente rindo e íamos atrás. Savalla colocava bem a voz do Herbert nos shows. O que podia parecer fácil, na verdade, era uma tarefa complexa porque Herbert sempre usava a guitarra na potência máxima. Mesmo Os Paralamas sendo apenas um trio, o volume em que a gente tocava era muito alto. Acabava que eu me beneficiava por sobrarem canais para a bateria, o que possibilitava uma melhor microfonação do kit. Savalla entendia que o som de bateria era fundamental na nossa performance e buscava conseguir a melhor equalização dos instrumentos, qualquer que fosse o equipamento.

Como nem sempre havia condições ideais de trabalho – eufemismo para equipamento ruim –, era preciso capacidade para equalizar e timbrar os sons muitas vezes captados por microfones velhos e surrados, cabos e conectores com problemas (o famoso "maucon", piada interna para mau contato), mesas com canais queimados, caixas com alto-falantes deficientes, amplificadores que desligavam ao esquentar e outras limitações comuns aos sistemas de som dos lugares onde tocávamos. Nos deparávamos com toda sorte de dificuldade, que contribuía para aquela velha afirmação de como era difícil fazer rock no Brasil. E era mesmo...

Uma medida do convencimento da nossa performance vinha dos elogios entusiasmados do público depois dos shows. Nesse período, vale lembrar, éramos uma banda desconhecida, tínhamos que ganhar a plateia ali no palco mesmo. Fomos construindo a reputação de apresentar sempre um bom show. Muita gente vinha falar sobre o som da bateria, bem timbrado e poderoso. Eu era grato ao Savalla. Às vezes, quando reclamava com ele de alguma dificuldade no som dos monitores de palco (coisa que não era problema dele), ou de ouvir o som lá da frente mais alto do que o do palco, ele desconversava: dizia que o importante era o que o público ouvia. Savalla era quase um artista. Às vezes, não sabíamos se ele estava falando sério ou de sacanagem. Um pouco vaidoso, se sentia assim pela importância que demos ao trabalho dele. Mas nunca perdíamos o bom humor, ríamos muito de tudo.

Um belo dia, no meio de um show, Savalla começou a fazer backing vocals com o microfone da mesa de som, usado durante a montagem e ensaios para ele se comunicar com o pessoal que trabalhava no palco. O surpreendente é que ficou legal e ele passou a repetir toda noite. Mesmo com o bom resultado, depois das apresentações, nos camarins, a gente zoava o Savalla, dizia que estava estragando o show, que desafinava etc. Em resposta, ele ameaçava sabotar o som, gritando num inglês macarrônico: "OK! Então tchumórow, nóti bâmbou from P.A.!" ou "nóti guítar from P.A.!".

20!
Prontos para decolar

Os meses se passaram rápido e, em agosto de 1984, *O passo do Lui* foi lançado. *Óculos* teve uma recepção imediata nas rádios, que davam cada vez mais espaço ao rock nacional. Era um triunfo espetacular, mas ainda imperava a música estrangeira, com Madonna tocando *Like a virgin*, Michael Jackson com *Billie Jean* e *Beat it*, Cyndi Lauper com *Girls just want to have fun*, Van Halen com *Jump*, e por aí afora. Da safra nacional, dividiam as rádios os hits *O último romântico* e *Tudo azul*, de Lulu Santos, e *Fixação* e *Como eu quero*, do Kid Abelha, além de outros artistas e bandas que emergiam numa cena favorável ao renascido rock brasileiro. Outro atestado da hegemonia do rock veio com o lançamento de *Raça humana*, do Gilberto Gil, que teve alta rotação com *O rock do segurança* e o reggae *Vamos fugir*, abrindo cada vez mais portas para esse gênero musical no Brasil.

Nos meses seguintes ao lançamento do *Passo do Lui*, várias músicas do álbum ganhariam execução massiva nas rádios: *Meu erro*, *Me liga*, *Romance ideal* e *Ska* viraram hits instantâneos. *Fui eu*, *Assaltaram a gramática* e *Mensagem de amor* também tiveram uma boa execução. Praticamente todo o álbum foi tocado nas rádios. A agenda de shows aumentou exponencialmente, com alta rotatividade nas ainda concorridas danceterias do eixo Rio-São Paulo ou em outras cidades, onde inauguramos inúmeros palcos nesse formato.

Foi o caso da ótima danceteria Mamute, na Tijuca, no Rio, onde lançamos *O passo do Lui*. Eram shows de quinta a domingo, com lotação esgotada: cerca de mil pessoas por noite. O ar-condicionado não dava vazão e o local virava uma gigantesca sauna. Terminávamos as apresentações encharcados de suor. Num retrospecto, 99% das danceterias eram assim, enormes saunas. As temporadas na Mamute lembraram os shows do The Clash em Nova York, em 1981, quando tinha acabado de lançar o álbum *Sandinista!* em 17 apresentações seguidas, numa espelunca chamada Bond's Cassino, na Broadway. Saíamos dos shows exauridos, mas felizes.

Resolvemos comprar uma Kombi para levar nosso equipamento aos shows. Contávamos com a ajuda do Big, amigo do Bi na Rural, que cursava agronomia com o Helder, irmão do Herbert. Os dois passaram a nos ajudar como roadies. A Kombi estava bem surrada, mas era o que podíamos fazer para melhorar o transporte, já que no Fusca 78 que comprei da irmã do Zé Fortes – foi dele antes da irmã – não cabia a bateria. A Kombi tinha problemas de suspensão e folga na direção. A lataria fazia uma barulheira quando passava em buracos e ganhou o apelido de Portela na Apoteose, numa alusão à famosa bateria da escola de samba carioca.

A Kombi morava no estacionamento externo do prédio do Bi, em Ipanema, onde a forte maresia se encarregava de carcomer o resto da lataria. Os vizinhos reclamavam do barulho toda vez que a gente saía e chegava. Conseguimos uma autorização para deixar o equipamento num canto da gravadora, quando voltávamos dos shows nas madrugadas, às vezes quase de manhã. Isso dava um trabalho danado. Tínhamos que esperar o vigia noturno acordar e abrir o portão para só então descarregar e ir para casa dormir. Foi uma época de muito esforço, que hoje lembramos com um certo romantismo e, ao mesmo tempo, nos perguntamos como conseguíamos disposição para fazer tudo isso?

21!
Na plataforma de lançamento do Rock in Rio

Nos meses finais de 1984, ano retratado por George Orwell em seu livro como sombrio e sem esperança para a raça humana, o clima geral com Os Paralamas era exatamente o oposto. A cena musical brasileira estava renovada com as bandas de rock tomando espaço nas rádios e nas lojas de discos. Havia esperança de que o próximo presidente seria um civil, mesmo que o movimento Diretas Já fosse ignorado por parte da grande imprensa. A volta da democracia e o consequente fim da censura eram fatos irrefreáveis. Esperava-se, com isso, que a economia melhorasse e tivéssemos mais acesso à tecnologia profissional no campo da música.

No frenesi daquele fim de ano, houve uma notícia que causou um profundo impacto: a realização de um megafestival de rock pela primeira vez no país, o Rock in Rio. Previsto para janeiro de 1985, o evento ocuparia, dali em diante, o noticiário da mídia cultural. Só se falava no Rock in Rio. As atrações eram anunciadas aos poucos, à medida que iam sendo confirmadas. Grandes bandas de rock como Queen, AC/DC, Iron Maiden e nomes importantes, entre eles Rod Stewart, James Taylor e George Benson, além de um time de medalhões da MPB – Ney Matogrosso, Gil, Pepeu e Baby e Erasmo – provocavam alvoroço na imprensa. Para surpresa geral, a lista de participantes foi ampliada com a inclusão de novos nomes do rock nacional: Blitz, Lulu Santos, Barão Vermelho, Kid Abelha e Eduardo Dusek. Houve alguma polêmica quando anunciaram a presença de artistas sem tanta ligação com o rock, casos de Elba Ramalho, Moraes Moreira, Ivan Lins e Alceu Valença.

O festival representou um momento de consagração da cena do rock que se desenvolveu no começo dos anos 80; capturou e potencializou a atmosfera já existente no ar com as rádios alternativas e, na sequência, com as grandes rádios. Na TV, programas de clipes proliferavam e repercutiam as novas bandas. Estar no Rock in Rio seria um aval para quem dele participasse.

Desejávamos muito estar no festival, seria a maior vitrine para mostrar nosso trabalho. Tínhamos total certeza de que nosso show era tão bom quanto o de qualquer outro das muitas atrações já confirmadas. O novo álbum estava crescendo nas paradas, prometendo êxito nas vendagens. Esperávamos ser chamados, mas o convite não chegava e o suspense aumentava. Foi então que Zé Fortes resolveu ir atrás da organização e tentar abrir um canal para que fôssemos ao menos considerados entre os últimos possíveis escalados.

Após Zé fazer alguns contatos, o empresário Roberto Medina concordou em recebê-lo. Nosso jovem empresário insistiu com o chefe do Rock in Rio que Os Paralamas não poderiam ficar fora daquele palco. A banda representava o sonho de todos que desejavam tomar parte em algo tão representativo para o rock nacional: três garotos que até pouco tempo estavam na universidade, largaram tudo e apostaram na música, materializando os desejos de uma geração naquele histórico momento.

Para surpresa do Zé, Roberto disse que marcara a reunião porque iria escalar Os Paralamas do Sucesso como a última atração confirmada do Rock in Rio. Zé foi para a gravadora Odeon, onde nós o aguardávamos ansiosamente. Quando ele disse que estávamos confirmados, foi uma tremenda festa! Pulamos em cima dele, celebramos como um bando de malucos, com muita gritaria e choro, sob os aplausos da galera mais chegada da diretoria e da divulgação. Nos abraçamos e nos beijamos. Beijamos o pessoal da limpeza, o ascensorista, o guardador de carros e o pipoqueiro da esquina. Uma loucura! No dia seguinte, os jornais noticiavam nossa escalação no Rock in Rio. Mais uma daquelas profecias do Herbert estava se concretizando...

* * *

Começamos a planejar o show. Estavam previstas duas apresentações de 40 minutos, abrindo dois dias do festival. Muitos dos artistas e bandas confirmados foram pautas na imprensa e prometiam ocupar todo o palco na tal Cidade do Rock, algo como 30 metros de boca de cena. Seria complicado para três moleques conseguirem essa façanha. A gente só podia se garantir mesmo com a nossa performance musical, ainda mais tocando em plena luz do dia. Nem a iluminação ajudaria no aspecto visual da nossa participação.

Preparamos um set bem alinhavado, com uma sequência de músicas de impacto, uma atrás da outra. Usamos alguns truques como emendar o fim de *Vital e sua moto* com *Química*, quando Herbert fazia uma citação da guitarra de *I will follow*, do U2, além de colarmos uma música na outra, sem deixar a plateia respirar. Aproveitamos a nossa agenda para ir experimentando o formato, e tudo parecia funcionar muito bem. Quem fosse num show dos Paralamas na danceteria Factory, em Juiz de Fora, veria a mesma apresentação que faríamos no Rock in Rio dali a pouco, em janeiro. Com essa estratégia, esperávamos "ocupar" a boca de cena do gigantesco palco do festival.

Nosso entusiasmo era tanto que decidimos ir a Nova York comprar equipamentos e fazer um upgrade para nossa apresentação. Desta vez, voltaríamos à lendária Rua 48 com mais poder de compra para adquirir instrumentos condizentes com aquele grande evento. Era dezembro e o frio nos esperava em Manhattan. Foi uma alegria passarmos o Natal juntos. Pela primeira vez eu estaria longe dos meus parentes nessa data. Minha família agora era Os Paralamas.

Nas lojas de instrumentos Manny's e Sam Ash parecíamos crianças diante de brinquedos. Voltávamos ao hotel carregando um monte de coisas. Comprei pratos da Paiste, além de tambores novos para reconfigurar a bateria. Foram tom-tons de 10, 12 e 13 polegadas e um surdo de 16, na cor "piano black", da marca Tama, modelo Imperialstar, top na época. Escolhi também outra caixa King Beat de 14x5 de metal, de reserva para imprevistos com as peles (que volta e meia escapavam do aro ou podiam furar), além de estantes de pratos do melhor modelo.

Somando esses tambores com peles de resposta, eu continuaria com o bumbo da ex-bateria do Lobão, mas agora o kit ficaria com a mesma configuração da bateria do meu grande ídolo Stewart Copeland. Como na loja não havia tambores avulsos, foi preciso encomendar do depósito da Tama e fiquei num suspense tremendo para a entrega ocorrer a tempo de nossa viagem de volta, na noite de 26 de dezembro. Na manhã do último dia, os tambores chegaram, junto com uma bela nevasca que cobriu Manhattan de branco.

Minha bagagem era composta pelos estojos de fibra que comprei para os tambores, uma sacola de pratos, além de uma bolsa com roupas e pares de tênis. Herbert e Bi compraram seus trecos: baixo, guitarra, cabos, pedais de efeito. Estávamos preocupados com a chegada à alfândega, que taxava itens acima do limite de 500 dólares. Quando nos apresentamos na inspeção de bagagem, os agentes da Polícia Federal nos reconheceram e já sabiam que em breve estaríamos no palco do

Rock in Rio. Mas não teve moleza: conferiram as notas e valores dos instrumentos, viram que estávamos um pouco acima do limite, mas nos liberaram e desejaram boa sorte. Já tínhamos, ao menos, recebido o aval federal para nossa participação no maior festival de todos os tempos!

22!
No maior festival do planeta

Passamos os primeiros dias de 1985 ensaiando para o show. Desta vez, pudemos usar o estúdio 2 da gravadora, onde havia espaço para montar e ajustar as novidades que trouxe para a bateria. Achei o máximo os tambores virem de fábrica com peles do tipo bola preta, as mesmas do Copeland nos vídeos do álbum *Ghost in the machine*, de 1981. Ali estava a minha tão sonhada bateria superprofissional, com tambores e pratos configurados no estilo da do baterista do Police. Stewart montava os tambores "em pé", o que sempre me chamou a atenção, igual aos kits de bateristas famosos dos anos 1960: Ginger Baker, do Cream, Mitch Mitchell, do Hendrix Experience, e Keith Moon, do The Who. Copeland vinha na contramão dos bateristas modernos que posicionavam os tom-tons inclinados para dentro do kit.

Em termos de afinação, uma das sonoridades que eu mais buscava era o seu timbre alto dos tom-tons, com as peles bem apertadas, parecido com o dos bateristas de jazz e fusion. Numa entrevista, Copeland disse que gostava do timbre dos tom-tons bem agudo, "apertados como se fossem timbales". Uma dica certeira. Fui acertando o som dos tambores até que estivessem legais e achei engraçado quando me dei conta de que a única coisa da bateria velha era uma grande almofada marrom, do sofá de casa, que continuei usando para abafar o bumbo.

Nesse mesmo estúdio onde gravamos *Cinema mudo* em 1983, fomos entrevistados pelo jovem jornalista Pedro Bial para o programa *Globo repórter*, focado nos preparativos do Rock in Rio. A entrevista foi engraçadíssima, mostramos o quanto estávamos excitados com a proximidade do festival. De lá, seguimos para o hotel em Copacabana onde haveria uma coletiva do Queen. Demos algumas palavras aos jornalistas presentes e vimos o clima de expectativa sobre a nossa participação: vários representantes da imprensa musical já apostavam na gente como revelação do festival. Cada vez mais empolgados em tocar no maior evento do showbiz nacional, sentíamos a responsabilidade aumentar.

Precisei encomendar os estojos do tipo *hard case* para transportar os tambores, ferragens e pratos com mais praticidade e segurança. Incluí um timbale para dar um molho reggae/ska entre as sonoridades do kit, inspirado pelo baterista jamaicano do Jimmy Cliff. Era uma caixa de metal cromado da marca Rogers, de 6,5 polegadas, sem a pele de resposta. Tinha um som ótimo. Ao meu lado direito do kit, estavam os pratos de ataque mais pesados, de 18 e 20 polegadas, além de um de condução de 22, todos da famosa série Rude, da Paiste, conhecida das inúmeras fotos do Copeland. Do lado esquerdo, incluí pratos mais finos e alguns splashes, bem pequenos, de 8 e 10 polegados, usados mais por jazzistas, mas que viraram assinatura sonora do Copeland.

Bem servidos de equipamentos, sentimos confiança no set list pancada que estávamos testando. Herbert estava empolgado, exuberante com suas guitarras e pedais. Ele cantava como se não houvesse amanhã. Bi oferecia aquele grave fundamental que nos dava chão, uma sensação de segurança nas músicas, favorecendo a quebradeira da bateria e as estrepolias do Herbert. Combinei com Pedro Ribeiro de me ajudar a pôr e a tirar meu microfone de voz nas músicas em que fazia uns vocais: *Óculos*, *Patrulha noturna*, *Cinema mudo*, *Mensagem de amor* e *Assaltaram a gramática*. Era difícil para mim puxar a estante com o braço do microfone para perto da boca. Deixá-lo ali atrapalhava para tocar o restante das músicas. Ao final do dia, estávamos afiadíssimos e ansiosos.

Houve um dia reservado aos artistas para o reconhecimento do gigantesco palco da tal Cidade do Rock, de manhã cedo. Era realmente enorme, aquilo só fez aumentar a expectativa para o show. Companheiros de outras bandas preparavam maneiras de ocupar a cena daquele imenso espaço, mas parecia que nada faria diferença. O que a gente esperava mesmo era um bom sistema de monitorização para nos ouvirmos bem e tocarmos direito. Inclusive, como abriríamos os shows nas nossas duas participações, com luz do dia, cabia unicamente ao pessoal da iluminação fazer seu trabalho da melhor forma possível, uma preocupação a menos para nós.

No dia da abertura, eu e Bi ganhamos ingressos da organização e fomos para o local usando a linha de ônibus criada para atender o público. Chegamos no começo da noite e já estava rolando o show do Whitesnake, banda de hard rock que substituiu o Def Leppard na última hora. Na bateria, o grande Cozy Powell, lendário ex-integrante do Rainbow e do Black Sabbath. Eu e Bi achamos um jeito de entrar nos bastidores: fomos reconhecidos pelo pessoal da produção e nos infiltramos no backstage.

Assistimos da beira do palco aos shows do Iron Maiden e do Queen. Lembramos que o diretor de vendas da gravadora dizia que o Maiden vendia 80 mil discos no Brasil sem tocar no rádio. Agora, o Rock in Rio reunia esse público invisível pela primeira vez num grande festival. Era impressionante testemunhar tanto a galera metaleira quanto os fãs do Queen cantando todas as músicas. No palco, notávamos o quanto eles estavam impressionados com o público entoando *The number of the beast*, depois *Love of my life*. Os integrantes das bandas se entreolhavam, sorrindo. O primeiro dia do maior festival de rock da história foi incrível. Muitas outras emoções e consequências desse megaevento estavam por vir.

23!
Trombetas da democracia

No dia do primeiro show, 13 de janeiro, fomos passar o som de manhã na Cidade do Rock e ficaríamos por lá até a hora de subir ao palco. Conseguimos uma boa interação com o pessoal da equipe americana, os técnicos da famosa Clair Brothers, empresa especializada em grandes shows, que estava trabalhando no festival. Eles ficaram tranquilos e não demos trabalho: éramos um trio, com voz, guitarra, baixo e bateria, apesar dos 16 microfones e canais de som para a bateria. As caixas dos monitores eram excelentes, além do sistema virado para o palco, chamado de *side fill*, que dava um peso inigualável ao som que a gente ouvia. Estava tudo sensacional.

Para nossa tranquilidade, Marcelo Sussekind e Carlos Savalla estariam na mesa de som da frente, acertando equilíbrio e timbres. Eles acharam por bem convocar nosso amigo Framklim Garrido, técnico de som das gravações na Odeon, para se encarregar do retorno no palco. Estávamos felizes que nem pinto no lixo, como Herbert costumava falar, recorrendo a um termo dos narradores de futebol para expressar a alegria de uma torcida.

Ficamos nos camarins pilhados até a hora do show. Aparecemos em matérias de jornais da TV, entradas ao vivo, sobre como estávamos antes de subir ao palco... Acabou que ficamos meio tensos mesmo. Nessa espera no camarim, Herbert teve uma epifania: olhou para dois vasos que enfeitavam o ambiente com duas palmeiras e anunciou:

– Galera! Acabei de descobrir a cenografia do show de hoje! Vamos levar estas duas palmeiras para o palco! Zé, chama o Pedro, manda ele levar esses vasos urgente lá pra cima!

Foi assim, com esse alarde, que aconteceu a ideia, quase cômica, de fazer uma cenografia de última hora. É claro que nós caímos na gargalhada e serviu para descontrair.

* * *

Havia chegado a hora. No caminho para o palco, antes de subirmos as escadas, Marcelo nos mandou dar um pique na área dos bastidores, correr de um lado ao outro, na tentativa de descarregar a adrenalina. Atendemos a sugestão. Corremos, gritamos, saltamos e fizemos uns polichinelos... Isso tudo num calor saariano. Estávamos prontos, mas a adrenalina não desceu.

Subimos ao palco naquela tarde de domingo sob os aplausos do público, que já era grande. Havíamos tocado para algumas grandes plateias em festivais, shows de rádio em espaços como o Sambódromo ou a Quinta da Boa Vista, mas encarar a massa humana do Rock in Rio não tinha comparação. Consideramos que aquele mundo de gente estava ali porque queria ver o nosso show, senão teria chegado mais tarde.

Começamos atacando com *Vital*, *Patrulha noturna* e *Cinema mudo*, as músicas do primeiro álbum. Aparentemente, estava tudo bem, só que eu, depois da "preparação física" à qual fomos submetidos antes do show pelo sargento da Legião Estrangeira, Marcelo Sussekind, me sentia exaurido. Faltavam forças para continuar. O ventilador no chão, apontado para mim, não dava alívio ao calor. Houve um momento em que cheguei a ter aquele sintoma de teto preto, comum antes de desmaios por cansaço ou pressão baixa. E, o pior, não estávamos nem na metade do show. Pensei comigo: "Caramba, tenho que me virar. Se desmaiar na frente dessa gente toda, ao vivo e a cores em cadeia nacional, vai ser o maior mico de todos os tempos". Tentei me acalmar, respirar fundo, controlar a situação e, aos poucos, fui melhorando. Quando dei por mim, já estávamos no fim do set, ovacionados pela plateia. Foi por pouco que aquela gente toda não assistiu a um baterista desmoronando sobre seu instrumento e, quem sabe, não levando junto a carreira dos Paralamas.

Enquanto eu quase desmaiava, o show acontecia. Herbert fez um discurso dedicando o show aos nossos tantos amigos de banda naquele momento – a parada veio bem a propósito, pois consegui recuperar um pouco do fôlego – e ao resultado da Rádio Fluminense, legítima responsável pelo momento do rock nacional. Também fez uma ironia pelo fato de o primeiro presidente civil em décadas, Tancredo Neves, não ter sido escolhido através do voto.

– Vamos ter que aturar aquela careca um bom tempo, já que a gente não sabemos escolher presidente – disse.

Checagem de som dias antes do Rock in Rio. Era impressionante o tamanho do palco e a qualidade do som oferecida pela empresa Clair Brothers. Ao lado, minha credencial

No calor inclemente do verão carioca, toalhas não davam conta do suor. Pedi, então, um ventilador para ficar junto da bateria no palco do festival

Foi a deixa para tocarmos *Inútil*, o grande sucesso do Ultraje a Rigor, com sua letra retratando o quanto o Brasil podia "não dar certo", culminando com o verso "a gente não sabemos escolher presidente". O público veio abaixo cantando o refrão com toda força:

– Inútil! A gente somos inútil!

Vários artistas e bandas aproveitaram o palco do festival para enaltecer os novos ventos democráticos, fazendo discursos ou desfraldando bandeiras do Brasil. Nossa postura foi menos convencional e soou como uma forma de protesto pelo fato de o povo ainda não eleger presidente pelo voto direto. Ninguém queria meia democracia, e levaria um tempo até que eleições diretas voltassem ao panorama político. Parecia que o Rock in Rio ajudava a propagar uma mensagem de novos tempos junto ao grande público. Até a TV Globo deixou de ignorar o movimento Diretas Já, que mobilizava milhões em comícios pelo Brasil. O rock podia ser uma forma de entretenimento ou de alienação, como muitos teorizavam, mas naquele momento serviu para conscientizar parte da população sobre o fim da censura, a importância da liberdade de expressão e de imprensa. O rock brasileiro, nesse sentido, fez a sua parte.

Outro fato pitoresco do primeiro show foi que, mesmo depois de ensaiar cuidadosamente a entrada e a saída do meu microfone de voz, na hora da apresentação, nas vezes em que Pedro entrava sorrateiro para não aparecer ao público, sem querer dei umas cotoveladas na cabeça dele nas músicas mais rápidas. Treino é treino, jogo é jogo. Mas o fato é que terminamos o show ovacionados. Não sabíamos nem como agradecer ao público direito, estávamos tontos, enebriados com aquilo tudo. Fomos saindo do palco e já sendo entrevistados, num clima de Brasil campeão. Quando chegamos no corredor dos camarins, Caetano Veloso vinha passando e parou para nos cumprimentar efusivamente. Uma câmera que estava ali na hora registrou:

– Meninos, vocês arrasaram! Mas o que mais gostei foi da cenografia. Aquelas palmeiras estavam o máximo!

Não demorou e a incrível "cenografia" ganhou as manchetes de todos os jornais. A repercussão do nosso primeiro show no Rock in Rio foi arrebatadora. Todo mundo bancava que éramos a revelação do festival, que Os Paralamas representavam os moleques daquela geração, que tinham uma guitarra nas mãos e um sonho na cabeça. O rock brasileiro passava a ser algo exequível, depois de tantos anos com a pecha da música da Rita Lee que dizia "roqueiro brasileiro sempre teve cara de bandido". Agora, ele tinha cara de Herbert Vianna e usava óculos.

Herbert lembrava o dia em que seu pai o levou numa churrascaria em Brasília, onde um músico tocava teclado e ninguém dava bola. Ele insinuou que aquilo era o que o aguardava se virasse músico. O tempo passou e 200 mil pessoas estavam na plateia... Herbert provou que fez a escolha certa.

Por conta do festival, alcançamos o momento de maior exposição que um artista ou banda sonharia. O mais gratificante foi perceber que a nossa música era o que nos proporcionava isso tudo, sem truque de marketing. Estávamos sendo reconhecidos pelo nosso trabalho, não era nenhum caô.

Ao longo dos dias de festival, rolaram vários eventos na cidade, saímos em notas de jornais e revistas nacionais e estrangeiras, participamos de coletivas para a TV e estações de rádio do Brasil e de outros países. Fomos convidados para uma festa do Rock in Rio no Copacabana Palace, onde estava a maior parte dos artistas. Encontramos Rita Lee e Roberto de Carvalho, que se lembraram da gente no show do Lulu Santos. Disseram que adoravam *Óculos*, achavam a música o máximo. Incrível ouvir isso da rainha do rock brasileiro, nem conseguimos dormir depois.

* * *

No dia seguinte ao nosso primeiro show, Liminha nos convidou para assistir ao ensaio do The B-52's no estúdio Nas Nuvens. Apesar de não sermos grandes fãs dessa banda supermoderninha da onda new wave americana, as atrações do ensaio eram o baterista e a baixista convidados para os shows no Rock in Rio: Chris Frantz e Tina Weymouth, membros do Talking Heads, uma das bandas mais inspiradas da cena pós-punk de Nova York. Foi até lamentável a ausência do Talking Heads no Rock in Rio, mas nos explicaram que David Byrne, o cantor e compositor, estava num período sabático.

Chris e Tina eram casados e formavam a cozinha perfeita. Eles tinham parcerias nos hits da banda e depois viriam outras mais nos álbuns lançados ao longo dos anos 80, até o fim da banda, no começo dos 90. O casal fazia parte também de uma banda paralela aos Talking Heads, chamada Tom Tom Club, bem animada, com os elementos primordiais do funk elétrico da cena nova-iorquina na época. Para nós, foi uma oportunidade de ver de perto músicos que nos inspiravam com canções como *Psycho killer*, *Life during wartime*, *Once in a lifetime*, *This must be the place* e tantas outras.

Outro intercâmbio legal que rolou foi conhecer a baterista das Go-Go's, Gina Schock, banda de meninas, também congênere da new wave americana. Houve um momento nos anos 80 em que elas estavam tão no auge que o Police – ainda não famosos nos Estados Unidos – fez a abertura de um show das Go-Go's. A baterista assistiu do palco ao nosso show no primeiro dia e depois fui atrás dela nos camarins. Contei que era superfã da banda, achava que ela tocava muito bem e torci para que se recuperasse de uma delicada cirurgia no coração.

Entre um show e outro das Go-Go's, cheguei a levá-la para conhecer a cidade, ver a praia e tomar umas caipirinhas. Ela disse que a banda estava acabando. A cantora sairia em carreira solo e as integrantes estavam processando umas às outras, um barraco total. Gina Schock se destacava, tinha uma pegada e tanto, influenciou meninas a tocarem bateria. Conversamos ainda sobre equipamento e ela falou que me daria uma força para conseguir um patrocínio da Paiste – também usava esses pratos. Ficamos de manter contato.

Um episódio curioso no Rock in Rio foi um boato – ninguém sabe de onde surgiu – de que fui chamado para tocar no Yes, a famosa banda de rock progressivo que se apresentaria no festival. A história se espalhou como pólvora nos jornais e nas rádios. Todo mundo me perguntava se era verdade, especialmente nas entrevistas de rádio. Eu olhava o Bi, o Herbert e morria de rir. Eles também. Eu dizia que não era verdade, mas ainda assim muita gente insistia na história. O boato foi tão difundido que passei a ser questionado se deixaria Os Paralamas para tocar no Yes. Acabou que a gente resolveu tirar onda: eu falava que estava avaliando a proposta, que ainda não sabia quanto iriam me pagar, mas que quando chegasse o dia explicaria tudo numa coletiva. Era mais fácil do que dizer que se tratava de um boato...

* * *

Como resultado da participação vitoriosa no Rock in Rio, nossas músicas começaram a tocar muito nas rádios de todo o Brasil. Os telefonemas pedindo shows congestionavam a linha do escritório. Antes mesmo de fazermos a segunda apresentação no festival, já tínhamos um agendado em São Gonçalo, do outro lado da Baía de Guanabara. No dia da nossa última entrada no festival, 16 de janeiro, soubemos da polêmica com artistas nacionais, que reclamaram de não serem bem tratados pelo pessoal do som. Acusaram de limitarem o volume dos brasileiros e de não darem cuidados técnicos aos que tocavam antes das atrações internacionais. Mas era até esperado que quem abrisse a noite não tivesse o mesmo volume que as atrações principais, os *headliners*. Nós nem ligamos para isso. Se nos dessem três metros de palco, já estaria bom. Numa formação de trio, sem muitas firulas, o som funcionou maravilhosamente bem, lembrando a capacidade do Savalla de tirar um som quase perfeito dos 16 canais de bateria, três canais de voz (incluindo o dele fazendo os vocais!), dois de guitarra e um de baixo, equilibrando tudo com maestria e punch.

O fato marcante da nossa segunda apresentação foi o Herbert repudiar a atitude violenta de alguns metaleiros, fãs do AC/DC, que hostilizaram Eduardo Dusek, Erasmo Carlos e Kid Abelha nas noites anteriores. Herbert sugeriu aos "revoltadinhos" que, em vez de jogarem pedra nos músicos, fossem para casa aprender a tocar guitarra e, quem sabe, estariam no palco do próximo Rock in Rio. A repercussão da fala dele foi gigantesca, com notas em jornais e na TV em todo o país. Ou seja, Os Paralamas também foram campeões morais do festival. Terminada nossa presença no Rock in Rio, estaríamos colhendo os frutos desse megaevento por muito tempo.

Assim que acabou o Rock in Rio, eu e Bi viajamos para o carnaval da Bahia. Queríamos ver aquele astral que testemunhamos um ano antes, na festa de Iemanjá, na turnê com Jimmy Cliff. Nos hospedamos na casa de um locutor de rádio local, amigo de Brasília do Bi e de quem nos aproximamos em nossas idas a Salvador. Fomos a um baile de carnaval no Clube Bahiano de Tênis, vimos os trios elétricos e os blocos afro Filhos de Gandhy e Ilê Aiyê. Mas algo de diferente estava acontecendo ali, naquele carnaval: o movimento da axé music e um certo Luiz Caldas, que despontava como fenômeno de popularidade, com uma mistura de reggae com batidas baianas e um toque caribenho.

O axé tinha enorme apelo e certamente iria extrapolar a Bahia. Não deu outra. Naquele mesmo ano, o sucesso de Luiz Caldas abriria a porteira para um sem-número de artistas baianos. Numa tarde, presenciamos o movimento incrível de gente na rua, de cima do trio elétrico do Luiz Caldas, onde conhecemos os percussionistas Ramiro Musotto, Tony Mola, Carlinhos Brown e o baterista Cesinha. Não demorou e me chamaram para tocar percussão com eles durante as longas horas em que o trio elétrico se arrastava pelas ruas de Salvador. Foi o carnaval mais animado que já presenciei, logo eu, que nunca fui muito carnavalesco.

24!
Dois shows por noite

Os primeiros shows depois do Rock in Rio seriam também em Salvador. Voltamos ao Rio para uma série de programas de TV, como *Chacrinha* e *Globo de ouro*, agora apresentados como a revelação do festival. Por conta da superexposição, nossa agenda bombou. Fomos chamados para inúmeros shows na periferia de São Paulo e no interior, quase sempre em ginásios de esporte, em que a bilheteria se esgotava em poucos dias. Alguns contratantes nos sugeriram abrir uma segunda bilheteria numa mesma noite. Zé nos perguntou se aguentaríamos fazer dois shows na mesma data. Topamos. Acabou que isso se tornou rotina em muitas cidades.

Nosso camarim tinha exigências pouco comuns para uma banda de rock: leite achocolatado (Toddyinho), iogurte líquido (DanUp), bolo recheado Ana Maria, misto-quente, frutas, refrigerantes, biscoitos e qualquer outra guloseima. Por exigência do Savalla, passamos a pedir uma garrafa de uísque, único álcool que entrava na lista. Ele vivia nos avacalhando. “Isso não é uma banda de rock!”, bradava, como um homem das cavernas. Por essa semelhança, aliás, seu apelido virou Capitão Caverna, como o personagem do desenho animado.

Para quebrar a monotonia entre um ginásio e outro, houve um período no qual nosso roadie Big promoveu alguns atos de vandalismo explícito nos vestiários que nos serviam de camarim: munido de potentes bombas de festa junina do tipo malvinas, conhecidas na época como cabeção de nego, Big anunciava um número de mágica intitulado “o desaparecimento do mamão”. Ele instalava a bomba na fruta, acendia e saía correndo, enquanto assistíamos ao mamão desaparecer com a explosão. Algumas vezes, depois do estrondo, a polícia aparecia pra ver se estávamos bem e se deparava com aquele bando de moleques rindo.

Big era um caso a ser estudado. Uma hora era o moleque bagunceiro, na outra, o mais sério e compenetrado universitário que sabia tudo sobre as cidades em que tocaríamos: se tinha universidade, qual era a população e principal atividade econômica, o nome do rio do lugar... Isso tudo antes da internet (na época, a ferramenta para essas informações se chamava *Guia quatro rodas*, um livreto vendido em bancas, atualizado anualmente, nos moldes do histórico *Guia Michelin*, na Europa).

Teve um episódio hilário numa dessas apresentações. As luzes atraíam enormes mariposas. Como era época de reprodução, elas cruzavam o palco descontroladas, batendo em nossas cabeças, nos instrumentos, nos óculos do Herbert e pousavam sobre os pedais da guitarra. Herbert olhava para o Big pedindo ajuda, mas ele permanecia indiferente, agachado no seu canto na beira do palco. Angustiado, Herbert foi até ele para tirar satisfações sobre por que não enxotava os insetos e ouviu a resposta:

– Desculpe, sou do "More"!

– Hein? Que isso, Big?

– More, More! Movimento de Resistência Ecológica. Não posso matar nenhum bicho!

Herbert caiu na gargalhada. A risada quase atrapalhou nossa performance e o Herbert se converteu naquele instante num membro do tal Movimento de Resistência Ecológica.

Depois de muitos anos usando as baterias disponíveis quando a gente viajava para outras cidades – eu apenas levava os pratos, a caixa e o pedal do bumbo –, passamos a levar a minha para os shows. Quem assistiu aos Paralamas no Rock in Rio pela TV, certamente, gostaria de ver a mesma bateria inteira na hora do show. Estávamos num novo patamar, subindo na escala de exigências para garantir uma melhor estrutura de produção e de equipamentos de som e luz. Minha bateria se tornou, assim, um forte elemento cênico. Em geral, o transporte do material de palco, incluindo os amplificadores do Bi e do Herbert, eram feitos em caminhões contratados.

Comecei a usar peles porosas nos tom-tons e surdo, depois que finalmente descobri numa revista os tipos de pele do Copeland. Eram da marca Remo e eu usava a de filme duplo e porosa na pele de cima, modelo Emperor, mais grossa. A mais fina, de filme simples, modelo Ambassador, era para a resposta. Também descobri a marca e o tipo da baqueta dele: Regal, modelo rock, considerado médio/leve, com a ponta de madeira redonda. O tal muambeiro que abastecia a galera no Rio ficava feliz com minhas muitas encomendas de pratos mais finos que eu quebrava semana sim, semana não, das peles de tambores e dúzias de baquetas, essenciais para repor o que era gasto nos quatro, às vezes, seis shows por semana.

* * *

Eu estava sempre tentando me aprimorar no instrumento. Admirava os bateristas que encontrava em estúdios, nos bastidores de shows e em programas de TV. Foi assim com Paulo Braga, o preferido do Tom Jobim; Juba, da Blitz e ex-Joelho de Porco; Claudinho Infante, que tocou com Lulu Santos e Kid Abelha; Serginho Herval, do Roupa Nova, que gravou com um monte de artistas consagrados, como Rita Lee e Lulu; Gel, do Rádio Taxi; Sérgio Della Monica, que, além do Herva Doce, tocava com Ney Matogrosso, Rita Lee, Gal e Marina; Andre Jung, dos Titãs e que depois trocou de banda com Charles Gavin, do Ira!, além de muitos outros.

Um dia procurei Robertinho Silva, que tocava com Milton Nascimento, Egberto Gismonti e depois no Som Imaginário. Robertinho esteve nas mais importantes apresentações da cena do jazz brasileiro. Queria fazer um aprimoramento com ele. Liguei e combinamos de nos encontrar em sua casa. Levei um método do Gene Krupa que comprei em Nova York, espécie de cartilha do bê-á-bá dos bateristas. Havia instrução de como segurar a baqueta da forma tradicional, fotos de uma mão com uma bola de beisebol, depois com uma baqueta no lugar da bola, tudo bem instrutivo. Eu estava obstinado a aprender a tocar dessa forma, como Steve Gadd ou os mais clássicos, como Buddy Rich, embora Stewart Copeland fosse minha maior referência. O encontro com Bob Silva foi informal. Ele me perguntou:

– Pô, Barone, você já toca muito, o que ainda quer saber, rapaz?

Fizemos uns estudos de fundamentos, divisões e acentos. Fiquei de voltar para aprofundar coisas brasileiras e africanas, mas acabou que a demanda de trabalho me afastou um pouco. Havia uma hora em que não queria ver bateria na frente. Mas essas poucas vezes com ele me iluminaram muito.

* * *

Em shows pelo interior de Minas, conhecemos uma equipe de som de São Paulo que trabalhou com o Djavan. Nos disseram que eram excelentes e estavam diversificando os trabalhos com a demanda de shows das bandas de rock. A empresa se chamava R4 e seus sócios eram Roberto Ramos e Ricardinho, que viajavam junto e cuidavam do equipamento com esmero. Desde nosso primeiro encontro, houve um enorme entrosamento. Até a passagem de som virou um momento aguardado:

era diversão garantida tocar com qualidade de som, mesmo em ginásios que não tinham boa acústica.

Roberto começou a operar nossos monitores de palco. Ele tirava um som de bumbo inigualável, um primor de equalização, um punch somado ao grave redondo. Aquilo me dava sempre a certeza de uma boa performance. Minha caixa de retorno era uma do tipo W Box, enorme, com clareza e volume impecáveis. Savalla, estando lá na frente com o som do público, também aproveitava a qualidade do equipamento e caprichava na colocação da voz do Herbert dentro do nosso forte instrumental. Estávamos cada vez mais afiados, superando até o problema crônico da acústica dos ginásios onde fazíamos a grande maioria dos shows.

Inspirado pelo que eu já havia ouvido nos discos e visto em vídeos do Stewart Copeland, comprei um rack de efeito para ligar diretamente no microfone da caixa. Era um *delay* (eco) digital bem básico, o mais barato do mercado, da marca Digital Lab, modelo Effectron II. Tentava acertar o tempo do eco, regulando o intervalo das repetições. Demorei um pouco pesquisando nas muitas passagens de som – e desafiando a paciência alheia nessa hora –, até descobrir como usar uma repetição curta, com duração (*decay*) não muito longa, que resultava na polirritmia (*multitap*) desejada.

Quando eu acertava, era sensacional, mas difícil mudar o tempo do eco em cada música, com andamentos diferentes. Só era possível ligar e desligar o efeito no pedal ao lado do meu pé esquerdo, junto ao do contratempo. Depois, mudei para um equipamento melhor, da Ibanez, modelo HD 1000, uma pedaleira programada em que os tempos diferentes eram armazenados na memória e eu podia usar alternadamente em algumas músicas. Me tomou um certo tempo achar a regulagem certa para cada música e disparar o eco, dando o efeito polirrítmico do Copeland nas gravações e shows do Police. Acabou que ficava muito mais fácil o Savalla disparar o efeito lá da frente em sua mesa, num canal separado, deixando um som mais limpo, principalmente quando eu usava o aro.

O equipamento da R4 era muito bom: falantes importados, amplificadores top, mesas de som de última geração, excelentes microfones e conectores infalíveis. Com eles, o “maucon” – o tal do mau contato – nunca aparecia. O som não falhava, os amps da marca Crown não superaqueciam e desligavam, tudo uma maravilha. Dispor de um equipamento tão bom foi, em parte, a razão de falarem tão bem dos nossos shows. Aquele som excelente nos dava um gás redobrado nas apresentações, as condições ideais para as performances ao vivo. Nos entrosamos e combinamos de fazer todos os shows possíveis com eles. Nosso equipamento de palco passaria a ser levado no caminhão junto com o sistema de som, facilitando o lado operacional das viagens, já que não precisávamos mais despachar equipamento nos voos.

Concluímos que era hora de contar também com uma equipe de iluminação, com um projeto específico para os shows. Conhecemos Marcos Olívio, um jovem engenheiro de iluminação que estava trabalhando com Rita Lee e despontava na cena musical. Ele nos viu no Rock in Rio e decidiu "se convidar" para trabalhar com a gente. Num show no interior de São Paulo, que fizemos com Rita e Jorge Ben, Marquinhos foi falar com Zé Fortes e, a partir de então, começou nossa longa parceria. Ele investiu em equipamentos – mesa de iluminação, refletores, torres e canhões, que também viajariam no mesmo caminhão – e assim formamos uma equipe de produção preparada para qualquer roubada pelas estradas do showbiz brasileiro.

Numa passagem pelo interior de Minas, tocamos num ginásio no feriado de Páscoa, no Sábado de Aleluia. Apesar do nosso background cristão, nunca fomos praticantes das tradições religiosas, caso do "grande silêncio" depois da Sexta-Feira da Paixão, como mandam as escrituras. Na verdade, ninguém ficava em silêncio; todo mundo seguia seus programas de feriado de Páscoa enchendo bares, casas de shows e demais opções de lazer. Assim, no sábado à tarde, fomos passar o som no ginásio, um dos muitos com aquele teto arredondado de zinco, na esperança de ajudar o Savalla a enfrentar as condições desfavoráveis da acústica.

Estávamos tocando a segunda ou terceira música quando fomos surpreendidos por um padre, devidamente paramentado com solidéu, batina branca e dourada, daquelas usadas nas missas especiais, que adentrou o palco de braços para cima, bradando: "Mas que blasfêmia! Estamos na Páscoa!". Paramos imediatamente de tocar em respeito à veemência do religioso, achando, no entanto, que ele nos confundira com uma banda de heavy metal. Mas logo entendemos o problema: havia missa na igreja ao lado, uma vigília de fiéis do tal "grande silêncio" da Páscoa. Silêncio não era mesmo o que se podia esperar de uma banda de rock num ginásio com teto de zinco. Claro que encerramos a passagem de som, esperando que o pároco não impedisse o show daquela noite, que aconteceu sem problema.

25!
Essa é a vida que eu quis

Vivíamos uma rotina intensa de viagens, aeroportos, ônibus, quartos de hotel, passagens de som, restaurantes de beira de estrada, shows e mamões explodindo. Nossa agenda começava na quinta e voltávamos para casa na segunda. Quando chegávamos, tentávamos descansar dormindo até tarde, indo à praia, ao cinema, fazendo coisas triviais para esmorecer. Logo depois do Rock in Rio, começou a ficar difícil sair sem ser reconhecido, especialmente o Herbert, entrevistado na notória sessão Páginas Amarelas, da revista *Veja*. Teve uma vez que ele e a Paula lanchavam num café no Shopping Rio Sul e foram assediados de forma tão opressiva, com pedidos de autógrafos e fotos, que saíram correndo do lugar. Nunca havia acontecido nada igual. Para ir ao cinema, os dois tinham que chegar com as luzes já apagadas. Eram efeitos agudos do que parecia uma "paralamania".

Tudo voltava ao melhor astral quando nos reuníamos para o próximo show com nossa equipe campeã. Depois das apresentações, corríamos para o hotel e passávamos a madrugada jogando Atari no quarto do Big – disputávamos Decathlon até de manhã. Alguns hotéis ofereciam nos quartos um canal de filmes grátis, que exibia sucessos de bilheteria do cinema, nem sempre recentes. A lista era a mesma nos diferentes hotéis. Com a frequência de viagens, já havíamos visto e revisto todos.

Mas havia um filme que gostávamos de rever, o antológico *Animal house* (no Brasil, *Clube dos cafajestes*). No elenco, o histriônico John Belushi, ainda jovem, aprontava mil e umas num grupo de baderneiros de uma fraternidade universitária americana. De tanto assisti-lo, eu e Bi sabíamos as gags, falas e piadas. Morríamos de rir. A guerra de comida no refeitório, a "festa da toga", os carros alegóricos da parada, o insólito destino dos personagens no fim... Conhecíamos tudo. De volta ao hotel após o show, a gente já pedia na recepção para exibirem *Animal house* no canal de vídeo. Algumas vezes, aumentávamos a TV no volume máximo e gritávamos as falas no corredor ou na janela do quarto, para desespero dos hóspedes que não eram da nossa equipe.

Em matéria de bagunça, aprendemos como "aplicar um anãozinho". Nas idas e vindas pelo Brasil pós-Rock in Rio, fomos ao Amapá, ainda território, num festival de rock em Macapá, onde bandas e artistas se revezavam num palco espartano – sendo muito generoso na referência. Como os voos para lá não eram frequentes, chegamos de véspera e interagimos com o pessoal que se apresentou naquela mesma noite, em que uma das atrações era o Rádio Taxi, banda paulista que fez sucesso com o virtuoso guitarrista Wander Taffo. Além de grande músico, ele era um brincalhão e aplicou no Herbert o truque do anãozinho: consistia em ficar de joelhos na frente da porta do quarto da vítima. O anãozinho ficaria envolto num lençol, com uma vela acesa na boca. Ao bater na porta, esperava a vítima abrir e adentrava o quarto andando de joelhos apressadamente. Era um baita susto.

Herbert, que foi vítima do anãozinho, resolveu aplicar a peça em alguém e eu fui o escolhido. Depois de quase morrer de susto e quase matar todo mundo de tanto rir, era minha vez de passar adiante a brincadeira. Ajoelhado, enrolado num lençol e com a vela na boca, bati na porta do quarto do Zé Fortes. Mas na hora – rindo por antecipação – eu não fiz o movimento de invasão. Zé me viu naquela posição ridícula e apenas falou: "Que porra é essa?". E bateu a porta na minha cara. Para quem assistia à cena escondido no corredor, foi mais engraçado do que se tivesse dado certo.

Dali em diante, pregar a peça do anãozinho virou obrigação em nossa jornada pelos hotéis do país. Inclusive, gerou a criação de "contramedidas anti-anãozinho": sempre checar o olho mágico, passar a corrente de segurança ou até jogar um copo d'água para fora do quarto na hora de abrir a porta. Os psiquiatras chamariam esse quadro de fobia nanística. A febre do anãozinho durou algum tempo.

Em São Paulo, passamos a outro patamar de hospedagem: ficávamos no Hilton, um dos melhores da cidade, com torre cilíndrica, em frente a outro marco arquitetônico da capital, o Edifício Copan. Ao longo de 1985, este hotel virou nossa casa na capital paulista, onde fazíamos muitos shows. Os tempos de dividir quarto ficaram no passado. Agora era individual. Inventei uma brincadeira, a dança afro, que consistia em invadir o quarto de um amigo e subir na cama gritando qualquer coisa parecida com palavras africanas, sapateando e rodopiando loucamente. Um sucesso. Mas quem ficou popular mesmo com a dança afro foi o Zé: sua performance era inigualável.

Outra brincadeira no Hilton foi a modalidade de "corrida de 50 metros sem roupa", inspirada nas corridas pelas ruas ou eventos esportivos de gente nua, como forma de protesto na Europa e nos Estados Unidos, conhecida como *streaking*. Como os andares dos quartos eram circulares, um belo dia – ou melhor, noite –, depois de um show, nos desafiamos: quem seria capaz de dar uma volta nu pelo andar? A primeira vez foi engraçada, porque cada um resolveu sair do seu quarto quase na mesma hora e acabamos nos cruzando correndo um para cada lado, ou vendo alguém nu entrando de volta no quarto, tudo sob fortes risadas. Só que, uma vez, um casal estrangeiro saiu do elevador bem na hora em que passavam os atletas da modalidade. Provando que o humor pode ser universal, o casal riu muito. Teve até mesmo um único registro fotográfico do Bi em plena corrida, feito pelo Mauricio Valladares. Sorte nossa que ainda não havia câmeras de segurança por todo canto.

Por falar em partes pudendas, mais ou menos nesse período, houve um episódio digno de uma cena de *Animal house* na periferia de São Paulo. Num domingo de tarde, íamos em nosso ônibus para um show em Santo André, no Clube Aramaçan. Ali por perto, quem se apresentaria num estádio era a banda sensação do momento: nada menos que o Menudo, *boy band* porto-riquenha, com moleques que cantavam e faziam coreografias e enlouqueciam as menininhas adentrando a adolescência nos anos 80. Um de seus integrantes era o menino Ricky Martin.

Entramos numa longa avenida, com um mundo de fãs nas calçadas, um corredor de gente esperando pela passagem do ônibus deles. Ao avistarem o nosso ônibus, muita gente achou que era o do Menudo. Foi aí que alguém – muito provavelmente, o Herbert – sugeriu que fizéssemos uma surpresa aos fãs: mostraríamos a bunda nas janelas. A tal avenida repleta de gente não terminava e, para a infelicidade de quem aguardava por lá, houve tempo de sobra para que expuséssemos os traseiros. Como estávamos virados para dentro do ônibus, o pessoal da nossa equipe nos reportava a cara de espanto dos fãs, com mães tampando os olhos das filhas. No meio de tanta risada, não houve tempo para que fizéssemos um registro fotográfico desse evento ultrajante. Melhor assim.

Já numa passagem pela progressista cidade de Juiz de Fora, chegamos no dia do show e achamos graça dos cartazes espalhados por todo canto convidando para a eleição da Miss Brasil Gay. O evento seria na mesma noite da nossa apresentação. Fizemos o check-in no melhor hotel da cidade, saímos para almoçar e vimos matérias na TV local com as candidatas. A cidade estava em polvorosa. Era curioso que o concurso acontecesse fora do contexto carnavalesco, daí soubemos que o Miss Brasil Gay fazia parte do calendário turístico da cidade.

Nossa apresentação no ginásio local, repleto de gente, foi um estouro. Depois do show, tarde da noite, talvez por conta do elevado nível de endorfina, botamos em prática uma outra modalidade desportiva eventualmente realizada em corredores de hotéis: a "descarga de extintores de incêndio sobre pessoas desavisadas". Claro que a regra só valia para membros da nossa equipe. Tal modalidade esportiva era preferencialmente realizada com extintores de gás carbônico, com elevado ruído ao ser acionado, que aumentava a carga dramática do ataque ao escolhido.

Após *raids* em alguns quartos, o clima era de total bagunça pelos corredores. Só que alguém pegou um extintor de pó químico, único ali que ainda estava com carga. Ao vingar o covarde ataque com o extintor de CO2, esse alguém disparou o extintor de pó, que resultou numa enorme nuvem branca. Isso tudo bem na hora em que o gerente do hotel saía do elevador para reclamar da bagunça dos moleques, alguns de cueca, recobertos de pó. Enquanto a bruma baixava, fez-se silêncio e o gerente bradou:

– Quem é o responsável pela banda?

– Sou eu mesmo – respondeu Zé Fortes.

Lá estava nosso respeitável empresário, de camiseta, com a barba esbranquiçada feito um Papai Noel.

– O que vocês estão pensando? Isso aqui é um hotel de respeito! – reagiu o gerente.

Só que nesse exato momento, o elevador abriu a porta e saiu nada menos que a vencedora do Miss Brasil Gay, acompanhada por gente do seu séquito. Poderosíssima, ainda estava ostentando a faixa e a coroa. Nossa turma ovacionou a campeã, com gritaria e assovios, uma algazarra em pleno corredor do hotel. Ela aceitou a brincadeira, retribuindo com beijos. O gerente, com a cara murcha, ficou sem moral para reclamar.

Fomos dormir e, no dia seguinte pela manhã, deixamos um rastro de pó branco do extintor que ia do nosso andar até o salão do café da manhã e ao guichê do check-out. Era a prova material de que foi tudo verdade. Apesar de termos concordado em pagar pelos prejuízos com os extintores, tão cedo não voltaríamos a nos hospedar naquele hotel de respeito.

Nas viagens a São Paulo, chegávamos ao aeroporto de Congonhas e íamos direto para a Leimar, nossa loja de instrumentos favorita. Herbert saía de lá sempre com pedais e uma guitarra nova. Bi era mais comedido, até porque não havia muita opção em matéria de baixos. Numa dessas visitas, resolvi comprar por uma pechincha uma bela bateria de acrílico transparente da Tama, para usá-la exclusivamente no quarto de ensaios na Vovó Ondina. Nessa época, havia um moleque do Rio que aparecia em todos os nossos shows e queria trabalhar com a gente, o Mauro Benzaquem, apelidado em homenagem à música do Ultraje a Rigor de Mauro

Bundinha – para evitar maiores constrangimentos, ele passou a ser chamado de MB. Mauro foi sendo treinado para ser meu roadie e ficou de cuidar da bateria nova na viagem e levá-la até a casa da vovó.

MB se tornou parte da equipe. Ali estava a minha contribuição no nosso quadro de trabalho, fora do "nepotismo paralâmico", no qual o irmão do Bi era um roadie e o do Herbert, outro. Eu e Zé não tínhamos irmãos para trabalhar com a banda. A equipe operacional, formada por Big, Helder, Pedro e MB, se autodenominava A Estiva. Eles pegavam no pesado e estavam sempre prontos para qualquer situação. No meio da pirâmide hierárquica da banda, ficavam os técnicos de som Carlos Savalla e Roberto Ramos, o engenheiro de luz Marquinhos Olívio e, no topo, o empresário Zé Fortes e Os Paralamas, zoados pela Estiva como pertinentes à categoria de "artistas", na acepção mais pejorativa do termo. Para eles, artistas eram personagens cheios de privilégios, manias e exigências, mas nós, na verdade, éramos o avesso desse estereótipo do showbiz.

* * *

Minha bateria dava um certo trabalho para montar. Era necessário que as peças estivessem sempre exatamente na mesma posição. Eu tentava fazer a operação se tornar mais eficiente e os suportes dos tambores e estantes dos pratos recebiam marcações com caneta pilot para facilitar. Mesmo assim, algumas vezes tinha peça fora do lugar na passagem de som. Em um show em Manaus, havia alguma facilidade para encontrar instrumentos pelo fato de ser zona franca, com menos impostos no preço final. Tinha uma loja que vendia acessórios de bateria, entre os quais, uma presilha inventada pela Tama chamada de *multiclamp*, para adaptar estantes de prato ou posicionar melhor os microfones, dispensando tripés e espaço ao redor da bateria. Como não achava a peça em lugar nenhum, comprei todas as que estavam na loja – e eram muitas. Depois de um tempo, ficou mais fácil de configurar, com outras marcações de referência.

O desafio do Mauro era desmontar a bateria em tempo recorde para se dedicar ao esporte juvenil da azaração. Por conta disso, ele ainda recebeu um segundo apelido: Xuxa, a apresentadora da TV que se despedia com "beijinho, beijinho, tchau, tchau!". Segundo o pessoal da equipe, era o máximo que MB conseguia em suas investidas nas nossas fãs.

26!
Meu querido diário: hoje gravei com Rita Lee

No primeiro semestre de 1985, fui convidado para participar do novo disco da Rita Lee, em São Paulo. Fiquei empolgado. Era uma honra. Além de nossos encontros rápidos no show do Lulu Santos em 1983 e depois na festa do Rock in Rio, Os Paralamas já haviam esbarrado com Rita e Roberto em bastidores de TV e em aeroportos. Fui a São Paulo no meio de semana para conversar sobre o repertório e as músicas que gravaria. Eles me receberam em seu apartamento, foram superqueridos e conversamos sobre tudo. Declarei meu amor a Rita desde os tempos dos Mutantes, e depois na fase solo, do LP *Fruto proibido* rolando nas festinhas, dançando *Ovelha negra* agarradinho no hi-fi.

Roberto mostrava sua grande sabedoria musical, o amor pelos Beatles, Stones, Police, bossa nova, Tom Jobim. Rita mostrou uma bateria Ludwig vermelha que comprou nos anos 70 e contou que às vezes se aventurava com as baquetas. O que mais me surpreendeu foi sua índole de comediante: a todo momento interpretava algum dos seus personagens hilários: o paquerador despudorado que aplicava as cantadas mais chulas com aquele sotaque de torcedor do Corinthians ou a socialite de família tradicional paulista, com voz metida a besta, discurso racista, mas louca por um afro-brasileiro. Ou ainda a encantadora menininha com voz de desenho animado, que fazia as perguntas mais constrangedoras aos adultos.

Me senti privilegiado de estar ali, trocando figurinhas com a dupla mais renomada do pop nacional. Depois de muitas risadas, combinamos que eu chegaria ao estúdio um pouco mais cedo no dia seguinte. Minha bateria fora despachada e já estava lá para ser montada e microfonada. O engenheiro de som era o famoso Antônio Moogie Canazio. Eu gravaria as músicas *Vítima*, *Não titia* e *Molambo souvenir*.

Foi muito legal bater essa bola com Roberto de Carvalho, que definia as ideias musicais com objetividade e inspiração. No baixo, o lendário Lee Marcucci, que tocava com Rita desde a época do *Fruto proibido*. As gravações rolaram rápido. Houve um segundo momento nos estúdios da Som Livre, no Rio, quando Liminha foi chamado para tocar baixo em *Vítima*, que regravamos. O álbum seria finalizado em Los Angeles, onde o renomado percussionista Paulinho da Costa gravou em algumas faixas. Lá foi feita também a mixagem. O disco saiu no fim de 1985, junto com um especial da TV Globo, mas surpreendentemente não teve nenhuma música que emplacasse no mesmo nível de popularidade de outras tantas da dupla.

27!
"Accidents will happen", já dizia Elvis Costello

Com a tal dobradinha de shows numa mesma noite e o telefone do escritório do Zé Fortes tocando sem parar, agendamos uma turnê pelo Sul do Brasil. Voltamos a várias cidades com toda a pompa e circunstância. Tocamos no ginásio do Tarumã, em Curitiba, lotado até o teto, antes de ser fechado para shows musicais. E assim foi em outros ginásios municipais importantes em Londrina, Maringá, Joinville, Florianópolis e Porto Alegre.

Na capital gaúcha, no Gigantinho, foram duas apresentações na mesma noite, ambas animadíssimas. A plateia conhecia as músicas que tocavam direto nas rádios, como *Óculos*, *Meu erro*, *Vital*, *Romance ideal*, *Mensagem de amor*... A rodada dupla foi mais um marco em nossa trajetória: não acreditamos quando nos disseram que havíamos superado a marca de 17 mil espectadores de um show do Roberto Carlos, com nossas duas entradas na mesma noite: a primeira com 17 mil pagantes e a outra com oito mil, num total 25 mil pessoas.

No camarim do ginásio, outra surpresa: recebemos do pessoal da gravadora nosso primeiro disco de ouro pela venda de mais de cem mil cópias do álbum *O passo do Lui*. O novo rock brasileiro mostrava sua força. Depois da festa, na volta ao hotel, não conseguíamos dormir de tão animados. O jeito foi preparar um anãozinho na porta do quarto do diretor da gravadora, Jorge Davidson, que quase morreu de susto. Coitado.

Foi nessa turnê pelo Sul que conheci Márcia Moreira. Ela morava em Florianópolis e começamos um namoro firme. Sempre que havia chance, eu voava para lá e passava alguns dias na capital brasileira do surfe. Apesar de gostar muito do esporte, nunca me senti seguro para pegar onda de prancha. Bi e Herbert me sacaneavam por eu ir a Floripa sem ser surfista. Por isso, passaram a me chamar de Catarina Cover. O Herbert cantarolava esse apelido com a melodia do hit de 1968 *Crimson and clove*r, do

Tommy James & The Shondells: "Catarina cooooooveeeeeer"!!! Herbert era o maior compositor de hilariantes paródias, muitas delas com letras impublicáveis.

Depois que comprei um carrinho melhor, uma Parati seminova, fiz algumas viagens à casa da Márcia, onde fiquei hospedado depois de conhecer seus pais e irmãos. Numa dessas viagens, ela veio comigo ao Rio e aproveitei para apresentá-la à minha família. No meio de outubro daquele ano, estávamos com show agendado no Gigantinho, junto com o RPM, encerrando uma série de apresentações. Como teríamos alguns dias de folga, resolvi ir a Porto Alegre no meu carro, com Bi e Big me acompanhando, nos revezando ao volante para tornar a viagem menos monótona. Passamos em Floripa e peguei Márcia, que seguiu com a gente. O show seria naquele sábado. No domingo, eu voltaria de carro com ela para Floripa, depois do almoço na casa do meu irmão João Guilherme. Seria uma jornada de pouco mais de cinco horas até Florianópolis.

Naquela tarde, na saída de Porto Alegre, no trecho das longas retas da freeway em Santo Antônio da Patrulha, fui mudar a estação do rádio e, numa fração de segundos, o carro subiu num ressalto do gramado que separava as pistas no canteiro central, dei uma freada de pânico e perdi o controle geral. O carro capotou cinematograficamente várias vezes, de frente e de traseira. Parecia que estávamos dentro de um liquidificador. Sem cinto de segurança, fomos ejetados pelos para-brisas. Me senti como se tivesse sido arremessado no espaço, voando como um boneco. Por sorte, aterrissei rolando sobre a grama no canteiro central. Ainda meio zonzo, olhei para trás e vi o carro todo amassado e fumegando no meio da estrada. Gritei pela Márcia, enquanto tentava me levantar. Senti uma dor aguda no joelho esquerdo. Puxei a calça e vi que estava tudo no lugar. Tentei me erguer novamente, mas a dor voltou.

Nesse momento, algumas pessoas que tinham parado para ajudar traziam a Márcia andando para perto de mim. Estava assustada, mas apenas com um corte interno na boca. Fiquei profundamente aliviado. Um casal de idosos nos levou ao ambulatório da cidade mais próxima. Meu irmão foi avisado que estávamos bem e sob cuidados na emergência do Hospital Municipal de Santo Antônio da Patrulha. Um médico deu pontos em pequenos cortes na cabeça e nos braços. Fiz também raio-x da perna, que indicou uma fratura na tíbia, e me explicaram que o melhor seria fixar a fratura com parafusos. Depois de receber uma tala de gesso, voltei para um quarto onde Márcia me esperava. Ela levou pontos na boca e na cabeça. Estávamos emocionados e aliviados por termos escapado sem maiores ferimentos. Por pouco, não nos tornamos parte das aterradoras estatísticas de mortes nas estradas brasileiras.

Meu irmão chegou logo ao ambulatório, vindo de Porto Alegre. Ele avisou ao Zé, que tomaria um voo para lá o mais rápido possível. Acertamos nossa remoção para o Hospital Moinhos de Vento, na capital, onde uma equipe de ortopedistas faria uma avaliação mais cuidadosa. Fomos levados numa ambulância na manhã seguinte, bem cedo. Já no hospital, enquanto eu era atendido, Zé chegou e ficou comigo até os ortopedistas fazerem um relato sobre o meu estado. Em pouco tempo, eu estava falando com meus pais e com Herbert pelo telefone do quarto do hospital. Bi, que viajou para encontrar o pai no Chile, também ligou. Passado o susto, estávamos rindo e achando graça de tudo.

No mesmo dia, os ortopedistas concluíram que realmente seria preciso fixar a fratura com parafusos para o osso se recompor mais rápido e, com isso, impedir que um calo ósseo alterasse a articulação do joelho. Por pouco, a fratura não causou um dano maior. Quanto mais rápido operasse, mais rápida seria a recuperação e mais rápido eu voltaria a tocar. A operação ficou marcada para aquela mesma noite.

Foram quatro horas de cirurgia. Acordei de manhã na UTI. Só lembro que queria beber água, estava com uma sede de camelo no deserto. Mas ninguém vinha me atender, apenas uma sádica enfermeira molhava minha boca com um algodão encharcado. Explicaram que eu ainda não podia beber água por conta da anestesia geral, um cuidado para evitar náuseas e vômitos em decorrência dos anestésicos e da intubação. Só quando me levaram para o quarto é que voltei ao normal.

A operação tinha sido um sucesso. Os médicos mostraram o raio-x, com a placa e os cinco parafusos colocados na região do platô tibial. Em breve, receberia alta, com recomendação de começar a fazer fisioterapia antes mesmo de retirar o gesso da perna. Decidi ficar mais um tempo em Porto Alegre, na casa do meu irmão. Além de começar as sessões de fisioterapia, voltei ao hospital para avaliação e retirada dos pontos. Também troquei a tala do pós-operatório por um tradicional gesso branco.

Voltei ao Rio na semana seguinte para gravarmos um clipe no *Fantástico* da música *Ska*, com a perna engessada. Numa rápida cena, deu pra ver a "bota" branca cheia de assinaturas dos amigos que me visitavam. Algumas semanas depois, em meados de novembro, fomos chamados a participar do show de 20 anos de carreira do Gilberto Gil, no Palácio das Convenções do Anhembi, em São Paulo. Mesmo engessado, eu consegui tocar duas músicas, com os pratos do contratempo presos e a perna engessada apoiada fora do pedal esquerdo. A gente não deixaria de participar de uma noite tão especial. Ali, nos aproximamos mais um pouco do grande mestre

O acidente que sofri saindo de Porto Alegre por pouco não virou uma tragédia. Quebrei a perna e fiquei engessado por 28 dias. Passei umas semanas de molho no Sul, aos cuidados do meu irmão João Guilherme, de sua esposa, Verinha, e de minha afilhada Johanna

A perna quebrada e as escoriações leves sofridas pela Márcia, minha namorada, pareceram pouca coisa diante do estado em que ficou minha Parati

Gil. A ponte foi feita pelo Liminha. Não imaginávamos que o encontro renderia uma iluminada parceria.

Depois do acidente, houve uma pausa forçada, um momento de reflexão sobre nossos caminhos dali em diante. Herbert chamava as responsabilidades para si, por ser o compositor e ter que apresentar material igual ou melhor do que já produzira. Ele contou que chegou a se sentir culpado pelo meu acidente, porque desejava que alguma coisa acontecesse para que a gente pudesse dar uma respirada na agenda e, com tempo livre, ver se batia inspiração para novas canções.

A maior preocupação de Herbert era não repetir a fórmula das músicas mais conhecidas do *Passo do Lui*. Fazer *Meu erro 2*, *Óculos 2*, *Me liga 2* seria um passo certo em direção ao desgaste artístico. Era preciso limpar as antenas receptoras da inspiração e manter a mente afiada.

28!
A inspiração bate à sua porta

Enquanto eu estava de molho, sem tocar, Bi foi a Nova York e voltou cheio de novidades. Comprou um baixo Steinberger, popularizado pelo Sting na época do *Ghost in the machine*, trouxe uns pads de percussão da Emulator, que ele achou que faria bom uso, dotados de cartuchos intercambiáveis com sons diferentes, como timbale, piano, cowbell etc. Podiam ser trocados, eram muito versáteis, e a superfície emborrachada para tocar tinha o tamanho de um ladrilho. Ele trouxe ainda um caixote de LPs de reggae e de música afro e, entre as novidades, o disco e o vídeo do projeto solo do Stewart Copeland, *The rhythmatist*: o registro de uma viagem dele pela África, interagindo e gravando com tribos e um cantor local chamado Ray Lema.

Também havia vídeos de bandas de reggae como Aswad, Black Uhuru e artistas como Linton Kwesi Johnson, Gregory Isaacs, Yellowman, Frankie Paul e outros novatos, além de uma compilação de quem tocou na última edição do lendário festival de reggae jamaicano, o Sun Splash. O material foi inspirador. Mergulhamos a fundo na estética jamaicana, tanto na música como no visual, com a capa do LP do Dr. Alimantado, *Best dressed chicken in town*, que trazia uma foto deste DJ maltrapilho, andando na rua com a braguilha aberta, um retrato da simplicidade *roots* da Jamaica, que, nos pareceu, tinha tudo a ver com o Brasil. A inspiração tão almejada pelo Herbert começava a surgir.

Numa tarde em que o Bi e Herbert estavam viajando e eu ainda de perna engessada, fui à casa da Vovó Ondina, em Copacabana. Lá, por acaso, estava o gravador cassete de quatro canais – chamado de porta-estúdio – em que Herbert registrava ideias de músicas que ele curtia tocar. O kit incluía uma pequena bateria eletrônica, com batidinhas pré-programadas e um microfone. Resolvi experimentar uma brincadeira com uma letra que escrevi, cantada em forma de rap jamaicano. Escolhi um beat e tentei gravar, sem saber direito como e se a fita cassete que estava ali tinha algo importante do Herbert.

O gravador funcionava habilitando cada canal com uma tecla de *rec* ou *play*, assim, era possível gravar a batida num canal, ouvi-la e gravar a voz num outro canal. Saí gravando de qualquer jeito, fiz uma introdução com a cantiga *Marinheiro só* como tema incidental e fui declamando a letra imitando um DJ jamaicano. Peguei uma guitarra e fiz um ritmo batido simulando um reggae. Copiei a gravação num outro cassete para mostrá-la num walkman.

A letra era uma história boba de um sujeito que entrando para a Marinha achou que iria conhecer o mundo, mas acabou preso nos afazeres dos marinheiros: descascar batata e lavar o convés. Era apenas uma desculpa para contar um caso, inspirado nas músicas ingênuas de cantores jamaicanos do cara que se casou, mas a esposa não sabia cozinhar, ou do cantor que queria ser o Rambo e ganhar todas as mulheres. Os versos de *Marinheiro só*, eternizados na voz de Clementina de Jesus, foram a inspiração inicial, mas fiz um enredo engraçado para uma outra narrativa. No fim, achei que tinha cara de *Melô do marinheiro* mesmo, que ficou como título. Nos anos 70/80, a Rádio Mundial AM, no Rio, batizava os sucessos musicais estrangeiros como melô disso, melô daquilo. Daí a origem das muitas melôs que vieram depois.

Acho que foi no dia em que viajamos para São Paulo para tocar no show comemorativo do Gil que tomei coragem e mostrei para Bi e Herbert a *Melô do marinheiro*, minha tosca tentativa de composição. O resultado foi uma gargalhada só. Mas eles adoraram e ficamos de transformar aquela "tela impressionista" em algo mais parecido com uma canção. Mostrei-a ao Pedro Gil, filho do Gil, também hospedado no hotel Hilton para o show. Ele riu muito. Aquela música já tinha ao menos a virtude de provocar risadas.

Mais ou menos nesses dias, não lembro se antes ou depois da *Melô do marinheiro*, Herbert nos mostrou *Alagados*, na casa da Vovó Ondina. Ele estava entusiasmado com a descoberta da estética afro, com as escalas e melodias da guitarra. Seu irmão Hermano lhe apresentara artistas africanos como King Sunny Ade, maior expoente da guitarra africana, do estilo musical denominado juju music, além de Papa Wemba (outro lendário guitarrista), Salif Keita e Youssou N'Dour. Havia também as bandas Touré Kunda, do Senegal, e Kassav, da França, de quem Bi trouxe discos em sua viagem a Nova York.

Herbert fez um preâmbulo antes de mostrar a composição apenas na guitarra e voz, achando que fôssemos detestar, por ser algo mais chegado ao samba-enredo, com alguma coisa africana como tema introdutório. Ele tocou uma intro bem africana e emendou com os versos do que parecia um samba-exaltação, culminando com um refrão de levantar arquibancada.

Eu e Bi nos entreolhamos e achamos sensacional. Aplaudimos, gritamos "do caralho" e nos abraçamos. Herbert se sentiu aliviado e nos falou que a música seria assinada pelos três, um *statement* da banda, segundo ele, já que estaríamos reafirmando a ideia musical – além de Herbert achar que só com a inclusão do baixo e da bateria a composição estaria concluída. Foi um gesto muito bacana, pois eu e Bi entendemos que a música era tão boa, que já existia apenas como ele havia nos mostrado. Começava a surgir a linha mestra do novo trabalho no qual apostaríamos nossas fichas.

* * *

Antes do Natal de 1985, voltei a Porto Alegre para uma avaliação e possível retirada do gesso. Tinha sido operado há 28 dias e fui ao consultório do médico que me operou, doutor Paulo Lompa, conhecido ortopedista local, muito gente boa, com jeitão do Gepeto da fábula do Pinóquio. Ele deu ok para retirar o gesso e mandou caprichar na fisioterapia, que, para mim, seria voltar a tocar. Em teoria, dentro de um ano, eu deveria retornar para a retirada da placa e dos parafusos que fixaram a fratura. A primeira coisa que fiz quando desembarquei no Rio sem aquele maldito gesso foi ir à casa da Vovó Ondina tocar bateria. Com o passar dos dias, fui ganhando confiança, usando a mesma muleta de quando estava engessado, até conseguir andar sem apoio.

Nas névoas da memória, creio que foi logo depois de tirar o gesso que eu e Bi íamos para a Vovó Ondina, antes do Herbert, para tentar criar grooves e levadas para o repertório do novo álbum. A gente inventou uma levada para a *Melô do marinheiro* e as usadas em *Selvagem* e em *A novidade*, que foram complementadas com as belas guitarras do Herbert. Em *A novidade*, já na introdução e ao longo da parte A, inventei de tocar uma nota sol de piano intercalada com a batida, usando o tal pad eletrônico Emulator. Virou "o reggae de uma nota só". Também intercalei a levada do refrão usando um segundo pad, mas com o som de um timbale. Aqueles tamborezinhos eletrônicos que o Bi trouxe estavam ajudando na inspiração.

Nas primeiras tentativas de tocar *Alagados*, experimentamos uma levada típica das músicas do afrobeat que ouvíamos na época. Isso foi consequência do discurso das letras de reggae mais engajadas, falando em "volta à África". Acertamos que a intro seria apenas com a melodia da guitarra, até que baixo e bateria entrassem com tudo. Inspirado no afrobeat, usei uma batida em semicolcheia no Hi-Hat, com o bumbo no 1, a caixa no 2 e uma nota do bumbo adiantada no final do compasso, bem padrão do gênero. A grade da música era simples, apenas a parte A – o verso da música, seguido do refrão –, o que nos obrigou a rechear o restante para quebrar a linearidade. No fim do refrão, a intro da guitarra foi repetida e serviu de ponte para voltar ao verso. Adicionamos os espaços para os dois longos solos de guitarra, bem no estilo das músicas africanas, até a hora do breque, no formato dos sambas-enredo.

O resultado foi empolgante. Mais adiante, Herbert sugeriu que a gente fizesse um arranjo reggae para *Teerã*, que tocávamos num formato roqueiro. Depois, apareceram *A dama e o vagabundo* e *O homem*, parcerias de Bi e Herbert em que a linha de baixo somava-se brilhantemente à guitarra. Em pouco tempo, estávamos com o repertório definido para o próximo álbum.

Nossa empolgação com o material novo era total. Sentíamos que seria uma surpresa para o pessoal da gravadora: as músicas estavam longe de qualquer semelhança com o que fizemos nos dois primeiros discos. O primeiro nem contava muito, nunca ficamos satisfeitos com o resultado. Mas *O passo do Lui* era a menina dos nossos olhos, um discaço de muito sucesso, resultado da nossa obstinação em perseguir o melhor uso do estúdio e da excelente safra de canções do Herbert. Quem sabe, com esse aval, a gravadora não daria um voto de confiança ao material novo, calcado no reggae e derivações da música afro-brasileira? Conversávamos muito sobre isso, o Herbert achava que não seria fácil.

O começo de 1986 ficou na lembrança como uma espécie de limbo, pois não fizemos shows naquele verão. Houve um em Santos, no Clube XV, onde ousadamente experimentamos tocar uma ou outra música nova, como *A dama e o vagabundo* e *Teerã*, mas guardamos *Alagados*. A plateia reagiu bem.

Resolvemos gravar algumas músicas na Vovó Ondina, no porta-estúdio do Herbert, e saímos com um cassete para mostrar ao Jorge Davidson. Ele estranhou um pouco, mas entendeu que precisávamos de algo novo e instigante, do contrário, seria chover no molhado. Jorge ficou de mostrar a fita ao Beto Boaventura, o presidente que havia recém-assumido, e ao restante da diretoria. O aval do Jorge, porém, já era garantia de que faríamos um disco da maneira que a gente quisesse.

Continuamos nos encontrando na casa da Vovó Ondina para ensaiar. A gente conversava muito. Havia a expectativa de que a gravadora nos pedisse outro *Meu erro* ou outro *Óculos*, além de pôr as nossas caras na capa do disco, um clichê comum entre as bandas da época. Herbert teve um rompante de que deveríamos forçar a barra para que nossa estética não saísse do controle por imposição de ninguém. Foi aí que ele olhou na parede onde estava uma das muitas fotos coladas com fita durex pelo Bi, fazia anos, mostrando amigos dos tempos de Brasília. Bateu os olhos numa imagem do Pedro Ribeiro, irmão do Bi, de pé, na frente de uma barraca de acampamento, vestindo algo parecido com uma roupa indígena. Herbert bradou:

– Olha aqui essa foto! E se a gente usasse essa foto? Pronto! Taí a capa do disco novo! Esse selvagem aqui, ó! Peraí *(rindo muito)*: selvagem?

Eu e Bi também caímos na gargalhada diante da foto daquele moleque esquálido com uma fantasia tosca, pose de índio e sorriso amarelo. Herbert arrancou a foto da parede e disse com toda a convicção:

– Já temos a capa e o título do disco: Selvagem, com uma interrogação mesmo, Selvagem?. Imagina só a reunião da diretoria sobre o novo disco dos Paralamas, aí entra a capa... Mas o que é isso????

Ríamos de chorar. A brincadeira foi ficando séria, guardamos a foto, ligamos para o Zé, explicamos tudo e ele ficou com a missão de apresentar o conceito à gravadora. A gente brincou que nos esconderíamos na sala do Jorge para ver a reação dele quando visse a foto da capa. A ideia era causar estranheza mesmo.

A brincadeira estava boa, mas ainda tínhamos uma exigência séria para a gravadora: comunicamos a intenção de trabalhar com Liminha na produção. Achávamos que um novo produtor seria importante para potencializar as músicas, algo que não conseguiríamos com os produtores da Odeon. Se quiséssemos fazer algo diferente, era preciso sair do ambiente formatado pela gravadora e mudar os ares. Contribuiu muito o fato de Liminha e Herbert morarem no mesmo prédio, se encontrarem e terem se tornado amigos – mais tarde, eu também iria morar lá.

Liminha estava praticamente esperando a hora que a gente iria convidá-lo, mas ainda era uma questão delicada. Ele trabalhava na Warner e só produzia os artistas da gravadora. Chegou, aliás, a fazer uma campanha para levar Os Paralamas da Odeon. Além disso, Liminha só trabalhava no estúdio novo dele, o Nas Nuvens, montado em sociedade com Gilberto Gil. Inclusive, no fim de 1984, fomos ao "estúdio novo do Gil", como era chamado, assistir a uma gravação do Capital Inicial. Era um ótimo estúdio, tanto no equipamento, quanto na vibração do local, uma casa antiga na base do Morro do Corcovado, aos pés do Cristo Redentor, no pacato bairro do Jardim Botânico.

Apesar dos ótimos resultados do *Passo do Lui*, era tentador sair do estúdio da Odeon, que tinha aparência de repartição pública. Jorge ficou de ver se poderíamos gravar fora, o que representaria custos de produção mais elevados. Passados alguns dias de grande expectativa, recebemos o ok geral: Liminha topou produzir e as gravações seriam no Nas Nuvens. Foi um grande trunfo, a gente arriscou tudo ao convocar um dos produtores mais requisitados da época. Ao mesmo tempo, aumentava nossa responsabilidade em trabalhar com um cara exigente, saber se ele acreditaria no nosso potencial, nas músicas e se o resultado seria satisfatório.

* * *

No início de fevereiro de 1986, entramos no Nas Nuvens para a pré-produção do nosso terceiro disco. Gravamos as músicas como se fosse um ensaio. Combinamos que passaríamos ao vivo o repertório para avaliar melhor cada uma delas. A previsão de gravarmos era março/abril, e meu casamento com Márcia, em Florianópolis, estava marcado para o fim de abril.

Liminha foi muito camarada. Não demorou para reinar um clima de descontração, com brincadeiras e risadas. Vitor Farias, o engenheiro de som, era gente finíssima, cuidava de tudo com o maior carinho e atenção. Arrumamos a bateria rapidamente, ela soou superbem na hora em que eu tocava e quando escutávamos a gravação. Herbert e Bi ficavam na técnica, separados, e os amps da guitarra, na sala de gravação, num canto, isolados para o som não vazar pela microfonação da bateria. O baixo era ligado diretamente no canal de gravação, sem amp na sala, passando apenas por um *direct box*, aparelhinho usado para tirar ruído, que também serve de pré-amplificador. Vale ressaltar que meus fones também soavam bem, essencial para tocar com segurança.

Começamos por *Alagados*, música que o Liminha ouviu na fita cassete dos nossos ensaios. Ele gostava e achava que perigava ser o carro-chefe do disco. Depois que tocamos, fez algumas considerações, a mais importante delas sobre a batida. Liminha achou que a marcação, com o bumbo adiantado no fim do compasso, travava tudo. Era preciso um bumbo reto, em 4x4, para a levada fluir melhor. Justifiquei que a batida derivava do afrobeat e da juju music, mas ele insistiu no bumbo reto.

Não foi complicado. Se o Liminha falou, era bom considerar. De fato, a mudança na levada nos deu a sensação de que o bloco entrou na avenida. Ele também sugeriu truques para alterar as partes iguais da música, com frases de guitarra diferentes em cada verso. Foi ótimo intercalar detalhes para diferenciar cada parte. Sugeriu também as repetições do último verso do refrão como final da música. Liminha defendeu ainda as duas entradas para solos de guitarra. Só que a música ficou longa, e ele sabia do risco. O padrão vigente nas rádios não ia além de três minutos, mas insistíamos que era uma canção africana, uma viagem mesmo, e quem quisesse que embarcasse com a gente.

As outras canções foram gravadas rapidamente, sem dar trabalho. Alguém, acho que o Herbert, teve a ideia de gravar *Você*, do Tim Maia. Fizemos uma releitura bem reggae. Bi se inspirou na linha de baixo de uma música do Yellowman – ídolo nosso – que funcionou certinho, junto com a clássica batida *one drop* na bateria: não podia ser mais reggae. Fizemos a mixagem em algumas horas e saímos do Nas Nuvens cada um com sua fita cassete, felizes como crianças. Combinamos de ouvir as músicas e voltarmos em março para gravar.

* * *

Pouco depois da pré-produção, no fim de fevereiro, Zé conseguiu que a gente fizesse dois shows na Argentina, um com a Blitz, num festival de rock em Córdoba, o outro só dos Paralamas, numa danceteria nos subúrbios de Buenos Aires. Mauricio viajou com a gente para registrar a efeméride. Não tínhamos noção do que encontraríamos na cena do rock argentino. A chegada ao país vizinho teria um impacto importante e emblemático. Nos idos de 1974, uma família argentina foi morar na minha rua e fiquei amigo do Jorge, que tinha discos de uma banda chamada Serú Girán, expoente do rock moderno na terra do tango. O som era legal e a banda enchia estádios em plena ditadura militar, que censurava artistas, prendia, torturava e sumia com opositores do governo.

Tocamos no segundo dia do festival e assistimos a fenômenos pop locais, como Soda Stereo, banda moderninha, principal atração da noite, Fito Paez, grande nome da música portenha moderna, e Pappo's Blues, um popular roqueiro, cujo nome já anunciava seu estilo. O público dedicado ao rock compareceu em massa. Tivemos também uma boa medida de como Os Paralamas eram conhecidos na Argentina depois do Rock in Rio, quando turistas voltaram do Brasil com ecos do verão de 1985, época em que estávamos superexpostos. O show foi bem-recebido. Parecíamos locais ali no meio das atrações do evento. Curioso, porque a Blitz não levantou o público, talvez pela incapacidade dos argentinos de compreenderem as letras, fator que sempre foi o maior apelo da banda. Bem, não deviam entender muito as nossas também, mas ao menos a sonoridade dos Paralamas enganchava a plateia.

Estávamos na Argentina quando aconteceu o Plano Cruzado no Brasil. Os preços foram congelados e a população, conclamada a fiscalizar as prateleiras dos supermercados para evitar aumentos. A moeda mudava de nome, mas a velha inflação continuava roendo os salários. Seguimos para Buenos Aires, onde passamos alguns dias naquela cidade com ares europeus. Andamos pela famosa rua de pedestres Florida e também pela Callao, Corrientes, a gigantesca 9 de Julho... As estações de metrô eram pequeninas, com trens que pareciam com os de parque de diversões. Fomos a inúmeras livrarias e lojas de discos e de camisetas de rock. Tudo nos chamava a atenção. Um ambiente onde se destacava a cultura rock, com muitas bandas e rádios que tocavam os artistas locais de todas as vertentes, desde punk, metal, blues e reggae até rockabilly.

As bandas e artistas também tinham nomes peculiares: Los Enanitos (anões) Verdes, Ratones Paranoicos, Virus, Patricio Rey y sus Redonditos de Ricota, Git, Riff, Sumo, Charly García, Andrés Calamaro, Los Fabulosos Cadillacs, Los Violadores... Até mesmo nos programas de TV mais populares havia bandas de rock – na época, ainda não existia um canal só de rock e pop.

Fizemos nosso segundo show numa danceteria nos subúrbios de Buenos Aires, com ótima presença de público e boa reação da plateia. Estávamos em êxtase com a descoberta da Argentina roqueira. Os hermanos faziam aquilo tudo com tanta convicção, que parecia até que foram eles os inventores do rock. Voltamos para casa na esperança de retornar à Argentina novamente. As previsões do Herbert de uma carreira internacional agora pareciam palpáveis.

29!
Gravação de Selvagem?

Chegamos no Rio pilhados para o início das gravações no Nas Nuvens. A bateria nessa época era diferente da que usei no álbum *O passo do Lui*: os tom-tons e surdo agora tinham pele de resposta. Continuava usando as peles porosas grossas na batedeira e as médias na resposta. Liminha e Vitor acharam legal o timbre dos tambores, pediram só para dar uma apertadinha aqui, outra ali e ficou tudo ok.

Na gravação, usei dois Crashes, um Thin de 16 polegadas e um Rude 18, além de um novo China 18, um Splash de 8, um Bell de 8, o Ride de 22 Rude e Hi-Hat de 13 Heavy 602. A caixa era a fiel Tama King Beat de 14x5, com pele porosa média, e o bumbo de 22 o mesmo antigo da outra bateria, com a pele bola preta, abafado com a mesmíssima almofada lá de casa. Como adereços, os dois pads eletrônicos da Simmons e dois pads com som digital da Emulator. Apesar da sala do Nas Nuvens não ter um pé-direito alto, o som nos preparos para a gravação já estava ótimo. Além dos microfones pegando os pratos, outros dois U87 foram colocados longe do kit, a meia altura, para a ambiência. Os Sennheisers captaram os tambores de perto.

Ouvimos bastante a demo com o repertório, o que nos deixou seguros na hora da luz vermelha acender. Optamos pelo método de gravar primeiro as bases de baixo e bateria valendo, com a guitarra e voz servindo apenas de guia. Acertávamos o andamento ideal para o click track (metrônomo). Liminha era exigente, gostava de tudo rigorosamente no tempo, e caprichei na execução de cada música para não fazer feio na frente do grande produtor.

Em poucos dias, estávamos com as bases prontas e Herbert se esmerava em gravar as guitarras. Liminha achou que *Alagados* tinha tudo a ver com Gil e sugeriu convidá-lo para cantar com Herbert. A gente nem acreditou quando ele aceitou. No dia combinado, ficamos numa felicidade incontrolável. Ali estava aquele ícone da nossa música, batendo bola com a gente. Gripado e com a voz abafada, ele fez um esforço grande para ir gravar. Quando ouviu a música, Gil comentou:

– Rapaz, isso é um samba-enredo!

Com a guitarra sem amplificador, Herbert passou várias vezes o canto para Gil, escreveu a letra num papel e ele foi lendo, até se familiarizar com os versos. Em seguida, acertaram a parte em que entraria, cantando, dobrando a voz do Herbert no refrão. Ele foi para a sala de gravação com Herbert, colocaram os fones e cantaram juntos, cada um com seu microfone, em canais separados. Combinaram o canto e a reposta no final, que deu um clima incrível à música nos versos "a arte é de viver da fé/ só não se sabe fé em quê". Em poucas passadas, estava tudo pronto. Aquele par de horas fluiu de maneira natural, como um flash. Foi emocionante ouvir o resultado: todos vibraram e bateram palmas. Herbert, sempre muito emotivo, estava com os olhos marejados.

Liminha achava que *Alagados* – que ele apelidou de "Apalavrados", porque tinha muita letra para caber na melodia – ainda precisava de algumas filigranas. Sugeriu que Herbert gravasse uma guitarra base para ajudar no clima da música. Herbert aproveitou a deixa e o convidou para gravar aquela ideia. Liminha usou um efeito *flanger* e tocou a guitarra com uma levada à la anos 70, com a mão direita batendo o ritmo. O resultado ficou primoroso.

Inventamos também uma introdução inspirada nos sintetizadores das bandas afro-caribenhas, um riff em cima da marcação do contratempo, e o Bi criou um acorde em glissando no baixo antes da guitarra entrar. Liminha gravou esse riff nos teclados, sob nossa orientação. Usou um som de *lead*, um teclado Korg M1. A introdução soou como um preâmbulo africano da melhor qualidade, bem do jeito que idealizamos. Depois, vinha a introdução da música propriamente, com a guitarra fazendo a melodia e o baixo pontuando, até a virada de tambores antes da entrada da voz.

No segundo verso, Liminha sugeriu fazer uma cama com a harmonia com som de cordas do teclado, para diferenciar do primeiro verso. Ele nos convenceu de que a música pedia elementos de percussão, especialmente, congas e chocalhos reais, pois os de bateria eletrônica não estavam somando. Seria o caso de convocar um percussionista e Liminha tinha o nome: Armando Marçal, o Marçalzinho, percussionista carioca, criado no samba. Filho de Mestre Marçal, da Portela, ele tocou na banda do virtuoso guitarrista americano Pat Metheny.

Resolvemos chamá-lo no fim das gravações, com as músicas prontas, e o deixamos livre para sugerir qualquer coisa que achasse legal. Quando passou a levada de congas em *Alagados*, foi de arrepiar. Ele achou que seria legal entrar com tambo-

Durante as gravações de Selvagem?, no estúdio Nas Nuvens, Liminha parecia um integrante dos Paralamas, tamanha a nossa sinergia. Suas eventuais interferências eram sempre certeiras

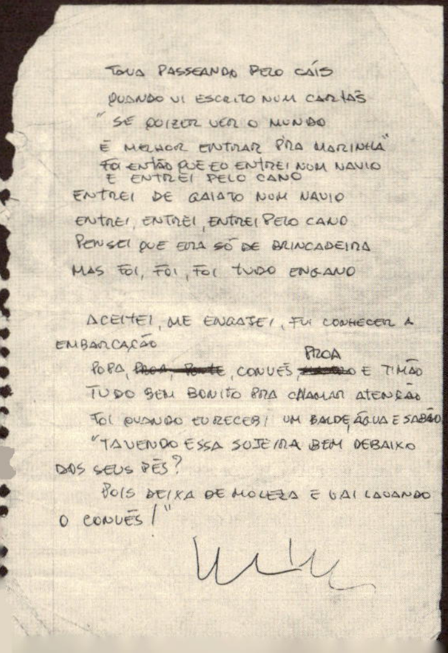

TAVA PASSEANDO PELO CAÍS
QUANDO VI ESCRITO NUM CARTAZ
"SE QUIZER VER O MUNDO
É MELHOR ENTRAR PRA MARINHA"
FOI ENTÃO QUE EU ENTREI NUM NAVIO
E ENTREI PELO CANO
ENTREI DE GAIATO NUM NAVIO
ENTREI, ENTREI, ENTREI PELO CANO
PENSEI QUE ERA SÓ DE BRINCADEIRA
MAS FOI, FOI, FOI TUDO ENGANO

ACEITEI, ME ENGAJEI, FUI CONHECER A EMBARCAÇÃO
POPA, ~~PROA, PONTE~~, CONVÉS, PROA E TIMÃO
TUDO BEM BONITO PRA CHAMAR ATENÇÃO
FOI QUANDO EU RECEBI UM BALDE, ÁGUA E SABÃO
"TA VENDO ESSA SUJEIRA BEM DEBAIXO DOS SEUS PÉS?
POIS DEIXA DE MOLEZA E VAI LAVANDO O CONVÉS!"

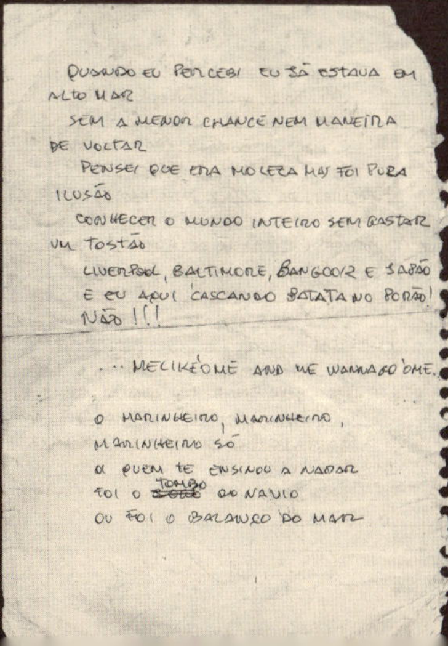

QUANDO EU PERCEBI EU JÁ ESTAVA EM ALTO MAR
SEM A MENOR CHANCE NEM MANEIRA DE VOLTAR
PENSEI QUE ERA MOLEZA MAS FOI PURA ILUSÃO
CONHECER O MUNDO INTEIRO SEM GASTAR UM TOSTÃO
LIVERPOOL, BALTIMORE, BANGOOR E JAPÃO
E EU AQUI CASCANDO BATATA NO PORÃO!
NÃO!!!

... MELIKÉOME AND ME WANNAGO'OME.

O MARINHEIRO, MARINHEIRO, MARINHEIRO SÓ
A QUEM TE ENSINOU A NADAR
FOI O TOMBO DO NAVIO
OU FOI O BALANÇO DO MAR

A letra da Melô do marinheiro, que escrevi, foi inspirada nos cantores jamaicanos conhecidos como DJs, que recitavam histórias pitorescas em cima de uma base rítmica, que se popularizou como rap

rins no refrão. Aprovamos na hora e eu toquei com ele para somar. A música ficou um primor, com um clima bem alto-astral, melódico, contagiante e abrasileirado, que emoldurou a letra, um tratado sociológico do nosso país.

Havia ainda uma música sem letra. Herbert seguia angustiado, porque não bateu inspiração para completar aquele reggae tão promissor, suingado, criado nos ensaios da Vovó Ondina. Ele tinha uma primeira parte encaminhada num *scat* (quando alguém canta sem letra, na base do "na na ná, tchu birú") meio "rapeado", no estilo dos cantores jamaicanos. Liminha sugeriu que a gente mandasse a música para o Gil. Ele viajaria no dia seguinte.

No fim da tarde do dia em que viajou, já em Florianópolis, Gil ligou para o estúdio e Herbert atendeu ao nosso lado, na mesa de gravação. Gil avisou que fez "uma coisinha" para a música e ditou a letra ao Herbert, que a escreveu atentamente numa folha de papel, sem interrompê-lo. A ligação foi rápida. Herbert agradeceu ao Gil, disse que a letra era a coisa mais linda que já havia visto. Ele estava semicatatônico, muito emocionado.

– O cara fez a letra certinho em cima da minha voz e ainda criou um refrão maravilhoso, o Gil é foda! Vamos gravar agora, antes que eu esqueça alguma coisa! – gritava, descontrolado.

E foi assim que *A novidade* ficou pronta. Lembrei de um papo que Gil e Herbert tiveram no dia da gravação de *Alagados*, sobre inspiração. Herbert dizia que não tinha o hábito de se forçar a escrever, as ideias tanto de música quanto de letras costumavam bater na cabeça dele nas horas mais inusitadas. Gil comentou que ele tentava "limpar suas antenas para captar as ideias", às vezes ao violão, às vezes escrevendo. Ali estavam o mestre e o aprendiz conjecturando sobre seus processos criativos.

Uma das músicas da qual mais me orgulho de ter gravado nesse álbum foi *Selvagem*, o reggae mais bem trabalhado que fizemos. Poderíamos até nos vangloriar de ter criado a categoria "heavy reggae", com aquela levada hipnótica do baixo grave, a marcação da bateria mais para o lado de um rock, somada aos tambores eletrônicos Simmons – gravados ali, na hora mesmo, enquanto eu tocava –, concluindo com o riff mortífero da guitarra. A música foi inspirada nas levadas da banda jamaicana Black Uhuru, que teve em sua melhor fase a dupla de bateria e baixo Sly Dunbar e Robbie Shakespeare (um dos muitos grandes artistas que perdemos na pandemia, em 2020).

A letra, que pode ser entendida como um exemplo do nascente rap brasileiro, foi de uma rara inspiração. Herbert construiu um tratado sobre racismo, violência policial, censura e denúncia contra políticos mentirosos, deixando de lado ingenuidades adolescentes e mazelas do amor de outros tempos, para abordar temas mais diretos, explícitos, meter o dedo na cara das instituições. Aliás, uma constante em músicas desse álbum.

* * *

Terminado o processo de gravação, ainda iríamos nos divertir na mixagem. Eu e Bi propusemos o conceito jamaicano de trabalhar com a mesa, mexer nos efeitos e nos volumes, criando texturas e climas na finalização da música. Surgido na Jamaica no começo dos anos 80, criado por um ousado técnico de som local que se tornou um renomado produtor musical, Lee Scratch Perry, o dub era uma vertente experimental do reggae, que abusava dos efeitos nas mixagens, com ecos, filtros e equalizações radicais, entre outras loucuras que influenciaram a música eletrônica moderna.

Na mixagem, ao passar cada música, com seus ajustes na equalização e nos efeitos, fazíamos uma verdadeira coreografia, apertando os botões que soltavam o eco e as reverberações, ajustando os volumes (*fades*) e desligando canais (*mutes*). Na época, as mesas não tinham automação programável. Muitas vezes, fazíamos a mixagem a oito mãos, simultaneamente. E, se alguém errasse no final, tínhamos que voltar a fita e repetir tudo do início. Por conta disso, Liminha apelidou a mim e ao Bi de Faísca e Fumaça, a dupla de gralhas de um desenho animado antigo que aprontava as maiores confusões.

No dia em que terminamos a mixagem, chamamos os amigos mais chegados e o pessoal da gravadora para uma audição. Antes, Liminha bateu uma bola com a gente sobre a ordem das músicas, processo fundamental, pois cada lado do disco de vinil tinha um limite máximo de 19 minutos, para não comprometer a qualidade do som. Liminha recortava numa tira de papel os nomes das músicas e o tempo de cada uma. A partir daí, acertávamos quais abririam cada lado, para depois experimentar opções de sequência, fechando a ordem do lado A e do lado B, até achar a que mais agradasse. A audição já seria na sequência do álbum. O fato da monitorização do Nas Nuvens ser impecável ajudou mais ainda no impacto das músicas sobre o seleto grupo presente. Era o famoso "som para o cliente" na linguagem dos profissionais do áudio, em que as caixas de maior potência eram usadas para mostrar o resultado da mixagem em altos decibéis aos diretores da gravadora.

Durante a audição, depois de cada música, os presentes se entreolhavam com um sorriso no rosto. Parecia que estávamos agradando com as ideias radicais que ficaram longe de qualquer parâmetro do que fizemos anteriormente. No fim, foi uma explosão de aplausos e ovações. Beto Boaventura, presidente da Odeon, disse que faríamos história com o lançamento do álbum. Em pouco tempo, suas previsões se provariam certeiras.

30!
Mudança de paradigmas e polêmicas

Alagados foi escolhida por unanimidade para abrir os trabalhos do novo álbum. A recepção não poderia ser melhor, depois da surpresa que a música causou aos críticos e ao público em geral. Nas entrevistas, explicávamos que houve a clara opção de usar elementos da música negra em todas as suas vertentes, já que o rock, segundo a crítica, estava se tornando uma receita manjada de lanchonete americana, com seus mesmos hambúrgueres e milk-shakes. A maneira como a imprensa recebeu o álbum *Selvagem?*, exaltando sua mistura com música brasileira e fugindo da coisa anglo-saxã, mexeu com a cena do rock, a ponto de bandas se sentirem questionadas pelos críticos por conta dessa nova tendência. Uma saudável – porém barulhenta – polêmica estava lançada.

Há tempos não ouvíamos falar do Lobão, que emplacou ao menos dois sucessos do seu segundo álbum. Entretanto, nas entrevistas de lançamento de *Selvagem?*, fomos questionados por um jornalista da *Folha de S.Paulo* sobre as acusações de plágio feitas por ele contra o Herbert, no lançamento de seu novo álbum, *O rock errou*, que saiu quase ao mesmo tempo que o nosso. Na capa, ele estava vestido de padre ao lado da namorada, desnuda. Segundo o jornalista, Lobão dizia que era plagiado pelos Paralamas desde nosso primeiro álbum, *Cinema mudo*, versus *Cena de cinema*, o dele; que plagiamos imagens e palavras como “lambreta”; e que depois, em *O passo do Lui*, a canção *Me liga* era um plágio de *Me chama*.

Minha teoria de que Lobão precisava de um sucesso para não ficar na rabeira de seus amigos de geração, Lulu e Ritchie, foi por água abaixo. Pelo visto, nem o relativo sucesso comercial de *Me chama*, também gravada por Marina, foi suficiente para ele recompor a autoestima. Era uma teoria conspiratória que beirava a psicose, e Herbert ficou na alça de mira das tresloucadas acusações. Segundo Lobão, as letras, títulos e temáticas de várias de nossas músicas eram plágios explícitos de músicas dele. Surrupiamos, chupamos, vampirizamos e "papelcarbonizamos" toda sua obra, algo que não seria possível nem se usássemos sistemas de espionagem da CIA ou da KGB. Muita paranoia. Em sua visão ressentida, raivosa e injuriada, apenas isso explicaria o porquê de fazermos muito mais sucesso do que ele.

Como ponto culminante, Lobão disse que a letra de *Alagados* era plágio de sua nova música chamada *Revanche*, da qual Herbert roubou a "ideia conceitual" da letra, substituindo "a favela é a nova senzala" pelas favelas citadas no refrão de *Alagados* – Alagados, na Bahia; Trench Town, na Jamaica; e a Favela da Maré, no Rio. Qualquer foca numa redação de jornal saberia que uma acusação dessas, ainda mais feita sobre um artista na berlinda, causaria polêmica, algo que Herbert percebeu no ato. Ficamos transtornados com aquilo, vindo de quem veio, um cara que admirávamos, mesmo depois do mal-estar que havia rolado entre Lobão e Herbert no camarim do show da Rádio Fluminense, dois anos antes.

Já tínhamos ouvido histórias de que Lobão era um cara meio estranho, temperamental, do tipo que perde a amizade, mas não a piada. Achávamos ele talentoso. Mesmo distantes, ainda tínhamos uma lembrança afetiva de suas músicas. Agora, ele apontava sua metralhadora giratória para cima dos Paralamas e, mais explicitamente, do Herbert. Ficamos incomodados: teríamos que explicar o inexplicável, alegar inocência de uma acusação tão esdrúxula daquelas? Herbert pensou certo e se negou a comentar qualquer coisa na entrevista. Seria a melhor forma de agir: não confrontar, não dar linha na pipa, não bater palma para maluco dançar.

– Olha só: nós estamos aqui pra falar do nosso trabalho. Nós não vamos falar sobre isso – foi o posicionamento do Herbert.

Mais um pouco e a entrevista estava terminada. O jornalista desligou o gravador. Só que o bobo aqui, num rompante de raiva e solidariedade ao amigo injustamente acusado, comentou:

– Não liga não, Herbert, não dá pra levar a sério o cara que põe a mulher pelada na capa pra vender mais disco!

O jornalista escutou essa frase infeliz. Se eu pudesse, voltaria no tempo para apagá-la. Na minha cabeça, passava um repúdio pela associação da capa do Lobão à lendária capa do álbum *Two virgins*, onde Lennon e Yoko apareciam corajosamente nus. Aquele pensamento tolo que soltei não era um pronunciamento da banda, mas serviria para fomentar um quiproquó e ajudar a vender jornal, caso fosse publicada. Herbert desconversou, falou que qualquer um é livre para fazer o que quiser na capa de seu disco. Senti que ele ficou chateado comigo: o jornalista tinha em mãos uma suposta réplica das acusações do Lobão para ser usada em nome da banda. Fui dormir com um enorme desconforto, não pelo que eu disse de forma tão boba e ingênua contra o Lobão, mas por ter decepcionado Herbert, meu companheiro de banda. Não deu outra: no dia seguinte, a infeliz declaração estava no jornal, como se fosse um posicionamento da banda.

A polêmica não teve maior eco, foi fogo de palha. Lobão fez uma espécie de tréplica no jornal. Acusou Os Paralamas de "caretas" e ampliou sua teoria de que Herbert roubava ideias musicais dele, além de copiar até mesmo seu timbre de voz. Em matéria de caretice, estávamos muito bem acompanhados no nosso bonde, com Renato Russo, Titãs e Cazuza, parceiro do Lobão que naquele momento da carreira solo havia declarado que adorava Herbert e que Os Paralamas não tinham mais aquela pinta de "primeiros alunos da classe", lá do começo da banda.

Enquanto isso, *Alagados* encabeçava as listas das mais tocadas nas rádios do país. Quem soube da tal polêmica não conseguia ver onde essa música se parecia com a composição do Lobão. De tão estranha, a acusação teve um efeito bumerangue contra o ressentido acusador. Muitos amigos e gente que nem conhecíamos tomaram nosso partido. Foi nessa hora que soubemos de mais histórias sobre seu caráter desagregador e pouco amistoso com ex-parceiros, músicos, empresários, diretores de gravadoras, divulgadores, gente do rádio, da TV, da imprensa...

De todos os lados veio gente espontaneamente nos contar mazelas sobre ele. Não demos trela. A frase síntese que todos nos mencionavam era: "Não liguem, o Lobão é assim mesmo". Aquele cara inteligente, inspirado, sagaz e antenado que admirávamos, agora mostrava um lado desconhecido, menos bacana. Ficamos decepcionados. Uma pena mesmo. Mas nada disso conseguiu alterar o altíssimo astral com o sucesso retumbante do nosso novo álbum. Enquanto o lobo uivava, a caravana selvagem seguia adiante.

O lançamento da turnê seria no sagrado palco carioca do Canecão, onde pela primeira vez apresentaríamos um show só nosso. Na temporada de cinco dias, teve gente voltando da porta sem ingresso. Sucesso total. O próximo passo seria cair na estrada Brasil afora.

31! O trenzinho de Alagados

O repertório novo da turnê *Selvagem?* era radical, um *showcase* de maestria do Herbert no uso de ecos na guitarra, estendendo as partes instrumentais em longos solos, enquanto eu e Bi segurávamos a levada em dubs sem fim. Essa radicalização era derivada de como a gente começava os shows antigamente, tocando um groove, enquanto o Savalla fazia ajustes no som lá na frente.

Foi aí que resolvemos incorporar esses dubs como parte das músicas. Um ótimo exemplo disso podia ser constatado na música *Selvagem*, depois na parte do meio da *Novidade* e no total desvario instrumental que criávamos em *O homem*. Nessa música, inclusive, eu saía do meu kit para uma bateria eletrônica montada atrás da acústica, num praticável mais alto. Era um modelo vendido pela Tama, com peles de bateria normal na superfície dos pads, deixando uma sensação bem mais agradável de tocar do que os duríssimos pads de acrílico das baterias Simmons. Kits eletrônicos estavam em moda e até a Tama, fabricante de tambores acústicos, lançou um, todos com sons eletrônicos analógicos baseados na pioneira Simmons.

Os teclados e guitarras que gravamos em estúdio não faziam muita falta ao vivo, pois compensávamos com a performance. O que eu lamentava era não ter o clima da percussão, aquele molho especial nas levadas gravadas pelo Marçalzinho. Não tínhamos em mente chamar um percussionista para os shows, ainda éramos o trio sagrado no palco. Resolvi simular umas batidas de percussão para tocar junto em *Alagados*, usando uma pequena bateria eletrônica programável RX5, da Yamaha. Programei umas levadas, e era só dar o play na sequência, com sons de clave, cowbell e congas, enquanto eu tocava em cima. Dava um suingue a mais. As teclinhas de play e stop da bateria eletrônica eram miúdas, difícil de eu comandar durante o show. Por isso, meu roadie, MB, ficou de acionar e parar a bateria eletrônica nas partes combinadas.

Fui ganhando mais segurança ao tocar em cima da guia de percussão e incluí alguns detalhes na programação, alternando sons de cuíca e timbales, que entravam no refrão. Era preciso mudar manualmente a sequência, porque Herbert estendia partes da música, ou no solo ou chamando o público para cantar. Com isso, ficávamos mais livres para tocar, sem um tamanho definido para a duração da música. O momento mais perigoso era quando MB tinha que parar a sequência no breque do segundo solo e dar o play na volta, sempre ligado para soltar a programação na hora certa, ao final da virada da bateria. Apesar de empírico, tudo funcionava bem.

Nos shows, voltávamos para o bis tocando *Melô do marinheiro*. Eu e Bi íamos para a frente com chapéus de marujo, fazendo a fala de abertura, enquanto MB disparava uma batida programada numa outra bateria eletrônica, Oberheim DX. Depois, cantávamos o refrão com Herbert. Na estreia da turnê no Rio e em São Paulo, quem tocou baixo na hora da *Melô do marinheiro* foi Mauricio Valladares, ele mesmo, baixista quando não estava fotografando. No Canecão, quem apareceu foi o baterista Pedro Gil, filho do Gilberto Gil. Ele subiu no kit eletrônico para tocar *Marinheiro* e tudo o que rolou no restante do bis. Foi uma bagunça danada.

Alagados tinha uma versão quilométrica ao vivo e, na parte do meio, Herbert comandava o público pedindo respostas aos muitos "Yê-ô! Yê-yê-ô!". Preparávamos uma coreografia engraçada no palco: fazíamos um trenzinho, com a equipe técnica junto e, às vezes, ainda convidávamos fãs mais empolgadas para entrar. Cruzávamos o palco com todo mundo, em cadência com a batida. A plateia vinha abaixo.

Quem não perdia um show era Murillo, nosso amigo desde os tempos da Rural. Mais conhecido como Murilão, era um dos caras mais engraçados que conhecíamos, sempre com uma piada na ponta da língua. De tanto ficar perto, Murilão passou a cuidar da venda de camisetas da banda, que ele mesmo produzia. Na verdade, era tudo uma grande desculpa pra seguir com a gente, incorporado à equipe. No bis de *Alagados*, Murilão sempre estava lá no trenzinho. Depois de descer do palco, prometia levar algumas fãs ao camarim para fotos e autógrafos. Num desses shows, ele apareceu com uma menina que acabara de conhecer e disse:

– Gente, essa é minha namorada.

A menina, assustada, retrucou:

– Ai, meu Deus!

Ele, então, rebateu:

– O que é isso, meu bem! Pode me chamar de Murilo.

32!
Uma nova estética nos videoclipes

Nos meses seguintes ao lançamento, *Alagados* tocou sem parar nas rádios do país, seguida por *A novidade*, e ambas tiveram vídeos independentes gravados pela Antevê (produtora que mais tarde passaria a se chamar TV Zero), com direção de Robertinho Berliner e Sandra Kogut. Conhecemos Robertinho dos tempos em que registrava os shows do Circo Voador, munido de uma câmera de VHS. Depois, ele dirigiu um clipe muito legal da cantora Dulce Quental, quando ela deixou a banda Sempre Livre para seguir carreira solo.

Robertinho trouxe uma estética "realidade" para narrar a música, que adoramos: tinha tudo a ver com a nossa proposta de mostrar algo bem brasileiro, em contraponto à turma da nossa geração, que queria parecer com os ingleses. Gravamos o clipe de *Alagados* no Morro de São Carlos, andando pelos becos da favela e tocando na laje de uma enorme cisterna, na parte alta. Naquela época, já foi preciso que a produção pedisse permissão ao chefe do tráfico para filmar ali, muito antes de Michael Jackson vir gravar clipe no Rio. Fizemos ainda imagens na Vila Mimosa, uma rua de prostituição, o *red light district* carioca, e filmamos no palco de um conhecido baile funk, na quadra da escola de samba Estácio de Sá, quando a febre do funk carioca estava só decolando. Robertinho gravou moradores de rua e mendigos, pessoas comuns em seus papéis na dura vida real. O resultado foi um retrato nu e cru do país, de encontro com a nossa proposta.

Na sequência, fizemos o clipe da *Novidade* numa das barcas Rio-Niterói, onde passamos o dia interagindo com os passageiros e depois gravando imagens tocando no deck superior. Foram tantas travessias durante as filmagens que chegou um momento em que não sabíamos mais se estávamos no Rio ou em Niterói. Esse vídeo complementava a temática que abrimos com *Alagados*, somada à ideia da capa do disco do DJ jamaicano Dr. Alimantado, que tanto nos inspirou a buscar uma realidade própria brasileira no nosso trabalho. Estávamos conseguindo formatar isso claramente.

Para nós, foi uma conquista ter os vídeos exibidos no *Fantástico*, fugindo daquela pasmaceira de seguir a linha editorial do programa, de que tanto reclamávamos. O vídeo de *Alagados* foi premiado num festival de cinema, numa época em que vídeos musicais ainda não tinham esse reconhecimento. Talvez isso tenha melhorado a visão dos produtores da emissora, pois acabamos voltando lá para gravar os clipes de *Melô do marinheiro* e *Você*, nossa versão para o sucesso de Tim Maia.

O clipe do *Marinheiro* foi das coisas mais engraçadas que fizemos e contou com a participação do Alexandre Regis, jovem humorista da Globo, superfã dos Paralamas, que se tornou grande amigo. Era uma piada em cima da letra, um roteiro típico dos diretores do *Fantástico*, mas que funcionou bem. O primeiro verso da *Melô do marinheiro* é o título de uma comédia do cinema brasileiro, *Entrei de gaiato*, de 1959. Nesse clima, o diretor do *Fantástico* nos filmou vestidos de marujo, fazendo pantomimas num navio e encenando a letra: lavando o convés do barco e descascando batatas no porão. Parecia uma comédia dos Trapalhões. No fim do vídeo, um dublê saltou do navio na água vestido de marujo, de uma altura de uns 20 metros – ainda bem que o pobre coitado não precisou repetir a cena.

Depois do programa, a música estourou e chegou a tocar tanto quanto *Alagados* na sequência de músicas de trabalho do disco. A piada, que inicialmente causou gargalhadas nos amigos, fez muito mais gente rir. Os clipes do *Fantástico* funcionavam como alavanca para lançar artistas e bandas na cena nacional. Bastava aparecer no programa e, no dia seguinte, a música estourava nas paradas. Infalível.

* * *

As expectativas diante da recepção do novo trabalho ficaram para trás. *Selvagem?* foi um sucesso desde o lançamento. Conseguimos afastar as associações simplórias com o Police que os críticos faziam e deixamos de ser a banda revelação do Rock in Rio. Também superamos a difícil etapa em que artistas e bandas são obrigados a provar seu potencial com o terceiro disco. Trouxemos uma visão diferente para encarar o desafio artístico com ousadia e diversidade.

Olhamos ao redor e avaliamos o que estava acontecendo. Era uma época de reafirmação da turma do tão falado rock brasileiro. Embora os jornalistas dissessem que tudo era um movimento organizado, não havia essa harmonia entre os participantes da cena musical. O RPM, banda que melhor representava aquele bom momento, era um fenômeno popular, midiático, em que o segundo álbum já era um registro dos shows, parecendo até uma despedida. Paulo Ricardo, um cara muito informado musicalmente, inteligente e carismático, aproveitou tudo isso a seu favor e se tornou uma espécie de novo Roberto Carlos, ainda mais depois do elogio de Caetano aos seus ombros – ele fez sucesso com *London, London*, de Caetano, interpretada no disco ao vivo. O RPM tinha a estrutura da gravadora por trás e foi bombado pelo famoso empresário Manoel Poladian. Para nós, era evidente que, se não fosse o carisma do Paulo Ricardo, a banda não teria sustentação.

Assim que terminamos de gravar *Selvagem?*, os Titãs entraram no Nas Nuvens para gravar um trabalho totalmente roqueiro, *Cabeça dinossauro*, que se tornou um grande êxito, outra surpresa na cena, pela mensagem contundente que o disco trazia. Era algo antagônico ao que anunciamos com *Selvagem?*, sobre misturar elementos brasileiros ao rock, que ninguém da nossa geração havia pensado ou realizado até então. Fomos convidados para a audição do disco no Nas Nuvens e ficamos tremendamente impressionados e, ao mesmo tempo, aliviados ao constatar que eles estavam na raia deles, firmes na sonoridade roqueira bem explorada, com Liminha na produção. De Porto Alegre, surgia na ribalta os Engenheiros do Hawaii. Plebe Rude, Ira! e, dali a pouco, a Legião Urbana monopolizariam as vendas de discos e execuções nas rádios.

Enquanto essa turma toda se lambuzava com a fama, passamos com a turnê *Selvagem?* por Salvador. O pessoal da promoção do show nos avisou que um grupo do núcleo cultural do bairro dos Alagados havia preparado uma homenagem aos Paralamas na quadra de ensaio do bloco Ara Ketu, lá mesmo, na antiga favela que virou o bairro. Era um sábado de sol vertical e o bloco afro estava perfilado nos esperando. Ao chegarmos, fizeram um discurso de agradecimento pela menção ao lugar onde viviam, tornando-o conhecido no país inteiro através de uma mensagem de esperança e luta por justiça. E começaram a tocar uma batida de samba baiano, poderoso, diferente do carioca, mais quebrado, bem mais chegado às batidas africanas do candomblé. Crianças e mulheres dançavam ao nosso redor. Foi algo incrível, muito emocionante. Jamais imaginamos esse tipo de repercussão por conta de uma música. A mensagem foi mais longe do que esperávamos. Herbert disse:

– Olha isso! Nós, moleques da Zona Sul carioca, homenageados aqui por essa gente.

Os shows de *Selvagem?* seguiram em alta rotação. As vendagens do álbum estavam de vento em popa e, em poucas semanas, conquistamos o disco de ouro, por cem mil cópias vendidas. Na sequência de *Alagados*, *Marinheiro* e *A novidade*, as rádios passaram a tocar a nossa versão reggae de *Você*. Um dia, embarcávamos no Aeroporto Santos Dumont e encontramos o próprio Tim Maia, rei do soul brasileiro. Já tínhamos nos cruzado em programas do Chacrinha, mas fomos arrebatados quando ele veio nos agradecer por termos gravado sua música. Ficamos honrados, porque o elogio partiu dele próprio, um cara muito exigente e que tinha o hábito de falar mal de todo mundo com sua língua ferina. Com aquele jeitão malandro, Tim disse:

– Pô, Paralamas! Demais! Adorei a versão reggae de vocês! Podem gravar outras, viu? Nossa Senhora do Ecad agradece! *(Ecad é o Escritório Central de Arrecadação e Distribuição, que controla os direitos autorias no Brasil).*

Selvagem? repercutiu além da conta. O disco foi reconhecido como a tentativa mais original, feita em nossa geração, de misturar rock com elementos brasileiros, o que ficou bem representado em *Alagados*, na sua forma e conteúdo. Era uma sensação até engraçada, porque nunca havíamos pensado em ter esse tipo de resposta por conta de algo que fizemos antes. A única coisa desse trabalho maquiavelicamente planejada foi colocar aquela foto hilária na capa, algo que o designer Ricardo Leite, que já fizera nossas capas anteriores, detestou. Mauricio trouxe Ricardo para trabalhar com a gente desde o início e continuamos contando com os dois nos projetos gráficos, naquele clima de "em time que está ganhando não se mexe". Entre algumas diferenças e pontos em comum, acabávamos nos entendendo e concordando com os resultados das capas. Ao menos assim a gente teria certa ingerência no conceito e na estética que, para nós, caminhavam junto com o lado musical.

* * *

Em 1986, Bi e Herbert alugaram um sítio em Mendes, para onde fugiam sempre que podiam, geralmente, no meio da semana, quando não estávamos viajando com os shows. O sítio tinha nome: Recreio. Para lá, rumavam os amigos, entre eles, namoradas, Vital, Lui, quem chegasse de Brasília, Murilão, Alexandre Regis e amigos dos amigos dos amigos. De início, eu e Márcia até nos animamos a passar uns fins de semana por lá, logo depois que nos casamos. Algumas vezes, até dormimos no hotelzinho da cidade, pois o sítio ficava repleto de gente. Levamos um equipamento básico para tocar, montado na sala de estar da casa, onde varávamos a noite diante de uma pequena plateia só de amigos. Eu estava numa onda mais contida, recém-casado, não ia toda hora para lá, o que me rendeu críticas de estar me distanciando da galera. Mas realmente eu não tinha lá muita disposição de sair de moto domingo de noite, debaixo de chuva, para Mendes, como era o espírito de aventura de meus companheiros de banda.

Nessas idas ao sítio, criamos músicas que seriam gravadas em breve. O lugar ficou conhecido na cidade como "o sítio dos Paralamas": todo mundo ali sabia onde ficava. No carnaval, a turma promovia uma animação extra. Herbert criou e batizou um bloco afro em Mendes, nos moldes das agremiações em Salvador, chamado de Umúma, e até compôs um samba temático, na forma de um canto afro-baiano do Ilê Aiyê: "Esse é Umúma, unidade dissidente/Pra espalhar a balbúrdia aqui em Mendes". Os Paralamas agitavam o carnaval daquela pequena cidade como ninguém havia feito.

* * *

Em setembro de 1986, fomos convidados para um show em Nova York, num local que virou referência de apresentações de artistas brasileiros, chamado SOB's: um duplo sentido como acrônimo de um palavrão (*son of a bitch*), mas também a abreviatura de Sounds of Brazil. O retorno a Nova York foi muito festejado e Mauricio Valladares até viajou com a gente. Bi comprou um novo baixo da marca Factor, que estava recebendo muitos elogios e excelentes resenhas dos músicos. Ele colou um adesivo da bandeira da Etiópia no instrumento para a estreia naquela noite.

Quem apareceu de surpresa no show foi a lenda da percussão brasileira, Naná Vasconcelos, chamado na hora pelo Herbert para tocar com a gente. Naná entrou para um improviso na parte final de *Alagados*, quando atacou um dos pads eletrônicos com som de timbale, fazendo uma levada de repique só com uma baqueta. Estava tudo indo bem, mas a superfície de borracha do pad não aguentou o ímpeto de nosso herói da percussão e se soltou. Sorte nossa que já tínhamos esticado bastante o clima de batucada. A destruição do tamborzinho eletrônico foi o desfecho da participação dele, que saiu ovacionado do palco.

Depois do show, quem apareceu no camarim foi nada mais nada menos que David Byrne, o "cabeça das cabeças falantes", os Talking Heads, de quem éramos grandes fãs. Ele estava acompanhado do notório produtor Steve Lillywhite, outra lenda da música, além do cantor africano Femi Kuti, filho do grande Fela Kuti, um dos maiores artistas da África. Por sorte, Mauricio registrou as ilustres presenças. Eu pude elogiar o trabalho esmerado que Mr. Lillywhite fez com o som da bateria em inúmeros álbuns. Ele produziu discos premiados de bandas que iam de Rolling Stones, U2, Siouxsie and the Banshees e Peter Gabriel até os não tão conhecidos XTC, The Psychedelic Furs e Big Country. Steve Lillywhite estava trabalhando com David Byrne no novo e aguardado álbum dos Talking Heads. Voltamos para casa inspirados por esses encontros um tanto inusitados.

No Rio, Mauricio Valladares ficou de ciceronear os três ingleses do selo especializado em reggae inglês Fashion and Green Sleeves, que conheceu depois de contatos em Londres. Não demorou e estávamos juntos em animadas mesas dos bares do Leblon. Herbert e Mauricio apelidaram os gringos de acordo com suas "verdadeiras feições", ajudados pelo estado etílico depois de muitos chopes: Tonto (o índio fiel amigo do Zorro nas revistas de quadrinhos e na série de TV *The Lone Ranger*), Vermelhão (além de ser ruivo, suas feições ficavam vermelhas depois de cada chope) e Treme-Treme (ele tinha um tremor nas mãos que não sabíamos se era por conta da bebida, o chamado *delirium tremens*, ou outra condição). Assim, rebatizados, Tonto, Vermelhão e Treme-Treme entraram para a turma dos Paralamas.

33!
Brincando com a santa trindade paralâmica

Numa passagem por São Paulo com a turnê *Selvagem?*, tocamos num lugar novo chamado Projeto SP, um circo montado nos arredores da Rua Augusta, na sua área menos nobre. A gravadora aproveitou para nos entregar a premiação de disco de platina pelas 250 mil cópias vendidas. Liminha estava com a gente e subiu para tocar várias músicas. O show ainda era uma amostragem radical do mais puro reggae e dub. Nesse período, percebemos que atingimos os limites criativos no formato trio. Depois da temporada, ocorreu uma epifania: era hora de trazer um tecladista para os shows. Herbert sentia necessidade de mais liberdade para sua guitarra, além do suporte harmônico que o baixo já exercia e também para dar mais sonoridade às músicas. Tocar com um tecladista significava ampliar nosso espectro musical, expandir possibilidades.

Eu e Bi concordávamos com a ideia. Havia muitas nuances interessantes no tipo de música que gostávamos, e a chegada de um tecladista poderia nos ajudar a explorá-las. Pensamos nos órgãos tradicionais do reggae, que chamávamos de "órgão pombo", pela semelhança sonora com o arrulhar dessa ave. Ou as tantas outras sonoridades que um teclado poderia acrescentar, preenchendo as lacunas das músicas que não traziam certos detalhes ao vivo, como a marimba em *Óculos*, o riff melódico do teclado em *Meu erro* etc. Estávamos brincando com coisa séria, a entidade, o trio dos Paralamas, que ganhou fama e respeito. Amigos mais próximos temiam qualquer mudança na formação consagrada, pela reputação que ganhamos como power trio. Mas não tínhamos esse pudor. Estávamos determinados a experimentar tocar com um tecladista.

De cara, descartamos a convocação de músicos mais conhecidos, profissionais do meio, daqueles que baixam o taxímetro na hora de tocar. Pensávamos em buscar alguém novo, sem os vícios da profissão. Foi aí que me veio à lembrança um

Recebemos na casa de shows Projeto SP o disco de platina por 250 mil cópias vendidas de Selvagem?*. Na foto, estão Zé, Liminha e Beto Boaventura (de bigode), presidente da Odeon*

Do sítio dos Paralamas em Mendes, interior do Rio, saíram esqueletos de músicas que gravaríamos depois, como Será que vai chover?*, do disco ao vivo em* Montreux*,* Impressão *e outras do álbum* Bora Bora

cara especial que tinha tudo a ver com Os Paralamas: o João Fera. Já tinha até mesmo nome artístico e era um cara que se fez na música vindo das bandas de baile, com uma enorme vivência, que aprendeu tudo na prática.

Depois das bandas de baile, Fera acompanhou Wando, o célebre cantor romântico egresso do samba. Numa ocasião, quando ainda nem tínhamos gravado a demo da Fluminense, ele me pediu emprestado a bateria para um amigo da banda dele tocar num ensaio de última hora do Wando. Prontamente eu liberei. Como retribuição, Wando nos deu de presente três cabeçotes de amplificadores de guitarra que estavam queimados, ocupando espaço na sala de ensaio dele. Fomos buscar os trecos na casa do cantor, que nos recebeu com apreço. Os amps Wando Sound, como batizamos o equipamento, foram consertados, tiveram vida curta no quarto da Vovó Ondina e acabaram no sítio de Mendes.

* * *

– Bi, tá vendo essa cara aí na moto? É o João Fera! Ele dava aula de violão pra mim e todos os meus amigos por aqui. Tocava no URB-7, agora está com o Wando, é mole?

Foi assim que apresentei o Fera para o Bi, quando passávamos pela rua na famosa Variant alemã do Bi, numa das muitas noites em que ele foi me pegar em casa, na Rural, num dia qualquer de 1984. Fera estava pilotando uma moto 125cc, com a esposa na garupa e o filho Rafael acomodado entre os dois.

– Pô! Jamaica total! – foi o que Bi comentou da cena.

João Fera morava perto do lugar onde nos cruzamos, numa casinha atrás da igreja católica no Morro do Cruzeiro, que antes tinha sido sede do grupo de escoteiros da região. Nessa época, quando não estava trabalhando, ele tocava violão ou um pequeno teclado acompanhando os cânticos nas missas de domingo. Eram tempos difíceis.

Contei ao Herbert e ao Bi que tinha uma sugestão de tecladista. Depois do rápido encontro no dia em que fomos buscar minha bateria e levamos os amps doados pelo Wando, parecia até que eles já conheciam João Fera e eram seus amigos de longa data. Eu achava que o Fera tinha todas as qualidades de alguém com o compromisso de subir num palco com Os Paralamas: um cara de alto astral, bem capacitado e que poderia fazer exatamente tudo o que a gente queria. Ainda por cima, parecia um integrante da banda do Jimmy Cliff ou saído dos Wailers. Qualquer um acreditaria se disséssemos que era irmão do Peter Tosh. Nada poderia ser mais pertinente do que vê-lo numa banda metida a tocar reggae como nós.

Eu faria o contato com João Fera e levaria uma fita com músicas que achássemos importantes como referência para ele ouvir. Depois de algumas tentativas através dos meus pais – Fera não tinha telefone –, finalmente consegui falar sobre a audição com Os Paralamas. Disse para tirar o que pudesse das nossas músicas mais conhecidas. Ele quase não acreditou que faria um teste com a gente.

Marcamos no estúdio da Odeon. João Fera chegou ao ensaio munido de um teclado padrão na época, o famoso Korg Poly 800, o fusquinha dos sintetizadores. Ele já ouvira falar em reggae, via Bob Marley e Gil, mas não tinha a menor experiência no gênero musical jamaicano. Tocamos com ele e foi uma alegria ouvir a marimba em *Óculos* e a melodia da introdução e do refrão em *Meu erro*. Para o Herbert, parecia uma redenção não precisar mais se preocupar em fazer tudo ao mesmo tempo com a guitarra. Já nesse primeiro encontro, tudo parecia bem, tamanha a nossa empolgação. Combinamos mais alguns encontros para que ele ficasse à vontade com o repertório e acertamos sua estreia no nosso próximo show. Em 26 outubro de 1986, com João Fera no palco do Colégio Salesiano, em Niterói, Os Paralamas não eram mais um trio ao vivo.

34!
O Brasil ficou pequeno

A propagada brasilidade do novo álbum dos Paralamas começava a nos levar além das fronteiras. Fomos chamados para um show em Montevidéu, num festival de rock no qual também estaria a Legião Urbana. Foi muito legal ir pela primeira vez à capital uruguaia, principalmente porque Bi tinha uma memória emocional dali – morou lá quando seu pai foi diplomata, mesmo caso do Dado Villa-Lobos. Ambos viviam no bairro residencial de Carrasco, onde ficava o hotel cassino em que nos hospedamos. Na mesma semana do show no Uruguai, fomos convidados para tocar num festival de rock ibero-americano em Madri, Espanha. Nós representaríamos o Brasil. Eram muitas bandas e vários dias de shows, um evento cultural que demonstrava a consolidação daquele gênero musical nos países latinos.

Chegamos em Montevidéu na véspera do show para uma agenda de divulgação em jornais, televisões e rádios, com a cidade na expectativa do grande concerto. O pessoal da Legião também chegou de véspera, nos encontramos e foi uma alegria ter nossos amigos ali. Estávamos na maior animação para subir no palco ao ar livre, quando uma chuva torrencial impossibilitou o show. O pior foi que no dia seguinte seguiríamos para Madri, sem tempo de reagendar a apresentação. Viajamos frustrados, mas determinados a voltar em breve.

Em Madri, outra movimentada agenda de divulgação do festival de rock ibero-americano nos aguardava. Conhecemos bandas de países vizinhos ao nosso, como Aparato Raro, do Chile, meio techno, de uns moleques com cara de moderninhos à la The Cure. E também Miguel Ríos, pioneiro do rock espanhol, uma espécie de Bruce Springsteen andaluz. Um de seus maiores sucessos nos anos 70 foi uma versão cantada de *Ode à alegria*, aquela conhecida parte mais animadinha da *9ª Sinfonia de Beethoven*. A banda El Último de la Fila, também local, reuniu seus integrantes veteranos da cena rock numa versão mais atualizada, que fez sucesso no começo dos anos 80. Charly García, cantor argentino da cena roqueira dos anos 70, se apresentaria com Fito Paez, no momento em que subiam o patamar no cenário cisplatino. Encerravam a escalação ibero-americana A banda La Torre, também argentina, meio chegada num hard rock, os mexicanos El Tri, outra banda veterana de hard rock mexicana, e Sentimiento Muerto, da Venezuela, bem na onda britpop.

Era um bom apanhado de como o rock estava se proliferando aqui e ali, nos países de língua latina, apesar de musicalmente a maioria soar como clichê anglo-saxão. O que salvava mesmo era o discurso. Durante as entrevistas e eventos interativos entre artistas e bandas, soubemos que na Venezuela e no Chile as bandas muitas vezes eram proibidas de se apresentar, assim como não eram permitidos festivais de rock e de aglomerações. Isso tudo na metade da década de 80, no fim do século.

Tivemos momentos muito agradáveis na capital espanhola. Visitamos locais turísticos, até escolhemos um restaurante num canto da Plaza Mayor como nosso ponto. Ali, tomávamos cerveja acompanhada das tradicionais tapas, as entradas espanholas: o renomado jamón (presunto) serrano, boquerones (peixe da família da anchova curtido no azeite) e merluzas (peixe conhecido como falso bacalhau). Passamos muito bem com a gastronomia local.

Fizemos nosso show sem João Fera, que não teve tempo útil de conseguir os documentos para a viagem, uma vez que acabara de entrar na banda. Fomos conferir o som na tarde do show. A bateria disponível era muito ruim. Para minha sorte, um amigo nosso de Brasília que estava morando em Madri, Totoni Fragoso, tinha um kit da Tama bem legalzinho e emprestou para salvar nossa apresentação. Nosso set foi bombástico, estávamos inspiradíssimos para dar o recado como representantes do rock brasileiro – uma tremenda cipoada em quem tocou depois da gente, a prata da casa Miguel Ríos, que fechou a noite.

No dia seguinte, os jornais resenharam o show e relataram que Os Paralamas foram um rolo compressor sobre as outras atrações do festival, inclusive o herói local. Mais uma vez, aquela antiga piada interna do Herbert redigindo manchetes de jornais sobre os shows da banda ao redor do mundo ganhava a realidade: "El Madrileño: Los Paralamas explotan la plaza de toros!"

O ano de 1986 foi sem igual para o rock brasileiro. Nas rádios, a programação era disputada entre as bandas nacionais que dominavam o dial, com o RPM emplacando várias faixas do álbum ao vivo, além de Ultraje, Kid Abelha, Engenheiros do Hawaii e Titãs. Mas a banda que deu muitas voltas de vantagem em todo mundo foi a Legião Urbana. O segundo álbum, *Dois*, emplacou um hit atrás do outro. Depois daquele show em Montevidéu que não presenciamos, dividimos um festival de rock promovido por uma grife de roupas no Maracanãzinho. A nossa noite foi fantástica, a plateia cantava tudo, uma catarse. Na noite seguinte, fomos ao show da Legião e ficamos sob forte impacto: o público ovacionou a banda do início ao fim, cantando todas as músicas. Herbert disse que aquilo era mais que uma plateia, eram devotos de uma religião. Religião Urbana, assim poderia ser chamada a banda.

* * *

Os Paralamas seguiam sua trilha apontados pela crítica musical como "os novos expoentes do reggae e da música negra no Brasil". Achávamos engraçado, mas, ao mesmo tempo, éramos reconhecidos pelas diferenças entre o nosso som e a estética apresentada pela maioria das bandas. Estávamos sozinhos na raia. Ainda por cima, a onda mundial da lambada acabou até mesmo beneficiando *Alagados*, que tinha uma certa similitude com esse ritmo do momento e tocou nas rádios populares do país inteiro.

Por conta disso, o produtor de um show nosso em Salvador nos chamou – ou melhor, nos intimou – a participar como jurados de um concurso de dançarinos de lambada realizado depois de nossa apresentação na mais famosa lambaderia, como ficaram conhecidas as casas de lambada na época. Bi e Herbert fugiram, mas Zé e eu fizemos a fina com o produtor, evitando uma saia justa maior. Foi surreal nós dois ali dando notas para os casais de bailarinos. Tudo pelo social. Acabou que o casal eleito como o melhor fez a dança final ao som de *Alagados*. Não podíamos estar num nível de popularidade maior...

Em julho de 1986, fomos ao Chile esquiar e vimos como as bandas de rock argentinas entravam no país vizinho, apesar da rivalidade regional e futebolística. Nas rádios e nos bares da estação de esqui, ouviam-se os ídolos pop argentinos: Charly García, Fito Paez, Soda Stereo... Soubemos também que uma conhecida banda de rock chilena chamada Los Prisioneros teve músicas censuradas pelo governo e não tocava nas rádios. Não demorou e voltamos ao país para fazer programas de TV e divulgação em rádios locais, nas quais *Alagados* era bastante executada.

Os resultados de nossas modestas incursões pela América do Sul começavam a surtir efeito. Um exemplo foi a conexão com Charly García, que nos convidou a participar de seu novo álbum com sessões gravadas no Rio, para onde ele viajava como bom turista, especialmente no carnaval. No primeiro contato com o ídolo pop argentino, conversamos sobre tudo. Charly nos disse que adorava o bloco de carnaval Suvaco do Cristo. A gravação foi no Estúdio Sigla, da Som Livre, onde eu já havia tocado com Rita Lee. Nesse mesmo estúdio, o Barão Vermelho fez seus primeiros discos e Roberto Carlos também gravou seus álbuns. Era a primeira vez dos Paralamas ali.

Charly nos mostrou a música *Rap de las hormigas*, uma levada meio funk, à la Prince, que começava com uma bateria programada e lá pelo meio entrava a acústica. A música era ótima, caprichamos na execução e não demorou para que terminássemos ouvindo o resultado em altíssimo volume, com Charly dançando tresloucado pelo estúdio. Além dos Paralamas, a faixa teve a participação do requisitado percussionista Chacal. Em outra, Paula Toller fez um dueto com Charly. O álbum foi mixado em Nova York e a nossa faixa se tornou um dos grandes sucessos do disco, aliás, um dos maiores da longa trajetória artística do Charly.

No fim do ano, fomos a Londres para conversas com a diretoria da EMI, que planejava lançar *Selvagem?* em outros países. Nessa primeira ida à capital britânica, fomos convidados para o show de uma superbanda de reggae chamada The Taxi Gang, com nossos ídolos Sly & Robbie, além de grandes nomes do reggae, os cantores Maxi Priest, Yellowman e o novato Half Pint. Era a última apresentação dessa turnê e seria em Leeds, cidade a quase duas horas de trem de Londres. Era um dia frio de outono, o show começava às 16h, mas esse horário já era noite!

Assistimos ao show, mais uma aula de reggae, com os cantores se intercalando, enfileirando hits com músicos excelentes, entre eles, o lendário saxofonista jamaicano Dean Fraser. Depois, dissemos a alguém da produção que éramos músicos do Brasil e que gostaríamos de falar com os artistas. Bastou falar que éramos brasileiros e a porta de acesso ao camarim se abriu. Fomos recebidos pelo Robbie Shakespeare em pessoa, que nos perguntou com aquele forte sotaque jamaicano:

– You're from Brazil, mon?

Conversamos animadamente, Sly Dunbar foi gentil, mas não deu muita conversa, estava às voltas com uma moderníssima agenda eletrônica. Nosso ídolo Yellowman foi superlegal. Quando ele ouviu, na hora do autógrafo, um de nós pedir "Zé, cadê a caneta?", achou engraçado e ficou repetindo "Canieta! Canieta!". Quem sabe faria uma música chamada "Canieta"?

Voltamos à estação de Leeds para descobrir que o próximo trem para Londres sairia só às quatro da manhã. Fazia um frio daqueles e nos refugiamos numa lan-

Estávamos em Londres, no fim de 1986, e fizemos um enorme sacrifício para ir de trem até Leeds, onde assistimos ao último show de uma turnê reunindo alguns de nossos ídolos do reggae, como o cantor Yellowman (acima) e a lendária dupla Sly & Robbie e o saxofonista Dean Fraser (ao lado)

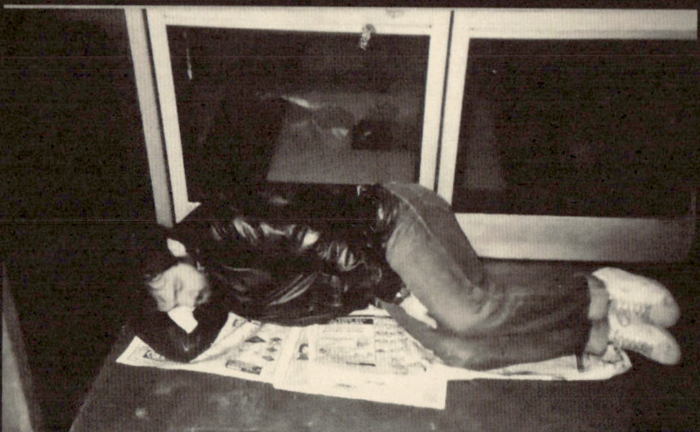

Voltando de Leeds para Londres, não tinha trem noturno, só quase de manhã. O jeito foi fazer como Zé Fortes: procurar um canto na estação e atenuar o frio em cima de jornais

Quando o UB40 veio ao Brasil pela primeira vez, para o Hollywood Rock em 1988, tocamos na mesma noite e tivemos uma grande interação com a banda: o cantor Astro parecia um velho amigo. Abaixo, o ingresso do show que vimos dois anos antes em Londres

Tocar no SOB's, em Nova York, era sempre motivo de alegria. Reuníamos na plateia brasileiros "perdidos na área" e nova-iorquinos descolados, como um tal de David Byrne

chonete, enquanto ainda estava aberta. Depois, acabamos dormindo em cima de jornais, num canto, até a hora do trem sair. O sacrifício compensou o memorável show daquele dia.

Em Londres, ainda fomos ver o UB40, lendária banda de reggae que nos foi apresentada por Mauricio Valladares em seus programas. Estavam surfando no sucesso gigantesco do último álbum, *Rat in the kitchen*. O show seria no tradicional teatro Brixton Academy, no dia 8 de dezembro. Quem nos acompanhou foi um velho amigo brasileiro que morou com Mauricio em Londres, Genserico – Serico, para os íntimos. Assim como Mauricio, Serico era chegado em fotografia e sempre arranjava um jeito de entrar em shows com sua câmera. Foi o caso daquela noite. O encontro entre a banda e o público de um dos mais tradicionais e animados bairros de população negra em Londres merecia registro. Lá pelo meio do concerto, demos por falta do Serico e, quando vimos, ele havia escalado as caixas de som na lateral do PA e estava em cima do palco fotografando a banda. Inacreditável!

Terminado o show, resolvemos arriscar um backstage e, quem sabe, falar com algum dos membros da banda na parte dos fundos do local, onde Serico sabia como chegar. Os acessos eram restritos, mas ele deu um jeito de entrar com o Herbert por uma porta quando ninguém estava olhando. Eu, Bi e Zé ficamos no maior suspense, até eles voltarem. Enquanto isso, vimos o cantor Ali Campbell saindo com seguranças e entrando numa van. Passados mais alguns instantes, nossos intrépidos fãs reapareceram. Como a segurança estava meio relaxada, eles subiram umas escadas que pareciam levar aos camarins. Encontraram o Ali Campbell descendo. Serico foi rápido e anunciou, em inglês:

– Hello, Ali! Esse meu amigo é músico e veio especialmente ver você hoje. Ele é do Brasil!

Sem parar de descer os degraus, o “simpático” cantor respondeu:

– Legal, ele tem um longo caminho pra casa. Tchau.

Terminou assim a aventura dos dois de chegar aos camarins do UB40. Passamos o resto da viagem rindo da história.

35!
Os Paralamas do Sucesso vão tocar em Montreux

A virada de 1986 para 1987 foi promissora. Entramos o ano com uma movimentada turnê de verão pelo Nordeste, com ingressos esgotados em ginásios das capitais e das maiores cidades. Fazíamos muitos shows por semana, mais até do que imediatamente após o Rock in Rio. Mas dois na mesma noite eram coisa do passado. Estávamos mais seletivos.

Outra consequência da repercussão do novo álbum foi o convite para a noite brasileira no lendário Festival de Jazz de Montreux, na Suíça, em julho, auge do verão europeu. Abriria a possibilidade para que fizéssemos um registro de nossa apresentação, um disco ao vivo. Os shows do festival eram gravadas pela própria estrutura oferecida aos participantes. Acertamos com a gravadora e convidamos Liminha para a produção.

Aproveitando nossa ida à Europa, Zé Fortes foi procurado por Carlos Sion, produtor de shows, que ofereceu uma data num dos mais tradicionais palcos de Paris: o Teatro Olympia. Nossas cabeças giravam e giravam com o fato de nos apresentarmos no palco sagrado da França onde os maiores nomes do rock e da música mundial haviam tocado: Beatles, The Who, Jimi Hendrix... Outra manchete do Herbert "se estampava" nas primeiras páginas dos jornais franceses: "Les Paralamas font sauter l'Olympia!" (Os Paralamas explodem o Olympia!).

Liminha já chegou sugerindo que a gente gravasse uma música inédita no show de Montreux, um gancho para lançar o disco ao vivo. Seria algo bem ousado, já que show ao vivo demanda que a plateia conheça as canções. Herbert ficou com essa ideia na cabeça e compôs uma música nova: *Será que vai chover?*. Foi uma daquelas que já veio bem pronta, só fizemos tocar junto e aplicar nossas muitas ideias na paleta de sonoridades e padrões do reggae que havíamos adquirido até então. A música tinha um suingue de guitarra que lembrava um pouco Jorge Ben.

Misturamos reggae com a batida meio samba funk popularizada pelo Babulina (apelido do Jorge Ben no início de carreira). Ficamos empolgados com o resultado: já tínhamos um single para puxar o disco ao vivo.

Nas semanas que antecederam a viagem para a Europa, ensaiamos direto e preparamos um show bombástico, culminando com um show-teste no clube Cipec, em Mendes. Preparamos uma vinheta de entrada com uma batida programada numa bateria eletrônica, com palmas e percussões, lembrando um ponto de candomblé, para o Herbert cantar *Odilê, odilá*, música do grande João Bosco, que seria atração na mesma noite do festival.

Como tínhamos regravado *Você*, canção do Tim Maia que se tornou sucesso radiofônico, tentamos achar alguma outra pérola do nosso cancioneiro para uma nova versão paralâmica e, então, avaliar o resultado. Foi assim que fizemos uma versão bem dub reggae para uma relativamente desconhecida canção do Jorge Ben – na época, ele ainda não tinha mudado seu nome para Ben Jor –, *Charles, anjo 45*, selecionada depois de reuniões madrugada adentro na casa de Carlos Savalla, em meio aos seus mais de três mil discos.

Zarpamos no dia 3 de julho rumo à noite brasileira do Festival de Jazz de Montreux. Chegamos à acolhedora cidadezinha às margens do Lago de Genebra, que mais parecia uma maquete daquelas de trenzinho elétrico. A letra de *Smoke on the water*, do Deep Purple, não saía de nossas cabeças, pois eles citam a cidade: "We all came out to Montreux/On the lake Geneva shoreline"...

O local do show era o tradicional cassino. Quando o ônibus parou na porta do hotel, olhamos pela janela e quem estava na calçada nos recepcionando? Murilão, com seu tradicional look de short, camiseta regata e chinelos! Havia se mobilizado com os próprios recursos para chegar lá e vender camisetas durante os shows. Foi uma surpresa dar de cara com ele em plena Europa, como se estivesse no verão de Copacabana. Outra surpresa foi George Israel, do Kid Abelha, que estava passeando com a esposa pela França. Combinamos sua costumeira canja no saxofone em *Ska*, que seria muito bem-vinda para incrementar a gravação dessa música no álbum ao vivo.

Como gravaríamos o show, levamos a bateria completa, o mesmo kit que usei no Rock in Rio – valia o custo do excesso de bagagem, que ficou por conta da gravadora. Já tinha ouvido histórias de bateristas que tocaram em Montreux e usaram os tambores que o festival disponibilizava. Alguns relataram que ganharam pratos da marca Paiste, uma das patrocinadoras do festival, cuja fábrica é na

Suíça. De fato, ao chegar, constatei que havia um quiosque da Paiste no local e eles cuidavam de prover pratos a quem quisesse usar, mas apenas durante o show, um *backline*, como se diz. Daí para "ganhar os pratos de presente", parecia algo pouco provável. Aproveitei para fazer contato com os promotores da marca e tentar um tão sonhado patrocínio.

Na véspera do show, assistimos à apresentação do lendário guitarrista Pat Metheny, com nosso amigo Marçalzinho na percussão. Pena que ficou muito em cima para convidá-lo a participar de *Alagados*: eles seguiram para outro show no dia seguinte. Nos sentimos no clima de um verdadeiro festival de jazz.

Mais cedo, tivemos uma reunião com Marco Mazzola, um dos mais conhecidos produtores brasileiros. Era ele quem fazia a ponte para convidar os artistas da noite dedicada à música brasileira, uma das mais concorridas da programação. Mazzola nos apresentou ao criador do festival, o suíço Claude Nobs, que mantinha a tradição de apresentar cada uma das atrações. Os Paralamas não seriam exceção. Claude era um cara legal, entusiasmado com a música brasileira e sabia da nova onda de bandas de rock do país.

No dia do show, fomos de manhã cedo checar o som. Tentamos passar o show inteiro, mas não daria tempo. Tocamos algumas músicas, enquanto Liminha, da sala de gravação, de onde via o palco por monitores de TV, conferia tudo. Ao terminar o ensaio, ficamos ansiosos sobre o que tinha achado do som, do equipamento disponível e tudo mais. Liminha foi até o palco e nos respondeu com um jeito meio moleque, característico dele, parecendo um malandro paulista, com a fala meio mole:

– Tá uma cajardada comprimida!

Era a melhor forma de nos dizer que estava tudo no mais alto grau de qualidade.

* * *

Eu estava especialmente empolgado com aquele momento. Sempre esperei pela hora em que faríamos um registro oficial de uma apresentação ao vivo. Desde o início da rotina de shows estrada afora, eu incomodava o técnico de som do PA, pedindo que gravasse o show numa fita cassete de boa qualidade, que carregava comigo. Algumas vezes, conseguia; em outras, não. Nem sempre havia um gravador ligado à mesa de som lá na frente. Além disso, a mixagem para o PA quase nunca proporcionava um bom registro: ou a gravação ficava com a voz muito alta e o instrumental desequilibrado, ou o contrário. Mesmo assim, gostava de ouvir o resultado do show num walkman e mostrava ao Bi e ao Herbert. Algumas gravações eram horríveis, mas, a cada dez tentativas, ao menos uma soava razoavelmente boa.

Quando Savalla passou a trabalhar com a gente, as gravações melhoraram e ouvi-las era um ótimo exercício para aprimorar a performance. Comprei um walkman profissional, com entradas de gravação, e Savalla usava as saídas estéreo da mesa de som, com resultados muito melhores. Eu ouvia ostensivamente fitas cassete piratas – que arranjei não lembro onde – com gravações do Police de shows do início da carreira, 1979/80, em lugares pequenos como o CBGB ou num pub em Boston. Eram ótimos registros da banda, especialmente o som da bateria, destacada, explosiva, aquela pegada meio punk do Copeland nessa fase com ecos e efeitos. Mostrava as fitas ao Savalla na esperança de fazer uma gravação igual. Algumas vezes, ele até conseguia. Infelizmente, muitas dessas fitas se deterioraram com o tempo – frágeis que eram – e perdemos registros preciosos.

Naquele curto período desde que lançamos o primeiro álbum e nos anos seguintes, não tivemos oportunidade de gravar um show com mais requinte. Os do Rock in Rio estavam guardados num baú de difícil acesso, nunca tivemos a chance de ouvir nada do que foi registrado, fora o que apareceu na TV. Agora, teríamos a tão aguardada chance de gravar a sempre elogiada performance musical dos Paralamas, ironicamente, depois que deixamos de ser um trio ao vivo.

* * *

Chegou a hora do show. Curioso como no verão em Montreux ainda era claro às oito da noite. Estávamos prontos para subir ao palco do lendário cassino e disparamos na bateria eletrônica o som de palmas no ritmo de um ponto de umbanda. Brincamos que parecia uma "macumba de japonês", mas funcionava muito bem para criar um clima antes da banda entrar no palco. Nesse momento, como mandava a tradição do festival, Claude Nobs entrou em cena e começou a apresentar a banda em francês, chamando todos pelo nome, com aquele forte sotaque. Tomamos nossos lugares e Herbert começou cantando *Odilê, odilá*, do João Bosco, mas tropeçou ligeiramente num dos versos, o que acabaria por excluí-la do disco. Nada grave. Emendamos a inédita *Será que vai chover?*, que começou e terminou superbem executada.

O show era previsto para durar no máximo 50 minutos, dependendo do ok do Liminha lá da sala de gravação, caso fosse necessário repetir alguma música para termos uma versão alternativa. O show-teste que fizemos em Mendes, antes da viagem, serviu para nos dar segurança na gravação. Tudo funcionou, com excelentes condições técnicas e o som pesado e redondo, o que só fez aumentar nossa empolgação.

Como se fosse um flash, terminamos nosso set aclamados pela plateia formada por europeus curiosos em ver esse tal novo rock brasileiro, além dos expatriados e turistas que esperavam matar a saudade do Brasil com samba e animação prometidos naquela noite. Enquanto Herbert agradecia ao público, fomos avisados que Liminha achou tudo ótimo e pediu apenas que repetíssemos a música nova, para ter uma segunda versão bem gravada. O show terminou muito rápido, dava vontade de fazer tudo de novo...

Passamos o resto da noite assistindo ao festival. Também encontramos os outros participantes nos bastidores e camarins. João Bosco, com quem tínhamos mais afinidade, nos disse que ficou feliz por termos incluído uma música dele. Também se emocinou quando cantamos à capela para ele *Boca de sapo*, que gravou com Clementina de Jesus, um daqueles sambas tradicionais em que a letra fica impressa na memória. Outra atração do festival, Ivan Lins sempre teve ótima reputação no meio jazzístico e seu show foi muito apreciado pelos amantes do brazilian jazz. Beth Carvalho fechou a noite com aquela exaltação do samba, que me fez lembrar inevitavelmente do show antológico no Clube Social, anos atrás. Nunca me passou pela cabeça que um dia estaria com ela no renomado festival de música na Europa.

* * *

No dia seguinte ao nosso show, fomos convidados para almoçar na casa do Claude Nobs. Ele costumava receber os artistas, era uma tradição do festival. Além do magnífico chalé nas encostas da cidade que ficam cobertas de neve durante o inverno, outro atrativo era a exibição do nosso show em vídeo no sistema de TV da casa, com monitores de imagem nas salas e varandas e um sistema de som impecável. Nem conseguimos comer direito enquanto assistíamos. Os cortes de imagem eram perfeitos, as câmeras conseguiram cobrir tanto o Herbert cantando e tocando, quanto o Bi, sempre paradão, e o João Fera em ação nos teclados. Nas horas em que eu fazia uma virada ou uma pratada, aparecia tudo no detalhe, impressionante. Minha surpresa era por conta do sentimento comum aos bateristas, pouco lembrados nas filmagens de shows, em que o diretor, de dentro da sala de cortes, manda o câmera registrar os pés do cantor enquanto o baterista está fazendo a sua melhor parte na música. Isso costuma ser a regra. O que vimos ali foi uma aula de corte de imagem, ainda mais levando-se em conta que os caras da filmagem conheceram a banda na hora do show. Simplesmente incrível.

Fiquei cheio de macacos na cabeça, pensando no dia em que poderíamos lançar um vídeo com esse show, além do álbum ao vivo. Mas fomos informados de que o festival negociava separadamente o uso de imagens e a gravação do disco, já acertado pela gravadora. Se o álbum ao vivo dos Paralamas começava a nascer, ainda teríamos que esperar por um vídeo do show.

Estávamos em estado de êxtase depois da nossa apresentação em Montreux, para onde a imprensa musical brasileira olhava com atenção, dando generoso espaço aos shows, especialmente da noite dedicada ao Brasil. Os críticos presentes comprovaram que Os Paralamas levantaram a plateia com um set energético, enfileirando hits e ousadamente lançando uma música inédita, que prometia virar sucesso. Recebemos informações quase instantâneas de jornalistas presentes de que as reportagens sobre a apresentação foram as melhores possíveis. Com a doce sensação de mais uma vitória musical, rumamos a Paris, onde outro palco sagrado nos esperava: o Olympia.

36!
Hora de dar um giro pela Europa

Paris, a Cidade Luz. Não é à toa que a capital francesa recebeu esse epíteto. Assim como aconteceu na primeira vez que fui a Buenos Aires, Nova York e Londres, chegar a essa cidade me deixou em estado de perplexidade. Desde o aeroporto até o hotel, nos deleitávamos com as amplas avenidas e ruas seculares nos bairros residenciais, reafirmando a tão decantada característica solar da cidade. Olhávamos tudo com enorme curiosidade, recebíamos uma certa injeção civilizatória diante do transporte público que funciona, prédios preservados erguidos séculos atrás, teatros, monumentos. Mas eis que, enquanto caminhávamos até o Olympia, vislumbramos o famoso letreiro na fachada do teatro exibindo em letras garrafais: Os Paralamas do Sucesso.

Quem estava com a gente era Mauricio Valladares, com a função de fotografar a jornada para a capa do novo álbum. Ele começou a registrar nossas reações ao ver o nome dos Paralamas no lendário teatro, e quem sabe uma dessas imagens seria a escolhida para a capa. Em clima festivo, demos uma esticada até pontos referenciais da cidade, apesar do pouco tempo que tínhamos, já que o show seria em algumas horas. Na Avenida Champs Élysées, fizemos uma tumultuada sessão de fotos por entre carros e esticamos até o Arco do Triunfo, onde João Fera também foi enquadrado. Voltamos ao hotel e logo depois fomos checar o som no teatro, onde ficamos até a hora da apresentação. A plateia era formada por brasileiros que moravam em Paris e o show foi uma festa completa, com total interação entre nós e o público.

A passagem por Paris teve ares de uma epopeia, com mais um show que ganhou as hilariantes "manchetes paralâmicas de primeira página" profetizadas pelo Herbert tempos atrás, com forçado sotaque francês: "Paralamas explodê l'Ópera de Paris!". Errou por pouco na previsão: foi no Olympia.

Depois do show, pudemos desfrutar um pouco mais do clima da cidade e ainda tínhamos uma semana livre para viajar pela Europa. Assistimos ao show do grande guitarrista de blues americano Robert Cray, também no Olympia. Bi sugeriu que fôssemos até a loja de discos Fnac, uma versão francesa de grandes lojas como a Virgin inglesa e a Tower Records americana. Nessa época, começava a transformação no formato da mídia musical, com o vinil dando lugar ao CD. Nossa bagagem aumentou com muitos discos.

Na sequência, cada um partiu para um programa diferente no Velho Continente. Herbert e Bi alugaram um carro para dirigir pela França. Eu fui para Londres com Márcia, que tinha viajado comigo. Depois de uns dias passeando pela capital inglesa, tomamos um avião até Roma. Assim que chegamos, fomos ao Coliseu e... surpresa: demos de cara com Bi e Herbert! Parecia que tínhamos combinado, mas foi pura coincidência mesmo. Pulamos, dançamos e nos abraçamos, gritando e rindo tanto, que os turistas estranharam aquela arruaça e nos olharam enviesado. Para celebrar, combinamos de jantar no famoso restaurante Alfredo di Roma.

Acabou que dali em diante viajamos juntos de carro, subindo pelo litoral leste italiano até a França. Bi e Herbert seguiram viagem até Paris, enquanto eu e Márcia tentamos ir a um show do U2, UB40 e Pretenders em Montpellier, no Sul da França. Tomamos um trem-bala (TGV) até lá, na ilusão de que conseguiríamos comprar ingressos, mas foi frustrante: não havia bilhetes nem com cambistas. Voltamos ao hotel ouvindo ao longe a voz da minha grande musa Chrissie Hynde.

Resolvemos ir embora no mesmo dia para uma praia do litoral norte italiano. Tivemos sorte e conseguimos ingressos para um show da turnê do David Bowie, em Gênova, num estádio de futebol, na pista em frente ao palco. Depois desse superconcerto, fomos a um show do Gil num lugar bem intimista, uma pequena cidade da Côte d'Azur. Era engraçado ver o Gil se dirigindo ao público em francês no fim das músicas, mas com um certo sotaque baiano: "Mérci, mérci biân!" (pronúncia figurada de "muito obrigado!"). Aquela viagem para fugir da rotina dos palcos não evitou que eu presenciasse shows incríveis.

37!
"D" de disco?

Na volta ao Brasil, começamos a mixagem do disco ao vivo nos estúdios da Odeon. O Nas Nuvens estava sem agenda e não queríamos esperar. Tudo correu bem. Num par de semanas, os trabalhos estavam concluídos. Decidimos o nome do disco: como era o nosso quarto LP e de um show gravado ao vivo, batizamos o trabalho com a quarta letra do alfabeto: D. Simples assim: *D ao vivo em Montreux*. Selecionamos fotos do Mauricio para a capa e usamos uma que fizemos em frente ao Olympia, com o letreiro ao fundo. Esta imagem serviu bem, mesmo não sendo o cenário do Festival de Montreux. As fotos do festival usamos na contracapa e no encarte.

Liminha sugeriu fazermos um remix da música nova, *Será que vai chover?*, para usá-la como um disco promocional de 12 polegadas: de um lado, a versão oficial ao vivo, do outro, o remix. Criamos uma introdução bem climática e reformatamos partes da música, dando destaque para um riff de teclado com o som de clavinete, num clima de dub, usando ecos e filtros na voz e nos instrumentos. O álbum foi lançado em setembro. Imagens da nossa apresentação, liberadas pelo festival, foram usadas num clipe do *Fantástico*. A música nova teve ótima aceitação pelas rádios e pelo público nos shows, com a plateia sempre cantando junto.

No segundo semestre, voltamos a Buenos Aires para um show junto com uma banda local que não conhecíamos, chamada Sumo. Zé Fortes iniciava interações com produtores do conglomerado rádio/revista/show *Rock y Pop*, que capitaneava a cena do rock local e recomendou a dobradinha com o Sumo, com promessa de ótimo público. O show seria em 10 de outubro, no conhecido ginásio Obras Sanitárias, onde aconteciam muitos espetáculos.

O Sumo era um dos maiores exemplos da apaixonada devoção dos argentinos aos seus ídolos, o que percebíamos com um certo espanto. A banda e seu cantor, Luca Prodan, eram populares, embora a maioria das músicas fossem em inglês e longe de qualquer padrão comercial. Uma banda cult e popular ao mesmo tempo.

No dia do show, passamos o som, conhecemos os integrantes, mas o cantor não apareceu. Quando já estávamos nos camarins, pouco antes de subirmos ao palco, eis que surge um careca de média estatura, maltrapilho, com uma garrafa de vodca na mão, descalço, com os pés sujos e machucados. Depois do estranhamento, ele se apresentou como o cantor do Sumo. Ele e Herbert se deram bem e a conversa fluiu em inglês sobre afinidades musicais, indo dos clássicos ícones do rock, passando pelo punk, reggae e ska, ritmo que o Sumo também tocava.

Estávamos curiosos com o show deles, que fechava a noite. Para nossa surpresa, o Sumo foi simplesmente magistral. Tinham uma força, um punch incrível, e a voz de Luca alternava momentos de plena loucura e docilidade extrema, num repertório cantado em uníssono e com força por cada uma das milhares de almas presentes. Foi impressionante. Para Herbert, o Sumo ao vivo se comparava ao The Doors com toda aquela intensidade. Depois do show, nos reencontramos rapidamente nos camarins e prometemos retribuir o encontro em um show no Brasil. Mal sabíamos que até o fim do ano o genial Luca Prodan não resistiria ao álcool e às drogas. O almejado encontro jamais aconteceria.

Antes do fim do ano, recebemos um convite do amigo e diretor Robertinho Berliner para um especial no canal SBT, no formato de um programa musical. O nome do projeto foi inspirado no novo álbum, *D ao vivo*. Assim, o programa levou o nome de *V, o vídeo*. Robertinho estava bem perto dos Paralamas, principalmente depois do grande sucesso dos vídeos de *Alagados* e *A novidade*, que dirigiu no ano anterior. Quando soube do planejamento para a gravação do disco ao vivo em Montreux, acompanhou os ensaios em Mendes, no sítio dos Paralamas, e depois o show no clube local. Logo que retornamos da viagem, ele gravou entrevistas separadamente com cada um de nós e, depois, com todos juntos. Também acompanhou algumas viagens e bastidores de shows.

O especial teve ótima repercussão, ainda que exibido no SBT, canal que raramente apresentava esse tipo de programa menos popular, nos tempos em que música na TV era restrita a um formato engessado: paradas de sucesso, artistas, bandas fazendo playback etc. O especial dos Paralamas foi pioneiro e, mais adiante, seria copiado em outras emissoras. Enquanto não havia MTV no Brasil, era assim que a música buscava espaços criativos na televisão.

* * *

Seguíamos na estrada e Herbert aprimorava seu papel de compositor, mergulhando no fundo da alma para trazer as pérolas da sua inspiração. Antes mesmo que tivéssemos gravado a nova safra de ideias, lembro uma conversa que presenciei entre Herbert e Renato Russo numa daquelas madrugadas depois de ensaios ou gravações nos estúdios da Odeon. Herbert pegou um violão e mostrou ao Renato algumas de suas novas composições do que viria a ser nosso quinto álbum, *Bora Bora*, como *Quase um segundo*, *Uns dias* e *Dois elefantes*. Renato comentou sobre a coragem do Herbert em escrever sobre suas próprias experiências amorosas de forma tão explícita e intensa.

– Eu jamais teria coragem de fazer isso! – disse, com um certo espanto depois de ouvir as músicas ainda num formato bem embrionário.

Ali pelo fim de 1987, recebemos a grande notícia de que *D ao vivo em Montreux* seria nosso primeiro álbum lançado em compact disc, o CD. No dia em que os disquinhos chegaram na gravadora, corri para pegar os meus. Em casa, coloquei no CD player para apreciar o resultado. Achei que havia algo estranho à medida que as faixas se alternavam. A impressão era de que as músicas estavam muito rápidas e a rotação, alterada. Não parecia defeito do meu aparelho. Tirei o CD, coloquei outro no lugar para conferir se a velocidade de reprodução estava ok. Voltei a tocar o nosso CD e continuava com a rotação alterada. A prova final foi tocar o LP no toca-discos, para comparar, e concluí que o CD fora fabricado com a rotação errada. Liguei para o pessoal do estúdio, mas acharam que eu estava enganado, que era impossível isso acontecer. Fui ao estúdio e convoquei uma audição na sala de mixagem com um CD player profissional. Não deu outra: os técnicos constataram um erro no preparo da matriz usada para fabricar o CD. Todas as cópias vieram com esse defeito e teriam que ser recolhidas e destruídas. Não foi um começo auspicioso no mundo digital.

38!
Como agir ao encontrar seu ídolo

O fim de 1987 reservava ainda uma passagem marcante: o encontro inesperado com nossos ídolos do The Police. Vivíamos uma grande frustração com o fato de a banda ter encerrado as atividades. Não havia indícios de que se reuniriam novamente, depois de uma rápida participação num show da Anistia Internacional em 1986. Sting seguia com a carreira solo, Copeland se ocupou com trilhas sonoras para filmes e Andy circulava em festivais de jazz. Soubemos que um show da turnê mundial da Anistia passaria pelo Brasil, com um *line up* estelar: Sting, Bruce Springsteen, Peter Gabriel, Youssou N'Dour e Tracy Chapman. Mas seria apenas uma data em São Paulo, no estádio do Palmeiras. Dias antes do show, uma banda reunindo Copeland, Andy e o virtuoso baixista Stanley Clarke faria algumas apresentações no Brasil.

Iríamos ao primeiro show em São Paulo, na casa Projeto SP. Fizemos um bonde na data da apresentação, incluindo Mauricio Valladares, porque tínhamos certeza de que encontraríamos nossos heróis no backstage pós-show. No mesmo dia, gravamos de tarde o programa *Globo de ouro* com *Será que vai chover?*, no estúdio da Globo, no Rio. Saímos em desabalada carreira para pegar a ponte aérea até São Paulo. Quando chegamos, a apresentação já tinha começado. Eu mal podia crer que estava vendo meu grande ídolo da bateria ao vivo, na minha frente, tocando.

No repertório de músicas inéditas compostas pela banda, cantadas pela desconhecida tecladista Deborah Holland, tocaram ao menos uma do Police, *Driven to tears*, e aqueles supermúsicos destruíram na interpretação. De arrepiar mesmo. O som de caixa, as dinâmicas e acentuações nos pratos e no contratempo eram a assinatura do Copeland, que eu finalmente testemunhava ao vivo e a cores.

Assistimos hipnotizados, parecia um sonho. Mesmo sem o Sting, ali estava Stanley Clarke. A cantora americana nos parecia anacrônica quando tocavam as músicas desconhecidas. O ponto alto era mesmo o virtuosismo das feras em instrumentais, com momentos em que o baixo ora fazia a melodia, ora viajava em solos estendidos. Outro momento incrível foi quando tocaram *School days*, clássico do jazz fusion de Mr. Clarke. O teto do lugar quase caiu.

Eu estava em êxtase. Depois do show, um amigo produtor do Projeto SP nos levou ao camarim. Copeland foi logo dizendo que soube que éramos "o Police brasileiro", e eu respondi que a culpa era minha, porque tocava bateria por causa dele. Andy, a princípio, estava meio disperso, mas não demorou para conversarmos como velhos amigos. Bi trocou ideia com Stanley, enquanto Herbert e Andy falaram sobre frivolidades guitarrísticas. Contamos para eles o tanto que significaram para nós e ficaram lisonjeados. Fiz um convite direto ao Copeland para que produzisse nosso próximo álbum. Ele me passou seus contatos e disse:

– Coloque os tubarões da sua gravadora para falar comigo e veremos o que pode ser feito.

Infelizmente não houve evento pós-show, além do camarim. Tanto eles quanto nós teríamos que viajar para o Rio de Janeiro no dia seguinte. Eles fariam duas apresentações no Canecão e combinei de ir no *sound check*, na tarde do show. Pude ver, de muito perto, Stewart Copeland em ação, a maneira energética de tocar. Ficou evidente que muito do som de um baterista se define mesmo na sua pegada, mais até do que aspectos técnicos ou de equipamento. O cara sentava a mão nos tambores e pratos. Ele usava luvas para tocar e me disse que eram do tipo para jogar polo, esporte que praticou por um tempo até cair, quebrar a clavícula e ser operado. Eram mais macias e resistentes do que os modelos feitos para bateristas, que eu já tinha experimentado e não aprovei. Copeland disse, inclusive, que as argentinas eram excelentes. Terminado o ensaio, ele ofereceu a bateria para que eu tocasse um pouco. Claro que fiquei intimidado, mas consegui emular algumas batidas, apesar da emoção. Ele me pediu algo brasileiro e fiz levadas de bossa nova e de maracatu.

Comprovei ali que a afinação dos tambores não compunha a totalidade do som que ele tirava: era a mão, a pegada mesmo, que fazia a diferença. Falamos um pouco de obviedades, de baquetas, peles e pratos. Comentei da dificuldade em obter instrumentos no Brasil e ele me ofertou algum prato do set, mas teria que esperar o último show em Recife. Eu me beliscava para saber se era sonho... Ao ver um prato de uma linha nova, aceitei a generosa oferta. Era um Power Ride (condução) de 22 polegadas da Paiste, uma série denominada 3000, muito bonito, com uma martelagem bem destacada e um som cortante, de alto volume, que já tinha me chamado a atenção no show. Ficamos de combinar com alguém da produção para que me entregassem o prato. Por sorte, eu conhecia um cara que trabalhava na turnê, um apresentador de um programa de variedades na TV Gazeta, de São Paulo. Ele traria o prato de Recife e eu pegaria em São Paulo. Fiquei em estado de total ansiedade até que o presente estivesse em minhas mãos. O jeito era relaxar e esperar.

O show no Rio foi surpreendente, com uma plateia que juntava amantes do jazz fusion levados pelo Stanley Clarke e órfãos do Police. Foi mais um show de virtuosismo e improvisos. A cantora tecladista passou quase despercebida, coitada. No pós-show, consegui conversar mais com Copeland. Perguntei se o som de bumbo em *Every breath you take* era mesmo de uma bateria DMX e ele disse que sim. O bumbo foi programado e a bateria gravada toda em separado, desmembrada mesmo. Contou que preferiu a gravação de *Murder by numbers*, feita na primeira passada, com todos tocando.

Conversei com Stanley sobre basquete, porque sabia que era fã do esporte. Ele elogiou a forma como o Brasil derrotou os americanos no Pan-Americano daquele ano. Andy se mantinha distante, não dava muita conversa. Ainda nos encontramos no dia seguinte, pois rolou um boato de que haveria uma *jam* num estúdio, o que não aconteceu. Copeland e Andy seguiram para shows em Porto Alegre e Recife, enquanto Sting desembarcava em São Paulo para o megashow da Anistia. Havia uma expectativa da imprensa de um possível reencontro do Police no concerto. Eu já sabia que era pura fofoca, porque Copeland e Andy tinham descartado essa possibilidade. Terminada a nossa interface, cada um foi para um lado e eu fiquei naquela enorme ansiedade de pôr as mãos no prato que escolhi do *setup* do Stewart Copeland.

Herbert foi convidado para participar da coletiva de imprensa no dia do show da Anistia em São Paulo, para onde rumamos outra vez. Ficamos no mesmo hotel que os artistas, o "nosso" Hilton, muito movimentado por conta de tantos hóspedes ilustres e onde seria a entrevista. Era entrar no elevador e dar de cara com Peter Gabriel, Bruce Springsteen ou Sting.

O show foi apoteótico, só medalhões do rock, uma tremenda aula. O baterista francês Manu Katché acompanhava Peter Gabriel, Vinnie Colaiuta estava com Sting e Bruce Springsteen com sua E Street Band, formada por lendas do rock como Stevie van Zandt na guitarra, Clarence Clemons no sax e o genial Max Weinberg na bateria. Lamentei não conseguir encontrar com esses monstros dos tambores. O concerto foi uma injeção de autoestima no cenário nacional, parecia que estávamos definitivamente na rota de grandes shows de artistas renomados. Saímos de lá inspirados. Agora só faltava esperar mais um pouco até que o prato que me foi prometido pelo Stewart chegasse em minhas mãos. Minha última lembrança de tanta expectativa em ganhar um presente foi quando era criança e pedi uma bicicleta no Natal.

39!
Mais novidades a caminho

No início de janeiro de 1988, fizemos um show acachapante em Buenos Aires, abrindo a noite para Tina Turner, no estádio de futebol Monumental de Nuñez, com cerca de 80 mil pessoas. Éramos os *teloneros*, como são chamadas lá as bandas que tocam antes da atração principal. Tínhamos apenas alguns metros de palco na beirada da frente do equipamento da cantora, mas compensamos com total empenho. Muita gente parecia conhecer Os Paralamas e a reação foi ótima.

Herbert levou um curinga na manga. Sabendo da comoção com a recente e prematura morte do cantor da banda Sumo, Luca Prodan, apresentou uma famosa canção deles: *Heroína*. Não era uma versão da mesma música de Lou Reed, mas uma das mais densas e amarguradas interpretações do Sumo, cantada em uníssono pelo público nos shows. Combinamos de abrir o bis com essa música em inglês, que começa de mansinho e vai crescendo até o refrão gritado e angustiante: “Heroin!”. O resultado foi além do imaginado: o estádio cantou junto, numa emocionante homenagem a Luca Prodan. Saímos do show ovacionados e eletrificados pela tremenda experiência. Colocamos, assim, mais um pouco de asfalto na estrada que nos levava ao público argentino.

Antes, ainda no finzinho de 1987, começamos a experimentar nos shows algumas das músicas novas, enquanto preparávamos demos no estúdio 2 da Odeon. Herbert estava empolgado com a carga dramática da canção *Quase um segundo* e queria gravá-la apenas com violão. Fizemos testes com teclados, mas não somou ao arranjo mais intimista que ele desejava. Num dos ensaios, quem apareceu no estúdio foi Nana Caymmi, que estava gravando no mesmo prédio e ouviu a música ao passar pela porta aberta. Famosa por sua “boca suja” e frases de efeito, ela elogiou a canção e vaticinou:

– Porra! Essa pegou no útero! Que beleza, dá até vontade de gravar.

Com seu jeitinho sutil, sem ninguém pedir, ela deu uma opinião incisiva:

– Essa parte do “lá, lá, lá, lá” não está boa, não, pode tirar!

E saiu tão rápido como havia entrado. A opinião de uma diva da MPB sobre a música nova parecia um bom sinal.

* * *

O ano de 1988 começou já com um grande evento: fomos convidados para tocar em janeiro no Hollywood Rock, festival com atrações nacionais e internacionais, nos moldes do Rock in Rio, que infelizmente não voltava a ser realizado mesmo depois do sucesso da edição de três anos antes. Bi havia contraído hepatite no fim de 1987 e precisava ficar de repouso por um período. Ainda assim, conseguiu fazer o show em Buenos Aires, abrindo para Tina Turner, e as duas datas do Hollywood Rock, dia 7 de janeiro no Rio e 14 em São Paulo. Para esses dois shows, apostamos no uso de um naipe de sopros para algumas músicas, em especial, uma que já estava pronta para um futuro álbum: *O beco*.

Motivados pela inclusão do João Fera na banda, um músico desconhecido fora da panelinha dos profissionais que gravavam e tocavam com outros artistas, chamamos o irmão do Zé Fortes, Paulo Fortes, saxofonista, na intenção de evitar músicos consagrados. Lembrei que Paulo esteve uma vez ou outra nos ensaios do Gato de Louça, lá na Rural, quando tocava flauta transversa. Perguntamos ao Fera se ele conhecia algum trombonista. Ele trouxe um amigo dos tempos em que tocava com Wando. Nos ensaios, Paulo se saiu bem, não era profissional, mas estudara em Berkeley e se dedicou ao sax. O trombonista não se adaptou. João Fera, então, convocou outro amigo da época de baile, Mattos Nascimento, originalmente trompetista, mas que topou tocar trombone. Era um ótimo músico – além de engraçado –, que conseguia fazer tudo o que a gente pedia. Batizamos o naipe composto por apenas dois sopros (sax e trombone) como Os Árabes. Estava tudo pronto para o show em mais um festival.

O Hollywood Rock foi um grande evento, no auge do verão, com algumas das bandas internacionais mais populares do momento e nomes importantes do rock nacional. Nossa noite prometia: estaríamos acompanhados do UB40, banda de reggae inglesa, da qual éramos fãs de longa data, além de Simple Minds, liderada pelo cantor Jim Kerr e com vários hits nas rádios. Fiquei especialmente empolgado porque o UB40 teria a participação especial da minha diva Chrissie Hynde, fundadora do Pretenders, que cantava uma regravação do sucesso *I got you, babe*, estourado nas rádios.

Tivemos acesso ao pessoal do UB40 nas coletivas de imprensa e passagens de som e fomos convidados a subir ao palco no show da banda, quando tocasse o hino contra o regime racista do apartheid, ainda vigente na África do Sul. O mundo se mobilizava pela libertação de Nelson Mandela, que cumpria prisão perpétua por seu papel crucial no combate ao regime em seu país. Já até sabíamos de cor a letra de *Sing our own song* e do grito "amandla aweto" ("poder para o povo", em zulu).

No show do Rio, no Sambódromo, consegui entrar no camarim do UB40 quando Chrissie Hynde estava lá. Pouco mais de um ano antes, eu voltava da porta de um show deles na França e agora estava ali no camarim, com Mrs. Hynde na minha frente. Ali Campbell, com quem já tínhamos conversado, me apresentou a ela. Aconteceu a típica situação idealizada de como seria encontrar um ídolo, no caso, essa cantora que era uma paixão platônica. Quando achava que nada demais poderia acontecer, Chrissie me olhou de canto de olho, resmungou um "hi", balançou a cabeça como se estivesse espantando uma mosca e continuou a conversa com Ali Campbell. Famosa por uma certa antipatia, parte de sua *persona* oriunda da cena punk inglesa, ela me deixou no vácuo, e eu saí rapidamente por onde entrei. Levei comigo ao menos a olhadela da musa. Já tinha valido a experiência. Sem problema, Chrissie, eu ainda te adoro.

Nossos shows no Hollywood Rock no Rio e em São Paulo foram espetaculares, a plateia reagiu intensamente, até mais do que nas atrações estrangeiras. Esperava que Chrissie estivesse assistindo àquilo. Foi uma bela virada de ano, com megaplateias na Argentina e no Brasil. Embora minha musa não tenha dado a mínima para mim, nossa autoestima estava altíssima. Nos preparávamos também para mais um desafio: gravar um disco inédito.

* * *

Enquanto dávamos linha ao processo criativo do novo álbum, experimentei algumas oportunidades inusitadas em minha vivência musical. Eu estava quieto no meu canto quando nosso amigo tecladista e compositor Fábio Fonseca me chamou para produzir seu primeiro disco solo. A indicação foi do Liminha, que gostou do repertório e achou que eu poderia cuidar da produção. Gravaríamos no Nas Nuvens, um luxo para um artista novo. Fábio tinha uma coleção de músicas interessante, engraçadas, uma extensão da sua personalidade bem-humorada. Traziam forte influência da black music carioca, de Tim Maia, de Cassiano, dessa turma inspirada.

Em novembro de 1987, encontrei meu grande ídolo, Stewart Copeland, durante uma pequena turnê pelo Brasil tocando com Stanley Clark e Andy Summers. Ele foi camarada e conversamos muitas coisas, até sobre bateria. A foto foi um presente do Mauricio Valladares, com uma das nossas piadas internas como dedicatória

Durante uma fase, acumulei muitos acessórios eletrônicos no meu kit: pads de vários tipos, baterias eletrônicas programáveis... Tudo passava por uma mesa de som própria, uma verdadeira macarronada de cabos

Credenciais de dois shows acachapantes em janeiro de 1988: Hollywood Rock, em São Paulo, e abertura para Tina Turner, em Buenos Aires

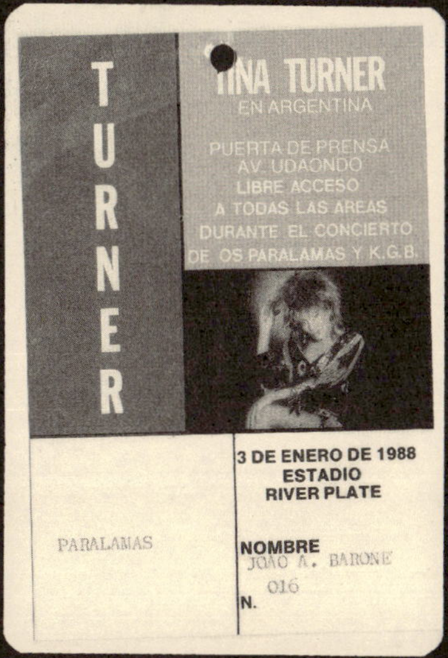

Arregimentamos músicos para arranjos de sopros e até de cordas. Foi um grande aprendizado. Acabei tocando a maior parte das baterias. Antes mesmo do lançamento do álbum, algumas músicas tocaram nas rádios, mas a que fez um certo sucesso foi uma paródia das baladas românticas da black music americana, com um refrão simulando um inglês daqueles falados pelos locutores de rádio que não sabem o idioma. A música, hilária, se chamava *Strombery combery*. A gravadora Warner chegou a divulgar Fábio Fonseca nas rádios e TVs, mas o disco não teve sucesso comercial.

Nos intervalos entre uma viagem e outra, fui chamado pelo Robertinho Berliner para fazer a trilha de um documentário dele sobre Angola. Trabalhei com o editor Sergio Mekler, tentando criar sonoridades que ajudassem a contar a história. Incorporei um pouco do personagem do Stewart Copeland em seu filme sobre a África, criando vinhetas e batidas para as cenas, uma vez que as filmagens proporcionavam bastante ritmo. O documentário acabou premiado. Nada mal para um iniciante nas artes das trilhas sonoras.

Outro convite mais que inusitado partiu do telefonema de um tal de Ed Motta. Ele se apresentou como sobrinho do Tim Maia e contou que tinha promessa de contrato na Warner para inicialmente gravar uma demo com sua banda.

– Poxa, falei com meu tio que ia te chamar para produzir a minha demo e ele aprovou. Você topa? – perguntou.

Aceitei o desafio, acreditando que contribuiria para o processo de uma banda sem experiência em estúdio, dando uma organizada no material deles, sugerindo arranjos, formatos e outras coisas elementares. Quem me deu força mais uma vez foi Liminha. Ele chamou Ed para uma reunião com André Midani, que viu um talento promissor naquele menino com vozeirão, inteligente e cheio de suingue, sem ligar se os seus quilinhos a mais fugiam do estereótipo de um popstar; o carisma falava mais alto.

Ed me chamou para um show de sua banda, a Conexão Japeri. Gostei muito. Outro dado importante era que meu amigo Fábio Fonseca tocava com ele e tinha composições no repertório. Fábio me reportou que Ed adorava seu disco que eu havia produzido no ano anterior. Gravamos um ensaio no Nas Nuvens e saímos com as músicas em fitas cassete para selecionarmos o repertório do disco. Tive que me virar para assumir a produção, já que Os Paralamas estavam entrando em estúdio para gravar o aguardado próximo álbum. A jornada de trabalho prometia ser intensa.

* * *

Um dia, arrisquei um telefonema para o Copeland. Ele morava numa casa de campo fora de Londres. Calculei o fuso horário e ele mesmo atendeu. Perguntei sobre a condição ideal para produzir um disco nosso. Ele sugeriu que fôssemos à Inglaterra, já que éramos da EMI, para gravarmos no famoso Ridge Farm Studios, em Surrey, arredores de Londres. O estúdio oferecia acomodações e, assim, uma melhor dinâmica de trabalho. Seria um sonho. Fiquei de acionar "os tubarões da gravadora" e falar com ele novamente. Copeland aproveitou para me perguntar se eu recebi o prato prometido. Eu disse que infelizmente não. Ele ficou desapontado. Garantiu que deixou com o tal cara da produção depois do show em Recife. Tentei esconder minha decepção fazendo graça:

– Tudo bem, vamos ver pelo lado bom: alguém neste exato momento deve estar muito feliz com seu prato.

Contei empolgado para Herbert, Bi e Zé sobre o telefonema para o Stewart Copeland e pedi uma reunião com o nosso diretor artístico, Jorge Davidson. Ele ficou de ver como seria o orçamento e avaliar os custos e condições sugeridos pelo batera do Police. Passados alguns dias, Jorge avisou que o orçamento seria inviável tanto pelos custos de locação e hospedagem do estúdio como pelo valor que o produtor cobraria. Não custou muito sonhar. Seguiríamos rolando a pelota dentro das nossas possibilidades.

Liguei para o Copeland para reportar que não poderíamos trabalhar juntos, ao menos por hora. Fiquei de enviar para ele um compêndio de música brasileira, com álbuns e eventualmente um CD recente com uma seleção de coisas interessantes para ele ouvir, entre elas uma fita com músicas do Egberto Gismonti, Hermeto Pascoal e do grupo de percussão mineiro Uakti, que fazia instrumentos com tubos de PVC tocados por pedaços de borracha. Foi pouco antes da mudança de Copeland para Los Angeles, onde se dedicou a trilhas de cinema. Esses contatos eventuais com meu ídolo já significaram muito para mim. Quem sabe um dia nos encontraríamos novamente?

* * *

O novo álbum começou a ser delineado num estúdio de ensaio na Barra da Tijuca, onde nos encontrávamos para experimentar as músicas novas do Herbert, pensar em como os teclados seriam usados pelo João Fera, assim como um naipe de sopros poderia ampliar nossas cores musicais, depois da experiência nos shows do Hollywood Rock. O repertório foi tomando forma e, em pouco tempo, nos sentimos prontos para entrar no estúdio. Decidimos gravar o disco no velho e bom estúdio 1 da Odeon, numa certa volta às origens, retornando ao lugar onde vivenciamos tantas coisas boas. Nossa curta experiência nos deixou à vontade para assumir os trabalhos, com o Carlos Savalla encabeçando o papel de produtor. Seria bom variar um pouco, pois éramos tão amigos e próximos do Liminha que parecia óbvio chamá-lo outra vez. Além do mais, ele era muito requisitado por artistas e bandas.

Herbert estava inspirado tanto em ideias de letras quanto musicalmente. Chegava com tudo bem definido, resultado de seu laboratório caseiro composto de um gravador porta-estúdio, um teclado Casio, bateria programável Korg, baixo, guitarra e violão. Como novidade, ele achava que deveríamos abusar mais do naipe de sopros e assumir isso nas canções. Essas ideias eram criadas por ele, que as passava aos músicos no violão ou mesmo cantaroladas, para serem abertas nas vozes de cada instrumento: sax, trompete e trombone. Esteticamente, as novas canções eram resultado do encantamento com a música africana e caribenha, além do reggae, um efeito residual das coisas que o Bi nos mostrava em seus discos. Tudo isso começava a aparecer na nova safra de músicas.

40!
Ousar para ir mais longe

Iniciamos os trabalhos do quarto álbum de estúdio com todo gás. A bateria foi montada no mesmo canto da sala onde gravamos *O passo do Lui*, desta vez, sobre um amplo praticável de madeira compensada com meio metro de altura, que comportava o kit num espaço de 2x3 metros. A elevação era proposital para melhorar a ambiência da sala, favorecendo a microfonação. Aquele era o exato local do tão aclamado “melhor som de bateria do rock nacional” e a bateria foi aperfeiçoada, tanto no número de tambores e pratos, como no tipo de peles usadas, resultando numa timbragem totalmente diferente da que obtive na outra gravação ali. Os tom-tons e surdo tinham peles porosas e de resposta, uma sonoridade mais viva, cheia de harmônicos, mais chegada aos timbres de meus referenciais Copeland, Ginger Baker e Mitch Mitchell e suas baterias que soavam como kits de jazz.

Algumas experiências com o posicionamento dos microfones nos levaram rapidamente ao som que eu desejava e gravamos as bases. Em seguida, registramos os instrumentos adicionais e as novidades que o Herbert trazia para se transformarem em frases executadas por um naipe de metais em brasa. Arregimentamos ótimos músicos e nos empolgamos com o resultado, o que fez crescer a necessidade de usarmos os mesmos sopros ao vivo. Estava claro que as frases de metais não eram só adereços; pela concepção do Herbert, eram parte das melodias e, caso não aparecessem ao vivo, as canções estariam incompletas. Nosso naipe de sopros continuava minguado, com o Paulo e o Mattos. Precisávamos buscar mais alguém.

Tivemos um dia muito especial de gravações com a participação de Charly García em *Quase um segundo*. A música ganhou um ar solene com a magistral performance de Charly no piano preto de cauda inteira Steinway, parte do acervo do estúdio, sempre rigorosamente afinado no padrão da nota Lá em 440 Hertz. O grande ícone da música argentina estava novamente com Os Paralamas. Herbert se tornava cada vez mais fã e inspirado por ele e por sua personalidade polêmica, sua inteligência e sua obra musicalmente ousadas. As influências de Charly eram determinantes para Herbert voar mais alto nas composições.

Em *Quase um segundo*, os dois gravaram em tempo real, tocando juntos: Charly ao piano e Herbert ao violão. Passaram a música por duas ou três vezes para se acostumarem ao formato, enquanto na mesa Savalla equilibrava os instrumentos e a voz do Herbert. A interpretação de ambos já estava digna de registro, sendo que Charly simplesmente detonou ao piano, demonstrando grande conhecimento técnico, profunda sensibilidade e criatividade. A ideia era fazer tudo soar da forma mais espontânea possível. A primeira gravação foi mais um teste, mas a segunda já parecia definitiva. Mesmo assim, tentaram um terceiro take, mas a opinião comum, inclusive a de Charly, sempre muito exigente, era a de que o segundo take havia valido. Eles atingiram grandiosamente o tal clima dramático que Herbert tanto desejava para a música. Inclusive, quando Nana Caymmi fosse ouvi-la, teria que aturar a parte do "lá, lá, lá, lá" magistralmente em destaque no fim do refrão.

O estúdio da Odeon dispunha de um lendário órgão Hammond, com caixa de som Leslie, um dos instrumentos mais icônicos da história dos teclados. O órgão foi fabricado dos anos 40 aos 60. O som era criado através de osciladores elétricos, mas os comandos e controles eram mecânicos. A sonoridade ganhava forma quando ligada numa caixa rotativa chamada Leslie, grande e pesada, onde um dispositivo com dois alto-falantes rodava loucamente, resultando num som espiralado – por isso, chamado de efeito Leslie – usado até mesmo por Jimi Hendrix na guitarra, em experiências de estúdio.

Os ajustes do órgão eram uma missão à parte, levávamos tempo experimentando a velocidade de rotação da caixa e marcando a posição das dezenas de barras mecânicas de controle (*drawbars*). Uma hora, achávamos o "som de pombo" do reggae, em outra, reproduzíamos o timbre roqueiro de um Jon Lord. Na gravação, foram posicionados microfones, um em cada lado da caixa Leslie, para captar o efeito rotatório em estéreo, que fazia toda a diferença. Os muitos momentos em cima do órgão Hammond buscando suas sonoridades ideais eram pura diversão.

Outra surpresa foi a forma inusitada de como um solo de trombone entrou na música que daria título ao disco: *Bora Bora*. Essa ilha na Polinésia Francesa apareceu numa música do Herbert como referência do paraíso artificial dos cenários do drama-romance *O fundo do coração*, filme cult de Francis Ford Coppola de 1982, um dos muitos na lista dos favoritos do Herbert. O casal protagonista sonhava em fugir de suas vidas medíocres para uma viagem inesquecível à tal ilha. Herbert achava que do meio para o fim da música precisava de algo diferente e sugeriu que Mattos fizesse um solo de trombone livre. Depois de repassar poucas vezes, Mattos colocou os fones, apertamos a tecla "gravar" e ele tocou de primeira. Paramos a fita, ele entrou na sala da técnica, ouvimos o resultado e pronto: foi tudo numa só passada! Ficou simplesmente incrível.

As gravações aconteciam com músicas sendo definidas no próprio estúdio, diferentemente do habitual. Levamos mais tempo do que nos álbuns anteriores, cerca de três semanas. No momento em que concluíamos as gravações, tivemos uma boa novidade: conseguimos apoio da gravadora para mixar o disco num renomado estúdio em Londres, o Townhouse, consequência direta de nossos resultados no mercado latino.

41!
Brazucas in London

O bonde dos Paralamas rumou para Londres, onde ficamos hospedados num ótimo apartamento perto da Baker Street. Além de nós quatro (Herbert, Bi, eu e Zé Fortes), estavam também Mauricio fotografando, Savalla e Renatinho Corrêa, técnico de áudio da Odeon que já havia trabalhado com a gente no disco *O passo do Lui*. O inglês Simon Fuller, de quem ficamos amigos quando ele era da gravadora no Brasil, agora estava na Odeon em Londres. Simon falava inglês/português fluente e foi convocado para nos recepcionar e cuidar dos trâmites da nossa estadia. Uma de suas missões era selecionar e não deixar faltar garrafas de bons vinhos, que eram impiedosamente esvaziadas por nós na volta do estúdio, noite adentro. Ressacas no dia seguinte eram constantes, mas, como estávamos em Londres, menos terríveis.

Levamos as cinco caixas de fitas de 2 polegadas envoltas em papel-alumínio para evitar choques térmicos, com o cuidado de passá-las por fora das máquinas de raio-x dos aeroportos para evitar danos. O estúdio Townhouse ficava em Goldhawk Road, a 16 minutos de metrô ou oito minutos de táxi de nossa "casa". Mais uma vez, estávamos adentrando uma espécie de campo santo da música. Nesse mesmo estúdio já haviam gravado The Jam, Peter Gabriel, Queen, Bob Dylan, Eric Clapton, Phil Collins... Usamos a sala 3, mais modesta, apenas com a mesa para mixagem.

Depois de acomodados em Londres, ainda levamos ao menos uns três dias para ajustar os procedimentos com os assistentes do estúdio. A mesa da marca SSL era moderna. Savalla e Renatinho passaram um tempo coçando a cabeça, até que conseguíssemos engrenar a segunda marcha. Enquanto isso, reencontramos Tonto, Vermelhão e Treme-Treme, nossos amigos ingleses do selo de reggae Fashion and Green Sleeves. Foram eles que atenderam nosso pedido e trouxeram um DJ jamaicano para fazer um *feat* em um tema instrumental com o título provisório de *Dub 2*. O indicado foi Peter Metro, que teve um breve momento de exposição na parada reggae londrina. Nossos amigos ingleses achavam que ele daria conta do recado.

Peter fez um improviso numa versão valendo. Chegou a fazer uma segunda, contando outra história na letra. As duas ficaram ótimas. Uma, intitulada *Don't give me that*, falava sobre os males da cocaína; a outra foi resultado da nossa conversa sobre as latas de maconha jogadas ao mar por um barco na costa brasileira que fez a alegria de quem conseguiu achar uma delas na praia, chamada *The can* (A lata). No fim da gravação, adoramos o resultado. Enfim, realizamos o sonho, mais um, de gravar com um cantor jamaicano que podíamos quase chamar de nosso. Uma grande alegria.

As coisas andavam bem, até que tivemos um susto tremendo. As fitas que levamos com tudo gravado começaram a apresentar um problema grave: estavam soltando óxido, anomalia conhecida como *tape shedding*. O pó de óxido ferroso grudava nas cabeças da máquina de gravação/reprodução, um defeito sério de fabricação que prejudicaria o material gravado, ainda mais num processo de mixagem em que é necessário escutar centenas de vezes cada fita para realizar os ajustes necessários nas músicas. Isso poderia comprometer o resultado do disco. Tivemos que administrar a crise da melhor forma possível, dentro do binômio prazo de trabalho e custos. As opções eram mandar as fitas para um forno especial, um processo longo e que não garantia que parassem de soltar óxido, ou fazer a transposição do material gravado para uma fita nova. Seria preciso ligar uma segunda máquina de 24 canais para copiar a fita, algo que o estúdio não oferecia e cujo aluguel seria caríssimo.

Não tínhamos tempo nem verba para rearranjar os trabalhos. Com essas opções descartadas, Savalla e Renatinho apelaram para uma medida extremada: fizeram uma "mixagem virtual" em cada canal da mesa antes de rodar a fita. Era preciso muito conhecimento dos padrões de volume e equalizações dos instrumentos e da voz em cada uma das músicas. Foi o maior teste a que esses técnicos se submeteriam para aplicar tudo o que aprenderam em anos de estúdio. Pela primeira vez na história do áudio, uma mixagem foi feita às cegas ou na surdina. Dessa forma, tentariam chegar num parâmetro aceitável, nos níveis e nas equalizações de cada um dos 24 canais, de maneira que ao menos conseguíssemos rodar a fita duas ou três vezes no máximo, antes que o defeito comprometesse o som gravado.

Como segunda medida preventiva, Savalla e Renatinho colocaram o inglês assistente do estúdio para segurar uma bucha de algodão hidrófilo, daqueles usados em primeiros socorros, e encostá-la ligeiramente na fita enquanto rodava, para limpar um pouco do óxido antes que atingisse a cabeça de leitura da máquina. Conseguimos chegar ao final da mixagem das fitas defeituosas, especialmente da música que estava numa das fitas em pior estado: *Uns dias*. Quando terminou essa última mixagem, foi um carnaval no estúdio.

* * *

Pouco antes de fecharmos a tampa da mixagem em Londres, aproveitei a chance e peguei um avião até Los Angeles – a passagem era superbarata –, onde Liminha estava gravando o novo álbum do Jorge Ben. Ele me convidou para ficar na casa dele e gravei algumas faixas no estúdio dentro do lendário complexo da Paramount, uma das maiores produtoras de filmes de Hollywood. Foi sensacional ir de Londres até L.A. sem escalas, voando outra vez num daqueles Jumbos que eu via pelos céus todo dia de manhã a caminho da escola, quando era criança. Minha irmã morava na Califórnia, mas nunca tive a chance de viajar até lá, porque as passagens eram caras. Foi emocionante encontrá-la ao chegar. Nos vimos rapidamente num dia, já que a cidade onde ela morava ficava a cerca de duas horas de Los Angeles. Passei uma semana incrível conhecendo um pouco da meca artística americana e, ainda por cima, gravando com Jorge Ben.

Tive um convívio breve, porém intenso com esse grande nome da música. Ele se declarava fã dos Paralamas e ficou animado com a minha chegada para gravar bateria em músicas ainda sem os arranjos finalizados. O processo foi bem dinâmico: ele e Liminha me mostravam as bases já gravadas, valendo, para eu substituir a bateria eletrônica usada de guia. As faixas eram a cara do Jorge, uma meio samba funk, duas eram bem afro e tinha até um foxtrote. Tudo atestando a genialidade temática das letras dele, sempre beirando o surreal.

Em vários momentos, me vendo ali tocando bateria, num estúdio em Los Angeles com um ícone da música brasileira, me peguei pensando sobre aquele baterista sem bateria da Universidade Rural, que vivia de um ônibus para outro pelos subúrbios cariocas. A vida estava sendo mesmo muito generosa comigo. Esse trabalho seria o primeiro depois da mudança de nome, de Jorge Ben para Benjor. Não consegui saber dele se foi por razões esotéricas ou por conta da história contada na época, a de que parte de seus direitos autorais estariam indo, por engano, para a conta do George Benson. Mas a mudança de nome foi realmente imposta por ele, agora era Jorge Benjor e ponto final – anos mais tarde, passaria a ser Ben Jor.

Nesse período em Los Angeles, me reencontrei com Gina Schock, baterista das Go-Go's, que me levou para conhecer a central da Paiste America, como me prometera. Comprei um monte de pratos por um preço especial e fiquei de enviar o material da minha banda para tentar um patrocínio. Ela também me levou a uma conhecida fábrica de peles de bateria onde, com excelente desconto, adquiri uma quantidade que me garantiria material por muito tempo. Ainda sobre equipamentos, Liminha me levou a uma loja de instrumentos dos sonhos, a Guitar Center, onde comprei uma bateria programável E-mu SP1200, que também era sampler, gravava sons na memória interna, um belo upgrade para as bases de percussão nos shows.

Fui embora da cidade dos sonhos dos artistas com vontade de voltar - outro lugar que tive a sorte de visitar por conta do trabalho. As curtas andanças por algumas das metrópoles mais importantes do mundo me davam uma certa percepção: Nova York, a cidade cosmopolita, democrática, boa de andar a pé; Paris, solar, secular; Londres, a cidade lunar, convite à introspecção; Los Angeles, a cidade perto do céu, uma luz incrível - vai ver que foi por isso que o cinema floresceu lá - e um céu azul-neon, com ruas e mais ruas e *freeways*, onde não se faz quase nada sem um carro. Me lembrei da música do Missing Persons, banda new wave americana de vida curta do talentoso baterista Terry Bozzio, com uma frase-símbolo que explicava bem a cidade: "Nobody walks in LA".

42!
De volta ao Brasil, Bora Bora!

Voltamos ao Brasil correndo com tudo para lançar o novo álbum. Definimos os nomes das músicas – sempre uma operação deixada para a última hora – e usamos uma delas como título do disco: *Bora Bora*. O nome derivado caiu bem para a composição da capa, mais uma vez a cargo do Ricardo Leite. Ele foi na onda meio tribal e de elementos tropicais sugeridos pela ilha, usando tambores, coqueiros e lanças indígenas com grafismos e umas letras transadas nesse clima. Adoramos de cara o primeiro teste da capa e aprovamos tudo em tempo recorde.

Depois da mandatória audição do disco, o pessoal da Odeon achou que a música de trabalho seria *Uns dias* e foi acertada a gravação de um clipe para o *Fantástico*. O roteiro era bem no formatão do programa, com imagens explícitas da letra, ou seja, numa estação de trem com pantomimas nossas na plataforma de embarque e dentro dos vagões, mas desta vez capricharam na parte em que a gente tocava. Foi o primeiro vídeo em que João Fera aparecia. A música pegou nas paradas de rádio e caímos na estrada. Fizemos um evento para lançar o álbum numa nova casa de shows de tamanho mediano em São Paulo, o Aeroanta. As críticas nos jornais foram positivas. Chegamos ao fim do ano em alta rotação de shows pelo país.

Consegui encaixar minha agenda para continuar a produção do disco estreante do Ed Motta e sua banda, Conexão Japeri. A rotina de gravações era exigente. Chegávamos às nove da manhã no Nas Nuvens e terminávamos às sete da noite. Quem teve papel determinante nesse processo foi o técnico de som Vitor Farias, um ótimo profissional, de grande conhecimento musical, que fugia ao padrão dos engenheiros de som muito "técnicos", cheios de regras e obedecendo parâmetros. Vitor me ajudou nas tomadas de decisões, nas dúvidas e nas questões que surgiram na gravação.

O resultado do disco foi notável. Uma música do meu amigo Fábio Fonseca foi escolhida para o lançamento do trabalho: *Manuel*. Inclusive, nesta, eu fiz questão de gravar a bateria. Ed Motta se mostrava um talento superdotado, muito inteligente

No lançamento da turnê Bora Bora, *no Canecão, tivemos a presença de Charly García (de óculos). Nesta foto no camarim, está ainda George Israel, que de vez em quando se juntava ao nosso naipe de sopros com Demétrio Bezerra, Paulo Fortes e Mattos Nascimento*

A mixagem de Bora Bora *aconteceu no estúdio Townhouse, em Londres, onde tivemos momentos apreensivos com as fitas que soltavam óxido, mas mantivemos o astral, como nesta foto com Zé Fortes, Hermano Vianna, Maurício e nosso amigo inglês Tonto*

e consciente do que queria musicalmente. Tudo indicava que seguiria adiante em voo solo, pois seus atributos eram claros. Nosso convívio foi muito instrutivo, ele me falava de artistas clássicos do R&B, do blues, de sua curta fase roqueira e da descoberta do jazz. Certamente aquela primeira experiência seria apenas um patamar na sua jornada musical. Também tivemos momentos engraçados. Ed era um comediante de sitcom, contava casos hilariantes. Se quisesse, seria um nome do *stand up comedy*. A cereja do bolo foi quando comentou:

– Pô, Barone, meu tio adorou o disco!

Tim Maia elogiou o álbum e ainda ressaltou que minha produção foi excelente. Não poderia haver elogio mais valioso, vindo de quem veio.

* * *

Olhando para trás depois de tantos anos, o fim da década de 80 pareceu passar numa velocidade alucinante. Depois do lançamento do *Bora Bora*, caímos na estrada e fizemos shows em lugares consagrados: Canecão, no Rio, na novíssima casa Olympia e no Projeto SP, em São Paulo, com temporadas de quinta a domingo, com todos os ingressos vendidos. Enquanto isso, várias músicas do álbum emplacavam nas rádios: *Uns dias*, *O beco*, *Dois elefantes*... Para surpresa geral, a tal balada angustiante *Quase um segundo* virou um megahit. No Canecão, contamos com a participação de Charly García para repetir ao vivo sua magnífica interpretação ao piano nessa música. Também tocamos a música dele que gravamos em seu disco, *Rap de las hormigas*, que a plateia curtiu. Tentávamos fazer algo em retribuição aos nossos amigos argentinos depois de tão valiosas experiências na terra deles.

Em setembro, fomos convidados para um programa na TV Globo com nossos compadres da Legião Urbana. Foi inevitável que a direção do projeto – a cargo de Roberto Talma e com nosso amigo Jodele Larcher como assistente – sugerisse tocarmos alguma música juntos, com as duas bandas no palco. Foi uma oportunidade para mostrar ao público nossa proximidade com a Legião, com quem vivenciamos muitas coisas antes que gravássemos um disco. Vale lembrar que foi Herbert quem insistiu ao Jorge Davidson que prestasse atenção na fita cassete da Legião, um diamante bruto, deixada sobre a mesa dele. Renato sempre atribuiu aos Paralamas a oportunidade de chegar a uma gravadora, ainda mais nas condições tão propícias para que continuassem sendo a Legião Urbana.

No especial de TV, cada banda preparou um set individual e, no *grand finale*, Renato e Herbert cantariam *Nada por mim*, parceria de Paula Toller e Herbert que já era sucesso com o Kid Abelha, regravada por Marina e até por Nelson Gonçalves. Era uma daquelas músicas de amor rasgado que, segundo Renato, Herbert teve a coragem de escrever. Foi tocada apenas com Herbert na sua Les Paul e Renato cantando. Fechando o programa, combinamos de tocar juntos *Ainda é cedo*, música do nosso minguado set list nos primeiros shows dos Paralamas. Na gravação, Herbert puxou o riff de *Jumpin' Jack Flash* e, de improviso, Renato cantou alguns versos; foi realmente uma *jam session*. Naqueles tempos de TV aberta, com todos os programas musicais manjados, o especial causou sensação – e ficaria guardado durante anos, até virar um DVD.

* * *

Estávamos fazendo shows pela Bahia, indo de cidade em cidade num ônibus, com músicos e equipe. Volta e meia, nessas viagens pelo Brasil, Mauricio Valladares nos acompanhava registrando tudo em sua câmera, e vários dias pela Bahia poderiam render bons cliques. Era fim de outubro e havia uma grande comoção nacional pelo encerramento dos trabalhos da Assembleia Nacional Constituinte, quando seria promulgada a nova Constituição brasileira. Os jornais e televisões mostravam os debates em Brasília, no Senado, com destaque para o Doutor Ulysses Guimarães, um gigante da política e seu jeito peculiar de falar, uma entonação que lembrava a de personagens de filme dos anos 50. Entre uma viagem e outra, eu e Mauricio resolvemos fazer uma bagunça no ônibus para que as aborridas horas de viagem corressem mais rápido.

Para tal, usaríamos o microfone para narrações de passeios turísticos, disponível no ônibus. Em homenagem ao pioneiro humorístico da rádio brasileira, o PRK-30, transmitido na Rádio Nacional nos anos 50, batizamos o nosso de PRK-Tiripapo. A pauta era o mais completo nonsense: comentários sobre o show da noite anterior, paródias, invenção de patrocinadores esdrúxulos, tudo na mais completa galhofa, com alguns momentos culminantes, entre eles a minha imitação do comentarista Paulo Francis com seu jeitão boca-mole e o encerramento quase apoteótico das "transmissões": a interpretação do Doutor Ulysses conclamando os presentes a entoar o Hino Nacional, tal qual no momento histórico que ele protagonizou na promulgação da nova Constituição – os registros desse momento comprovam a emoção coletiva e a total falta de musicalidade do Doutor Ulysses. As palavras não fazem jus ao ataque de risos que tomava conta da galera dentro do ônibus. Nesse *tour* pela Bahia, a próxima entrada no ar da PRK-Tiripapo era tão aguardada quanto o próximo show.

Para encerrar um ano muito movimentado, recebemos a notícia de que o selo de world music europeu Intuition Records queria lançar *Bora Bora* nos Estados Unidos e na Europa. Herbert citava nas entrevistas – depois de um certo amadurecimento a partir da repercussão do álbum *Selvagem?* – a conhecida frase de Leon Tolstói redescoberta nos tempos em que o mundo se tornava menor em decorrência da aldeia global: "Se quer ser universal, comece por pintar as cores da sua aldeia". O roteiro "maquiavélico" dos Paralamas de se diferenciar no meio do bonde do rock brasileiro estava indo de vento em popa, e o melhor: adorávamos aquilo tudo.

43!
Está escalado o Scretch da Boca

A turma que ancorou o rock definitivamente como expressão da música brasileira estava a todo vapor no fim dos anos 80. Artistas e bandas da já não tão nova geração se consagraram com a alta popularidade e as grandes vendagens de discos, além de shows concorridos, um cenário sonhado por muito tempo e que se tornou realidade. Construiu-se uma grande rede, fomentada por artistas, imprensa, TVs e rádios, que se retroalimentava desse nicho estabelecido no showbiz nacional. Votações dos melhores do ano realizadas por revistas e jornais entre seus leitores comprovavam como o rock brasileiro tinha assumido um lugar importante na cena musical.

Em 27 de dezembro, houve um grande concerto de rock em Buenos Aires para celebrar os cinco anos da volta da democracia, aberto ao público, realizado no trecho inicial da Avenida 9 de Julho. Fomos convidados a participar do evento, um atestado de que estávamos cada vez mais reconhecidos como locais naquele país. Até onde nossa memória nos permite lembrar, foi nessa ocasião que fizemos programas turísticos na capital, entre eles o de visitar as casas de tango no tradicional bairro La Boca, onde fica o famoso Caminito, palco das tanguerias tradicionais com seus shows de música e dança. Infelizmente me ausentei, abatido por uma enxaqueca.

Entretanto, fui acordado de madrugada pelos amigos: eles bateram no meu quarto para contar a grande situação que viveram. Numa das casas de tango, vislumbraram no palco um time de octogenários sentados, esperando a vez de cantar, acompanhados por um bandoneonista que não era mais jovem que eles. Da mesa em que estavam, depois de várias garrafas de excelentes vinhos argentinos, meus amigos começaram a identificar a semelhança entre os artistas enfileirados e alguns personagens conhecidos. Não demorou para que tivessem pronta a escalação de um time de celebridades, batizado como Scretch da Boca, que ficou assim determinado:

1 - Tia (uma simpática senhora que estava entre os presentes)

2 - Boca-Chupada (o nome já diz tudo)

3 - Vermelhão (lembrava um integrante do trio de amigos ingleses do Mauricio)

4 - Tonto (outro amigo do trio, parecia com o amigo do Zorro)

5 - Treme-Treme (idem, por conta das mãos trêmulas)

6 - Vinícius Pai (parecia o pai do Vinícius Cantuária)

7 - Peruquinha (devido à tentativa de esconder a calvície)

8 - Mister Magoo (o simpático velhinho do desenho animado)

9 - Fantoni (Orlando, ex-jogador e depois treinador do Vasco)

10 - Bolinha (era o mais bem fornido dos presentes)

11 - Balão (parecia estar simpaticamente embriagado)

A escalação, por si só, já causava risos, mas a forma como Herbert a narrava, com a empolgação típica dos locutores de rádio, triplicava o efeito hilariante. Impressionante como essa escalação marcou a memória de todos nós, mais que qualquer outra escalação de grandes times, até mesmo da seleção brasileira do tricampeonato. Chegamos ao requinte de revezar a narração, cada um falando um par de "jogadores" e fazendo uma mímica junto com o nome, culminando com o gesto de um balão subindo. Foi assim que o Scretch da Boca entrou para a história da narração esportiva paralâmica. Aqueles singelos octogenários jamais imaginariam ser eternizados pelos Paralamas, tampouco souberam de sua fama além das fronteiras do bairro La Boca...

No dia seguinte, nos deparamos com um público de mais de 150 mil pessoas no histórico Concierto por la Democracia, ao lado dos maiores expoentes da música argentina, para celebrar os ares da democracia que voltavam ao país e ao Cone Sul; e nós representávamos o Brasil nesse contexto. Não havia melhor meio para expressar a liberdade de expressão, de conscientização e de justiça social do que o rock, com seus ideais libertários e antirreacionários, mais forte do que qualquer ideologia política. Era emocionante tomar parte nisso.

44!
O fim da década de 80

Começamos 1989 com o pé na estrada, passando com nossa caravana por várias cidades do Brasil e esticando mais uma vez até o Festival de Montreux. Nosso show estava enquadrado nos parâmetros da world music, rótulo inventado pela indústria fonográfica para qualquer tipo de música fora dos padrões do *mainstream*. De fato, nossas aventuras afro-brasileiras, somadas à chegada dos arranjos de sopros, nos gabaritavam a voltar ao festival. Convidamos Pepeu Gomes, o mago da guitarra brasileira, que se apresentava na mesma noite, para uma animada canja no bis. Refizemos todo o périplo, com direito a almoço na casa do Claude Nobs. Desta vez, não houve registro de nossa apresentação – quem sabe esteja perdido por entre os arquivos do festival.

Da Europa, seguimos para tocar nos Estados Unidos, no The Ballroom, em Nova York, na programação de um famoso evento musical: o New Music Seminar, que acontecia em casas de todos os portes. A cidade ficava repleta de shows de bandas e artistas emergentes, especialmente de selos independentes, mas também de grandes gravadoras. Por conta de algumas conexões via Arto Lindsay – amigo de Hermano Vianna e líder de uma banda super-hype chamada The Lounge Lizards –, soubemos que David Byrne queria convidar Herbert para cantar numa música de seu aguardado primeiro álbum solo, aproveitando nossa passagem pela cidade. Ficamos de nos encontrar no dia da gravação mesmo, no estúdio Right Track, na Rua 48, ao lado das lojas de instrumentos. Criamos grande expectativa para o reencontro com ele, depois de nosso rápido contato no camarim do SOB's, em 1986.

David foi muito cordial, disse adorar Os Paralamas e declarou ao longo de nossas conversas que Hermano era um dos caras mais legais e inteligentes que já tinha conhecido. Contamos a ele sobre uma polêmica que rolou no Brasil quando muitos locutores de rádio acharam que uma música do último álbum dos Talking Heads, lançado em 1988, era plágio de *Alagados*. A música se chamava (*Nothing but) flowers*, do álbum *Naked*. Ele achou curioso e não reconheceu nada explícito entre as duas canções, até brincou que, quem sabe, seria um plágio subliminar.

Mr. Byrne mostrou ao Herbert a música *Office cowboy*, que cantariam juntos. Para nossa surpresa, era uma batucada de samba com cavaquinho e guitarra havaiana, incluindo um solo de trombone chorado, no melhor estilo gafieira. A letra era muito maluca, com partes em português, contando as agruras de um caubói urbano. Foi feita em coautoria com Arto Lindsay, filho de americanos crescido no Recife. Até certo ponto, não era de surpreender essa letra vindo de um cara que já havia escrito *Stop making sense*. Na hora de gravar, Herbert sofreu até conseguir cantar no tom exigido, num certo falsete, um tremendo desafio. Mais tarde, David Byrne apareceu no nosso show, mas não aconteceu de fazermos alguma coisa juntos, uma pena.

* * *

Voltamos ao Brasil inspirados para começar as gravações de outro álbum. Nessa época, com a saída do saxofonista Paulo Fortes, irmão do Zé, recebemos em seu lugar Monteiro Júnior, indicado pelo trombonista Mattos Nascimento, que já vinha tocando com a gente, trazido pelo João Fera. Mattos também trouxe o trompetista Demétrio Bezerra. A velha regra do "amigo traz amigo" funcionou bem.

Herbert já havia nos mostrado os esboços das músicas novas, muita coisa diferente: afrobeats, bossa nova e balada-rock. Estávamos atirando para todo lado. Continuamos a autoprodução nos estúdios da Odeon. Nos parecia confortável e os resultados do *Bora Bora* – tirando o episódio da fita com defeito – foram satisfatórios. Afinal, em qual outro estúdio poderíamos parar os trabalhos para jogar vôlei usando as tapadeiras[1] acústicas como rede, separando o campo entre as duplas?

As partidas de "vôlei de estúdio" eram tão empolgantes, que até o presidente da gravadora compareceu para jogar, se revezando com as duplas formadas por nós, técnicos de som, assistentes e outros amigos músicos, como os caras da Plebe

[1] *Tapadeira acústica é um biombo de madeira com rodinhas, usado como rebatedor para controlar a ambiência de uma sala, refletir ou bloquear o som dentro de um estúdio. Pode ter um lado que absorve o som, feito de carpete ou acolchoado, e o outro com uma superfície reflexiva, como fórmica ou mesmo ladrilhos colados na madeira e assim servir para o efeito desejado. Algumas possuem uma área de vidro para que os músicos façam contato visual com outros músicos ou com o engenheiro de som dentro da técnica.*

Rude, Dado Villa-Lobos e George Israel. Ninguém imaginava que aquele complexo de estúdios, com placa de bronze descerrada pelo Príncipe Charles em 1978, agora servia como quadra para intrépidos músicos-atletas. As linhas da quadra eram feitas com metros de fita crepe esticados sobre o carpete. O mais inusitado era que as duas tapadeiras tinham uma janela de vidro cada uma, na parte superior, servindo como o único ponto onde era possível ver os oponentes preparando a cortada, o que só aumentava a emoção do jogo. Tanto as cortadas indefensáveis quanto os pontos de bloqueio eram celebrados enfaticamente pelos participantes. Para não atrapalhar os trabalhos, as partidas aconteciam só no final das gravações e seguiam noite adentro.

Quando Herbert nos mostrou *Lanterna dos afogados*, explicou que a letra era baseada numa passagem do livro *Jubiabá*, de Jorge Amado, escrito em 1935, época em que o romancista demonstrava suas inclinações comunistas. Nesse clássico da literatura, ele já narrava o choque cultural até hoje presente na nossa sociedade. Lanterna dos Afogados é um bar fictício na região portuária de Salvador, onde as castas da sociedade se encontram e as esposas dos pescadores aguardam o regresso de seus amados. A narrativa social do escritor baiano gerou uma rasgada letra de amor.

Herbert achava que a música se prestava a um formato de balada-rock à la Whitesnake, algo fora da nossa órbita estilística, mas que servia como ponto de partida ao que tinha em mente. Ele criou a introdução de piano e passou a melodia, nota por nota, para João Fera, terminando com um pequeno ostinato. Eu programei uma batida na bateria eletrônica para servir de guia, usando sons de tabla indiana e pandeirolas que funcionaram tão bem que acabaram incluídos na gravação. Herbert sugeriu a entrada da bateria meio "no susto", depois do primeiro verso. Me inspirei na introdução de *King of pain*, feita pelo Copeland. Herbert propôs o uso do flugelhorn para pontuar a música, magnificamente interpretado pelo Demétrio Bezerra.

Para dar mais peso à sonoridade, usei uma caixa mais funda, de 6,5 polegadas, com afinação um pouco mais grave do que a habitual, e o resultado agradou. O arranjo parecia sofisticado para uma balada-rock: uma melódica introdução de piano, o esmerado solo de flugel no meio, com a "respirada" do instrumental na volta e o inspiradíssimo solo de guitarra à la Jeff Beck no fim. Mesmo com todos esses requintes, a canção ficou com uma cara de hit radiofônico, que provavelmente a faria sair na frente como música de trabalho do disco. Estávamos agradando à torcida dos setores da gravadora, mas ainda havia muita coisa esquisita na fila para gravar nesse disco.

Eu e Bi eventualmente nos encontrávamos sem o Herbert para tocar e acabamos criando alguns grooves e levadas que serviram de base para músicas de vários álbuns. Isso aconteceu em *Selvagem*, *A novidade*, *Melô do marinheiro*, em *Impressão*, do disco *Bora Bora*, e também em *Perplexo*, que faria parte do novo trabalho. Bi havia me mostrado alguma coisa do ritmo do momento na Jamaica, o tal do sleng teng, que, entre suas muitas versões, tinha uma com uma batidinha nervosa e caixa bem presente. Achei que poderia funcionar e tentei reproduzi-la, marcando o tempo com a mão direita na caixa, sem usar o Hi-Hat, com o bumbo fazendo uma levada de baião. Ficou diferente. Tocamos juntos, e Herbert e Bi adoraram. A linha de baixo que o Bi criou também foi determinante, deu um clima meio de pantomima e complementou a sátira da letra criticando o momento social. Assim foi andando o arranjo de *Perplexo*, que desde o início parecia funcionar tanto num salão de forró como numa discoteca.

As ideias de repertório para o novo álbum ricocheteavam pelo estúdio. Herbert estava afiado. Desde o álbum anterior, o uso dos sopros teve impacto em suas composições. Muitas das ideias surgiam de um dia para o outro. Ele chegava ao estúdio com uma nova frase para os riffs de metais, que davam um punch melódico e rítmico às músicas. E ainda pintaram parcerias inusitadas com Liminha e comigo. Liminha reapareceu depois de um tempo distante. Nós sempre fomos muito próximos, não só por morar no mesmo prédio. Desenvolvemos grande afinidade, gostávamos das mesmas músicas, ríamos das mesmas piadas, aquela coisa de turma mesmo. Mas ele também tinha afinidades com outros grupos, como os Titãs, do qual virou praticamente um integrante. As ótimas experiências na autoprodução, com Herbert no conceitual e Savalla no lado prático, nos levaram a repetir a dose na forma de trabalhar. De vez em quando, Herbert trocava figurinhas com Liminha sobre o andamento das gravações.

– Vocês não precisam de produtor, já sabem tudo! – ele dizia.

Numa das interações com o Seu Arnolpho, como Liminha era carinhosamente chamado, rolou uma parceria que deu origem à faixa *Dos restos*. A música tinha uma levada estilo Prince, que Herbert ouvia na época, resultando num funk meio rock com riffs de sopros da Motown. A faixa foi intencionalmente emendada em outra, *Pólvora*, que ficou com um arranjo tipo se James Brown gravasse um reggae, em função da nossa afinidade com o UB40. Nessa música, Mattos Nascimento, nosso trombonista, fez um solo magistral. Ele usou um instrumento com válvulas e não o tradicional de vara, que lhe permitiu tocar notas em *staccato* com muito mais velocidade e precisão. O solo ficou tão bom, que se tornou arranjo dos sopros: nos shows, o naipe inteiro – trombone, sax e trompete – passaria a fazer junto, ao vivo, o solo da gravação.

Tomei coragem de mostrar mais uma letra para Herbert. Eram divagações sobre as tentativas de explicar o amor de um ponto de vista racional, mas que de nada adiantavam na prática, partindo do verso inicial "Esqueça o que te disseram sobre o amor, vai ser diferente". Herbert adorou a ideia. Quase no fim das gravações, ele apareceu com uma letra mantendo só o verso "esqueça o que te disseram". Achamos ótimo e formatamos a música com uma levada afrobeat, bem alto-astral. Fizemos umas brincadeiras com coro de vozes à la Bhundu Boys – grupo de cantores africanos que ficou famoso após gravar no álbum *Graceland*, do Paul Simon. Usamos um riff de sintetizador magistral na introdução e inserimos um arranjo de metais no fim. Possivelmente é a melhor forma derivativa da música africana que já realizamos. Mesmo com a letra totalmente modificada, Herbert me deu a parceria.

Fica difícil lembrar e destrinchar cada uma das faixas dos álbuns que gravamos. Nessa época, diferentemente do que costumávamos fazer, resolvíamos muita coisa na hora de gravar. Poucas músicas foram testadas nos shows e algumas nem seriam executadas ao vivo, como a ousada bossa nova *Nebulosa do amor*, ou a "afro-sinfônica" *Se você me quer*. Estávamos abrindo um pouco mais as possibilidades criativas dentro do estúdio, mas, mesmo assim, era um processo dinâmico, não passávamos muito tempo "rodando lâmpada"; queríamos ver as músicas prontas logo.

Uma das experiências espontâneas foi uma embolada sobre um retirante nordestino e seu cachorro vira-lata. Por coincidência zodiacal, quem passava pelos estúdios da Odeon nesse dia era o nosso ídolo Alceu Valença. Ele entrou quando estávamos no carpete, rolando de rir da primeira tentativa de tocar e cantar aquela piada musical. Alceu, que achou a ideia hilariante e muito boa, batizou-a de *Rabicho do cachorro rabugento*, gravada no disco com uma versão ao violão e outra mais chegada num reggae eletrônico.

Outra música inusitada foi *Jubiabá*, versão de uma canção americana feita por Gerônimo Santana. Nós o conhecemos nas idas e vindas a Salvador, quando aprendemos tudo sobre os blocos afro e fomos convidados a subir em um trio elétrico, testemunhando o nascimento de outro fenômeno local: o Olodum. Gerônimo, conhecido cantor e compositor, havia emplacado nas paradas locais *Eu sou negão*, que retratava o clima do carnaval de rua baiano, com trios e blocos afro dividindo os espaços da cidade. Ele nos deu aulas sobre a influência africana e a herança das músicas caribenha e cubana, taxadas como de mau gosto e restritas aos guetos de pobreza por conta da perseguição política e cultural na ditadura. Passado o tempo, a música afro-caribenha mostrou sua influência na construção de tendências musicais na Bahia.

45!
O big bang do Big Bang

Depois do nosso já costumeiro processo aleatório de batizar as músicas e o álbum, finalmente demos cara ao novo trabalho: *Big Bang*. Durante um curto período, o título provisório do disco era "Rumo ao Planeta Ovo", por conta de experiências extremadas com odores provenientes da flatulência de integrantes da banda, em ônibus e quartos de hotel. O nome *Big Bang* surgiu como uma alternativa mais condizente. Na época, se falava muito sobre as teorias de expansão do universo popularizadas pela série de TV apresentada pelo cientista Karl Sagan. Deixamos de lado o Planeta Ovo e fizemos uma mudança de curso, rumo à teoria da explosão que deu origem ao expansionismo universal. Como uma mensagem velada ao antigo nome do disco, inserimos uma foto de cosmonautas soviéticos embarcando em um foguete. Pouca gente além dos Paralamas sabia que, na verdade, aqueles heróis estavam indo ao Planeta Ovo...

A turnê *Big Bang* estava para começar e resolvemos experimentar uma novidade: teríamos um palco cenográfico. O convocado para a missão foi um amigo do Zé Fortes, Cláudio Torres, que trabalhava com cenografia em teatro e cinema. Ele apresentou em desenhos e maquetes a ideia de painéis em forma de diafragma para dar uma noção de infinito no fundo do palco, que mudariam de forma com cores e sombras da iluminação. Adoramos tudo. Caímos na estrada em palcos mais nobres e onde fosse possível montar a cenografia.

Outra novidade foi uma vinheta de abertura, que, somada à cenografia, criava um clima de suspense antes do início do show. Pensamos em ruídos simulando um evento da criação do universo. Philip Glass se orgulharia do resultado: uma colagem de sons dos mais agudos aos mais graves, sobrepostos em camadas, feitos com pedaços de trilhas sonoras de cinema, sintetizadores e tambores eletrônicos processados por efeitos, culminando com uma explosão cenográfica.

Um aparato produzido com uma base e um cano metálico era preparado com uma certa quantidade de pólvora para ser detonada através de um interruptor, co-

O álbum Big Bang*, diferentemente dos anteriores, foi em grande parte concebido no estúdio, onde experimentamos as músicas antes dos shows. Quem acompanhava tudo com atenção era o técnico de som Renatinho, nosso fiel companheiro na Odeon*

mandado pela mesa de iluminação, no fim da vinheta sonora. Depois da explosão, começávamos a tocar o instrumental *Vulcão dub*. O efeito era impactante. O pessoal da equipe de luz e cenografia foi fazendo experiências até achar a quantidade correta de pólvora para usar no tal aparato, que se localizava adivinhe onde? Em frente à bateria!

Antes do show começar, no escuro, todos entravam no palco até suas posições, a vinheta de abertura era acionada e eu já estava na bateria quando detonavam a carga explosiva que produzia um grande efeito sonoro e visual; uma explosão altíssima, uma enorme labareda de fogo e muita fumaça. No dia do primeiro show, colocaram tanta pólvora no aparato que o cano metálico rachou com a explosão e recobriu minha bateria de pólvora queimada. Apesar de eu nunca ter ficado chamuscado, era comum terminar a apresentação com vestígios de pólvora na cabeça. Por conta dessas explosões, mais ou menos por essa época, comecei a usar protetores auriculares, aquela espuminha laranja que se expande e protege a audição de danos em decorrência do volume.

No segundo semestre de 1989, eu e Bi criamos um projeto paralelo de uma banda de reggae, depois que ele assistiu a um show do Nabby Clifford, cantor de reggae que veio de Gana para o Brasil. Ele tinha um programa de rádio dedicado ao estilo e se apresentava em bares e pequenas casas de show no Rio. O grupo era uma forma de nos aprofundarmos ainda mais nesse gênero, tocando clássicos e coisas mais recentes. Batizamos o projeto com um nome típico pelo qual os jamaicanos se referiam ao estilo musical tão importante da sua cultura: The Mighty Reggae Beat, algo como "a poderosa batida do reggae", numa tradução livre.

A banda tinha João Fera nos teclados, Ricardo Serpa no saxofone, Demétrio Bezerra no trompete, Mattos Nascimento no trombone e Nego Beto na percussão. Conseguimos uma certa personalidade ao interpretar clássicos de Bob Marley, Peter Tosh, Frankie Paul, até os "novatos" do UB40. Fizemos shows em palcos modestos, mas também no famoso Jazzmania. Foi uma experiência e tanto, eu e Bi nos sentíamos a dupla Sly & Robbie brasileira. No projeto, usei um kit eletrônico da Simmons com sonoridades típicas do reggae. Foi bom enquanto durou, já que nossa agenda não nos permitiu manter o Mighty Reggae Beat por muito tempo.

* * *

Desde o fim de 1989, havia grande expectativa mundial com a perspectiva de libertação de Nelson Mandela. Diante disso, quando começamos a turnê *Bora Bora*, prestamos uma homenagem ao líder africano, incluindo uma música da banda inglesa de reggae-ska The Special AKA, intitulada *Free Nelson Mandela*, uma ode à libertação do homem preso há 27 anos. Em 11 de fevereiro de 1990, quando tocaríamos em Salvador, o mundo recebeu a notícia da libertação. Nosso show na Concha Acústica do Teatro Castro Alves nos deu uma medida da mobilização geral e da forte ligação da população baiana com a figura do ativista sul-africano. Foi uma catarse quando tocamos a música em homenagem a ele.

Estávamos ocupados girando pelo Brasil no verão de 1990, com muitos shows, e não demos atenção aos alardes dos críticos sobre as novidades do rock brasileiro e quem sobreviveria dos artistas e bandas da geração 80. Nesse clima de "busca pelo novo", houve alguma renovação nas fileiras do jornalismo musical, jovens contestadores que pareciam ter "apetite para destruição", plagiando o título do álbum do Guns N' Roses de 1987. Existia uma disposição em detonar os artistas pretensamente estabelecidos e assim abrir espaço a novos nomes.

A ciranda de novidades e sabores do verão sempre orientou a indústria fonográfica, com seus modismos e artistas da hora. Mas, no Brasil, onde o espaço da música nas mídias ainda era incipiente, a postura de uma parte dos jornalistas ganhava ares de perseguição. Bandas e músicos com poucos anos de carreira foram considerados dinossauros. Assim, além do desafio criativo, os artistas surgidos nos anos 80 tinham que superar a má vontade da imprensa. No plano conceitual, causava algum incômodo se os críticos gostassem ou não de determinado disco. Mas, na prática, na execução das músicas nas rádios, nas casas de shows e nos ginásios lotados, todo mundo esquecia uma crítica ruim em jornal ou revista.

46!
Os not so easy riders

Um belo dia, Herbert sugeriu que fizéssemos uma viagem de moto, num clima *easy rider*, porém, mais light. Eu havia acabado de comprar uma moto nova, modelo trail 350, a mesma do Herbert. Bi tinha uma mais possante, de 600 cilindradas. Nosso roteiro começaria em Paraty, cidade histórica acessível, para onde seguiríamos pela Rio-Santos, sem muita aventura. De lá, iríamos até Visconde de Mauá pela estrada vicinal Paraty-Cunha, de chão mesmo. Mauá fica nos arredores da Serra da Mantiqueira, lugar que, nos anos 1970, era o recanto de hippies em busca de natureza e de experiências alucinógenas em florestas e cachoeiras geladas. Muitos ficaram lá vivendo em sítios e comunidades naturalistas.

A viagem começou bem, estávamos equipados com capacetes, casacos de couro, botas e luvas. Rodamos em fila indiana pela Rio-Santos, numa velocidade de segurança, sem passar de cem por hora nos trechos mais seguros. Num ponto da estrada, eu estava um pouco atrás do Herbert e vi um pássaro bater em cheio no seu peito, espalhando penas para todo lado. Apesar do susto, ele não perdeu o controle e paramos no acostamento. Se não estivesse devidamente equipado, teria se machucado.

Chegamos a Paraty no fim da tarde, onde acontecia a festa da padroeira da cidade. Nos acomodamos num camping, deixamos as motos e fomos andar pelo lugar. Músicos folclóricos acompanhavam cantos religiosos numa procissão pelas ruas. Tomamos umas cervejas, Herbert achou um vinho branco gelado e fomos dormir, os três na mesma barraca. No dia seguinte, acordamos cedo com a barulheira de um desfile escolar de 7 de Setembro.

Saímos para almoçar e acabamos reconhecidos por algumas meninas, que nos levaram às praias no entorno da cidade. Seguimos uma delas, que também estava de moto. Mais tarde, fomos apresentados à mãe delas, que morava numa bela casa de arquitetura rústica e era muita respeitada no meio cultural de Paraty. Nos convidaram a pernoitar por lá antes de seguirmos viagem. O jantar foi maravilhoso, feito em fogão à lenha. Comemos e bebemos como reis. Apareceu um violão e Herbert tocou e cantou a noite inteira, em retribuição à acolhida. No dia seguinte, tomamos café com pão caseiro e nossas anfitriãs nos convidaram a voltar em alguns dias para conhecer uns amigos belgas que estavam para chegar.

Seguimos até Mauá, nossa próxima parada. Tomamos a estrada Paraty-Cunha, onde enfrentamos muita lama (havia chovido na madrugada) e pedregulhos numa subida íngreme, com carros atolados mesmo no sentido da descida. Esse trecho acabou consumindo mais tempo do que o esperado, até chegarmos à Via Dutra, onde rodaríamos para a saída de Penedo e Visconde de Mauá. Almoçamos num dos muitos restaurantes de Penedo especializados em trutas. Na sequência, a estrada para Mauá era de terra, com trechos empoeirados e de areia fofa, exigindo a nossa destreza para não "comprar chão" (cair, na linguagem dos trilheiros).

Ao chegar, montamos nossa barraca num camping e saímos para jantar. A viagem estava sendo oportuna, nos reaproximamos. Não fazíamos algo sem compromisso desde os velhos tempos dos ensaios na casa da Vó Ondina. Não tínhamos hora, as conversas e os assuntos afloravam, podia ser sobre música, relacionamentos, espiritualidade, tudo o que vinha em nossas cabeças. Parecia que estávamos reapertando os laços afetivos. Na manhã seguinte, depois de uma noite num frio de rachar, seguimos até Mendes, encerrando a jornada dos "reis do asfalto" no sítio dos Paralamas.

Como consequência dessa viagem, Herbert se apaixonou por uma das meninas de Paraty. Conheceu os tais belgas e um deles se tornou um grande amigo, Joey, marinheiro que já havia velejado pelo mundo inteiro e passou um tempo trabalhando na produção de uma banda de que gostávamos muito, Kid Creole and The Coconuts. As tantas histórias do Joey fizeram com que ganhasse a admiração dos Paralamas. Esse estado de empolgação deu novo fôlego ao espírito aventureiro do Herbert, que aproveitava as brechas na agenda para ir de moto até Paraty. Um dia, ao fazer uma conversão na estrada de mão dupla, ele foi abalroado por um caminhão e caiu. Por sorte, teve só uma luxação no braço, que não o impediu de tocar. Mas o susto foi grande.

* * *

Eu quis me inteirar sobre conceitos de filosofias orientais, curiosidade que já tinha há tempos, quando soube que alguns tenistas bem-sucedidos complementavam os treinamentos físicos com meditação, resultando em mais foco e concentração. Muitos deles leram um livro chamado *The inner game of tennis* (*O jogo interior do tênis*, como foi traduzido no Brasil), baseado num antigo manual de praticantes de arco e flecha orientais. A tendência surgiu com o *power tennis*. Li o livro dos tenistas e o original, *A arte cavalheiresca do arqueiro zen*, escrito por um alemão que viveu no Japão do início do século XX, onde aprendeu a atirar de arco e flecha com um mestre zen-budista – ele compilou as experiências no manual.

Acreditava que esses conceitos poderiam ajudar tanto na concentração e no foco quanto na expansão musical, além de fugir dos padrões convencionais de estudo da bateria, deixar fluir mais instintivamente o ato de tocar. Expansão musical foi o que sempre admirei nos bateristas de bandas que nos shows tocavam com arranjos e improvisos diferentes das gravações, com mais "licença poética", especialmente o Led Zeppelin e, mais tarde, o Police.

Parecia uma forma de conciliar conceitos aparentemente distintos: o estado de alerta versus a espontaneidade necessários na hora de tocar, uma busca por algo que bateristas iniciantes perguntam: "O que passa na sua cabeça quando está tocando?". Muitos são mais mecânicos, pensam matematicamente, contam os compassos, fracionam o tempo e suas subdivisões, acentuam a marcação ou enfiam sua técnica e viradas onde couber. Outros parecem ouvir (ou sentir) melhor a melodia e assim mesclam a interpretação no instrumento com a música. Essa fluência parece decorrente de um estado de relaxamento na hora de tocar, uma somatória da capacidade mecânica (física) a um estado mental, que se adquire com a experiência. Na prática, a infalível receita de ficar em cima do instrumento, como eu dizia no início dos Paralamas, e Herbert e Bi até achavam engraçado.

Depois de um tempo filosofando, a constatação foi de que inevitavelmente tocar é uma somatória do cérebro com o coração. As possibilidades musicais perfazem um universo amplo, são diversas as abordagens sobre o ato de tocar na tentativa de harmonizar os lados prático e subjetivo. O importante é ter a mente aberta e procurar aprender sempre, sem perder a ternura.

****

A demanda de shows continuava firme depois do lançamento de dois discos praticamente seguidos, *Bora Bora* e *Big Bang* – antes de qualquer explicação estapafúrdia sobre os títulos desses discos serem palavras com a letra B, vale dizer que não

Herbert clicou esse momento de nossa viagem até Visconde de Mauá, quando a estrada ainda era de terra. Por sorte ninguém levou tombo durante a jornada

Em 1989, eu e Bi convocamos um time de músicos para tocar clássicos do reggae em pequenos palcos. Nos sentíamos verdadeiros propagadores do ritmo jamaicano

foi nada planejado. Nossas incursões pela Argentina, Chile e Uruguai também estavam dando resultado. As frequentes idas aos Estados Unidos para shows e as duas participações no Festival de Montreux na Suíça nos deixavam com status de banda internacional. A agenda nos ocupava cada vez mais e isso teve um preço: menos tempo para viver o ócio criativo, menos chances de nos reunirmos em estúdio para registrar ideias e experiências.

Assim, aproveitando a virada de década, resolvemos preparar uma compilação de sucessos em que incluiríamos alguma coisa diferente. Herbert sugeriu que gravássemos uma versão de *Caleidoscópio*, música com que presenteou Dulce Quental, a ex-cantora da banda Sempre Livre, no seu primeiro trabalho solo. O arranjo foi inspirado no blues iluminado de Robert Cray, com quem dividimos datas no Teatro Olympia, em Paris. A receita de riffs de guitarra e melodias de um naipe de sopros funcionou bem. Incluímos uma regravação de nossa primeira música, *Vital e sua moto*, versão 90. Era uma forma de revisitar o que achávamos incipiente na versão original e, ao mesmo tempo, registrar a maneira como tocávamos essa música ao vivo, com mais punch e expansividade. Para gravar essas duas faixas, convocamos Liminha e voltamos ao Nas Nuvens, com excelente resultado.

O lançamento da coletânea *Arquivo*, como foi batizada, aconteceu num emocionante show no Noites Cariocas, no Morro da Urca, lugar que pareceu ter ficado pequeno para comportar nosso público e ao qual volta e meia retornaríamos para shows mais intimistas.

47!
Eu quero minha MTV!

Um acontecimento de enorme repercussão ocorreu nos meses finais de 1990: o lançamento da MTV brasileira, que entrou no ar em outubro. O canal de TV a cabo (por assinatura) criado nos Estados Unidos e dedicado inteiramente à música finalmente aterrisava no país, prometendo uma revolução na cena musical. "I want my MTV!", o clamor cantado por Sting nos versos do hit *Money for nothing* (1985), da banda Dire Straits, só agora podia ser atendido no Brasil. Só que a TV a cabo ainda não estava em operação por aqui. Resultado: as primeiras transmissões da MTV foram pela faixa UHF da TV aberta e quase ninguém conseguia sintonizar.

Houve um claro direcionamento do canal para a cena do rock, mas nomes da MPB seriam incluídos nas abordagens artísticas e jornalísticas que a grade da MTV prometia. Os Paralamas não foram exceção. Não demorou e nosso primeiro vídeo entrou na programação: o clipe de *Pólvora*, gravado ao vivo durante a turnê *Big Bang*.

Enquanto a MTV ainda era uma promessa, continuamos os trabalhos nos programas de TV e gravamos clipes de músicas escolhidas pelo marketing da gravadora para promover o disco, como *Perplexo*, dirigido pelo promissor artista plástico Gringo Cardia, e *Lanterna dos afogados*, dirigido pelo novo e já consagrado talento Jodele Larcher. Com o tempo, houve uma certa abertura do *Fantástico* para que os artistas sugerissem diretores, como ocorreu nesses dois exemplos. Gravar vídeos para o programa já não era assim tão terrivelmente chato.

* * *

O ano de 1990 terminava com muitas emoções para Os Paralamas, e especialmente para mim: o final da gravidez da minha primeira filha, Clara. Eu seria o primeiro paralama a ser pai, ou o primeiro do trio, já que o Zé Fortes saiu na frente com sua filhota Maria. Depois de cinco anos de casamento de altos e baixos, suplantando as expectativas de parentes e amigos sobre "casar muito cedo" ou "se vai dar certo", eu e Márcia decidimos ter filho, talvez numa velada esperança de que nos ajudaria a consolidar o relacionamento. Clara nasceu cercada de amor e afeto por todos os lados. Já sabíamos que seria uma menina. No dia do parto, emocionado, liguei para meus pais da maternidade para anunciar que estava tudo bem com a nova netinha.

No meio dessa montanha-russa emocional, fomos chamados para gravar o primeiro clipe exclusivo para a MTV, uma superprodução que seria rodada em São Paulo, a tempo de promover o lançamento da nossa primeira coletânea de sucessos, nas semanas finais de dezembro. A música escolhida foi *Caleidoscópio*. Márcia foi parar na maternidade na véspera do dia da filmagem. Tive sorte de não faltar ao nascimento da Clara, porém, não escapei da gravação do clipe no dia seguinte. Só depois de me certificar de que tudo estava bem com mãe e filha, com o apoio de parentes e amigos, pude seguir na missão: "Filhota, papai vai ali trabalhar um pouquinho, mas já volta, tá bom?".

A filmagem ocorreu como programada. O cenário era um enorme ferro-velho em São Paulo. O resultado foi excelente, ficou classudo. Adoramos tudo. Mas, assim que acabou, corri para o aeroporto e voltei para perto da Clara. O Natal prometia doses maciças de ternura.

48!
Rock in Rio 2, eu não vou

O fim de 1990 foi marcado pelo anúncio da tão aguardada segunda edição do Rock in Rio, prevista para janeiro de 1991. Depois do imbróglio político com o fechamento da área onde aconteceu o primeiro evento, agora o Rock in Rio seria realizado no Maracanã. O maior festival da história do país tinha tantas e tão diversas atrações que causou até uma certa confusão na cabeça de muita gente.

Desta vez, foi incluído um número expressivo de artistas e bandas não tão conhecidos, alguns surpreendentes, como o "notório" Serguei, Vid & Sangue Azul (novo nome do antigo Sangue da Cidade, estrelas do começo da Rádio Fluminense), Inimigos do Rei e Hanói-Hanói, além dos já conhecidos e consagrados Capital Inicial, Nenhum de Nós, Lobão, Sepultura, Roupa Nova e Titãs. Havia ainda expoentes da MPB: Alceu Valença e Elba Ramalho, que tocaram no primeiro festival, e Moraes Moreira. Entre os gringos, estavam os consagrados da hora Guns N' Roses, New Kids on the Block, bandas inglesas e ícones do naipe de Prince e Santana. Tinha ainda o heavy metal do Judas Priest, o hip-hop do Run-D.M.C. e a nova sensação do rock, Faith No More, em evidência por conta da MTV.

Houve muita cobrança pela nossa participação no "Rock in Rio II, o retorno". Depois do megassucesso dos Paralamas na primeira edição, jornalistas e o público em geral se perguntavam por que não fomos escalados. Outros artistas e bandas que estiveram no primeiro festival também não foram chamados. Não participamos do grupo que reclamou das condições para realizar shows no Rock in Rio I, pois não tivemos qualquer problema, e soubemos capitalizar tudo a nosso favor. Mas fomos solidários com os que reclamaram do papel secundário na comparação com os artistas estrangeiros, muito além das condições técnicas. Realmente foi chato ter que "liberar o corredor" para o Rod Stewart passar, só para dar um exemplo.

Nenhum artista nacional fechou as apresentações, mesmo na nova edição. Os brasileiros apenas abriam para atrações estrangeiras, como anteriormente. Era compreensível que os grandes nomes da música internacional, que não se apresentavam com frequência no Brasil, fossem os mais aguardados e ficassem para fechar a noite. Mas isso em nada contribuía para a autoestima dos artistas e bandas locais.

* * *

Nossa rotina de shows nos deixava com os dias da semana para fazer o que gente normal fazia: cinema, combinar um jantar ou encontrar com amigos num bar. Mais ou menos nessa época, passamos a frequentar um bar-restaurante no Leblon, fora do olho do furacão do bairro: o Luna Bar era onde nos encontrávamos para jantar e beber até tarde. Ficamos amigos dos garçons e do proprietário, trouxemos amigos, jornalistas, gente do meio musical e mesmo artístico, que migrou do badalado Baixo Leblon para as mesas menos congestionadas do Luna. Naqueles tempos, ainda não tínhamos a real consciência do perigo de consumir álcool e dirigir, e nos arriscamos além da conta, colocando nossos anjos da guarda em estado de alerta. Nas animadas noites no Luna Bar, divagando sobre o tudo e o nada, Herbert apareceu com uma garota recém-conhecida, depois de uma sessão de fotos. Era uma inglesa que fazia parte da equipe de filmagem de um programa de viagens inglês que estava passando pelo Rio. Ela se chamava Lucy.

49!
Germinando os grãos

As ideias musicais que resultariam no repertório do álbum *Os grãos* começaram a pipocar na cabeça do Herbert no começo de 1991. Ele estava inspirado e muito se deveu ao estado de paixão avassaladora por Lucy. Herbert nos mostrava as ideias que estava gravando em seu estúdio caseiro, na casa recém-construída num condomínio próximo à praia, no Recreio dos Bandeirantes, longe do agito da Zona Sul. Mais adiante, começamos a ensaiar as músicas nos estúdios da Odeon.

Nesse período, em decorrência das nossas investidas na cena musical argentina, conseguimos apoio da gravadora para um projeto de lançar uma coletânea com versões em espanhol de alguns de nossos sucessos. As coisas aconteceram numa velocidade incrível: em poucas semanas, começávamos a gravar o novo repertório e recebemos o ok da gravadora para preparar a coletânea.

Gravamos no velho e bom estúdio 1 da Odeon, já tão conhecido. A produção novamente ficou a cargo do Savalla, junto com o Herbert e com pitacos do Liminha. O fato de o Herbert assumir a produção parecia uma decorrência de sua admiração pelo Brian Wilson, o cérebro dos Beach Boys, que teve papel determinante na obra-prima da banda, o álbum *Pet sounds*. Herbert dormia e acordava ouvindo esse disco. Como uma forma de demonstrar seu encantamento por Lucy, ele usaria um codinome para assinar a produção: Teabag V ("saco de chá" em inglês), um dos muitos apelidos regionais infames, mas também uma referência à essência britânica. Os amigos mais próximos eram testemunha da extremada paixão de Herbert por Lucy, e se "autoproclamar" Teabag V – o V era de Vianna – deixava isso claro.

A inspiração de Herbert com a cena musical argentina continuava rendendo. Desta vez, foi Fito Paez quem lhe chamou a atenção com uma música quase obscura de um de seus álbuns, com título pra lá de curioso: *Track track*. A versão original tinha um arranjo de certa forma eletrônico, com programação de bateria, sons de sintetizadores e resultado intencionalmente robótico. Herbert reconstruiu a música com uma pegada roqueira à la Bruce Springsteen e transformou um trecho da melodia num poderoso riff de guitarra.

O próprio Fito Paez acabou convidado para gravar o órgão Hammond e a cantar na faixa com Fernanda Abreu – mais ou menos nessa época, depois de sair da Blitz, Fernanda começava sua carreira solo, que teve apoio do Herbert. Experimentei uma batida para dar mais impacto na introdução, inspirada numa parte da música *Born in the 50's*, do Police, com o bumbo tocado em semicolcheia e o contratempo junto, marcado aberto, bem espalhafatoso. A música ganhou um punch roqueiro, ficou diferente da versão original e perigava ser uma das faixas de trabalho do novo álbum.

Muitas das faixas de *Os grãos* tomaram forma no momento da gravação, quando experimentávamos arranjos e levadas para cada uma delas. Herbert estava imbuído de um sentimento de descompromisso com os formatos mais convencionais das músicas. Todo dia vinha com ideias mais ousadas, orquestrações, sonoridades, timbres, bem naquele clima do Brian Wilson na produção do álbum *Pet sounds*.

Buscando o inusitado, procuramos um cara que despontava como sensação da nova MPB, um certo Carlinhos Brown, percussionista dos blocos do carnaval baiano, autor de um hit gravado por Caetano Veloso: *Meia-lua inteira*. Herbert nos apresentou uma nova composição com um clima totalmente Bahia, *Carro velho*, e convidamos Brown para tocar a percussão. Acabou que fomos até Salvador e assim pudemos gravar em melhores condições, muito pela insistência do Brown, que chamou mais dois músicos para orquestrar a batucada. Acertamos o arranjo na hora, achamos um bom andamento, combinamos os breques (paradas) e gravamos todos juntos para dar mais espontaneidade, em vez de gravar a base e a percussão separadamente, como costuma ser feito. Queríamos passar a ideia de estarmos num bloco nas ruas de Salvador.

A música foi complementada por um arranjo de sopros entregue ao nosso novo trombonista, Senô Bezerra, trazido pelo filho, Demétrio, que já tocava trompete com a gente (Mattos Nascimento saiu da banda para se dedicar a uma nova seara: ser pastor pentecostal). Senô era pernambucano, já nos seus quase 70 anos, músico desde jovem, e ganhou nossa simpatia no dia em que fizemos uma audição com ele: era um exímio trombonista e compositor de um dos frevos mais conhecidos do carnaval de Recife, *Duda no frevo*. Por conta disso, Herbert pediu que Mestre Sena, como chamávamos Senô, escrevesse um arranjo de sopros bem animado para *Carro velho*, mantendo o clima de carnaval de rua. O resultado elevou ainda mais o astral da faixa.

Empolgado com as gravações, Herbert pensou num arranjo de orquestra para *Vai valer*, inspirado nas sonoridades dos expoentes da música clássica brasileira,

Os grãos *foi gravado na Odeon e mixado em Los Angeles pelo engenheiro de som Brad Gilderman, amigo do Liminha (ao lado). Os brasileiros promoviam uma salutar bagunça no estúdio, como inclementes ataques de cócegas ao baterista*

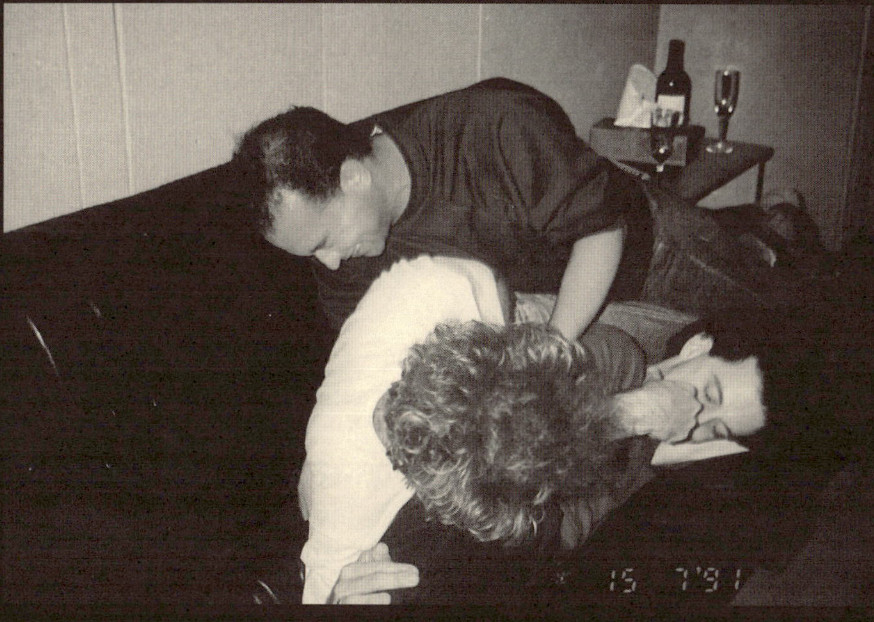

como Guerra-Peixe e Villa-Lobos. A música nasceu de uma batida de maracatu, e um arranjo orquestral seria o complemento ideal para suas cores regionais, com imagens poéticas brasileiras e um canto parecido com a ladainha de uma rezadeira dos confins do sertão. Savalla sugeriu que tentássemos o Cleberson Horsth, tecladista do Roupa Nova, que tinha experiência com arranjos para orquestras. Torcemos para que ficasse do nosso agrado, porque seria uma enorme saia justa recusarmos a gravá-lo.

O dia da gravação chegou e a nossa expectativa era enorme. Foram reunidos cerca de 30 músicos de orquestras do Rio – do Theatro Municipal, da Sinfônica Brasileira e da Petrobras Sinfônica. Os melhores dos melhores. Lá estavam os grupos sonoros da orquestra com suas madeiras, metais, cordas e percussão. Para nossa surpresa, o Cleberson não pôde comparecer por conta de um acidente e coube ao Mestre Sena reger os músicos na gravação. Quando todos estavam com as partituras abertas e sob a batuta do maestro Senô, a primeira passada da orquestra, antes da gravação, já fez com que nos arrepiássemos até os ossos. O arranjo estava maravilhosamente adequado à música. Herbert foi às lágrimas. Se sua intenção era fazer música ousada, com a capacidade de emocionar, estava perto de conseguir isso no seu sonhado *Pet sounds* brasileiro.

Ainda no quesito orquestração, Herbert quis criar um clima numa música superdensa chamada *A outra rota*, uma mistura de *Yesterday* com *Eleanor Rigby*. Savalla sugeriu um arranjo para quarteto de cordas, nos moldes do que George Martin fez no clássico dos Beatles. Achava que o Cleberson faria bem mais esse pedido, ainda mais por se tratar de um beatlemaníaco. A orquestração foi gravada no mesmo dia de *Vai valer*, apenas com dois violinos, duas violas e o violoncelo tocado pelo conhecido Jaques Morelenbaum.

Já que a ideia geral era experimentar, testei a sonoridade de uma antiga bateria de acrílico que adquiri na tal loja de relíquias musicais de São Paulo. Copiamos a microfonação descrita num livro do Led Zeppelin que o Herbert leu e me emprestou, o famoso *Hammer of the gods*, que contava as mil e uma façanhas da banda. Nele, foi descrito como a bateria do John Bonham era gravada apenas com três microfones: o primeiro, posicionado a cerca de um metro de distância da frente do bumbo, a meio metro de altura, e os outros dois formando um triângulo equidistante com o primeiro, a cerca de quatro metros do kit, ambos elevados a cerca de 1,80m. O microfone mais baixo na frente do bumbo captava as baixas frequências e os outros, as médias e altas. Os microfones eram os Neumann U87, garantindo uma captação primorosa. O resultado sonoro funcionou bem e ficou registrado nas faixas *O rouxinol e a rosa* e *Dai-nos*, ambas num clima bem zeppeliniano.

A gravadora topou que o disco fosse mixado em Los Angeles, depois de tratativas que incluíram Liminha para convocar seu amigo engenheiro de som Brad Gilderman, que havia trabalhado com os Titãs. Seria no estúdio Music Grinder, um dos muitos da famosa meca do cinema, na Hollywood Boulevard, por sugestão do Brad, que costumava trabalhar nesse estúdio.

Além da mixagem no exterior, foi confirmada a realização do projeto de gravarmos uma compilação em espanhol, aproveitando nossa ida a Los Angeles. As diretorias regionais e de marketing da EMI Odeon brasileira e internacional nos apresentaram a um produtor-compositor-músico chamado Pablo Manavello, que faria as versões das letras para o espanhol. Mais uma vez, iríamos para um tipo de encontro às cegas, na esperança de que esse camarada conseguisse a delicada tarefa de dar sentido às letras num outro idioma, por mais semelhanças – muitas vezes enganosas – que o português e o espanhol pudessem ter.

Acertamos que Herbert gravaria as vozes das versões no mesmo estúdio e, ao mesmo tempo, o novo disco seria mixado, com direção do próprio Pablo Manavello. Ele era músico da cena venezuelana e se mudara para Miami. Tinha no currículo trabalhos com artistas famosos do pop latino e ficou com a missão de transformar nossas canções mais conhecidas em potenciais sucessos em espanhol para o mercado latino-americano. Parecia uma equação certeira.

Para nossa sorte, conseguimos um contato preliminar com Pablo, que veio ao Rio nos conhecer. Ele era simpático e alto-astral, com grande conhecimento musical. Tomou contato com o repertório, achou tudo muito legal e ficou de fazer as versões. Reparou que Herbert tinha um sotaque muito argentino, do castelhano falado em Buenos Aires – além da forma de "cantar" as palavras, o castelhano se identifica principalmente na pronúncia das palavras com dois "L", que soam como "J" e que no espanhol comum têm o som de "I". Pablo sugeriu que Herbert trabalhasse o sotaque espanhol mais genérico falado nos demais países latinos, para evitar sermos confundidos com uma banda argentina.

Decidimos regravar *Alagados* com o arranjo de sopros dos shows. Também fizemos uma nova versão de *Melô do marinheiro*, com uma roupagem de reggae mais moderna, usando uma programação de bateria e incluindo um arranjo de sopros na forma de um riff melódico na introdução, que reinventou a música. As gravações ocorreram no fim das sessões de *Os grãos*, com a presença do Pablo. Só depois de tudo pronto, partimos para Los Angeles. No meio dessa movimentação, ainda tinha um casamento marcado...

50!
Pausa para um casamento

Herbert e Lucy se entenderam tão bem, que em menos de um ano oficializaram a união. Nas festas de fim de ano de 1990, foram à Inglaterra para que Herbert conhecesse a família dela. Eles marcaram o casamento na cidade natal de Lucy, na região central da Inglaterra. Os cronogramas da mixagem e gravação da coletânea latino-americana terminariam a tempo da cerimônia. Voltamos ao Brasil e Savalla ficou para concluir a mixagem do álbum em espanhol, no estúdio do Pablo Manavello, em Miami.

A viagem à Inglaterra foi animada. Em Londres, conhecemos parentes da Lucy num jantar. Tivemos ainda um tradicional encontro com os padrinhos e parentes, numa espécie de despedida de solteiro. Outro compromisso fora marcado com entusiasmo por Herbert: a visita ao museu da Royal Air Force, em Duxford, nos arredores de Londres. Apesar de uma certa ressaca, tiramos uma manhã para conhecê-lo e ficamos em êxtase diante dos aviões da Segunda Guerra Mundial. Só então estávamos prontos para seguir com o cronograma oficial do casamento.

A "equipe brasileira" (que se autodenominou carinhosamente de *jungle people*), formada pelos Paralamas, parentes do Herbert e de alguns amigos próximos, chegou aos poucos em Londres e se deslocou de manhã num micro-ônibus até a cidade de Worcester, local da cerimônia, a pouco mais de duas horas de distância da capital. Se alguém achar o nome do lugar familiar, sim, é de lá mesmo que veio o famoso molho inglês, nome simplificado de sua complicada origem: *Worcestershire sauce*, que ninguém conseguia pronunciar corretamente (a pronúncia é "uúster-chir", caso ajude).

Chegamos ao hotel, vestimos nossas becas e seguimos até uma daquelas igrejas seculares no cenário tipicamente inglês. Quando vi o ano de sua inauguração, 1460, comentei com Herbert que ela estava ali desde antes de o Brasil ser descoberto. Houve um cuidado grande do Herbert em manter a cerimônia longe da exposição da mídia e, por sorte, não apareceram fotógrafos de jornais ou revistas de fofocas de celebridades.

Depois da tradicional cerimônia na igreja, seguimos para a recepção na casa dos pais da Lucy, uma bela propriedade rural onde tendas abrigavam as mesas. O casamento foi um acontecimento daqueles de filme. Lá pelas tantas, havia uma comportada banda local tocando standards de jazz, uma música suave fazendo a ambiência da festa. Não demorou para o Herbert convocar eu e Bi para uma canja de surpresa. Já muito animados com o que havíamos bebido, tiramos os paletós, afrouxamos as gravatas e tocamos improvisos de blues, rocks dos anos 60 e músicas nossas com Herbert cantando, para o total devaneio dos presentes.

Bi e o noivo estavam mais confortáveis tocando com a guitarra e o baixo emprestados da tal banda, mas eu passei maus bocados com uma bateria que se espalhava. Fiquei a maior parte do tempo puxando os tambores para perto de mim, parecia cena de filme do Mister Bean. A festa ganhou outro ânimo com o show privado dos Paralamas e nosso estado etílico fez parecer que tudo não passou de um breve instante. O casamento deve ter ficado na memória dos convidados, com o desfecho animado quebrando as formalidades britânicas: todo mundo dançando no meio do salão. As donzelas descalças seguravam os vestidos longos numa mão e as sandálias na outra, inclusive a noiva. Foi inesquecível!

A viagem para o casamento do Herbert me proporcionou momentos preciosos que sonhava realizar. Depois de ver no museu de aviação o Spitfire, o Hurricane, um Lancaster e o Messerschmitt, máquinas que fizeram história na Segunda Guerra – muitas das quais montei em miniaturas na infância –, visitaria outro lugar de grande valor sentimental. No dia seguinte ao casamento, Herbert e Lucy seguiram em lua de mel dirigindo pela Inglaterra, enquanto eu e um grupo de amigos viajamos a Cambridge, perto de onde estávamos. Foi inevitável lembrar de quando estudava na Cultura Inglesa de Campo Grande, no Rio, onde as salas de espera e a biblioteca eram decoradas com enormes pôsteres com imagens da Universidade de Cambridge, especialmente um retratando pessoas em canoas compridas, usando longos remos por entre os canais e pontes seculares daquela cidade cortada pelo Rio Cam, como se fosse uma mini Veneza. Os habitantes chamam o passeio de canoa de *punting*, por causa da tradicional canoa longa e de fundo chato (*punt*), usada nos deslocamentos. E lá estava eu, depois de tanto sonhar diante do pôster da biblioteca do curso de inglês, remando numa canoa pelos canais de Cambridge. Era mais uma grande emoção proporcionada pela aventura de ser um dos Paralamas.

O casamento de Herbert e Lucy foi na cidade natal dela, Worcester, e parecia um daqueles filmes românticos ingleses. A igreja já estava lá antes da descoberta do Brasil. Mais tarde, quando tomamos de assalto os instrumentos da banda contratada para a recepção, a festa pegou fogo e ninguém ficou parado

Nessa passagem pela Inglaterra, visitei o museu da Real Força Aérea, com seus lendários aviões da Segunda Guerra. Também remei nas canoas dos canais de Cambridge, um sonho desde os tempos do meu curso de inglês

51!
Entre grãos e Inundados

De volta ao Brasil, resolvemos os detalhes finais do lançamento do novo álbum e da coletânea em espanhol. O nome *Os grãos* veio de uma das faixas, de uma parceria inusitada do Herbert com o trompetista Demétrio. A música surgiu de um improviso numa passagem de som num ginásio qualquer. Quando foi testar o microfone, Demétrio tocou uma frase de trompete e eu fiz uma batida de reggae. Bi se juntou com o baixo, Herbert e João Fera entraram com a guitarra e o órgão e, num instante mágico, tínhamos uma música. Nas gravações, Herbert surgiu com uma letra, num formato de hip-hop, e a canção ganhou a forma final. A ideia dos grãos parecia um bom gancho para o nome do disco, qualquer coisa referente ao conceito de semear a criação, ou o amor.

Para a imagem da capa, Herbert lembrou dos gansos que viviam na casa dos sogros ingleses. Zé e Mauricio Valladares ficaram de achar gansos para fotografar, já que não iríamos à Inglaterra só para isso. Descobriram uma pousada em Petrópolis onde havia dessas aves soltas em bandos. Eles fotografaram depois de um susto enorme: ficaram frente a frente com um cachorro feroz que cuidava do lugar. Fotos nossas durante a gravação, feitas pelo Mauricio, estampam a contracapa.

Tive a ideia de usar o lado áspero do papel da capa, visando a um acabamento fosco na impressão. Normalmente, as capas são impressas em papel liso e brilhante. Busquei algo diferente para dar um aspecto sóbrio, ainda mais com as fotos em preto e branco do Mauricio. Tudo parecia fácil, mas o pessoal da gravadora apresentou impeditivos. O papel acartonado exigiria muita tinta, aumentando os custos do produto. Depois de alguma insistência, conseguimos que ao menos uma tiragem limitada tivesse capa fosca, o que deu um caráter inédito a esse álbum.

A coletânea em espanhol estava pronta. Desta vez, abrimos concessão à velha receita de expor a cara do artista na capa para o público latino nos identificar. Acertamos de fazer um novo vídeo de *Alagados*, rebatizada de *Inundados*, que seria dirigido por um jovem talento que despontava na cena local: Andrucha Waddington, da produtora Conspiração. Adoramos a ideia de usar a estética *kitsch* (apenas um eufemismo para não usar a rude expressão "brega") dos programas de auditório nos moldes do Chacrinha que eram lugar-comum nas TVs da América Latina, com bagunça generalizada, dançarinas, um júri com atores das novelas locais, cantores, competição de calouros e uma plateia caótica. O vídeo seria lançado em vários países simultaneamente. Finalmente, colocaríamos em prática os planos de alcançar públicos em muitos países. A empolgação era total.

O repertório de *Os grãos* ainda renderia clipes para os singles *Tendo a lua* e *Trac trac*, produzidos por nosso velho amigo Robertinho Berliner. Fizemos muitos shows de lançamento do novo álbum e viajamos algumas vezes para divulgar a coletânea em espanhol em programas de rádio e TVs, abrindo oportunidades para apresentações. Numa dessas turnês exclusivamente de divulgação pelo México, visitamos várias cidades, ficamos presos nos engarrafamentos da capital e tivemos tempo de ouvir uma demo, que chegou em nossas mãos ainda no Brasil, de uma banda mineira desconhecida, chamada Skank. Achamos sensacional uma versão reggae para *Let me try again*, sucesso do Frank Sinatra, num arranjo bem atual e com o cantor de excelente voz, que parecia gringo, com um inglês impecável. Faziam um reggae moderno e as letras eram ótimas. Tivemos a sensação semelhante de quando ouvimos a Legião Urbana antes de gravar o primeiro disco. Fosse lá quem contratasse esse tal de Skank, teria sucesso garantido.

* * *

Depois do relativo sucesso do primeiro trabalho do Ed Motta, não esperava que mais alguém me convidasse para produzir um disco, mas foi o que aconteceu: Supla, o famoso *doppelganger* do Billy Idol, ex-líder da banda Tokyo, agora se dedicava à carreira solo. Já nos conhecíamos de longa data de bastidores de programas de TV e shows. Supla, atrás daquela pinta de maluco, era um cara supereducado e demonstrava admiração pelos Paralamas, mas foi o trabalho de produção da banda do Ed Motta que motivou o convite para produzir seu novo disco na Odeon, a mesma gravadora dos Paralamas. Combinamos um encontro para avaliar o material numa espécie de ensaio-audição. Achei o repertório muito bom e a banda que ele reuniu era formada por excelentes músicos: os irmãos Andria e Ivan Busic no baixo e na bateria, além do guitarrista Eduardo Ardanuy, todos virtuosos exemplos da cena do rock paulista.

Como tudo parecia estar bem encaminhado, meu trabalho seria mais o de conseguir um bom resultado sonoro. Começamos a gravar num estúdio em São Paulo, do Tico Terpins, ex-integrante do Joelho de Porco, banda pioneira que orbitava entre o glam e o punk rock brasileiro, de onde saiu Billy Bond, cantor argentino que se dedicou aos vídeos musicais. Tico era um cara superengraçado, nos contava mil histórias hilárias de seus tempos de músico – era baixista – que, acredito, atrasaram dias de gravação, mas valeu a pena. Os trabalhos fluíram tão bem que fiquei à vontade para me convidar para tocar bateria numa faixa: *Menina de família (safadinha)*, uma mistura de hip-hop com hard rock, nos moldes do que alguns rappers famosos como Tone Loc estavam fazendo. O disco foi muito bem falado, mas não teve sucesso comercial, comprovando que nem sempre a crítica estava em sintonia com o público.

Os quase três meses em São Paulo produzindo o disco do Supla me alertaram para algo que ficava nas entrelinhas da minha rotina: o pouco tempo em casa com a esposa e uma filhinha de 1 ano. Por mais que eu procurasse uma zona de conforto para a realidade, reconhecendo que era preciso aproveitar ao máximo a boa maré de trabalho, alguma coisa deixava a desejar no meu relacionamento. Nossa agenda era sempre movimentada e não dava para prometer um intervalo que nunca chegava.

Procurei compensar de algum jeito a ausência e levei Márcia e Clara em algumas viagens minhas. Começamos a procurar um lugar novo para morar e mudar um pouco os ares, na esperança de que as coisas melhorassem. Na minha cabeça, eu precisava lidar melhor com a realidade de ser casado com o trabalho, muito antes de me casar e ser pai, e conciliar tudo da melhor forma possível. Sentia que amor não faltava em ambos os casamentos.

* * *

Nos meses finais de 1991, fechamos um show que foi uma verdadeira excentricidade: uma apresentação em São Francisco, na longínqua costa oeste americana, onde ainda não havíamos tocado. Isso só foi possível por conta de um voo que a companhia aérea Vasp havia começado a operar. Como não conseguimos fechar nenhum outro show em São Francisco, faríamos apenas a apresentação na lendária cidade do Verão do Amor, como ficou conhecida naqueles loucos anos de 1968 e 69. Fizemos praticamente um bate e volta, num longo voo de mais de 11 horas. Chegamos na véspera e fomos embora na manhã seguinte. Apesar da correria, conseguimos rodar um pouco pela cidade das ladeiras e bondes, passamos pela esquina das ruas Haight e Ashbury, sítio histórico onde se reuniam os hippies do flower power, nos tempos do paz e amor da contracultura.

Antes do fim do ano, ainda nos apresentaríamos pela primeira vez em Caracas, capital venezuelana, para uma animada plateia que conhecia bem Os Paralamas. Ficamos amigos de um grupo local de ska chamado Desorden Público, que se dizia influenciado pelos Paralamas. Inclusive, pouco depois, a banda convidou Herbert para produzir seu novo trabalho. No entanto, diferentemente do que aconteceu em 1988, quando ele aceitou produzir um álbum dos Pericos, na Argentina – experiência que lhe valeu o sotaque portenho –, o convite dos venezuelanos foi redirecionado ao Savalla. Estávamos na cabeceira da pista para decolar nossa carreira na América Latina e o ano seguinte seria a comprovação disso.

52!
Exilados para a América Latina

Os planos de conquista da América Latina ganhariam motivações um tanto quanto esdrúxulas, mas certamente contribuiriam para que mergulhássemos de cabeça. A cordialidade da imprensa musical brasileira com as bandas dos anos 80 parecia ter se esgotado. Ninguém da nossa geração escapou da faina destruidora dos críticos cada vez mais carrascos. Chamavam as bandas com uma década de vida de "dinossauros" e promoviam linchamento público dos discos lançados, avaliados como pouco inspirados, musicalmente incipientes ou com qualquer outro veredicto depreciativo. Nas resenhas de nossos shows em países vizinhos, recebíamos as maiores considerações e elogios. Na Argentina, onde tínhamos uma boa quantidade de fãs, a coletânea em espanhol não conquistou corações e mentes, porque os argentinos diziam preferir Os Paralamas no idioma original. Sentíamos, de alguma forma, que estávamos recomeçando nossa carreira fora do Brasil, num certo exílio forçado pela má vontade da crítica. Esperávamos devolver tudo isso "na bola", contando com bons resultados lá fora.

Outro aspecto que ajudou a propagar nossas incursões por países vizinhos foi o mais crucial: a economia. Em meados de 1990, aconteceu a tragédia do Plano Collor, que impôs um limite aos saques em contas bancárias e confiscou (eufemismo para roubou) a poupança da população, um dos atos mais aviltantes com o dinheiro do cidadão, na ilusão de que isso iria brecar a gigantesca inflação herdada do regime militar. O resultado foi quebrar ainda mais o país. As pessoas ficaram sem dinheiro para comprar pão, ir ao cinema e muito menos pagar ingresso para um show.

Nunca vou esquecer o dia da estreia da turnê *Big Bang* em São Paulo. Quando anunciaram o plano econômico, ficamos sem saber o que ocorreria. O público era minguado. As pessoas se resguardaram de gastar o que ainda tinham em mãos, e os meses seguintes foram um trauma só, com o dinheiro parando de circular. Quando chegamos ao Rio para as apresentações no Canecão, na tarde da estreia, depois da passagem de som, Zé Fortes convocou uma reunião com os músicos e a equipe inteira. Explicou que não tínhamos caixa para pagar todo mundo e propôs: ou continuaríamos com os shows até o dinheiro voltar, ou cancelaríamos os trabalhos.

Houve consenso em seguir adiante, até que a maré melhorasse, reafirmando nossa união e confiança mútua. Foi um momento de emoção e de lágrimas. Nos abraçamos como um time de futebol e gritamos palavras de estímulo coletivo do tipo "vamos nessa, porra!", "tamo junto!". Parecia cena de filme, em que o dono do circo anuncia que vai encerrar as atividades, mas os artistas se recusam a ir embora. Decidimos seguir em frente, "o show tem que continuar"... Parece milagre termos sobrevivido àqueles tempos bizarros nos quais o país mergulhara.

53!
Sobrevivendo às mudanças

Muita gente tinha sentido nossa ausência no segundo Rock in Rio, em 1991, mas outro festival foi programado na capital carioca e em São Paulo naquele verão de 1992: o terceiro Hollywood Rock. O elenco incluía bandas consagradas internacionais e brasileiras, com destaque para o Living Colour e o cantor Seal, estourados nas rádios. Entre as atrações nacionais, Lulu Santos, Cidade Negra e uma novidade: pela primeira vez num festival de grande porte, artistas brasileiros fechariam a noite. Os Paralamas e Titãs tocariam juntos num show pra lá de especial.

Nas entrevistas que precederam o evento, relatamos o orgulho em receber esse tipo de consideração que os artistas nacionais deveriam merecer sempre dos organizadores de festivais. Cada banda faria um set individual e, no fim, voltaríamos ao palco para tocar juntos. Isso tudo foi resultado de uma ideia que o Herbert fomentou fazia um tempo: ver uma banda ou artista nacional fechando a noite de um grande festival de rock. Nessa época, Zé Fortes também empresariava Os Titãs e propôs ao Luiz Oscar Niemeyer, produtor do Holywood Rock, um show reunindo as duas bandas para encerrar uma das noites. Ele topou.

Havia uma grande ansiedade, inclusive nossa. Eu e Charles Gavin, amigo de longa data, estávamos eufóricos com a chance de reunir duas baterias no palco. Já conversávamos antecipadamente sobre músicas que achávamos interessantes de tocar juntos e, assim que o repertório foi definido, nos preparamos para cada um executá-lo da melhor forma possível. Nos ensaios, fomos achando a mão, ajustando andamentos e dinâmicas, combinando onde faríamos viradas juntos ou separadamente, mas tudo sempre em favor das canções.

Tivemos apenas quatro dias de preparação na casa de shows Tom Brasil, fechada exclusivamente para o ensaio, testes da iluminação e ajustes de som das duas bandas. No último dia, antes da estreia no Estádio do Morumbi, estávamos em êxtase coletivo. A palavra geral era de que eu e Charles mostrávamos perfeita sincronia, com o efeito causado pelos movimentos numa coreografia simétrica. Nossos amigos de banda, que normalmente tocavam de costas para nós, desta vez se viravam para nos ver em ação. Se não bastasse o altíssimo astral nos ensaios, ainda teríamos um show em São Paulo e outro no Rio diante de gigantescas plateias testemunhando um encontro especial de duas bandas brasileiras encerrando um grande festival de rock. Nossa autoestima estava na lua.

A ordem das músicas do encontro ficou assim definida:

Diversão – Obedecemos ao arranjo original da bateria, mas, ao executarmos juntos as viradas, alternando a condução no ride e no contratempo, conseguimos imprimir uma potência incrível ao clássico dos Titãs.

Pólvora – Escolha dos Titãs e cheguei a me preocupar se conseguiríamos repetir as convenções do arranjo original. Só que o Charles executou exatamente as mesmas viradas e conseguimos marcar o andamento em semicolcheias no contratempo, sem embolar a levada. Ficou sensacional.

Comida – Buscamos um clima para manter a mesma levada de bateria programável usada na gravação original, mas adicionamos um molho com o Charles fazendo viradas nos tom-tons, que deram uma coloração extra à música.

O beco – Essa música foi o melhor exemplo de como conseguimos sincronizar as baterias e fazer as viradas exatamente iguais ao longo da canção. Muita gente nos perguntou (até hoje perguntam!) se estávamos tocando em cima de alguma guia. Não, não usamos click.

Selvagem – Fizemos um riff adicional na introdução, intercalado com viradas, para dar um susto na galera, e caprichamos na rufada da caixa presente na versão original, mais uma vez em perfeita sincronia.

Marvin – Não tinha muito o que inventar no clássico titânico. Era só caprichar na sincronia e acertar as viradas que anunciavam a entrada do refrão e a volta ao verso seguinte. Mas o final ficou diferente, com um inusitado riff de guitarra na medida para que eu e Charles o preenchêssemos com viradas.

Depois de São Paulo, encerramos nossa participação no Hollywood Rock de forma apoteótica, na Praça da Apoteose – ironicamente, o palco-mor do samba no Rio. O show foi transmitido ao vivo para todo o Brasil, mas, apesar da repercussão, o ano não seria igual aos dos muitos shows pós-Rock in Rio por conta da recessão econômica do país. Contudo, ainda tínhamos fichas para a divulgação da nossa coletânea em espanhol. Conseguiríamos chegar em outras plagas e torcer por uma maré favorável.

54!
O instinto selvagem de Fausto Fawcett

Quem conhece o trabalho instigante do escritor, cronista, poeta, compositor e cantor carioca Fausto Fawcett, aquele que emplacou o hit nacional *Kátia Flávia* nos anos 80, vai se lembrar do seu projeto musical chamado *Básico instinto*, que ganhou notoriedade e fez enorme sucesso em 1992. Fausto sempre retratou em seu trabalho o caos de Copacabana, símbolo da loucura do mundo moderno, misturando, de forma genial, o clima futurista do filme *Blade Runner* com as histórias de Nelson Rodrigues.

Era essa a proposta do show para o qual me convidou, que contava com uma banda de rock formada por Dado Villa-Lobos (Legião Urbana), Dé Palmeira (ex-baixista do Barão Vermelho), Carlos Laufer (guitarrista e compositor) e o próprio Fausto como mestre de cerimônias. O projeto tinha ainda o DJ Paulo Futura e um time de cantoras pin-ups que personificavam as louras fatais do cinema - daí o nome do show, *Basic instinct*, filme estrelado por Sharon Stone batizado no Brasil de *Instinto selvagem* -, que se revezariam no palco cantando temas criados para elas. Participar desse ousado espetáculo foi uma experiência e tanto. Os ensaios aconteciam num estúdio onde as cantoras ensaiavam as performances sob a orientação da conhecida coreógrafa Deborah Colker, enquanto preparávamos as músicas que serviriam como trilha para cada uma delas.

Fiquei muito entrosado com o Dé, grande baixista e compositor eventual de parcerias com Cazuza e Bebel Gilberto. Nos conhecíamos de longa data por conta dos bastidores de TV e de shows em que Os Paralamas e o Barão dividiram palcos, mas nunca havíamos tocado juntos. Formamos uma cozinha de respeito e criamos grooves certeiros, que resolviam boa parte do caráter dançante exigido por cada um dos temas das louras idealizados pelo Fausto. Em pouco mais de duas semanas, o show estava pronto para iniciar a temporada no Mistura Fina, na Zona Sul carioca, palco de jazzistas e cantores renomados.

A estreia teve forte repercussão e as datas lotaram. Entre as performáticas intérpretes, Katia Bronstein, que tinha alguma estrada como vocalista e participou da primeira formação da Blitz, em 1982, e a loura que causaria sensação: Paula Toller, a cantora do Kid Abelha, que topou o desafio de interpretar a música feita por Fausto especialmente para ela. As outras não eram necessariamente cantoras. Além de seus atributos físicos e da coreografia, recitavam uma espécie de rap em algum momento de seus temas.

O sucesso fez com que estendêssemos a temporada. Eu estava adorando participar enquanto a agenda dos Paralamas permitia. Musicalmente era instigante, tinha uma pegada forte de rock and roll com intervenções do DJ Paulo Fortuna ao vivo, algo presente em muitas bandas naqueles tempos. Mais shows foram marcados, fizemos uma turnê pelo Sul e uma nova temporada no Rio, desta vez no renomado Jazzmania, em Ipanema. Fausto conseguiu um contrato com um selo para lançar um CD e, depois de gravar o repertório, não pude mais fazer os shows, deixando aberta a vaga de baterista do *Básico instinto*.

55!
Começa a colheita fora do Brasil

Ainda no primeiro semestre de 1992, o governo argentino do presidente Menem vinha implantando medidas na tentativa de estancar a inflação, até que, no início do ano, a moeda mudou de nome: deixou de ser austral e voltou a ser peso, com o valor equiparado – artificialmente – ao dólar, em 1/1. Mesmo sendo uma medida duvidosa, houve um boom econômico no país, a ponto de o dólar ser aceito como moeda corrente. O mercado argentino de shows viveu uma efervescência, atraindo muitos artistas estrangeiros, e nesse bonde estavam Os Paralamas. Passamos efetivamente a frequentar o showbiz local. O tempo que dedicamos convencendo a gravadora a investir e divulgar nossos discos fora do Brasil começava a dar resultado.

Antes da invasão à Argentina, fomos convidados para um festival de rock no México, com apresentações em três cidades diferentes. Era nossa primeira vez em terras mexicanas. Começamos por Guadalajara, lugar que abrigou a lendária seleção brasileira tricampeã de 70. Em seguida, Cidade do México, onde foi a final daquela Copa do Mundo e, finalmente, Hermosillo, capital do estado de Sonora, da qual nunca tínhamos ouvido falar, no noroeste do país. O festival reunia bandas de rock mexicanas e estrangeiras, uma amostragem de vários estilos do gênero. O evento tinha um nome que soava peculiar aos brasileiros pelo duplo sentido: Festival Rola 92, uma abreviação de Rock Latino-Americano. Quando Zé nos revelou o nome do festival, foi inevitável a crise de risos. Eu esperava, do fundo da alma, que gastássemos toda a risada no Brasil antes que chegássemos ao México, sob pena de criarmos mal-estar e sermos expulsos do evento.

Entre os participantes, havia as bandas locais Café Tacvba (da nova onda roqueira mexicana) e El Tri (remanescente do rock dos anos 70), os americanos do Horny Toad (meio punk rock) e uma banda italiana dos anos 80 chamada Litfiba (tipo hard rock). Tivemos sintonia com os integrantes do Café Tacvba, que misturava música mexicana com ska e rock, num resultado original, como nós estávamos fazendo desde *Selvagem?*. Muito além do mariachi, identificamos que a canção rancheira mexicana estava presente na música deles, com a voz do cantor lembrando a de um personagem de desenho animado.

A nota destoante da jornada foi o roubo a vários quartos do hotel em Hermosillo, inclusive de integrantes da nossa equipe. A viagem rendeu uma resenha escrita pelo Herbert num jornal brasileiro contando as agruras e as belezas de uma turnê de rock terceiro-mundista, com especial destaque para a minha disenteria, a famosa maldição de Montezuma, e o nome do festival. Mais tarde, ainda voltaríamos ao México para promover nossos discos e participar de um outro festival no balneário de Acapulco.

Fizemos shows em diversos países da América Latina, nos lugares mais tradicionais das capitais, entre eles o ginásio Poliedro, em Caracas, e o Teatro Gran Rex, na Avenida Corrientes, em Buenos Aires. Na Argentina, tocamos em casas de médio e grande porte, em cidades maiores como Mar del Plata e em outras localidades litorâneas. Mas foi em Montevidéu, no mês de novembro, num festival de rock no Estádio Centenário, que ocorreu um encontro com desdobramentos surpreendentes. Seria a nossa segunda passagem pela capital uruguaia naquele ano. Em julho, no inverno gelado, tínhamos tocado na Estação Central. Dividimos o palco com o renomado pianista, arranjador e compositor uruguaio Hugo Fattoruso, que trabalhou anos no Brasil com mestres da MPB como Edu Lobo, Chico Buarque, Milton Nascimento e Ney Matogrosso.

O Montevideo Rock era nos moldes do Rock in Rio, com atrações locais e internacionais e uma gigantesca plateia em shows que incluíam os veteranos Joe Cocker, The B-52's e o lendário guitarrista do Queen, Brian May, lançando seu primeiro trabalho solo depois da morte de Freddie Mercury. O destaque de sua banda era outra lenda do rock, o baterista Cozy Powell. Mais conhecido como integrante da banda de hard rock Rainbow nos anos 70, ele tocou com o Jeff Beck Group, com o Whitesnake nos anos 80 – chegou a se apresentar no Rock in Rio I – e com o Black Sabbath. Tinha gravado o primeiro álbum solo de Brian May e agora o acompanhava na turnê. E lá estava esse gigante assistindo da coxia ao nosso show, parecendo surpreso com a reação da plateia. Em certo momento, ele saiu e voltou com Brian May. Ficaram um tempo assistindo ao show e conferindo o público. No fim, antes do bis, Herbert anunciou que a plateia assistiria ao show do lendário ex-integrante do Queen e era para tratá-lo bem, com o calor do público sul-americano.

Já sabíamos da escalação do Brian May para o festival e arranjamos um jeito de encontrá-lo no backstage. Antes de seu show, fomos ao camarim e ele nos contou que Cozy o chamou à coxia para ver uma banda muito boa e comentou que já conhecia a gente do Rock in Rio. Disse ao Cozy que vi o show dele com o Whitesnake naquele mesmo Rock in Rio. Uma conversa foi levando a outra e, não demorou, o lendário empresário do Queen, Jim Beach, engrenou um papo com Zé Fortes. Nosso empresário contou que éramos da mesma gravadora e ambos conheciam o presidente da EMI latino-americana, Mario Ruiz, que estava promovendo nossos discos e shows em outros países. A conversa foi animada e houve uma empolgação geral quando Brian e Jim falaram da possibilidade de nos chamar para abrir a nova turnê do guitarrista. Saímos do camarim dando cambalhotas de felicidade.

Assistimos ao show do Brian May e foi uma surpresa vê-lo como *frontman*, cantando suas músicas novas que carregavam muito da marca do Queen. E, quando tocou clássicos da ex-banda, a plateia veio abaixo. Cozy Powell não ficou atrás, com direito a um solo de bateria que usou um trecho da *Sinfonia 1812*, de Tchaikovsky, na hora dos canhões, incluindo efeitos pirotécnicos. Na manhã seguinte, embarcamos para Buenos Aires, onde, dias antes, o grande fenômeno musical do momento, o Nirvana, se apresentara num outro festival. A maior parte do elenco que tocou em Montevidéu participaria desse evento no estádio do clube Vélez Sarsfield e quem estava no mesmo avião que o nosso era o pessoal da banda do Brian. Ele próprio se sentou ao lado do Herbert, e os dois conversaram animadamente durante o voo de curta duração. Parecia haver uma enorme sintonia.

Fizemos muitos shows nos clubes e danceterias ao redor da capital argentina, mas por sorte tínhamos a data livre para assistir a outro grande nome do rock que se aventurava em carreira solo: Keith Richards. Quem estava na bateria com o parceiro de Mick Jagger era um novo e talentoso nome: Steve Jordan, que tocava com Keith desde o documentário *Hail! Hail! Rock'n'roll*, lançado em 1987, sobre Chuck Berry. Foi curioso ver Keith em ação sem os seus parceiros dos Rolling Stones. O show foi bom, mas parecia estar faltando alguma coisa.

Em Buenos Aires, não nos apresentamos no mesmo dia do Brian May, mas com a banda The B-52's. Pela reação da plateia, ficou evidente que todo mundo foi ao festival ver Os Paralamas. A noite foi nossa naquele estádio com cerca de 40 mil pessoas. Estávamos nos convencendo de que a Argentina era nossa segunda casa. Tocar em Buenos Aires nos trazia uma plenitude que fazia tempo não sentíamos no Brasil, tanto pelo lado conceitual – a imprensa musical nos dava atenção e respeito no mesmo nível que dedicavam aos seus artistas – quanto pelo lado prático: nossa agenda tinha mais shows na Argentina do que no Brasil, e com os cachês em dólar. Nada como estar num lugar onde as pessoas demonstram afeição.

Herbert interagia cada vez mais com Charly García e Fito Paez, era querido pelos jornalistas dos cadernos de cultura e fazíamos cansativas agendas de divulgação em rádios e programas de TV de todos os gêneros. Isso tudo naquele momento terrível em que o Brasil parecia ter parado no tempo, com o confisco da poupança, uma inflação galopante e o cenário do rock estagnado. Sem contar a má vontade dos jornalistas e o surgimento de uma praga disseminada na forma de bandas cover, que assolavam os poucos espaços para shows. Apesar desse panorama desolador, ainda conseguíamos atrair um público considerável. Os fãs mais fiéis dos Paralamas não nos deixavam na mão. Aquele calor da plateia argentina, tão apaixonada por seus ídolos, continuava presente no Brasil, para nossa alegria.

56!
Clima de samba para contagiar

Numa noite no fim de 1992, fui assistir a um show do Toni Platão, meu amigo, ex-cantor da banda oitentista carioca Hojerizah, que estava começando trajetória solo. A apresentação era no Mistura Fina, um dos poucos locais na cena musical do Rio que ainda reservava espaço para boa música. Achei interessante o percussionista da banda do Toni, não o conhecia. Ele usava elementos brasileiros ao tocar pandeiro de couro, possíveis influências do carioca Marcos Suzano, o "percussionista da hora" que despontava com show e disco em dupla com um novo talento nordestino, o cantor Lenine. Também tocava cuíca, um surdão de samba e timbal, tambor comprido da Bahia e marca de Carlinhos Brown. No show, tive uma quase epifania sobre chamar um percussionista para Os Paralamas. Terminada a apresentação, fui ao camarim e Toni me apresentou ao Eduardo Lyra. Foi uma conversa trivial e as suspeitas de sua influência se comprovaram: ele contou que estudou pandeiro com Suzano.

No dia seguinte, conversei com Bi e Herbert sobre o percussionista e a ideia de agregarmos outro integrante e, assim, ampliarmos nosso espectro musical. Bi já conhecia Lyra da Banda Bel, uma formação em que o cantor era Toni Garrido, antes de integrar o Cidade Negra. Eu insisti em buscar mais nuances brasileiras nos shows. Por conta da intensa agenda nos países vizinhos, era hora de usarmos sonoridades percussivas daquelas que empolgam a plateia, uma levada de congas verdadeiras, como a que gravamos em *Alagados*, no lugar da bateria eletrônica, com tamborins, repique e surdão para dar um clima carnavalesco.

A sugestão foi bem recebida, mas eles questionaram, com alguma lógica, as dificuldades de incluir mais um músico na equipe, ainda mais com um monte de cacarecos (instrumentos de percussão) para transportar. Ponderaram também se eu não perderia a hegemonia como percussionista. Rebati com a proposta de nos livrarmos de baterias programadas e defendi que um repique, um pandeiro e um timbal poderiam se somar à bateria para empolgar o público. Assim, combinamos de fazer uma audição com o tal camarada.

Eduardo Lyra não era conhecido. Me parecia um talento emergente, vinha ao encontro da filosofia paralâmica de não chamar estrela para a banda. A audição foi em fevereiro, num pequeno estúdio no Jardim Botânico. Parecia reprise do dia em que João Fera entrou para o grupo. Quando Lyra tocou *Alagados*, usando as congas e o tamborim no refrão, todo mundo sorriu. No breque, ele foi para o repique e trouxe um clima de samba empolgante, somado à bateria. Era como se estivéssemos no meio de uma torcida no Maracanã.

Saímos convencidos de chamá-lo para a banda, pelos efeitos que a percussão brasileira causaria nas plateias. Afinal, um grupo brasileiro precisava dessa sonoridade. Era o segundo músico que eu trazia para integrar Os Paralamas e fiquei orgulhoso disso. Depois de alguns ensaios, já em março de 1993, Herbert sugeriu que fizéssemos um show especial para apresentar à imprensa o novo integrante, no Jazzmania, num evento limitado a jornalistas e poucos privilegiados que a casa comportava. No dia seguinte, embarcaríamos para seis shows em Buenos Aires, sendo duas noites no lendário ginásio Obras Sanitárias. Em pouco tempo, Eduardo Lyra estava integrado aos Paralamas.

57! Encontros e separações

A virada de 1992/93 aconteceu de forma intensa. Em meio à agitada agenda de shows no exterior, nasceu minha segunda filha, Laura, que representou uma enorme dose de alegria não programada, bem no meio (ou seria no fim?) de uma crise conjugal. Ainda tentamos segurar a onda, mas não teve jeito: eu e Márcia nos separamos. O fim de uma relação é sempre difícil, ainda mais com crianças no contexto. Muito além de querer achar de quem era a culpa, prevaleceu o sentimento de não insistir em algo que não estava mais dando certo.

No meio disso tudo, eu ainda fui surpreendido por uma intensa paixão e arrisquei um novo relacionamento. Eu havia conhecido Katia Bronstein no show *Básico instinto*, do Fausto Fawcett, e resolvemos morar juntos logo depois de me separar. Deixei claro desde o primeiro momento que eu tinha um compromisso primordial com minhas filhas. Katia também tinha uma filha de outro casamento, Branca. Não demorou e estávamos reunindo as crianças. Para nossa sorte, houve harmonia desde o início.

Com o passar dos meses, consegui compensar a ausência – minhas filhas não tinham um pai convencional, como outras famílias – com o chamado tempo de qualidade que dedicava a elas. Apesar de não estar presente em tantos fins de semana, pude presenciar ocasiões especiais na vida delas: a feira de ciências, as formaturas, as apresentações do coral e do teatrinho. Mas o que mais gostava era levá-las às aulas de tênis e de natação. Sentia que todo meu amor por elas voltava para mim intensamente com o afeto e carinho que demonstravam. Me convenci de que eu era o pai ausente mais presente desse mundo.

* * *

Aquela conversa cordial que tivemos com Brian May no camarim em Montevidéu teve bons desdobramentos. Soubemos pela gravadora que fomos convidados como a banda de abertura da turnê europeia do ex-Queen. Alguns dias depois, recebemos o cronograma das apresentações, marcadas para começar em junho daquele tão promissor ano de 1993. Seriam 12 shows que passariam por vários países e por alguns de seus palcos mais nobres: em Paris, no Teatro Grand Rex; em Londres, duas noites, uma no Hammersmith Apollo e outra no Brixton Academy. Além disso, faríamos shows em outras cidades inglesas, na Escócia, no País de Gales e, para fechar a turnê, em Roterdã, na Holanda. Seria incrível o desafio de tocar antes de um grande ícone do rock mundial e diante de plateias de fãs do Queen. Aproveitando que já estaríamos na Europa, Zé Fortes conseguiu agendar mais três apresentações por lá: em Madri, em Bruxelas e mais uma noite no Festival de Montreux.

Os shows na Argentina e no Brasil, nos primeiros meses de 1993, fizeram o tempo passar rápido e logo chegou junho, quando embarcamos para o início da turnê com Brian May. Levei minha própria bateria, no caso, os tambores e pratos, mas contamos com um set de ferragens alugado pela produção, diminuindo assim o peso e os custos de transporte.

Na chegada a Paris, depois de instalados no hotel, fomos checar o som no Teatro Grand Rex e vimos a primorosa infraestrutura da turnê, com tudo meticulosamente arrumado, equipamentos de som e luz de primeira linha, um esquema de organização impecável, com horários rígidos combinados pela produção e os cronogramas impressos em folhas de papel colados nas paredes, com hora para tudo. Não poderíamos pisar na bola e tratamos de cumprir tudo que nos foi passado. Como os shows em países civilizados costumam acontecer mais cedo, no começo da noite, depois do *sound check* já ficaríamos no local até a hora de subir ao palco. Isso foi bem legal porque pudemos acompanhar o ensaio do Brian, que ainda estava lapidando o repertório da turnê com suas músicas e alguns hits do Queen.

Era como desfrutar de um show exclusivo. No meu caso, uma aula particular ver o Cozy Powell em ação, um monstro que deixou sua marca nos alicerces do hard rock. Ele ostentava o visual típico de roqueiro dos anos 70, com cabelão mullet, camiseta regata, jeans apertado e botas texanas (ele tocava assim!). Parecia um motorista de caminhão americano, algo que chamaríamos de cafona no Brasil, mas que caía muito bem nele. Depois, voltamos à área do camarim, onde havia um grande refeitório preparado por um *catering* de primeira, com comida da melhor qualidade: saladas, carnes de todos os tipos e acompanhamentos, sucos e bebidas alcoólicas, além de deliciosas sobremesas, raro nos bastidores de shows no Brasil. Ficamos tão surpresos nesse primeiro dia, que até bateu uma certa depressão antecipada pelo fim da turnê. O jeito era aproveitar ao máximo esse showbiz de primeiro mundo.

Os shows aconteceram na maior tranquilidade. Interagimos com os músicos do Brian e com a equipe técnica. Numa conversa durante um *sound check*, Cozy deixou claro sua aversão às baterias eletrônicas. Patrocinado pela Paiste desde o início da carreira, ele gostava dos tambores grandes e foi um dos pioneiros a usar dois bumbos. Cozy perguntou por que eu usava pedal duplo, em vez de dois bumbos, já que era estranho aquele eixo remoto no pé esquerdo para tocar o bumbo no lado direito. Respondi que, se eu usasse um segundo bumbo, seria expulso da banda. Ele morreu de rir. Depois disso, não sei se foi praga, mas meu pedal duplo quebrou (espanou um dos parafusos que prendia o eixo, atrapalhando seu funcionamento). No dia seguinte, o técnico de bateria do Cozy foi superatencioso e conseguiu ajudar na solução, com sua caixa de ferramentas.

Passamos por lugares pitorescos na Inglaterra, como as cidades de Manchester, ao lado de Liverpool, mas não tivemos tempo de visitar a cidade natal dos Beatles. Depois, fomos a Sheffield e Birmingham, na região central do país, de onde saíram grandes nomes como Joe Cocker e a banda UB40. Estivemos também em Bournemouth, no litoral sudoeste, um dos pontos de partida de tropas que desembarcaram no histórico Dia D, em 1944. Cada um desses lugares tinha suas particularidades. O mais esquisito foi o show em Whitley Bay, bem ao norte, num ginásio de patinação no gelo. Mas em todas as apresentações, o público nos recebia com cordialidade. Éramos citados nos jornais, em flyers e o próprio Brian nos anunciava em algumas noites.

Depois do último show, em Roterdã, fomos convidados para uma grande confraternização nos camarins com a equipe do Brian. Promovemos uma legítima batucada brasileira, que fez todo mundo dançar. As meninas dos backing vocals se arriscaram em coreografias ousadas, e os músicos e equipe técnica ingleses também entraram no clima. Foi uma catarse coletiva, animada por um certo grau alcoólico. Até Brian May e o supermanager Jim Beach caíram no samba!

No meio da batucada, Herbert puxou de improviso uma letra que trazia o apelido carinhoso com o qual nos referíamos ao Brian nas internas: Macarrão, devido à sua magreza e altura. Cozy Powell também não escapou: ganhou a alcunha

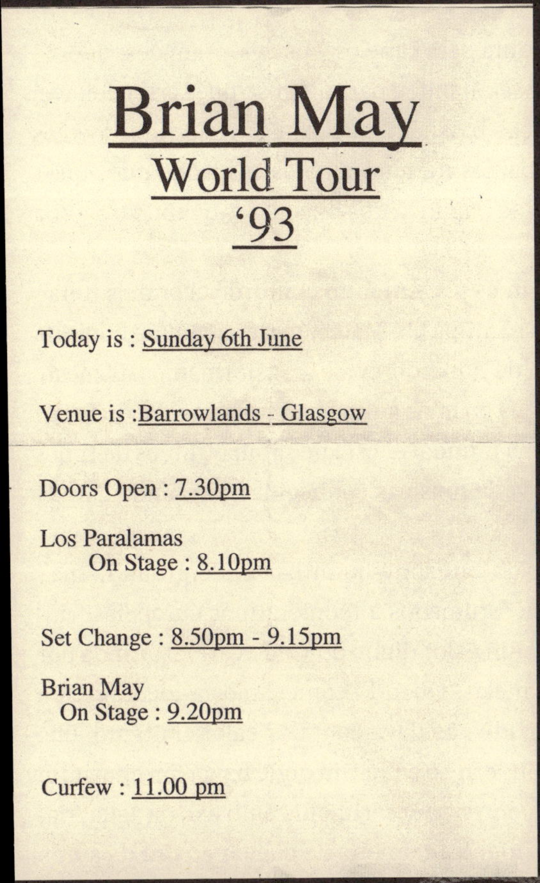

Brian May
World Tour
'93

Today is : Sunday 6th June

Venue is :Barrowlands - Glasgow

Doors Open : 7.30pm

Los Paralamas
On Stage : 8.10pm

Set Change : 8.50pm - 9.15pm

Brian May
On Stage : 9.20pm

Curfew : 11.00 pm

Os cronogramas da turnê do Brian May eram colados na porta do nosso camarim: uma organização exemplar, com horários rigorosos. Coisa de inglês

O início da década de 1990 foi promissor para Os Paralamas na Argentina, onde tocamos em grandes eventos. Parecia um recomeço da banda em outras praias

de Hené Marú, nome de uma popular tinta para cabelos – os dele eram despudoradamente pintados de preto. A festança se estendeu para além do que seria aceitável pela organização do evento. A animação brasileira quebrou os rígidos protocolos vigentes na turnê, encerrando os trabalhos no mais alto-astral. Acho que aqueles gringos devem se lembrar até hoje da bagunça dos brasileiros quando o samba abafou o rock and roll...

Depois da turnê com Brian, seguimos viagem num confortável ônibus fretado, com camas e poltronas, cruzando a Europa até Madri, onde as muitas horas de estrada eram animadas pelo pandeiro de Eduardo Lyra. Transformamos as mesinhas e sofás da saleta no fundo do ônibus no mais animado bar de pagode do Velho Continente. Cantamos e batucamos uma infindável lista de sambas, hinos de times e versões cabeludas que o Herbert fazia de músicas conhecidas, causando gargalhadas gerais.

Chegamos à capital espanhola para um show num bar underground, chamado The Revolver Club. Estávamos acostumados a temperaturas europeias frias e amenas, mas em Madri encontramos um calor digno do verão carioca. Ainda por cima, o show era num subsolo sem janelas. Quando começamos a tocar, com a casa lotada, o sistema de ar-condicionado não dava conta. O calor era tanto, que precisamos fazer uma parada técnica, indo até o camarim onde havia um chuveiro. Eu, que tocava de bermuda e camiseta, entrei sem cerimônia embaixo da água fria. Herbert também, de roupa e tudo. Foi a única maneira de chegar ao fim da apresentação. Nem no palco do Rock in Rio tínhamos sentido tanto calor. O segundo set do show foi uma espécie de ou tudo ou nada. Tocamos com gás redobrado e ficamos surpresos ao ver que a plateia não arredou pé.

De Madri, seguimos para Bruxelas, capital belga. Bi, sempre bem-informado sobre a história dos lugares, nos levou para comer a legítima iguaria local: mexilhões com batatas fritas, as famosas *moules frites*. Caminhamos até a grande praça central e dali a uma rua estreita, lotada de restaurantes de ambos os lados, onde os garçons brigavam pelos turistas. Escolhemos um e nos deleitamos com o prato bem servido, acompanhado de excelentes cervejas belgas. Do show mesmo, não lembro de muita coisa.

A última escala da nossa superturnê europeia seria o tradicional Festival de Montreux. Fomos escalados para a mesma noite em que se apresentariam Caetano, Gil, Chico, Hermeto Pascoal e Margareth Menezes. Nosso set list, testado nos muitos shows que fizemos pelos palcos da América Latina, estava no ponto ideal, ainda mais depois da sequência de apresentações durante a turnê do Brian May. O resultado foi um show perfeito em Montreux, com a plateia repleta de brasileiros. Depois de tantos momentos incríveis pelas plagas europeias, voltamos para casa com Herbert repleto de ideias do que seria o nosso próximo álbum.

Na sequência da turnê com Brian May, seguimos para shows em Madri e para nossa terceira apresentação no Festival de Montreux (acima)

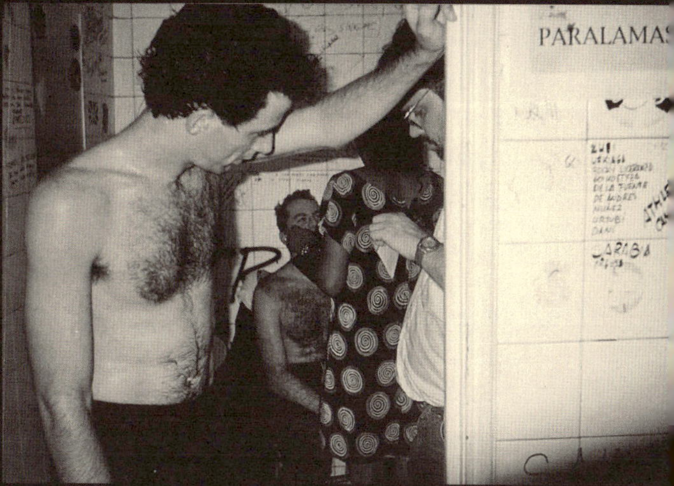

O show no diminuto The Revolver Club,na capital espanhola, foi intenso. Não imaginávamos que estaria tão quente na Europa! Precisamos fazer uma pausa para entrar debaixo do chuveiro no camarim e terminar a apresentação

58!
Armações paralâmicas

O restante do ano de 1993 seria tão dinâmico quanto o seu início. Herbert ficou em Londres por um curto período e se encontrou com o presidente da EMI. Ele soube que um produtor de lá estava trabalhando com bandas ibero-americanas. Seu nome era Phil Manzanera, nada menos que o guitarrista da lendária banda Roxy Music, que se aventurava agora na produção musical em seu estúdio em Surrey, nos arredores de Londres.

Na volta ao Brasil, Herbert iniciou uma conversa com a Odeon para gravarmos nosso próximo álbum na Inglaterra com esse produtor. Desta vez, teríamos as condições para trabalhar, sem os contratempos da conturbada mixagem de *Bora Bora.* Também já trazíamos uma boa experiência com a mixagem do álbum *Os grãos* em Los Angeles. Tínhamos a certeza de que, ao chegarmos no estúdio com o repertório definido, nada nos atrapalharia. Após algumas idas e vindas, recebemos o ok da EMI. O início seria em dezembro e passaríamos o Natal e o Ano Novo por lá. Acomodações e alimentação estavam incluídas no pacote da produção, providas pelo próprio estúdio. A empolgação era geral: finalmente gravaríamos um disco no exterior, um sonho há muito idealizado por nós – e mais um que seria realizado em breve.

Passamos a nos encontrar para desenvolver as ideias do novo disco, sob a supervisão do produtor Chico Neves, que Herbert conheceu nas gravações do primeiro álbum solo da Fernanda Abreu. Chico se destacava pela destreza com as novas técnicas de gravação em computador, ao mesmo tempo que usava tecnologias analógicas, juntando o melhor do recém-nascido mundo digital com a firmeza das sonoridades vintage de amplificadores, teclados e microfones valvulados. Para mudar os ares, procuramos um estúdio pequeno e conveniente para registrar as ideias que surgiam e encontramos o local onde o Roupa Nova trabalhava, na Barra da Tijuca, convenientemente instalado no meio do caminho entre a Zona Sul, onde eu e Bi morávamos, e o Recreio dos Bandeirantes, onde ficava a casa do Herbert.

Num desses dias em que eu e Bi fomos ao estúdio no meu carro, coloquei um CD, presente de um amigo americano, com uma seleção variada de jazz de todas as épocas. Numa das faixas, havia um groove com um saxofonista solando a música inteira. Era a inspiração para o que dali a pouco se tornaria a canção *Dos margaritas*. Herbert adorou e funcionou perfeitamente para vestir uma letra recém-escrita por ele. As ideias começavam a ricochetear em nossos encontros.

O pequeno estúdio dos nossos veteranos amigos do Roupa nos servia perfeitamente. As tardes que dedicávamos aos ensaios eram bem produtivas. Herbert estava muito inspirado e, a cada novo esboço musical, complementávamos suas ideias com mais nuances. Havia um consenso em abrasileirar tudo o que estivesse a nosso alcance, o que incluía o uso indiscriminado de percussão. Em *Requiém do pequeno*, por exemplo, surgiu uma levada de timbal que percorre a música inteira, em contraponto ao pesado riff de guitarra, que resultou numa soma perfeita.

Para *Navegar impreciso*, Bi sugeriu que convidássemos Tom Zé para cantar. A letra fazia críticas à chamada retrocolonização brasileira em Portugal e o fato de os portugueses desdenharem do valor dos seus antigos colonizados. Era um tratado de sociologia moderna. Tom Zé aceitou, veio ao Rio para gravá-la e ainda nos ofereceu uma letra inédita sensacional, que nos inspirou a fazer algo com as cores do Talking Heads. A canção se chamava *Músico* e Herbert e Bi assinaram mais uma parceria. Tom Zé estava sendo redescoberto pelo público através de uma coletânea lançada pelo selo do próprio David Byrne.

Coube ao Chico Neves levar a voz de Tom Zé à Inglaterra, já gravada, num aparelho de sampler Akai. Assim também foi com Fito Paez, convidado por Herbert para tocar piano na música em homenagem à Charly García, *El vampiro bajo el sol* (O vampiro sob o sol). Fito gravou o piano em Buenos Aires sequenciando sua interpretação e passou-a para um disquete que seria lido pelo programa musical via midi, com o som de um módulo do melhor piano digital possível. Coisas da tecnologia. Também levamos o solo de sax do Monteiro Junior do início ao fim da música. Isso era feito gravando sequências no computador do Chico, que devia ser um moderníssimo Mac Classic II, além de pedaços de *loops* e sons de cada música registrados no sampler Akai, a última palavra em modernidade da época.

Era o começo da revolução digital que, em breve, determinaria o fim do uso de mídias lineares (fitas magnéticas). A parte de teclados do João Fera também seria pré-gravada. Gravamos várias músicas usando uma guia rítmica (click) e muitas tinham uma programação incluída. Desta vez, não precisaríamos levar fita: estava tudo no sampler do Chico. O restante seria gravado lá: bateria, baixo, guitarras, vozes e percussão. Combinamos que a percussão de Eduardo Lyra era imprescindível e ele viajaria à Inglaterra quando as bases estivessem prontas.

O preparo de nossa viagem foi cercado de todos os cuidados, pelo lado prático, técnico e também sentimental. A expectativa seria a de passar ao menos dois meses trabalhando. Eu estava mexido por passar o Natal longe das filhas, mas consegui entrar num estado de espírito tipo "modo operacional" e seguir caminho. Para melhorar o astral, Katia me encontraria depois em Londres e aproveitaria para fazer um curso de aprimoramento de inglês. E lá fomos nós.

59!
Tentando falar a mesma língua dos gringos

A chegada em Londres foi num clima tipicamente inglês, com céu cinzento, chuva fina e frio. Fomos direto ao estúdio onde conheceríamos o nosso produtor, Phil Manzanera. Herbert já havia conversado com ele e enviamos uma demo com o repertório do álbum. Levamos quase uma hora até Surrey, no subúrbio de Londres, região famosa pelas mansões de milionários e de celebridades como Os Beatles, The Who e Elton John.

O estúdio se chamava The Gallery e lá estava Phil para nos receber. O lugar era maravilhoso. Phil, muito simpático, nos contou que o local abrigava a mística das gravações dos sucessos de sua já extinta banda, Roxy Music, que tinha mais a cara de seu famoso cantor, Bryan Ferry. Phil nasceu em Londres, seu pai era inglês e a mãe, colombiana. Ele tinha um pé na latinidade. A banda que terminara de gravar era da Espanha, Héroes del Silencio, uma espécie de U2 espanhol. Fomos apresentados ao staff do estúdio, jovens assistentes de gravação, secretárias e o engenheiro de som Kevin Lamb, um americano com pinta de ranzinza.

Deixamos lá o pouco material que trouxemos e rumamos para o apartamento onde ficaríamos hospedados durante o período das gravações, a uns 15 minutos de distância, no bairro vizinho de Weybridge. Chegamos a pensar em alugar carro, mas desistimos diante da dificuldade de dirigir do "lado errado". Os assistentes do estúdio ficaram de nos levar e trazer diariamente. Fomos ao pequeno mercado local garantir suprimentos para o café da manhã, já que as demais refeições seriam feitas no próprio estúdio: almoço, jantar, chá e bolo a qualquer hora. O apartamento tinha uma faxina semanal e ficamos responsáveis por lavar nossas roupas na lavadora/secadora do lugar. Assim começava a nossa imersão no modo de vida inglês. Quando na Inglaterra, faça como os ingleses.

O começo das gravações implicava em montar o computador do Chico Neves de forma a obtermos o que estava sequenciado nele, que disparava os *loops* e sons que trouxemos gravados no sampler Akai. Ali estavam armazenados os sons de teclados, instrumentos de sopro, a voz do Tom Zé e algumas bases rítmicas gravadas do Brasil. Kevin, o engenheiro de som, nos explicou como funcionava o processo: gravavam tudo numa máquina de 24 canais com fita de 2 polegadas, à moda antiga, para depois transferir o material para uma coluna de oito gravadores digitais ADAT (totalizando 64 canais!) e, assim, proceder a mixagem digitalmente, com uma moderníssima mesa da marca Euphonics. Havia um canal da máquina obrigatoriamente usado para gravar um código de sincronia, chamado SMPTE, imperativo para fazer as informações de sequências e comandos de efeitos e mixagens acontecerem em harmonia.

Phil começou listando as músicas – muitas ainda com títulos provisórios – num painel de cartolina com uma grade pintada de pincel atômico, na qual ficavam as várias etapas da gravação de cada música: bateria, baixo, voz, guitarra, teclados, vocais, percussão etc. À medida que cada etapa era terminada, ele fazia um "x" na grade. Em meio a tanta modernidade, era um processo antiquado, mas ajudou muito na organização dos trabalhos.

Chegou a hora de ver a bateria disponível no estúdio. Apesar de estarmos com um orçamento generoso, não quis aumentar os custos da gravação com aluguel de baterias e pratos. Fiquei de conferir o kit padrão de cinco peças, de um fabricante que não era o meu favorito – mas um estúdio de alto padrão não ofereceria uma bateria ruim ao cliente. Na época, eu tinha patrocínio da Tama no Brasil através de um importador de São Paulo. Tratei de levar apenas uma caixa de madeira Tama 6,5 de profundidade e um set de pratos modesto. A ideia era me virar com o que houvesse lá. Acabei indo numa loja comprar umas peles novas de duplo filme para substituir as velhas dos tom-tons e surdo. O pedal do bumbo era antigo e, depois de alguns ajustes, serviu para gravar satisfatoriamente. Passamos o som da bateria e, em pouco tempo, estava tudo pronto para começar as gravações.

* * *

Nosso cotidiano inglês obedecia a uma rotina tranquila. Acordávamos cedo, tomávamos café e chegávamos ao estúdio por volta de 10h. Definíamos a primeira música do dia numa rápida reunião com Phil e partíamos para os trabalhos. Não demorou, eu e Bi já tínhamos acertado todas as partes de bateria e baixo. As músicas foram gravadas com click, por conta dos *loops* de percussão usados no material levado do Brasil. O processo foi bem tranquilo, até porque tinha tocado todas elas na pré-produção. Agora, era apenas buscar uma sonoridade legal e uma interpretação precisa da bateria.

Enquanto isso, ao redor da mesa de som, acontecia um entrave: o computador do Chico não conseguia tocar a sequência do piano do Fito Paez. Herbert insistia muito para que nessa música a gente gravasse a bateria valendo só quando o piano aparecesse, em função da magistral interpretação do Fito. Era um mistério o computador ligar, mas não tocar o que fora gravado. Enquanto Chico e os técnicos batiam cabeça, fomos adiantando as outras músicas para não atrasar o cronograma.

No fim do dia, voltávamos animados para o nosso cantinho, resenhando as ações, discutindo ideias e planejando o que faríamos no dia seguinte. As gravações fluíram bem e resolvemos não trabalhar nos fins de semana, quando relaxávamos em passeios, visitas a museus, restaurantes, pontos turísticos e pubs londrinos. Assim, Herbert podia curtir um tempo com o lado inglês de sua família, os muitos parentes da Lucy, enquanto eu, Bi e Chico ficávamos com nosso amigo das antigas, Serico, aquele que morava há décadas em Londres. Pegávamos o trem em Weybridge até a estação de Clapham Junction, onde embarcávamos na linha preta do metrô (Northern Line), uma das mais longas de Londres, até a longínqua estação de Tooting Bec, bairro do nosso amigo. De lá, pegávamos um ônibus por uns 15 minutos até o ponto ao lado do parque Tooting Common. Caminhávamos uns dez minutos e finalmente chegávamos na casa do Serico. Um país desenvolvido é isso: você vai aonde quiser com transporte público eficiente.

Passávamos os sábados e domingos perambulando pela capital, conferindo um ou outro pub com cara boa no Soho, as lojas de instrumentos da Denmark Street, os museus, praças e parques. Aos poucos, instituímos alguns pontos favoritos na capital inglesa. O nosso pub era o Porcupine, antiquíssimo, na Leicester Square com a Charing Cross Road, rua famosa pelas livrarias. Ali havia intenso movimento no entorno dos muitos teatros e cinemas da região, pertinho de Piccadilly Circus. Outro ponto era um restaurante espanhol chamado La Rueda, na Clapham High Street, perto de onde Lucy tinha um apartamento que dividia com uma irmã. Herbert, sempre entusiasmado, listava o restaurante na categoria de "melhor espanhol do mundo". Concordávamos depois da terceira jarra de sangria.

Aos domingos, eram obrigatórios passeios pela Porto Bello Road e uma esticada até Camden Town, ambos famosos pelo comércio de rua e mercado de pulgas, com barracas e quiosques de antiguidades e comidas que se estendem por muitos quarteirões. Obrigatória também era a visita às lojas de discos Dub Vendor, especializada em reggae, tanto a pioneira, na estação de trem/metrô de Clapham Junction, quanto a segunda, sob um viaduto ao lado da estação de metrô Ladbroke Grove, de onde Bi nunca saía sem ao menos um compacto de algum lançamento de reggae da semana.

Voltávamos de metrô para a casa do Serico, numa aparente viagem sem fim até Tooting Bec, tarde da noite no domingo, na época em que os pubs fechavam, por lei, às onze da noite, depois do dono do bar tocar o tradicional sino avisando que era a última rodada (*last call*). Estávamos aproveitando ao máximo a vivência londrina. Ficaram na memória os trens dessa linha, que eram antigos, desgastados, malcheirosos. Sentado naqueles bancos sujos e rasgados do trem vazio, enquanto esperava para descer na última estação da linha preta do London Tube, me vinha à mente que o sonho do moleque do subúrbio do Rio – chegando de ônibus em casa, já tarde, depois do curso de inglês – tinha virado realidade. Na segunda de manhã, às vezes meio de ressaca, voltávamos à rotina: pegávamos o metrô até a estação de Clapham Junction e, de lá, o trem até Weybridge, onde um dos assistentes nos esperava para nos levar ao estúdio.

60!
Metal pesado às vésperas do Natal

No início de dezembro, soubemos pelas publicações musicais inglesas que o Sepultura tocaria no famoso Brixton Academy. Eu, Bi e Chico fomos conferir o fenômeno brasileiro do metal e fazer contato com nossos amigos na tarde do show. Eles estavam no ônibus que usavam na turnê pela Europa, estacionado na rua ao lado da casa de espetáculos. Nos receberam na maior alegria e fomos ficando até a hora da apresentação.

Testemunhamos uma verdadeira catarse. A casa, que devia comportar umas três mil pessoas, estava cheia. Assistimos do balcão superior, de onde víamos uma massa humana que transbordava como uma maré de corpos em direção à cerca de contenção na frente do palco. Um time de seguranças musculosos retirava pacientemente as pessoas que subiam a cerca e as devolviam pelas laterais. Quando o show começou, aquela gente toda cantava forte as músicas. Era impressionante a popularidade de uma banda vinda do Brasil no segmento do metal.

Celebramos com os amigos metaleiros após o show. Finalmente, conseguimos vê-los atuando. Eles já tinham nos visto tocando algumas vezes em São Paulo, anos atrás. Conversamos, tomamos umas cervejas no camarim e eles embarcaram no ônibus para seguir viagem. Heavy metal, *heavy touring*. O Sepultura mexeu com as estruturas do rock nacional: mostrou como uma banda brasileira poderia fazer sucesso internacional cantando em inglês e ser brasileira mesmo assim. Sentimos orgulho desses caras, que mereciam aplausos. O metal é um mundo repleto de bandas que soam parecidas e eles conseguiam se destacar.

Nossa permanência em Londres coincidiu com o período das festas de fim de ano e antecipamos a ceia de Natal num animado jantar no estúdio, com a presença de todos que trabalhavam com a gente lá e com a chegada de nossas esposas. Chico Neves nos avisou que um amigo brasileiro, que morava em Londres, tinha nos convidado para a virada de ano com sua família. Era Heitor TP, guitarrista da banda Simply Red, que foi gentil em nos receber em sua casa no bairro de Hampstead, onde matamos um pouco a saudade do Brasil.

Seguimos trabalhando em janeiro. Faltava pouca coisa do instrumental antes de gravarmos a voz. Chico continuava tentando resolver o mistério do computador que não tocava a sequência do piano do Fito Paez. O problema foi decorrência de uma mancada do engenheiro de som americano, que, sem querer, apagou um pedaço de um código de sincronia (imprescindível na sincronização de qualquer informação necessária para gravar e mixar uma música). O entrave foi resolvido depois que os técnicos descobriram uma forma de regravar o código com um novo equipamento.

Demorou, mas enfim gravaríamos a base da música, já que nos orientávamos pelo piano do Fito, com partes diferentes e várias atmosferas impressas ao longo da canção. De início, tive alguma dificuldade em tocar no andamento baixo em que a música se desenrolava, de 80 bpm. Foi um desafio acertar a levada, marcar as passagens e criar na bateria o clima de balada rock que a música pedia. Ajudou muito gravar simultaneamente com Bi; a harmonia do baixo auxiliava a carregar a canção. Pedi para repetir a música diversas vezes para ir ganhando firmeza. Quando me senti seguro, gravamos o primeiro take, que acabou sendo o escolhido. Já havíamos ensaiado tanto e definido as passagens tão bem, que não era necessário fazer uma nova tentativa.

O som da bateria nessa faixa pedia uma sonoridade à la Led Zeppelin, com afinação mais grave e ambiência resultante da microfonação da sala. Queria um som de contratempo mais cheio e, para conseguir esse clima sonoro grandioso, utilizei um recurso inusitado: substituí os pratos normais de 13 polegadas por dois Crashes de 16, algo incomum. O resultado surpreendeu: aquele mega par de pratos no contratempo criou uma sonoridade que acrescentou muito ao clima da música.

A chegada do percussionista Eduardo Lyra deu um outro astral aos trabalhos. Estava em nossos planos preparar uma orquestra percussiva para gravar a faixa *Vamo batê lata*, talvez o maior motivo para trazer o Eduardo, em vez de gravá-lo no Brasil. Inclusive, por pouco, o nome do disco não foi o dessa música. Na letra, Herbert usava o ritmo das sílabas em complexas onomatopeias que se somariam às batucadas de tambores e latas, uma alusão aos batuques do povão nos ônibus lotados saindo de Copacabana na volta para casa no subúrbio, num fim de tarde de domingo ensolarado.

Chamamos o percussionista brasileiro Bosco de Oliveira, que morava em Londres desde os anos 80. Pelo telefone, explicamos a ele a ideia da batucada em latas e ele trouxe uns latões de óleo de cozinha. Ensaiamos as partes da música onde entraria a percussão. Em pouco tempo, eu, Eduardo e Bosco soávamos como o bloco da lata e gravamos os batuques, complementando a levada tribal da bateria, já registrada, que fazia crescer o refrão.

Durante as gravações de Severino/Dos Margaritas, *no estúdio The Gallery, mergulhamos no cotidiano inglês, que influenciou no resultado do disco, um tanto soturno, cinzento. Phil Manzanera, sempre cordial na produção, de certa forma "ajudou muito em não atrapalhar".*

Perto do estúdio do Phil, ficava o pub Hand and Spear, onde íamos aliviar a tensão após as gravações, acompanhados do Chico Neves e de Serico, "o brasileiro mais esperto de Londres". Antes da meia-noite, já estávamos recolhidos no nosso mundinho em Weybridge

61!
Brian May, um guitarrista gigante

Depois da festa dos tambores e das latas, chegou a hora da festa das guitarras. Herbert gravou suas partes e ainda convidou Phil Manzanera para tocar em *O amor dorme*, uma balada elegante com um sutil toque latino, em que o nosso produtor fez um solo inspirado. Para completar, Herbert teve a luz de chamar ninguém menos que Brian May para gravar na música do Fito. Seria um golaço carimbar a canção com um dos maiores ícones do instrumento. Era uma incógnita se Sir Brian aceitaria o convite dos moleques brasileiros perdidos num estúdio por entre as mansões de ídolos do rock no bairro de Surrey.

Zé Fortes até tinha canal direto com Jim Beach, empresário do Brian, mas ainda assim pedimos ao nosso amigo presidente da EMI latino-americana, Mario Ruiz, que convidasse Brian diretamente, para dar um reforço. Dias depois, para nossa surpresa, Mario nos avisou que ele aceitara. Era festa na favela! Foi engraçado quando dissemos ao Phil Manzanera que convidaríamos Brian May. Ele desdenhou, duvidando que o grande guitarrista aceitaria. Daí, quando Herbert avisou ao Phil que Brian viria no dia seguinte gravar, ele fez uma cara de incrédulo, digna de emoldurar num quadro.

Brian May chegou ao estúdio em seu Range Rover, de onde os assistentes desembarcaram uns quatro amplificadores Vox e o estojo com sua lendária guitarra avermelhada de escudo preto, fabricada em casa, com seu pai, usando um antigo pedaço de madeira do batente de uma porta. Sempre gentil e bem-humorado, cumprimentou todos no estúdio. Mostramos a música que iria gravar e houve uma certa expectativa, mas o suspense foi rápido: ele disse ter adorado, perguntou sobre o que dizia a letra e pediu para gravar.

Os amplificadores foram ligados, a guitarra plugada, testada, e Brian escolheu gravar de dentro da sala da técnica, para não usar fones na sala onde estavam os amps. Depois de algumas passadas na música, ele preparou riffs e melodias para o ponto onde seria o solo. Nós assistíamos a tudo num estado de puro deleite: estava soando tão bem, que já poderiam ter gravado os testes. Mas, exigente, Brian ainda se preparava para compor o solo, que entraria lá pelo meio e seguiria até o fim. Mais um pouco, e ele deu ok para gravar.

Brian começou a executar sua guitarra precisa, muito certeira. Era o som característico dele. Foi difícil de acreditar que essa lenda do rock estava ali, batendo bola com a gente. Ficamos atônitos, incrédulos. Ao terminar cada passada, pedia para guardar o take e abrir mais dois canais para outra tentativa. Gravou uns 12 takes, se deu por satisfeito e foi novamente preciso ao instruir o técnico sobre as melhores partes de cada take:

– Pode começar o solo com o take oito, a parte do meio pode usar a do take 12 e o final, a do take sete.

Desse jeito. Quando achávamos que terminava ali sua participação, ele se virou para nós, animado, e falou:

– Tive umas ideias de vocais para a música, vamos fazer?

Olhamos uns para os outros sem acreditar. Dali a pouco, estávamos na sala de gravação, os quatro ao redor de um microfone, com fones, ensaiando "aaah, aaahs, úuu-úuus" e contracantos em partes da música, de acordo com as orientações do Brian. Foi simplesmente incrível essa experiência, surreal. Os vocais ficaram impecáveis. Depois de uma longa tarde e já adentrando a noite, terminava a participação do nosso "amigo" Brian May, aquele que a gente reservadamente chamava de Macarrão e que lembrou das nossas batucadas no fim dos shows de sua turnê, pouco tempo atrás. Sua participação ficou registrada na faixa *El vampiro bajo el sol*, mas esses momentos de convívio guardaríamos em nossa memória de forma muito mais marcante.

* * *

Durante as conversas naqueles dias juntos, tanto no nosso "mundinho" – como nos referíamos ao apartamentinho em Waybridge – quanto no estúdio, muitas ideias surgiam e eram postas em prática. Nos últimos dias de gravação, aconteceram alguns dos momentos mais especiais da temporada inglesa. Herbert ficou amigo de Will Mowat, produtor inglês que trabalhou com Fernanda Abreu. Ele era conhecido pelo sucesso mundial da banda Soul II Soul e seus hits dançantes. Através dele, conseguimos o contato da Reggae Philharmonic Orchestra para participar das faixas *Cagaço* e *El vampiro*. Essa orquestra de corda de músicos proficientes do meio clássico londrino foi protagonista de várias gravações da Soul II Soul, liderada pelo DJ Jazzie B, que no começo da década de 90 emplacou sucessos que misturavam uma irresistível batida funk com hip-hop e melodias de orquestra de cordas. Soubemos no dia da gravação que, entre seus integrantes, havia uma brasileira que tocava violoncelo e morava em Londres – era dentista e se dedicava à música nas horas vagas. Os arranjos foram escritos antecipadamente por eles, que ensaiaram e gravaram em pouquíssimo tempo, com precisão e profissionalismo.

Depois foi a vez de um grande nome do reggae fazer um dueto com a voz já gravada de Tom Zé: Linton Kwesi Johnson, um cara que seria mais fácil de apresentar como rapper, mas isso muito antes do rap/hip-hop se tornar uma febre mundial. Linton foi o pioneiro do que se chamou de *dub poetry* (ou poesia do dub), um estilo de recitar a letra em cima de uma base de reggae, numa mistura hipnótica a partir do ritmo das sílabas entoadas no mais puro sotaque jamaicano sobre as batidas da bateria e da percussão, cimentadas pela linha de baixo e pontuadas por guitarras, teclados e riffs de naipes de sopros carregados de ecos. Apesar de não ser conhecido mundialmente, Linton pode ser comparado em importância a Bob Marley, como o artista que colocou sua música a serviço da causa social, com letras repletas de críticas ao sistema, ao racismo, ao consumismo e à opressão.

Uma amiga jornalista da Lucy fez a ponte com Linton para gravar *Navegar impreciso*, canção do Herbert que abordava o problema de imigrantes brasileiros hostilizados em Portugal. A letra falava dos portugueses que agora eram obrigados a lidar com a invasão de seu país por seus seculares descendentes, depois de quase 500 anos da descoberta do Brasil. Linton topou participar do álbum daqueles desconhecidos brasileiros, seus grandes admiradores.

Assim aconteceu o registro de um encontro improvável entre Linton Kwesi Johnson e Tom Zé, que recitou a letra em português, entregando em alguns momentos sua inflexão de baiano de Irará, em contraponto ao sotaque jamaicano, de tom grave, de Linton. A versão da poesia em inglês foi feita por Lucy e recebeu elogios de Linton, que entendeu bem a mensagem e a recitou como se fosse algum de seus escritos. Nossas conversas no dia da gravação foram profundas. Ele, sempre cordial, demonstrou interesse pelo Brasil e se dizia louco para conhecer a Bahia. Foi assim que interagimos com mais um dos nossos ídolos. Prometemos ao Linton tratá-lo muito bem quando fosse ao Brasil.

Apesar dos ótimos momentos que desfrutamos, as sessões de mixagem do álbum se tornaram desgastantes. O processo de transferir as gravações da fita analógica de 2 polegadas para dezenas de gravadores digitais ADAT ocupava um tempo enorme. A demora, somada à ansiedade em ver o fim do processo, me causou um desconforto sem igual, se comparado com a produção dos discos anteriores. Estávamos ali realizando o sonho de gravar um disco fora, mas as rodadas finais passaram do limite.

Eu havia perdido o parâmetro de como participar no final de processo. Depois de umas três ou quatro músicas mixadas, me senti desnecessário. Não precisava ficar ali esperando para dar palpite sobre a mixagem, pedir para aumentar um pouco o bumbo, o Hi-Hat, o riff de sopros. Nada mais fazia diferença para mim, não havia contribuição conceitual, era apenas técnica. Foi assim que, antes que o parafuso espanasse a rosca, pedi licença e fui para casa.

Fiquei aliviado com a solidariedade do Bi e do Herbert, que entenderam minhas razões. Para o Herbert, estava até bom estender um pouco mais sua estadia na Inglaterra, junto de seus parentes. Bi e Chico Neves cumpririam tabela e permaneceram até o fim dos trabalhos para garantir que tudo ficaria no lugar em termos sonoros. O que me deixou arrependido foi não estar na masterização em Abbey Road. Esse processo, que consiste em dar uma arrumada final nas frequências e uma nivelada geral no volume das faixas, foi feito num dos estúdios do lendário complexo de gravações eternizado pelos Beatles. O álbum finalmente estava pronto.

62!
Nunca fomos tão brasileiros

Começamos a preparar o lançamento e as ações de promoção do álbum *Severino*. Houve consenso sobre o título, um nome bem brasileiro, derivado de uma das músicas do primeiro disco solo do Herbert, que a gente regravou, *O Rio Severino*. A ideia era nos abrasileirar cada vez mais, tanto que escolhemos usar na capa uma obra do artista Bispo do Rosário, um interno da Colônia Juliano Moreira para pessoas com distúrbios psiquiátricos. Bispo era morador de rua e ficou anos internado, quando deu vazão a sua criatividade em pinturas, tapeçarias e objetos com materiais diversos: linhas para bordar palavras, frases, formas e criaturas em complexas tapeçarias rústicas – e, ao mesmo tempo, ingênuas –, perfazendo um inventário do universo. Herbert descobriu que esse precioso acervo perigava se estragar por descaso e falta de cuidados do lugar onde era mantido. Ele propôs à Secretaria de Cultura do estado que, em troca de usarmos a estética do artista na capa e na arte do disco, pagaríamos a dedetização do local onde estava o acervo, ameaçado por cupins.

Gringo Cardia foi convocado para fazer a capa e também dirigiu os primeiros vídeos de trabalho, das faixas *Cagaço* e *Dos margaritas*. Neste segundo, achei legal a ideia de filmar a gente separadamente tocando na ponta de uma grua em movimento, como se fosse uma gangorra num carrossel, com a câmera na outra extremidade, resultando num efeito em que o fundo do enquadramento passava numa velocidade alucinante. Claro que eu não usei uma bateria de verdade, apenas as baquetas tocando *air drums*. Esse clipe também seria lançado no circuito latino, com a versão em espanhol da música. Ainda não tínhamos noção do que estaria por acontecer.

O álbum, aliás, sairia no mercado latino como *Dos margaritas*. Fizemos versões em espanhol – *Dos margaritas*, *El amor duerme* e *El vampiro bajo el sol* – e incluímos algumas músicas diferentes, como *Go back*, dos Titãs, em espanhol, com uma programação de bateria eletrônica e alguns overdubs de bateria acústica, e canções de discos passados com versões em espanhol: *Será diferente* (*Vai ser diferente*), *Coche viejo*

(*Carro velho*) e *Casi um segundo* (*Quase um segundo*). Esta última com a participação especialíssima do genial Egberto Gismonti. Éramos seus admiradores de longa data, já havíamos até trocado ideias com ele, que nos fez elogios em entrevistas e abriu uma conexão para que o selo alemão Intuition Records lançasse *Bora Bora* no exterior. Egberto gravou uma versão bem diferente do nosso hit, usando sintetizadores, ainda só com a voz do Herbert. Havia uma boa expectativa desse álbum no mercado latino.

No Brasil, a crítica não recebeu muito bem *Severino*. Apesar da pouca difusão nas rádios, começamos a fazer shows, inclusive nos países vizinhos. Era de se esperar que uma música de trabalho com o nada sutil título de *Cagaço* ou traria curiosidade do público ou o desdém das rádios. O resultado foi a segunda opção. Talvez tivéssemos ido um pouco além em "ser contra as obviedades", mas o fato é que *Severino* resultou nisso: um disco quase experimental, ousado, conceitual, desde a capa até a última faixa. Não havia a presunção de achar que os fãs – ao modo do resignado público argentino – aceitariam qualquer coisa que produzíssemos, mas receberam de bom grado o álbum, que estava longe de qualquer comparação com os anteriores.

O visual da turnê de *Severino* também ficou a cargo de Gringo Cardia. Havia painéis de aros coloridos ao fundo e nas laterais do palco, que subiam e desciam, criando um efeito de profundidade alternada, somada à luz do Marquinhos Olívio, formando um complemento interessante. Deu vontade de fazer um registro caprichado de um show dessa turnê.

* * *

Foi durante os ensaios para a turnê que firmei meus primeiros patrocínios de importância. Fui procurado pela Priscila Storino, jovem empreendedora da empresa de instrumentos musicais da família, Izzo Musical, de São Paulo, que me ofereceu as lendárias baquetas Vic Firth. Aceitei também a proposta de um conhecido amigo músico que entrava no mercado de instrumentos. Alec Haiat, ex-integrante da banda Metrô, encampou os negócios da família e passou a representar marcas consagradas de amplificadores, guitarras, teclados e baterias, como a Mapex, recém-chegada ao mercado. Ele ofereceu um patrocínio integral. Pude escolher a melhor linha disponível, assim como ferragens e pedais, uma situação privilegiada.

A configuração do kit mantinha as minhas medidas favoritas até então, com três tom-tons de 10, 12 e 13 polegadas, na profundidade padrão, um surdo de 16 polegadas e bumbo de 22x16 polegadas, além de dois tom-tons de 8 polegadas para substituir os octobans como tambores de efeito. A cor escolhida foi um verde sob um verniz laqueado, que deixava o veio da madeira aparente. Era bonita. Mantive as características da caixa que usava, feita de metal cromado, com 14x5 polegadas. Era bem-acabada e com um som consistente, aguentando as altas tensões que usava para atingir a minha afinação. Além da beleza visual, da qualidade dos cromados e da firmeza dos suportes dos tom-tons, os tambores tinham uma sonoridade excelente, fazendo cair por terra o preconceito contra instrumentos feitos na China ou em Taiwan. Agora, era expor a bateria ao mais rigoroso teste de qualidade: a estrada.

Mais ou menos nessa época, também me ofereceram um patrocínio para peles da marca Evans, que nos anos 50 inventou o uso do náilon para tambores resistirem às variações de umidade do ar, problema que atingia as de couro animal. Lá pelos idos de 1988, experimentei usar na caixa um modelo de pele dessa marca, que tinha uma peculiaridade: vinha com diversos pequenos furos ao redor do seu perímetro, na beira do aro, o que diminuía os harmônicos ao permitir mais entrada de ar no tambor, resultando numa sonoridade seca e afinação mais focada. Desde então, adotei essa pele na caixa. Depois de testar alguns modelos das linhas disponíveis, optei pelas peles de filme transparente nos tom-tons e surdo, substituindo as porosas, com excelentes resultados na timbragem.

Os ensaios da turnê de *Severino* foram realizados num estúdio improvisado no galpão da firma de equipamento Xef Sound, em Vargem Grande, do nosso engenheiro de palco Léo Garrido, que havia entrado no lugar do velho parceiro Roberto Ramos. Para a nova turnê, preparamos uma lista de músicas conhecidas, entremeadas com algumas do último álbum, resultando numa maratona de mais de duas horas de show. Mesmo sem muito confete dos críticos, saímos pela estrada. A temporada prometia uma agenda movimentada, inclusive em outros países.

Simultaneamente ao início da turnê, fizemos viagens internacionais de divulgação, especialmente ao México. Naquele momento, o surgimento da MTV Latino, em rede na América espanhola – do México à Argentina –, ajudou muito a promoção do nosso disco-irmão *Dos margaritas*. O clipe da música *Dos margaritas* entrou em altíssima rotação na emissora. Foi uma catapulta para o recém-lançado álbum. Não demorou e começamos a receber propostas para shows e programas de TV em outros países. Nos revezamos um bocado entre Brasil e Argentina, com uma escapadela pelos Estados Unidos, incluindo uma dobradinha com o Olodum em Miami.

63!
Sempre é possível ousar ainda mais

O sucesso da turnê *Severino* serviu de pavio para a ideia do Herbert de lançarmos um álbum ao vivo, mas com um diferencial: além do show, incluiríamos um CD extra com quatro canções inéditas gravadas em estúdio. Convocamos uma reunião com a Odeon e sugerimos que fosse feito até o fim do ano, com o tempo necessário para prepararmos as novas composições. Para o pessoal da gravadora, com seus conceitos formatados de produto, um CD duplo – um ao vivo e o outro com músicas inéditas – era o mesmo que encaixar uma bola num quadrado. Foi preciso insistir.

Para nossa sorte, havia recém-assumido a direção artística João Augusto, um cara novo, de muita visão, que trabalhou em rádios e tinha uma vivência no meio musical muito respeitada. Ele nos deu ok. Para produzir as músicas novas, convocamos mais uma vez nosso compadre Liminha. Herbert estava com uma composição inédita praticamente pronta, resultado de um encontro criativo com Carlinhos Brown, parceria sugerida pelo João Augusto. Depois de um show em Salvador, Herbert e Brown passaram o fim de semana juntos, trocando ideias, tocando violão, e assim, numa centelha criativa, surgiu *Uma brasileira*.

Herbert nos mostrou também uma nova letra, um misto de repente nordestino com hip-hop, construída em cima de uma polêmica declaração de Luiz Inácio Lula da Silva, de que no Congresso Nacional tinham "300 picaretas com anel de doutor". Herbert estava inseguro se a letra era demasiadamente panfletária, mas eu e Bi achamos um recado oportuno, que retratava nossa combalida política. Ele reconsiderou e ficamos de aproveitá-la. Também afloraram duas canções bem-resolvidas: *Saber amar*, uma letra com visões incomuns do amor, e *Esta tarde*, balada rock que expressava a sensação de querer congelar o tempo nos bons momentos da vida. As quatro músicas foram gravadas no Nas Nuvens, e Liminha se esmerou na finalização de cada uma, especialmente *Uma brasileira*, que tinha cara de hit desde a primeira ouvida.

* * *

Ao mesmo tempo que preparávamos as músicas extras do CD duplo, acertamos as datas de 17 e 18 de dezembro para gravar o show em São Paulo, no Palace. A direção das filmagens ficou com nosso amigo Robertinho Berliner, que topou minha sugestão de usar película e câmeras de 16 milímetros. Era para dar uma imagem diferente das câmeras de vídeo, com filmagem mesmo e não gravação. Robertinho fez caber no orçamento os custos dos filmes, câmeras, revelação e telecinagem (processo de transferir a filmagem para vídeo). Savalla ficaria responsável pela captação do áudio, num ótimo equipamento digital. Como estávamos com o pé na estrada desde o começo do ano, não houve necessidade de ensaiarmos para as filmagens do show, apenas passamos o som na véspera. Convidamos Fito Paez para cantar e tocar em *Trac trac*, de sua autoria. As duas noites de show foram emocionantes, com a casa lotada. Estávamos seguros, tudo transcorreu em perfeita harmonia. Eu fiquei especialmente feliz de realizar um registro tão sonhado de um show nosso, com o requinte da filmagem em película.

Combinei que a percussão tomaria a frente em *Meu erro*, quando inserimos como música incidental uma parte de *Soul sacrifice*, de Carlos Santana, na versão eternizada em Woodstock. Herbert costumava puxar esse momento nos improvisos lá pelo meio da música, repetindo o solo de guitarra e as convenções e quebradas percussivas do arranjo ao vivo do mitológico álbum do festival dos festivais. Esse improviso, de tão legal, acabou incluído em todos os nossos shows. Sugeri que, ao final do solo de guitarra, eu e Lyra fizéssemos um momento percussivo, uma quebradeira tribal, antes de voltarmos num compasso 6 por 8 para encerrar a parte extra. Só que, no show, na hora H, tomado pela empolgação, acabei indo além dos 16 compassos e estendi o improviso de percussão até voltarmos ao tema do *Meu erro*. Mais tarde, quando conferimos a gravação, vi que o improviso de percussão tinha nada menos do que 33 compassos! O importante foi que conseguimos voltar todos juntos para o final. Coisas do momento. Imprevistos fazem parte do universo musical e, para nossa sorte, tudo ficou bem na hora em que ouvimos na mixagem.

* * *

As gravações das inéditas do CD extra, no início de 1995, foram rápidas. Bi teve a ideia de convidar o gigante da MPB Djavan para um dueto com Herbert em *Uma brasileira*. Liminha aplicou ideias sonoras e de arranjo: uma guitarra soando como berimbau e o sampler da bateria eletrônica MPC para repetições do naipe de metais, impossíveis de realizar naturalmente, já no fim da música. O arranjo da bateria foi inspirado nas baladas reggae do UB40, com ecos da black music dos anos 60. Usei uma condução simultânea no contratempo e no ride, na parte B da música, para dar uma diferenciada. O baixo que Bi tirou da cartola costurou tudo num groove perfeito e empolgante. Ninguém ficava parado ao ouvi-la.

Junto com o convite para participar do disco, Djavan recebeu uma fita cassete com a música. No estúdio, declaramos nossa gigantesca admiração pelo seu trabalho e ele retribuiu os elogios aos Paralamas: disse que teve a certeza de que iríamos longe quando escutou *Alagados*. Comentamos que, por coincidência, exatamente naquele mesmo estúdio, no mesmo microfone, eternizamos nosso encontro com outro monstro da música brasileira, Gilberto Gil, que gravou uma participação em *Alagados*. Djavan considerou um ótimo presságio de sucesso da canção que gravaria.

O groove de *Uma brasileira* estava mesmo irresistível. A voz inconfundível de Djavan emprestou uma classe a mais à música. Quando cantou aqueles *scats* de improviso no refrão ("tchu-ru-rú"), uma de suas assinaturas, todo mundo se arrepiou no estúdio. Me lembrei do comercial de TV de seu primeiro disco, nos idos de 1978, e agora estávamos ali, com um dos cantores brasileiros de maior fama internacional, admirado por lendas do naipe de Quincy Jones e Miles Davis. Mais um grande nome na nossa lista de parcerias.

Já o destaque da gravação de *Luiz Inácio (300 picaretas)* foi uma legítima zabumba na introdução, tocada por Eduardo Lyra, que sabia interpretar as batidas nordestinas com esmero. Herbert achou que seria legal convidar para essa música um novo talento, um cantor da banda de reggae Lord Maracanã, que Os Paralamas apoiavam na cena carioca. O jovem Jairo Cliff chamava atenção quando improvisava nos shows um rap falado num idioma que só ele entendia, uma espécie de afro english, e foi isso o que Herbert pediu que ele fizesse no fim da canção. Ficou sensacional!

A música *Saber amar* rendeu outras participações especiais: Herbert convocou Charly García. Ele chegou ao Rio e foi direto gravar seu piano no Impressão Digital, estúdio de Marco Mazzola, renomado produtor. O clima da música foi inspirado em *Waiting on a friend*, dos Stones. Gravamos até umas palmas marcando no contratempo, parecidas com a gravação da banda inglesa. Além do Charly, Bi sugeriu que chamássemos Maurício Barros, tecladista do Barão Vermelho, para adicionar uma dose extra ao clima "stoniano".

De tanto falarmos nos inspiradores, o diretor artístico João Augusto sugeriu convidar o saxofonista dos Stones, Ernie Watts. Era a cereja do bolo. A gravação aconteceu em Nova York. A música foi enviada numa fita e mandada de volta ao Brasil em poucos dias. Ficou simplesmente maravilhoso. Era emocionante ouvir como Ernie Watts dialogou com o piano suingado de Charly García. Parecia que estavam na mesma sala. Mais um milagre da música, desafiando tempo e espaço.

Esta tarde, última faixa inédita do CD bônus, foi gravada com um esmero extra do Liminha para conseguirmos o punch necessário nessa balada rock de tempo acelerado. Depois, nossas atenções se voltariam integralmente para a mixagem do show e posterior edição de áudio e imagem do vídeo em formato VHS, que seria lançado simultaneamente ao CD e ao LP. Foram semanas de trabalho intenso na produtora TV Zero, onde Robertinho Berliner se desdobrou na sincronização dos sons e imagens do show. Quis garantir que as partes interessantes da bateria aparecessem no devido lugar, diferente das edições de shows em programas de TV, em que a câmera mostra o pé do cantor enquanto acontece o solo de bateria, ou mostra o público quando o saxofonista está solando. E assim, com trabalho e cuidado, cobrimos os momentos do show com seus preciosos detalhes.

* * *

Como parte da estratégia de lançamento desse disco fora do comum, a gravadora concordou que fizéssemos vídeos com duas das músicas inéditas: *Uma brasileira* e *Esta tarde*. A faixa com participação de Djavan delineava um hit de rádio em potencial e foi escolhida como música de trabalho. O excelente resultado do clipe da regravação de *Alagados* nos levou a convidar novamente Andrucha Waddington para dirigir o vídeo. Claro que contaríamos com a ilustre presença do mestre Djavan. Aprovamos o roteiro que mostrava a banda tocando em ambientes iguais, mas com o tamanho diminuído em escala, ora numa sala, ora num banheiro, quando fui desafiado a criar uma minibateria para acompanhar a curiosa variação de amplitude dos espaços. Gravamos tudo no mesmo dia num estúdio de filmagens no Rio, onde vimos cena – e adoramos – antes mesmo da conclusão dos trabalhos.

O vídeo de *Esta tarde* ficou a cargo de Robertinho Berliner, que propôs reunir nossos pais e filhos na filmagem. Foi feito numa antiga casa dos anos 1920, das poucas que sobraram no bairro do Cosme Velho, perto da estação de trem do Corcovado. Estavam lá nossos filhos, meu pai, o pai do Bi e a mãe do Herbert. Foi a única ocasião em que nossos pais se encontraram fora de um camarim de show. Passamos um dia inteiro filmando com eles, separadamente, depois juntos, resultando em imagens de um emocionante álbum de família. Em alguns momentos, usei uma bateria menor, mas a parte mais interessante da filmagem foi quando eu tocava com uma câmera entre as minhas pernas, dando a impressão de uma microcâmera posicionada dentro de um tambor. Essa música deixava explícita nossa origem roqueira, enquanto as outras três canções inéditas eram um reggae, uma balada e um rap, atestando a diversidade estilística dos Paralamas.

64!
Firmando os pés pelas Américas

O ano de 1995 começava a todo vapor com shows no Chile, Argentina e Venezuela, enquanto esperávamos o lançamento de *Vamo batê lata*. Fechamos uma turnê de dez dias pela região litorânea do Chile, nos arredores de Viña del Mar, e subindo mais ao norte, até La Serena. Em pleno mês de fevereiro, mesmo sob um sol forte, o vento frio nas praias do Pacífico era congelante. Todos da equipe viajaram desprevenidos e tivemos que comprar *camperas de verano* (agasalhos de verão), como eram anunciados nas lojas. Ter que se agasalhar em pleno verão era algo anacrônico para nós brasileiros. Esses shows no Chile seriam em palcos grandes, ao ar livre, com a banda Los Enanitos Verdes, um trio de rock argentino com certa notoriedade nos países vizinhos, que já conhecíamos. Para nossa surpresa, o álbum recém-lançado deles se chamava *Big Bang*, assim como o nosso, de 1989.

Tivemos uma boa interação com os Enanitos (anõezinhos, em espanhol), numa alusão aos "homenzinhos verdes", vindos de Marte na ficção científica. O nome da banda veio do apelido do cantor, Marciano. Ficamos no mesmo hotel, em chalés separados por gramados, no entorno de uma piscina. Causou um certo rebuliço a produtora da banda argentina, uma bela jovem que lembrava a roqueira Pat Benatar, tomar sol de topless todas as manhãs. Os brasileiros não estavam lá muito habituados à tamanha demonstração de naturalidade e descontração. Um gesto tão trivial serviu para discutirmos sobre pensamentos provincianos e, assim, entender e aceitar com naturalidade aquele ato.

O cantor-baixista dos Enanitos usava óculos de grau, lembrava o jeito nerd do Herbert no começo dos Paralamas. No show deles, entre o repertório autoral de músicas conhecidas do público, havia um clássico do início dos Beatles: *I saw her standing there*. A nota cômica foi quando o cantor interpretava a letra em inglês, mas com um carregado sotaque portenho, sem escapar daquele habitual tropeço fonético da troca do "V" pelo "B". Lembrei do meu amigo equatoriano, das antigas, que cantava essa música com a mesma inflexão: "Well she was just *sebenteen*...". Eu e Herbert caíamos na gargalhada.

Nossa prolongada estadia no hotel em Reñaca foi brevemente interrompida por um motivo relevante: voltamos ao Brasil para assistir ao histórico primeiro show dos Rolling Stones no país, em 27 de fevereiro de 1995, no Pacaembu, em São Paulo. As datas de nossas apresentações no Chile nos impediriam de comparecer ao show no Rio de Janeiro. Assim, só nos restava fazer a ponte aérea Santiago-São Paulo-Santiago. Valeu o esforço. O show foi antológico. Que emoção ver os Stones em ação, mesmo já tendo assistido ao concerto deles no Shea Stadium, em outubro de 1989. Quando chegamos, soubemos que Rita Lee e Barão Vermelho tiveram seus shows de abertura cancelados devido à forte chuva, e a banda Spin Doctors estava no final do seu set.

De volta ao Chile, nossa equipe que ficou em Reñaca descobriu um agitado bar local, onde se apresentava uma banda com um repertório de hits do rock latino, incluindo até algumas músicas dos Paralamas. Numa noite, estive lá, fui reconhecido e aceitei o convite para uma canja. A canção escolhida foi o clássico do Soda Stereo, *De música ligera*, primorosamente interpretado pela banda local. No dia seguinte, convenci Herbert e Bi a comparecerem ao bar e, depois de algumas garrafas de vinho, subimos ao palco para uma *jam*. Tocamos o hit do Soda Stereo, que ficou muito bom para uma primeira interpretação – Herbert sabia a letra inteira.

Na empolgação, fomos estendendo o repertório com algumas de nossas músicas, além de pérolas dos Stones, inspirados que estávamos pelo show de dias antes. Tocamos uma versão quilométrica de *Start me up*, com Herbert caprichando na execução do riff matador da música e com o volume do amp no máximo. Depois, vieram *Miss you* e *Honky tonk women*. Talvez pelo efeito etílico, não posso dizer se a banda local gostou da nossa invasão ao palco, mas o animado público presente curtiu o show surpresa dos Paralamas.

A turnê pelo verão chileno chegava ao último show com uma viagem de ônibus de cerca de 400 quilômetros até La Serena. A estrada não era boa, o ônibus tampouco oferecia conforto. Estava tudo indo bem no nosso convívio com a *entourage* dos Enanitos Verdes. Já havíamos discutido cordialmente sobre tudo que era possível, Maradona versus Pelé, Ayrton Senna versus Juan Mauoel Fangio, se as brasileiras eram mais bonitas que as argentinas, se o Brasil tinha as melhores praias... Só houve um inconveniente: os argentinos fumavam compulsivamente, acendiam um cigarro atrás do outro dentro de um ônibus onde, mesmo com as janelas abertas, a fumaça incomodava os não fumantes. Depois de tentativas inúteis para que evitassem fumar dentro do ônibus, concordaram ao menos em ocupar os bancos na parte de trás e nós, os da frente.

Chegamos ao nosso destino e descobrimos que havia uma ponte aérea entre a cidade e Santiago, com preços baixos. Depois do show, no dia seguinte, resolvemos voltar de avião para Santiago, de onde voaríamos para o Brasil. Nos despedimos de nossos hermanos marcianos e fomos para o aeroporto local. Ao embarcar, constatamos que a pequena companhia aérea chilena operava um Boeing 737 que parecia o primeiro modelo fabricado, de tão velho. A fuselagem, recoberta por arrebites, atestava que esse clássico avião faz-tudo era mesmo antigo. Mas nada seria pior do que encarar a volta no combalido ônibus que nos levou até La Serena. Quando os barulhentos motores JT8D do velho jato roncaram valentes na decolagem, nos sentimos aliviados. Estávamos com saudades de casa e começamos a jornada de volta literalmente a jato.

65! Tentativa de censura e o mangue bit

Ainda no primeiro semestre de 1995, em abril, fizemos duas apresentações em Londres, no lendário Marquee Club. Não preciso explicar muito sobre a mítica dessa casa, uma espelunca que seguia funcionando desde os anos 60, onde tocaram todos os medalhões da história do rock. Basta pensar em um nome lendário e, sim, ele tocou lá. Não menos surpreendente foram os três shows que fizemos no Japão, em cidades ao redor de Tóquio, onde havia um grande número de *dekasseguis*, nipo-brasileiros que chegaram ao país para trabalhar. Aproveitando essa viagem, uma equipe da MTV brasileira nos acompanhou e registrou tudo. Era inevitável nos lembrarmos daquelas cenas do The Police no documentário em que rodaram o mundo. Aparecíamos andando pelas ruas de Tóquio e chegando na estação para embarcar no trem-bala Shinkansen de Tóquio para Hamamatsu, vendo o Monte Fuji na paisagem. Os shows foram ótimos e tivemos uma impressão tremendamente boa do Japão, com tudo organizado e civilizado.

Na volta ao Brasil, tocamos na Argentina, no Chile, na Colômbia e no Uruguai, fechando o ano com muitas apresentações da antiga turnê *Severino* emendada com o lançamento do álbum ao vivo *Vamo batê lata*. O resultado comercial desse trabalho veio a galope. Curioso constatar que o bem-sucedido show era tão somente a turnê do disco *Severino*, que foi considerado um trabalho experimental e de pouco retorno de vendagens. A ideia do Herbert de incluir as quatro músicas inéditas como bônus do álbum ao vivo teve resultado além do imaginável. *Uma brasileira* virou hit instantâneo. Na sequência, *Saber amar*, uma quase balada suingada, também começou a tocar.

Até mesmo a panfletária embolada-hip-hop *Luiz Inácio (300 picaretas)* chegou a ser bem executada nas rádios, o que gerou um episódio pitoresco. No dia 24 de junho de 1995, quando faríamos uma apresentação na Academia de Tênis em

Brasília, oficiais de justiça nos entregaram um mandado de segurança impedindo que tocássemos essa música nos shows, inclusive, já naquela noite. Era um pedido ao Ministério Público feito por um deputado que achou uma afronta as acusações da letra aos políticos da Câmara Federal. Era censura explícita, um atentado à liberdade de expressão em plena democracia; lembrava as ações corriqueiras contra a classe artística na ditadura militar. O mais bizarro era que nós não iríamos tocar a música naquele show, mas ficamos revoltados com o ato de tolhimento de nossos direitos.

Herbert usou um ardil para reverter aquilo a nosso favor. Acatamos a proibição, mas, na sequência, botaríamos a boca no trombone. Não deu outra: no dia seguinte, a notícia da censura repercutiu em todo o país. O resultado foi que *Luiz Inácio (300 picaretas)* passou a ser tocada massivamente pelas rádios. O tiro saiu pela culatra e a escandalosa tentativa de censurar a música só fez torná-la ainda mais conhecida.

Nesse meio tempo, Zé Fortes já havia feito contato com Técio Lins e Silva, um dos mais conceituados advogados brasileiros, sobre quais medidas deveríamos tomar. O tal mandado de segurança não deu em nada, tanto que incluimos a música nos nossos shows, levando o público a cantá-la com todo o fôlego. *Luiz Inácio (300 picaretas)*, que nem estava nos planos de divulgação do disco, acabou tendo uma difusão espontânea, que nem os maiores especialistas em marketing conseguiriam.

* * *

Em agosto, começava a festa instituída pela MTV Brasil para premiar vídeos musicais, uma injeção cavalar na produção nacional, com gravadoras, produtoras e artistas empenhados em levar ao público o melhor do agora imperativo formato de videoclipe. Quem não tivesse um bom clipe para divulgar sua música era carta fora do baralho. Recebemos o prêmio de melhor vídeo na categoria pop e de melhor vídeo escolhido pela audiência com o clipe de *Uma brasileira*, o que nos garantiu viajar até Nova York, em setembro, para assistir à cerimônia da premiação americana e trazer o lendário Astronauta de Prata. A festa da MTV brasileira, realizada e transmitida ao vivo do Palácio das Convenções do Anhembi, terminou com uma reunião especial: Nação Zumbi, Carlinhos Brown, Charles Gavin e eu numa batucada infernal, numa música do Sepultura.

Na semana seguinte, estávamos em Nova York na festança da matriz americana da emissora. Quem arrebatou todas as premiações foi o furacão Alanis Morissette, a jovem cantora canadense que se apresentou naquela noite. Em sua banda, me chamou a atenção um baterista desconhecido, que roubava a cena. Antes mesmo de saber quem era, eu profetizei com meus amigos: esse cara vai dar o que falar. Era Taylor Hawkins, que em breve assumiria as baquetas na formação da banda Foo Fighters, do ex-Nirvana Dave Grohl.

Enquanto a turnê *Vamo batê lata* seguia firme no Brasil, agendamos uma série de shows pela Europa, juntamente com Chico Science e a Nação Zumbi. Seriam várias datas na França, Alemanha, Holanda e Suíça. Estávamos levando a cabo uma interação com Chico e sua gangue: trocávamos ideias, aparecíamos juntos em eventos da MTV e convidamos aqueles caras supertalentosos para abrir shows nossos no Rio. Em um deles, parte do público hostilizou a Nação Zumbi, levando Herbert a fazer um desagravo, antes de começarmos a tocar, dirigido aos pouco afeitos ao som dos pernambucanos do mangue bit:

– Essa banda que vocês vaiaram hoje será o grande sucesso que vocês vão aplaudir amanhã.

A dobradinha por palcos europeus parecia natural. No primeiro show em Paris, na passagem de som, combinamos as músicas que tocaríamos juntos – *Manguetown*, *A praieira* e *O beco*, das que consigo lembrar – e assim foi estrada afora. Um novo integrante acabava de entrar para a Nação Zumbi: Pupillo Oliveira, que tocava caixa. A soma dos tambores de maracatu com a guitarra virtuosa do Lúcio Maia soava inovador. Cada dia que passava era de surpresa e aprendizado. Chico, muito carismático, ganhava o público sem falar uma palavra de inglês ou francês. Alemão, então, nem pensar. A experiência na estrada com a Nação Zumbi foi arrebatadora. De volta ao Brasil, ainda faríamos outras rodadas de shows no exterior: em Boston, Nova York e Miami, nos Estados Unidos, além de Madri, Valência e Barcelona, na Espanha.

66!
Para e repara

Num dia de trabalho intenso de divulgação do disco ao vivo, em meio a uma entrevista e outra na gravadora, Herbert nos mostrou uma versão que fez de uma música da banda argentina Los Pericos. Estava entusiasmado e tinha alguns outros esboços de canções com Lulu Santos, Nando Reis, Marcelo Fromer e Thedy Corrêa. Entre as ideias, havia uma letra em português para a música do Soda Stereo, aquela mesma que tocamos no bar chileno. Nessa época, havíamos gravado *Açaí*, do Djavan, para um projeto do produtor musical Almir Chediak – songbooks com a obra de grandes nomes da MPB gravados por vários artistas. Aproveitando a ideia, Herbert sugeriu fazermos uma versão de *Capitão de indústria*, hit do Marcos Valle. Ele achava que deveríamos entrar em estúdio logo para gravarmos um novo disco.

Em paralelo, no começo de 1996, consegui realizar um projeto que vinha planejando fazia tempo: lançar uma videoaula de bateria. Convenci o pessoal da gravadora que os custos seriam módicos e levei a produção para um estúdio em Porto Alegre, com direção do meu irmão João Guilherme e com Carlos Savalla na produção do áudio. Resolvi compor alguns temas que usaria para tocar acompanhando na bateria, para não precisar das músicas dos Paralamas. Com um teclado *workstation*, consegui fazer umas vinhetas musicais, cada uma num estilo: um reggae, um afrobeat, um rock etc.

Algumas semanas depois das filmagens, a videoaula *João Barone dá o toque* foi lançada e preparei uma pequena turnê de divulgação, fazendo workshops em lojas de instrumentos pelo Brasil. As vendas surpreenderam a gravadora e foram além até mesmo do que eu poderia esperar. Essa videoaula se tornaria pioneira no cenário musical brasileiro e me animou a fazer mais workshops sempre que minha agenda permitisse. Era uma experiência muito prazerosa de proximidade com o público e os fãs.

O repertório para o próximo álbum estava bem encaminhado, tanto que resolvemos não fazer uma pré-produção e entrar logo no estúdio para gravar e ir acertando tudo ao longo do processo. Escolhemos desta vez o estúdio Impressão Digital, que contava com excelentes equipamentos e uma ótima sala, onde captamos um som de bateria poderoso e focado. O kit tinha a mesma configuração de tambores e pratos da gravação ao vivo e da minha videoaula. Estava gostando do resultado das peles Evans, especialmente o modelo G2 transparente, que agora utilizava nos tom-tons. Também ficamos empolgados com a renovação de contrato com a EMI-Odeon, com os prestimosos esforços do João Augusto a nosso favor. Foi ele quem sugeriu que mixássemos o novo álbum em Los Angeles. Bastou falar na Cidade dos Anjos que o nome de Brad Gilderman veio junto. O engenheiro de som que havia mixado *Os grãos* seria novamente convocado para trabalhar no novo disco.

A nova passagem por Los Angeles para a finalização do novo álbum, batizado de *9 luas*, seria marcante. Ficamos num charmoso hotel aos pés do famoso letreiro da colina de Hollywood. Levamos as esposas, alugamos carros para rodar pela cidade e aproveitamos bem o tempo, em vez de ficarmos enfurnados em estúdio. Savalla e Brad encaminhavam tudo e nós apenas dávamos o ok final na mixagem, uma média de duas músicas por dia. O estúdio se chamava Enterprise, com uma mesa Neve automatizada que poupava tempo no processo de mixagem.

Voltamos ao Brasil para os acertos de lançamento do álbum. Herbert sugeriu que usássemos obras de artistas plásticos novos e em evidência, cada um fazendo uma interpretação do tema “nove luas”, alusivo ao tempo de duração da gestação humana. Entre esses artistas, estava o iniciante Raul Mourão e a já consagrada Beatriz Milhazes. O resultado ficou lindo. A pintura escolhida para a capa foi a do Pedro Ribeiro, irmão do Bi. As outras entraram no encarte do álbum. Uma linda versão promocional limitada do disco foi elaborada usando as gravuras no tamanho de um LP, mas sumiu rapidamente, assim que foi lançada.

Animados pelos ótimos resultados do vídeo de *Uma brasileira* feito pela turma da Conspiração Filmes, convocamos novamente a produtora para os clipes de *Lourinha Bombril*, *Busca vida* e *La bella luna*. Depois, chamamos Gringo Cardia para dirigir o vídeo de *Outra beleza*. *9 luas* saiu em julho e *Lourinha Bombril* emplacou de cara. O vídeo ficou em alta rotatividade na MTV. Tudo concorria para que o novo álbum fosse um sucesso comercial. Sentia que Herbert estava novamente inspirado para criar canções mais pop, diferentemente dos mergulhos experimentais dos últimos discos. Ele vinha exercitando sua apurada percepção para compor pequenas pérolas que falavam coisas mais diretas ao ouvinte. Talvez tenha se convencido de que também há muito de arte no formato da canção popular.

* * *

Num dos raros fins de semana livres, Herbert combinou de passarmos uns dias numa aconchegante pousada em Itaipava, com esposas e filhos. Na rua da pousada, reparei numa placa de "vende-se" no portão de uma casa. Foi paixão à primeira vista: a casa de arquitetura rústica era feita com vigas de madeira lavrada, aos moldes de um chalé, com telhas artesanais, ampla cozinha, uma varanda com teto de vidro, escada para as áreas íntimas e uma convidativa lareira na sala de estar, num terreno inclinado com recortes bem-feitos, cercado por araucárias. A simpática casinha foi comprada de "porteira fechada", com móveis e até louças e se tornou, para mim, um refúgio nos dias de semana, na contramão de quem tem uma agenda normal. Ali, passamos a reunir amigos e celebrar as festas de fim de ano com a família. Quando eu era pequeno, achava o máximo a casa de um tio em São Paulo onde havia escada para o andar dos quartos e uma incrível lareira, daquelas de filmes. Sonhava um dia ter uma casa com tais atrativos. E foi assim, sem planejar, que realizei outro desejo antigo.

* * *

Ao longo do tempo, mantive contato com Stewart Copeland e ofereci uma entrevista dele a uma revista brasileira de bateria. O papo foi por telefone. Ele estava morando em Los Angeles, dedicado à composição de trilhas para filmes. A entrevista foi além das obviedades. Ficou divertida. Ele contou, por exemplo, que o carteiro o reconheceu como baterista "daquela banda famosa" e perguntou por que seus companheiros não mais faziam música. Parece fácil pensar num motivo, por mais tolo que fosse, para terminarem uma banda tão incrível, com tantos fãs. Mas esses caras, que já escalaram o Everest da fama várias vezes, sofreram pressões inimagináveis para nós, reles mortais. Brigas de ego, insegurança, ganância, tudo pode ficar maior quanto maior for o sucesso. Talvez isso explique o porquê de nunca mais terem visto um a cara do outro. Terminei a entrevista concluindo que Copeland, um dos maiores nomes da história da bateria, parecia "um cavaleiro sem cavalo". Que injustiça.

67!
Beijando o céu

O ano de 1997 foi de colheita de tudo o que plantamos, uma bonança com as vendagens de discos, músicas nas paradas, vídeos em alta rotação na MTV, shows no exterior e uma redescoberta dos Paralamas pelo público, que resultou em enorme demanda de shows. Estávamos beijando o céu, megaocupados. Mesmo assim, Herbert achou tempo para fazer seu segundo álbum solo, com uma pegada acústica, em que mostrava sem pudores a grande admiração pelo blues e por seus heróis da guitarra, Pete Townshend e Eric Clapton em especial. Mais adiante, veríamos as consequências desse trabalho afetarem Os Paralamas, direta e positivamente. Nosso vídeo da música *Busca vida* foi eleito o clipe do ano pela MTV, na sequência do ano anterior, com *Lourinha Bombril*.

Tivemos nessa época a saída do nosso querido Mestre Sêna, que não conseguia mais aguentar o ritmo das viagens por conta de sua idade avançada. Monteiro Júnior nos trouxe o trombonista Bidu Cordeiro, jovem talento que migrou da música clássica para a popular.

Também nesse período fui procurado pelo representante da Tama no Brasil com uma proposta de patrocínio para voltar a usar a minha tão querida marca de bateria. Me pareceu irrecusável usar novamente essa marca tão conceituada e ainda por cima com patrocínio. Agradeci aos meus antigos parceiros e topei. Acertamos promoções com produção de imagens para pontos de venda – fotos, pôsteres, flyers – e anúncios em revistas de música, tudo muito profissional. Me senti uma criança numa loja de doces ao escolher, do catálogo da Tama, um kit da nova série Starclassic na cor British Racing Green, com um set de ferragens completo, incluindo o novo modelo de pedal de bumbo Iron Cobra. Acontecia mais uma vez: o sonho de ser patrocinado por uma conceituada marca de bateria virava realidade.

Depois de firmar o patrocínio com a Tama, doei minha outra bateria para um promissor músico de uma banda que despontava na cena musical: Marcelo Yuka, do Rappa, da periferia do Rio, com influências do reggae em seu trabalho. Yuka era o principal compositor do grupo. Já havíamos nos encontrado no Mistura Fina, num show da banda KMD-5, em que ele tocou ainda antes do Rappa, quando fui chamado para uma canja. O engajamento social das letras do Yuka já aparecia desde esses tempos, mas foi se tornando mais presente no Rappa, que assinou com a Warner, gravou um álbum com Liminha na produção e emplacou duas ótimas músicas nas rádios: as versões reggae de *Vapor barato*, clássico da MPB de Jards Macalé eternizado por Gal Costa, e de *Hey Joe*, de Jimi Hendrix, com letra em português.

Liguei para o Yuka, contei do meu patrocínio da Tama e ofereci a bateria antiga. Ele reagiu como uma criança que ganha uma bicicleta.

– Caramba! A bateria que você usou no *Vamo batê lata* ao vivo e depois no *9 luas*? Que responsa!

– Espero que você faça tanto sucesso com ela quanto eu já fiz, meu chapa! Agora é contigo, é só vir buscar! – eu disse.

– Tomara que ela caiba no meu Fusca! – ele respondeu, entre risadas.

68!
Primeiros passos para o Acústico

O segundo álbum solo do Herbert serviu como laboratório para que Os Paralamas fizessem algo no formato do renomado programa *MTV unplugged*, que tinha sua versão brasileira, o *Acústico MTV*. Começamos a abordar despretensiosamente essa sonoridade nos ensaios, em alguns arranjos de músicas, ainda sem meta específica. Os programas da série *Acústico MTV* reuniam grandes nomes da cena musical local. Nossa parceria com Gilberto Gil, *A novidade*, entrou em seu programa, ganhou as rádios de forma avassaladora e foi redescoberta nessa ótima releitura. Algumas conversas do Herbert e da gravadora com a direção da MTV botou Os Paralamas na fila para gravar o acústico. Nossos amigos Titãs também estavam escalados.

Foi na premiação de 1997 que vencemos com o clipe de *Busca vida*, enquanto os colegas do Skank repetiam a escolha da audiência para um de seus hits, *É uma partida de futebol*. Outra premiação que fez jus foi a do Sepultura, com *Ratamahatta*, do álbum *Roots*, uma grande sacada deles ao misturar coisas brasileiras com o peso do metal.

Embalados pelo sucesso das músicas do *9 luas*, rodamos o Brasil com a nova turnê e fizemos sete shows no exterior – um em Miami e depois na Argentina, no Peru e na Venezuela. Mas houve outra apresentação muito peculiar: fomos chamados para tocar na cidade de Chitré, no Panamá, um paraíso tropical no lado do Pacífico. Chegamos à Cidade do Panamá e de lá pegamos um pequeno bimotor Short Sherpa, de fabricação inglesa, um caixote voador. A equipe ficou receosa, mas eu e Herbert explicamos que o modelo tinha um retrospecto excelente. Era usado pela força aérea americana por decolar e pousar em pistas curtas não pavimentadas. Para nós, entusiastas da aviação, seria um deleite voar num bicho desses. Ao chegarmos, fomos encaminhados à prefeitura local, onde recebemos o título de cidadão honorário de Chitré, uma singela, porém significativa homenagem.

Durante essa turnê, experimentamos o embrionário set acústico. O resultado foi interessante e serviu também para testar algumas músicas novas do Herbert. Aos poucos, fomos sentindo firmeza. Inicialmente, eu e Eduardo Lyra nos sentávamos em fila com os outros integrantes na frente do palco, tocando pandeirolas, bongôs e cowbells. Usei um tambor árabe, derbake, comprado numa loja de artigos árabes, no Centro de São Paulo. Eu já conhecia um pouco sobre esse tambor, mas meu encantamento se deu depois de assistir ao *MTV unplugged* de Jimmy Page e Robert Plant, batizado de *No quarter: Jimmy Page & Robert Plant unledded*. *No quarter* (sem perdão) é o título de uma música do álbum *Houses of the holy* (1973), e *Unledded* (sem chumbo), é uma alusão a uma gasolina menos poluente e, ao mesmo tempo, uma referência ao Led Zeppelin sem chumbo, mais leve por conta do formato acústico.

O programa foi ao ar em outubro de 1994 e teve enorme repercussão pela forma como Page e Plant revisitaram as músicas do Zeppelin com instrumentos acústicos e uma banda de apoio que trouxe sonoridades árabes. O clímax foi uma versão do clássico *Kashmir*, com um final estendido de batidas e harmonias mouras que transportou a audiência às mil e uma noites. O programa causou forte impacto nos Paralamas.

Outro acústico com enorme dose inspiracional foi o do Nirvana, gravado antes do *Jimmy Page & Robert Plant unledded*, em dezembro de 1993, mas que só teve o CD lançado em novembro de 1994, meses depois do traumático suicídio de Kurt Cobain. O álbum vendeu mais de cinco milhões de cópias instantaneamente e as rádios tocaram sem parar *Come as you are* e *The man who sold the world*, esta do David Bowie, já que o Nirvana não queria fazer um show só com seus hits "suavizados" por violões. Quem não assistiu ao programa e às reprises no canal teve que esperar: o DVD só seria lançado em 2007!

Assistimos compulsivamente aos programas do Nirvana e da dupla Page & Plant. Fomos inspirados pela força e musicalidade mostradas no formato acústico. Herbert experimentou afinações à la Jimmy Page nos violões, Bi foi atrás de "baixolões" acústicos, até achar o que mais lhe agradou, e eu, do tal tambor árabe. O derbake está para a música árabe assim como o pandeiro, para o samba. Exige conhecimento pra tocá-lo e eu teria que me empenhar para atingir o básico. Com muita insistência, consegui tirar alguns sons e fazer batidas que, ao menos, simulavam um pouco da sonoridade do mercado de Istambul.

O acústico foi ganhando consistência. Herbert chamou Dado Villa-Lobos, da Legião, como convidado especial e para somar um violão. Chegamos a fazer alguns

A turnê pela Europa com a Nação Zumbi foi incrível: muita gente já conhecia a banda pernambucana na cena underground/eletrônica de lá

Herbert nunca perdia a chance de fazer nossas caricaturas: esta substituiu muito bem minha foto

Quando começamos a germinar o acústico, Dado Villa-Lobos foi convocado para participar do show com mais um violão

Conheci Charles Gavin em 1983, ainda no Ira!. Depois que ele foi para os Titãs, dividimos palcos, estúdios e estreitamos a amizade

ensaios e shows com a participação dele. Pela reação da plateia, sentíamos que a receita do acústico estava fermentando bem e, em breve, seria hora de registrá-lo.

O ano de 1997, que começou com uma plateia gigante na nossa segunda passagem pelo festival de música Planeta Atlântida, no litoral gaúcho - onde fizemos uma homenagem aos meninos do Mamonas Assassinas, vítimas de um acidente aéreo -, terminava com uma apresentação diante de outra plateia enorme. Tocamos num festival em São Paulo, na mesma noite de David Bowie, que chegamos a encontrar rapidamente nos bastidores, apresentado pelo pessoal da gravadora. Esse show seria filmado como parte do material que a Conspiração estava reunindo para um documentário sobre Os Paralamas.

Saindo do universo macro dos megafestivais para o microcosmo de lugares intimistas, preparamos uma performance num bar famoso do Baixo Gávea carioca, o Hipódromo Up, onde testaríamos nosso set acústico. A intenção era fugir das obviedades da maioria dos shows do *Acústico MTV*, de apresentar grandes sucessos amaciados por violões e um bongozinho. Nada contra quem já havia feito assim, mas decidimos abordar o formato acústico com ambição artística, empolgados que ficamos com os acústicos do Page & Plant e do Nirvana, ousados, instigantes, musicalmente relevantes, independentemente do resultado comercial da coisa. Estávamos sem pressa e optamos por nos preparar bem até o momento de registrar a apresentação.

69!
Um tempinho para viver

"A vida é o que te acontece enquanto se está ocupado fazendo outros planos" é um velho ditado que foi muito bem usado por John Lennon em uma de suas últimas músicas. Só comecei a entender melhor seu significado à medida que os anos foram passando, com relacionamentos, filhos, vida profissional e preocupações com o futuro. Não se pode parar a vida para cuidar de cada uma das nossas muitas demandas; viver é um processo dinâmico, uma gangorra nem sempre equilibrada. Se por um lado a demanda de shows e viagens eram uma constante em minha vida e motivo de realização, por outro, me afastava de coisas comuns, daquelas tão preciosas. Foi nessa época que decidi trazer meus pais para morar mais perto de mim, em Copacabana.

A ideia foi dar-lhes mais conforto e segurança, pelo avançado da idade e ainda mais depois que foram assaltados em casa. Os ladrões os trancaram no banheiro, enquanto roubavam sem pressa o que havia de valor. Por sorte, nada pior aconteceu, mas, com meus irmãos morando longe e a família diminuindo com a partida de tios e tias, me senti responsável por cuidar mais dos meus pais. Seria ótimo tê-los mais perto, levá-los para a casa da serra, promover reuniões familiares, especialmente nas festas de fim de ano, e dedicar um pouco mais de atenção a eles. Havia chegado àquela hora em que os filhos começam a cuidar dos pais. Parece que sempre será assim, tudo começa com nossos pais representando o porto seguro, mas, em determinado momento, as coisas mudam dramaticamente. Era eu que cuidaria deles dali em diante.

Enquanto isso, a nova safra de composições do Herbert estava tomando forma. A música que despontou como possível carro-chefe foi *Ela disse adeus*, um animado reggae-ska sobre uma desilusão amorosa que aconteceu não por falta de aviso. Voltamos a trabalhar com Chico Neves, o mago dos samplers. Ele estava em total sintonia com as ideias do Herbert e ajudava a arrumá-las, com sonoridades e *loops* que encaixavam nas músicas como complementos perfeitos. Concluímos que havia uma coleção de músicas suficiente para um novo álbum, antes mesmo do projeto acústico.

O processo caminhava bem, com gravações no estúdio do Chico, um pequeno apartamento dotado da melhor tecnologia digital e vintage. As partes eram gravadas separadamente. No nosso tão conhecido estúdio da Odeon, gravamos as partes da bateria. Tivemos uma triste constatação: o outrora conceituado estúdio agora era apenas um espaço físico, com os equipamentos sucateados. As gravadoras não tinham mais como fazer frente aos custos inerentes ao funcionamento de um estúdio. Os pequenos estúdios particulares passaram a ser a regra nas produções, antevendo o fenômeno global da terceirização.

Chico levou seu computador Mac do modelo mais atual, com o revolucionário programa Pro Tools para gravação e edição de áudio. Ele também havia adquirido um microfone com a forma e tamanho de uma cabeça humana, no qual havia um diafragma posicionado dentro de cada "orelha" para captação de som binaural que simulava a audição humana. Ou seja, aquela cabeça de boneco escutava que nem gente. Fizemos várias experiências usando "a cabeça" e os resultados para a bateria foram sensacionais. Esse novo processo dava uma liberdade quase ilimitada na quantidade de canais para gravar numa música. Na faixa *Depois da queda, o coice*, Chico sugeriu dobrarmos a bateria. Gravei uma interpretação sobre a outra e o resultado foi interessante. Até eu me surpreendi como consegui tocar em cima do click e da outra bateria já gravada.

Como toda gravação agora era feita com o Pro Tools, com arquivos musicais de alta resolução, o processo tornou-se mais rápido e dinâmico. Em apenas três dias gravei a bateria de todas as músicas. Ainda na Odeon, Marisa Monte participou da música *O amor não sabe esperar*, um reggae como há muito tempo não fazíamos. Marisa contou que adorava os grandes representantes do reggae e, além dos mais conhecidos, curtia muito Johnny Nash, cantor americano responsável pela divulgação internacional do reggae com seu hit *I can see clearly now*, de 1972. Muita gente acha, equivocadamente, que a música é de Jimmy Cliff. Nash foi até a Jamaica, interagiu com Bob Marley e ajudou a abrir caminho para a consagração do papa do reggae, ao gravar algumas de suas composições. Herbert achou que essa nova música pedia um dueto com a nossa diva, e Marisa veio cantar com aquela voz de sereia, um momento lindo.

Especial também foi receber uma letra inédita de Chico Science, entregue ao Herbert por sua irmã, Goretti França. Seria uma grande homenagem ao idealizador do mangue bit, após sua morte num acidente de carro em Recife – o nome do movimento que ele criou não é beat, mas realmente bit, a unidade de dado cibernético. O poema de Chico se tornou a letra de *Scream poetry* (grite poesias). Herbert achou um *flow* para narrar a poesia sobre uma base de maracatu que inescapavelmente usei na bateria. Funcionou superbem e ainda contamos com o violino encantado e a voz do menestrel Jorge Mautner, um primor de brasilidade. Chico Science ficaria orgulhoso do resultado.

Terminamos as gravações e fomos surpreendidos: Chico Neves vinha mantendo contato com o estúdio de Peter Gabriel, o Real World Studios, na cidade de Bath, na Inglaterra, por conta do trabalho com o cantor Lenine. Foi lá que Chico finalizou o primeiro disco solo desse talentoso pernambucano, *O dia em que faremos contato*, ainda em 1997. Chico ofereceu a possibilidade de finalizarmos o álbum lá e a gravadora topou. Mais uma vez iríamos nos aventurar pela Inglaterra, mas dessa vez com mais tranquilidade.

70!
De volta à Inglaterra

Em fevereiro de 1998, fomos passar o carnaval na Inglaterra trabalhando no complexo de estúdios do Peter Gabriel. O Real World funcionava como centro de operações do selo de world music Real World Records, projeto que o ex-cantor do Genesis desenvolveu e ficou muito associado ao festival de música étnica Womad, produzido desde 1980 e atração no calendário de eventos da Inglaterra. A grande casa com uma lagoa na frente fica num lugarejo chamado Box, nos arredores da milenar cidade de Bath, conhecida por suas termas com fontes de águas quentes e sulfurosas, dos tempos da ocupação do império romano. Esse sítio arqueológico é uma das maiores atrações turísticas inglesas fora da capital.

Chegamos a Box em pouco menos de duas horas de carro do aeroporto. Passamos pelos morros onde há desenhos em cal feitos há séculos, na época dos celtas, que, inclusive, ilustram a capa do álbum *English settlement*, de 1982, um dos meus preferidos de uma das minhas bandas favoritas, a XTC. O complexo do estúdio era simplesmente encantador, com construções de uma antiga fazenda reformada, onde antes eram celeiros e estábulos, em volta da casa em que fica o estúdio principal. Nesse entorno, estão o estúdio de mixagem e as aconchegantes suítes onde nos hospedamos. Há uma sala de refeições – a comida era feita lá mesmo – e uma sala de jogos com mesa de pingue-pongue. Chico falou que Peter Gabriel era fera na raquete, nunca conseguiu vencê-lo. Herbert também é craque, daqueles que dão cortada em todas as bolas e detesta perder. Eu já vislumbrava disputas ferozes...

Havia uma banda gravando no estúdio principal. Chamava-se Placebo. Preparava seu segundo álbum e vinha de um sucesso de público e de crítica. Foram comparados pelos jornais musicais com bandas do naipe de New Order, The Cure e Talking Heads. Não conhecíamos nada deles, procuramos no computador do estúdio e só então descobrimos que eram conceituados e vinham da cena alternativa inglesa. Nos esbarramos na sala de refeições, rolou uma cordialidade, curiosidade mútua e, não demorou, eles nos convidarem para ouvi-los e nós a eles. A banda era potente, com sonoridade rascante, "very guitarry". A voz do cantor Brian Molko me pareceu a de um Michael Stipe (do REM) mais jovem. Originalmente, a banda era um duo do cantor com o guitarrista Stefan Olsdal, mas convocaram um baterista novo. Estavam terminando a mixagem e dias depois foram embora sem dizer tchau.

O estúdio principal do Real World era qualquer coisa parecida com a ponte de comando de uma nave intergaláctica. O próprio Peter Gabriel idealizou um estúdio sem a sala de gravação separada, com a mesa de som no centro do ambiente, enquanto ao redor se posicionavam cantores e músicos com seus instrumentos, um passo além dos parâmetros e convenções de gravação. Quem sabe numa outra oportunidade a gente não voltaria para gravar ali...

O staff do estúdio era gentil e atencioso. Nosso contato maior seria com o engenheiro de som Ben Findlay, que ficou *brother* do Chico Neves. Se durante a última passagem pela Inglaterra, na gravação de *Severino*, tivemos uma problemática experiência, desta vez sentíamos uma *vibe* totalmente diferente, uma leveza no ar. Tudo indicava que teríamos uma ótima estadia. Os equipamentos do estúdio eram de última geração e o material que trouxemos gravado – as sessões e os arquivos de áudio – estava em sincronia com o hardware do estúdio. Os trabalhos começaram com fluidez.

Depois que tomamos noção de tudo, já no segundo dia, ficamos à vontade para só voltar ao estúdio e opinar qualquer coisa no fim das mixagens, depois que Chico e Ben arrumassem as músicas. Eram duas por dia e, enquanto esperávamos ficarem prontas, fazíamos incursões por Bath. Compramos aviõezinhos planadores daqueles com hélices de elástico, que, depois de montados, lançávamos de uma colina gramada em frente ao estúdio, fazendo-os voar por centenas de metros, uma ótima forma de passar o tempo. No fim do expediente, ouvíamos os trabalhos do dia com os resultados sempre empolgantes. Tudo indicava que a mixagem não sofreria atraso ou maiores complicações.

* * *

Passados mais uns dias, resolvemos fazer um churrasco, mas o corte das carnes nos açougues locais era diferente do nosso, no Brasil. Arriscamos alguns t-bones, linguiças e o resultado até que foi razoável. Em outra ocasião, levei cortes de peito de pato, o famoso *magret de canard* francês, que cai bem num braseiro, como constatei em minhas aventuras gastronômicas na casa da serra. O pato fez mais sucesso que a carne bovina. A churrasqueira disponível no estúdio funcionou a todo vapor durante nossa estadia. Chico e Ben pilotavam a mesa de som e nós, a churrasqueira.

Herbert sempre aproveitava os passeios a Bath para entrar em algumas das ótimas lojas de bebidas e levar excelentes vinhos e champanhes. Antes de abrir as garrafas, acontecia um ritual. Como um córrego de águas geladas passava sob os prédios do estúdio – inclusive, o piso de uma sala adjacente à nossa era de vidro e víamos a correnteza, lindo! –, no lado de fora, a alguns passos da porta de entrada do estúdio, Herbert colocava as garrafas de vinho e champanhe para gelar, escoradas entre pedras do córrego. Ficava apenas o gargalo fora d'água, para deixar as bebidas na temperatura perfeita. Não podíamos estar mais à vontade no Real World Studios.

Numa de nossas idas a Bath, um motorista de táxi que nos buscou no estúdio puxou conversa e, do nada, contou fuxicos dos tempos do relacionamento conturbado de Peter Gabriel com a cantora Sinéad O'Connor, de como eles brigavam na frente de todo mundo.

– Aquela mulher era louca, coitado do Peter! – disse o motorista, defendendo o herói local.

Foi no mínimo engraçado a espontaneidade do motorista, incomum no comportamento britânico. Seja lá onde for, o povo gosta de uma fofoca.

* * *

Era imperativo que a estadia no Real World fosse dignamente registrada pelas lentes do nosso fotógrafo oficial, Mauricio Valladares, que chegou com objetivo de produzir imagens para a capa do novo álbum e para a divulgação. Ben nos sugeriu visitar Avebury, uma cidadezinha milenar, cercada de sítios arqueológicos da era neolítica, com monumentos em pedra mais antigos que o famoso Stonehenge. A cidade, na forma de um vilarejo medieval, foi construída lá pelos anos mil e poucos e é preservada sem fiação elétrica aparente e muito usada em produções de filmes de época. Os campos ao redor da região são planos, mas além das pedras em forma de menires, algumas elevações despontam na paisagem, como o morro de Silbury Hill, construído pelos antigos habitantes, mais de dois mil anos antes de Cristo.

Andar pela Europa invariavelmente nos leva a passar por locais antigos, mas esses, no campo da Inglaterra, tinham um encantamento especial. Fizemos fotos nas pedras, o que gerou a piada interna: quem são mais velhos, estas pedras ou Os Paralamas? O milenar morro de Silbury ganhou uma alcunha dos brasileiros futebolistas: monumento ao montinho artilheiro – para quem não sabe, o gol é atribuído ao montinho quando a bola desvia nas imperfeições do campo e entra. A Inglaterra secular definitivamente não estava preparada para esse bando de *hooligans* brasileiros.

Tivemos encontros rápidos com Peter Gabriel. Ele parecia não querer atrapalhar o andamento dos trabalhos. Assim fazia com qualquer um que estivesse usando o estúdio, sempre muito furtivo, mas simpático. Um dia, até jogou pingue-pongue com Chico Neves, e mais uma vez venceu. Quando estávamos terminando a mixagem, Herbert apareceu com uma versão em português da música do Charly García, *Viernes 3 am*. Chico se empolgou e achou que deveríamos gravá-la ali mesmo. Providenciamos uma bateria, pratos e a ensaiamos de última hora na sala ao lado do estúdio de mixagem, aquela com piso de vidro com o córrego passando por baixo. Me tomou um tempo entender o final do verso, onde há várias viradas em sequência, concluindo com acentos adiantados usando caixa e pratos. Logo estávamos com a música gravada. Não foi no estúdio principal, mas o clima e o resultado nos agradaram muito.

Não sei dizer exatamente se fui eu ou o Bi, ou se tivemos a ideia ao mesmo tempo, de convidar o famoso produtor de reggae Dennis Bovell para um remix da música que gravamos com a Marisa Monte, *O amor não sabe esperar*. Como era um reggae, seria um prato cheio para ele. Dennis usaria as artimanhas que o gênero permite: efeitos de eco, alterações na mixagem cortando ora a sessão rítmica, ora a harmonia, solando as vozes, enfim, todo o alfabeto mais conhecido como dub.

Depois de contatos via gravadora, conseguimos que Dennis nos visitasse no estúdio. Ele ouviu, gostou da canção ("nice reggae tune, mon!"), conversamos e dissemos o que queríamos. Dennis topou. Como o remix seria promocional, ficamos de enviar os arquivos de áudio para ele trabalhar à vontade em seu estúdio em Londres. Éramos seus fãs. Grande baixista, além de produtor, ele foi responsável pela sonoridade reggae da poesia dub de Linton Kwesi Johnson, expoente do gênero que gravou no álbum *Severino*. Contamos isso e ele ficou lisonjeado, prometeu caprichar. Aguardamos ansiosos Dennis mandar o remix da nova música.

71!
Clipe com ares de superprodução

Encerrado os trabalhos no Real World, chegava a hora de voltarmos para casa. Aqueles dias animados e de altíssimo astral ficariam pra sempre na memória. Chico Neves nos contou que foi procurado pelo Rappa para produzir seu próximo álbum. Nossa volta foi dinâmica, com muitas coisas para serem definidas, entre elas a capa e a escolha do nome do álbum, que ficou sendo *Hey na na*, a onomatopeia do refrão da música *Depois da queda, o coice*. Essa frase parecia explicar sem muitos floreios o que é a música pop na essência, uma forma de escapismo, de esquecer os problemas e dançar, como dizia Bob Marley. Ou simplesmente ficou legal chamar o disco assim.

Quanto à capa, estávamos trocando figurinhas com o escritório de design e criação gráfica da Fernanda Villa-Lobos e do Barrão, artista plástico da nova cena carioca. Nos mostraram algumas ideias legais e fechamos com eles. Barrão usou sua marca com objetos comuns e enfoque diferente, o que se costuma chamar de bricolagem, mas muito além do óbvio. Ele nos mostrou texturas de superfícies em madeira, rostos e feições que surgiam usando tomadas de luz, tampas de garrafas e demais objetos em diferentes contextos para obter outras formas. Adoramos tudo.

Depois do sucesso de *9 luas*, Herbert parecia mais tranquilo em transitar pelo formato pop de suas composições, caso de *Ela disse adeus*, escolhida para abrir os trabalhos de divulgação do novo álbum. Lembro que ele mostrou a demo da canção num minidisc player, num aeroporto. Gostei muito de cara. Herbert fez uns vocais com harmonia à la Beach Boys. Depois, Chico Neves entregou um loop muito legal. Achei a música semipronta e pensei comigo: “O que mais euzinho aqui poderia fazer para somar nessa música?”. Experimentei se caberia uma batida de ska e funcionou.

O passo seguinte era definir a gravação de um vídeo. A Conspiração sugeriu uma historieta com a Fernanda Torres de protagonista e nós três no papel de seus

A bateria desperta um encanto nas crianças, como vemos aqui nos rostinhos de minhas filhas Clara e Laura, no intervalo de um ensaio do show acústico

O clipe de Aonde quer que eu vá contou com as ilustres participações de Fernanda Torres e Debora Bloch, parceiras de geração, que se consagraram na mesma época dos Paralamas

amantes. Tudo ambientado numa estética de filme mudo, preto e branco, inspirada no expressionismo do cinema alemão. Era o drama de uma mulher que sofria na mão dos homens e, no final, consegue sua vingança. Fazia tempo que nós não interpretávamos personagens em vídeos de músicas – coisa que detestávamos –, mas aceitamos, muito pelas partes envolvidas: Andrucha na direção e sua adorável esposa e superatriz Fernanda Torres atuando. Não poderia ficar ruim.

A produção montou um aparato cênico com guarda-roupa de época, maquiagem etc. Foi até divertido atuar. Eu seria afogado numa banheira pela personagem da Fernanda; Herbert, envenenado com vinho; e Bi, estrangulado no jantar. A vingança daquela sofrida mulher era completa. A cada cena, todos no set vibravam muito. Depois do último take, encerrando as filmagens, foram muitos aplausos não só pela nossa "incrivelmente espetacular atuação", mas pelo empenho da equipe. Havia um sentimento de que o clipe daria o que falar.

No embalo, gravamos um segundo clipe da música que subliminarmente dá nome ao álbum, *Depois da queda, o coice*, com seu refrão "hey na na, na na". Diferentemente da megaprodução que acabávamos de concluir, o clipe seria minimalista, apenas nós tocando num estúdio com fundo escuro e fachos de luz nos iluminando por cima. Depois de repetir inúmeras vezes nossa performance sobre a música tocada bem alta, terminamos os trabalhos. Na filmagem, usei um segundo kit de bateria que a Tama me ofereceu, com acabamento em madeira cor de mel.

Expliquei ao pessoal do patrocínio que eu precisava de um kit especialmente para a gravação do *Acústico MTV*, ligeiramente menor, com o bumbo de 20 polegadas e o surdo de 14. A ideia era achar uma afinação um pouco mais grave para suavizar o som sem perder o punch. Quando chegou, fiquei apaixonado por esse kit, tão bonito de ver quanto de ouvir. Também requisitei à Paiste um set de pratos mais macios. Como tinham acabado de lançar uma nova linha de pratos, a série Traditionals, voltados para o jazz, resolvi experimentá-los e acertei de cara. Eram mais suaves e contidos na mixagem, perfeitos para o projeto. O kit acústico estava assim configurado e pronto para a gravação.

Enquanto os trabalhos de lançamento do *Hey na na* seguiam, preparamos o show para a turnê. Nosso iluminador, Marquinhos Olívio, surgiu com uma ideia muito legal de usar umas torres com braços hidráulicos como cenografia, quatro em cada canto do palco, todas com refletores e movimentadas ao longo do show. Era um recurso impactante: esses braços tinham um quê de cenário de ficção científica. Achei o máximo.

72!
Na estrada, com uma esticada até a Copa da França

A empolgação com o show acústico aumentava. Fizemos uma apresentação do *Hey na na*, para a imprensa e convidados vips, tocando o set *unplugged* no palco do recém-inaugurado bar temático Rock in Rio Café. Foi uma forma sagaz de promover o álbum novo e, ao mesmo tempo, apontar para o nosso próximo trabalho. Algumas músicas recentes se prestavam muito ao formato, como *O trem da juventude*, em que usei vassourinhas, ou a experimental *Brasília 5:31*. Aquele show-teste que apresentamos no Hipódromo Up em novembro de 1998 já tinha recebido ótimas resenhas, ajudando a criar expectativa até o momento em que a apresentação fosse registrada. Os jornalistas não poderiam se esquivar de se referir ao nosso "futuro show acústico" junto com as críticas – todas muito positivas – do *Hey na na*.

A turnê começou em abril, após alugarmos a antiga casa de shows Imperator, no subúrbio carioca, para ensaiar o roteiro e a nova traquitana hidráulica de luz e cenografia. Fomos até Curitiba testar o show, como fizemos em ocasiões anteriores, lembrando da tradição da cidade em servir de laboratório para estreias de bandas e artistas: se o público de lá desse aval, o resto do Brasil daria. Foi tudo ótimo e continuamos a turnê, passando pelos principais palcos do Rio e de São Paulo, e seguindo país afora.

Em junho, fomos convocados para participar de um show com Gilberto Gil em Paris, num dos muitos eventos culturais promovidos na Copa do Mundo da França. De lá, fizemos outro show em Sanary-sur-Mer, num projeto de intercâmbio cultural entre cidades-irmãs, em que Porto Alegre era a representante brasileira. Ainda tivemos a sorte de assistir a duas partidas da seleção brasileira: o jogo de abertura, no Stade de France, contra a Escócia, que vencemos por 2 a 1, e depois contra a Noruega em Marselha, quando perdemos por 2 a 1.

Voltamos ao Brasil para acompanhar pela TV o vexame da derrota brasileira para a França, mas, apesar da revolta, os shows seguiam alegrando nossos corações. Fomos convidados para um festival promovido pela Anistia Internacional em Caracas, na Venezuela, ao lado de uma constelação de artistas e bandas da cena latino-americana. Nossa viagem foi de véspera, já que no próprio dia do show estavam previstas entrevistas e uma coletiva de imprensa.

Era uma tarde tranquila, como outra qualquer, e nossa equipe foi encaminhada à sala vip da Varig, companhia aérea que representava o Brasil no mundo da aviação comercial na época. Nesses espaços, funcionários sempre avisam sobre o embarque. Passados uns 40 minutos, reparamos que ninguém vinha chamar. Zé Fortes se dirigiu ao guichê para perguntar sobre o voo e a atendente disse:

– O voo de vocês já foi encerrado.

Se um ou outro passageiro se descuida e perde o voo por distração, vá lá. Mas formávamos um grupo de 16 pessoas, como poderíamos ter cometido um erro tão grande? Depois de um bate-boca, concluiu-se que foi falha do pessoal da empresa. Seria preciso que nos transportassem o mais rápido possível até Caracas, sob risco de perdermos nossos compromissos. Naquela mesma noite, nos acomodaram num voo para Lima, no Peru, onde pernoitaríamos e de onde seguiríamos até Caracas no dia seguinte – por outra companhia, com uma parada em Quito, no Equador –, depois de meio-dia, hora local.

Conseguimos chegar para o show, onde havia um público de cerca de cem mil pessoas reunidas na ampla área de um aeroporto, no Centro da capital venezuelana. Nos receberam – e nos sentimos – como artistas locais e o show foi alto-astral. No fim dessa corrida maluca para chegar a Caracas, lamentamos apenas passar por Lima e Quito, cidades onde não nos apresentamos, sem ao menos sair do aeroporto.

73!
Jantando a premiação da MTV

Participamos de mais uma edição da festa da MTV brasileira, em dezembro de 1998, e desta vez extrapolamos nas premiações com *Ela disse adeus*: melhor clipe na categoria pop, clipe do ano, direção, direção de arte e fotografia. Essa megaexposição e os prêmios deram um gás ainda maior a nossa agenda e chegamos ao fim do ano com muitos shows. Para atender a demanda, começamos a usar um avião fretado que era a cara dos Paralamas: um bimotor Bandeirante que nos levava por todo canto, atenuando em muito a rotina dos voos de linha.

Ficou confortável chegar nos lugares dos shows sem fazer conexões, além de poder voltar para casa, quando era possível, logo depois das apresentações. Nosso avião era carinhosamente chamado de Bandéco e seu comandante, Carlos Edo, um argentino gente finíssima, que veio morar no Brasil nos anos 80, se destacou em salto de paraquedas e se dedicou à aviação privada. Ele era muito conhecido no meio aeronáutico nacional e sua reputação nos deixava tranquilos quanto ao cuidado e extremo profissionalismo que dedicava a sua paixão: voar.

O Bandéco havia passado por uma reforma completa, com motores revisados, pintura e assentos de couro. Era nossa limousine dos céus. Chamávamos o Carlos Edo de Comando, para quebrar as formalidades. No primeiro dia voando conosco, ele disse que era fã de longa data dos Paralamas. Eu e Herbert, em especial, ficamos ainda mais fãs do Edo, ao saber que ele tinha uma equipe de voo de demonstração e pilotava um avião clássico da Segunda Guerra, Texan T-6, que chegou em grande quantidade ao Brasil para treinamento de pilotos da aeronáutica e depois foi usado na lendária Esquadrilha da Fumaça. Sobraram poucos exemplares desse avião, e nosso comandante voava num deles.

Edo levou o Herbert para voar no seu T-6, quando fizemos um show perto do hangar onde sua esquadrilha de demonstração operava, nas cercanias de Campinas. Ele nos apresentou ao seu sócio na manutenção dos aviões, Eloy Biesuz, também apaixonado por aviação. Nossas conversas nos animados almoços em churrascarias, regadas pelo melhor vinho disponível, não tinham hora para acabar. Muitas vezes, duravam a tarde inteira, emendando até a hora do show. Não podia ser diferente quando se juntavam amantes da aviação.

Nossa próxima viagem internacional para fechar o ano seria muito especial: fomos contratados para tocar no aniversário do cunhado do Herbert, na Inglaterra, em Shillingford, perto de Oxford. Convite irrecusável e uma oportunidade para testarmos o show acústico. Herbert sugeriu usarmos uma cor única em nossas roupas, um verde-água, e tratamos de ir atrás de calças e camisas nesse padrão. Era até divertido nos preocuparmos com a cor das roupas de um show, coisa que nunca havíamos feito antes.

Foi uma viagem dos sonhos. Chegamos à pequena localidade, numa área rural inglesa, e nos instalamos numa pousada aconchegante. Fazia frio, mas nada perto do rigoroso inverno ainda por vir. A festa de aniversário do cunhado do Herbert me fez lembrar a do seu casamento com Lucy, anos antes, aquele clima de filme inglês. Viajamos com nossas esposas e aproveitamos ao máximo. Foi um privilégio, uma alegria, uma forma perfeita de encerrar mais um ano vitorioso.

* * *

A chegada de 1999 me fez lembrar do álbum e do hit que Prince emplacou ainda em 1982. Em breve, seríamos testemunhas da grande festa global cantada em sua música *1999*, com a entrada nos anos 2000, na hora da tão alardeada virada do século, aguardada pelos simbolismos de uma nova era, de novos tempos. Segundo os entendidos, antes mesmo da chegada do século XXI, já teríamos carros voadores, com Lua e Marte colonizados por humanos em suas naves espaciais. Só que não. Apesar de um avanço ou outro como o telefone celular e uma tal de internet, a matriz energética global seguia baseada na queima de combustível fóssil.

Iniciamos o ano em êxtase com o sucesso do último álbum. *O amor não sabe esperar*, com a participação de Marisa Monte, tocava espontaneamente nas rádios. Entre os muitos shows pelo Brasil, tratávamos de ensaiar o nosso set acústico e já tínhamos data para a gravação da MTV: junho.

Ainda no primeiro semestre, fui procurado pelo produtor musical Vinicius Sá para produzir um programa especial no formato de um show no canal Multishow.

A ideia era reunir um time de expoentes cantando Beatles. Vinícius, que era amigo do Savalla, sabia o quanto eu era fã da banda. Começamos a convidar os candidatos desse caraoquê de luxo. A brincadeira prometia ficar séria. Os nomes da lista ideal que fizemos aceitaram sem pestanejar. Fiquei surpreso com o ok de amigos como Roberto Frejat, Cássia Eller, Samuel Rosa, Zélia Duncan, Fernanda Takai, Rodolfo (dos Raimundos), além de alguns medalhões como João Bosco, Gilberto Gil, Zé Ramalho, Zizi Possi, Flávio Venturini e Beto Guedes.

O nome do projeto, *O submarino verde e amarelo*, era um ótimo trocadilho com o desenho animado dos Beatles. Os participantes podiam escolher a música do quarteto que mais gostassem, aquela que cantavam no chuveiro. Para nossa sorte, não houve duplicidade. Além das interpretações de cada um, haveria duas canções no gran finale do programa: *All you need is love* e *Twist and shout*. Eu e Vinicius preparamos as músicas no estúdio caseiro que acabara de montar. Contamos com o apoio de alguns músicos de estúdio para complementar os arranjos, com guitarra, teclados, sopros e backing vocals. Enviamos as bases gravadas em CDs aos participantes e combinamos de fazer um ensaio na véspera da gravação, marcada para 14 de julho, na casa de shows Mamão com Açúcar, na Lagoa.

O show seria aberto ao público, com a bilheteria voltada para uma associação de tratamento de câncer. Tudo corria em perfeita sintonia, mas confesso que fiquei um pouco triste com a recusa do Herbert em participar, logo ele, um grande fã dos Beatles e casado com uma súdita do império britânico. Foi de certa forma frustrante para mim. Não era um projeto meia-boca para ser recusado. Reuni uma casta nobre da cena musical. Não conseguia entender o porquê da recusa. O jeito foi seguir em frente e procurar fazer com que tudo fosse bem realizado.

* * *

Prosseguiam as filmagens do nosso documentário, que o querido e premiado Andrucha começara a rodar naquele festival em São Paulo – onde tocou David Bowie. No roteiro, receberíamos amigos de nossa geração e alguns monstros sagrados da MPB para tocarmos juntos alguma coisa. O lugar era uma sala com instrumentos para encontros com Roger Moreira, Jorge Ben Jor, Arnaldo Antunes, Paula Toller e Roberto Frejat, que se revezaram numa conversa informal e tocaram e cantaram com a gente.

O reencontro com Roger pareceu pôr fim a uma certa mágoa que ele declarou ter de Herbert por não tê-lo chamado para cantar a música símbolo contra as eleições indiretas, *Inútil*, no Rock in Rio de 1985. Já Paula deixou aflorar seu bom humor, como acontece toda vez que nos encontra. Foi ótimo também rever Frejat, uma das pessoas mais cordiais da nossa geração, um gentleman e exímio guitarrista, assim como Herbert. O que dizer do Jorge (agora) Ben Jor, um dos caras mais engraçados que conhecemos e que nos surpreendeu ao ensinar passos de jongo, dança ancestral africana. Arnaldo Antunes já havia saído dos Titãs e sua carreira solo enveredava pela mistura da sua poesia singular com música. Somente a *jam session* dessa turma daria um programa inteiro. No Rio, ainda tivemos para o documentário um encontro com Evandro Mesquita, no Morro da Urca, quando nos lembramos de como a Blitz abriu as porteiras para a geração do rock brasileiro nos anos 80.

Seguimos até Brasília para outro encontro coletivo, desta vez com a galera do rock local. Juntamos Dinho Ouro Preto, Dado Villa-Lobos, Digão e Fred, dos Raimundos, num passeio pela capital a bordo de um jipe velho, percorrendo os lugares onde Herbert e Bi moraram, e depois subindo no teto do Senado. O momento culminante foi quando passamos por um campo de futebol de chão, onde uma turma jogava uma animada pelada e nós resolvemos participar. Invadimos o campo, dividimos os times e foi bola no mato o tempo todo, tudo muito divertido.

Encerrando os trabalhos do documentário, seguimos para São Paulo para encontrar Rita Lee e Roberto de Carvalho, numa agradável conversa sobre música e inspiração. A previsão de lançamento era rápida, assim que a edição terminasse.

74!
Reencontro com os Titãs e o jipe da Segunda Guerra

Depois do histórico encontro dos Paralamas com os Titãs no Hollywood Rock em 1992, ficamos todos numa certa expectativa de reeditar essa dobradinha de peso. Houve uma empolgação geral quando fomos procurados por uma produtora para uma turnê, as duas bandas juntas, com 12 shows pelo Brasil, ainda no primeiro semestre de 1999. O patrocinador era, curiosamente, uma marca de absorvente feminino, que ainda previa a gravação e o lançamento de um CD do show, distribuído de graça ao público no fim da turnê. A proposta foi aceita com entusiasmo e logo estávamos ensaiando para o reencontro.

Os nossos compadres Titãs vinham de uma vultuosa turnê, depois do acachapante sucesso de seu álbum acústico. Configuraram um time de músicos de apoio com cordas, sopros e percussão e era assim que viajariam na nossa turnê *Juntos ao vivo*. Não preciso dizer da minha expectativa de reunir novamente as duas baterias num palco e bater essa bola com Charles. Os ensaios rolaram rápidos, já tínhamos uma noção das músicas que tocaríamos juntos. Fizemos o primeiro show em maio, em Londrina, e a previsão seria realizar os demais em capitais e interior de São Paulo e Paraná, até o fim do ano.

Conseguimos, sem muito esforço, manter os shows na estrada, enquanto nos reunimos no antigo estúdio da Odeon para ensaiar e dar os últimos ajustes na apresentação acústica. Acredito que essa facilidade operacional – fazer a turnê com os Titãs e ainda ensaiar o acústico – muito se devia por voarmos de um lado para o outro no Bandéco, o que nos deixava menos cansados.

Estava adorando a bateria menor que configurei para o acústico, o kit soava maravilhosamente bem. Em algumas músicas, utilizei uma baqueta formada com finas varetas de madeira amarradas, chamadas de *rods*, que proporcionam um som mais suave. Levei um tempo para acertar a força dos golpes com elas – frágeis, as varetinhas quebravam e voavam para todo o lado. Mas era uma boa fórmula para esse tipo de situação, com um volume geral mais contido, para criar a tal atmosfera "acústica". Inclusive, foi isso que me levou a usar uma caixa de madeira, em vez da metálica. O tambor era de um kit vintage que adquiri numa loja de instrumentos de Porto Alegre, do amigo músico local Nei Van Soria. Essa loja era o primeiro lugar para aonde íamos ao chegar na capital gaúcha. Herbert sempre saía de lá com uma guitarra nova e eu tinha que me conter para não comprar toda vez uma bateria.

Foi nessa loja que prestei uma homenagem ao meu irmão João Guilherme, que morava em Porto Alegre, aquele que tocava violão e ensaiava com sua banda na garagem da casa de nossos pais, onde pela primeira vez toquei bateria. Sabendo de sua paixão pela guitarra, interrompida pelas obrigações e demandas da vida, resolvi presenteá-lo com uma Gibson Epiphone semiacústica preta, a típica "guitarra Beatle", que estava sendo reeditada pela marca. Foi um agradecimento pela força que ele sempre me deu para seguir adiante com meus sonhos e ambições, quando eu, ainda jovem, estava cheio de incertezas e dúvidas sobre o futuro.

A guitarra foi deixada na loja para ele buscar, aumentando a surpresa. Foi entregue num lindo estojo negro, clássico, aveludado por dentro, com um bilhete meu para ele: "Brother: never stop playing!". Eu já tinha voltado para casa quando meu irmão ligou, emocionado. Mais tarde, pude perceber o efeito causado: ele começou a tocar numa banda formada por professores da PUC de Porto Alegre, que tinha entre eles Carlos Gerbase, ex-integrante da banda punk gaúcha Os Replicantes - da canção *Surfista calhorda* - e agora professor da cadeira de cinema junto com meu irmão. Foi a minha vez de dar um empurrãozinho para ele seguir tocando sua guitarra.

* * *

Mais ou menos nessa época, realizei um antigo sonho de ter um jipe do mesmo modelo usado na Segunda Guerra Mundial, veículo que ficou com a fama de faz-tudo e se tornou o avô de todos os carros fora de estrada que vieram depois. Meu irmão mais velho, João Henrique, que morava no Rio, conhecia um mecânico de uma oficina que restaurava jipes militares antigos e foi lá que consegui arranjar um legítimo Willys MB, fabricado em 1944. O carrinho estava até em bom estado, mas levou quase seis meses para terminar o restauro, um trabalho meticuloso para deixá-lo com as características originais, em cada detalhe, em cada parafuso

Herbert convidou Marisa Monte para cantar em O amor não sabe esperar, *no álbum* Hey na na. *Registrei a dupla com nosso produtor, Chico Neves, durante as gravações no saudoso estúdio 1 da Odeon*

"Eu e meu jipe, mas que união feliz...". Parafraseando Herbert, realizei um antigo sonho de ter o veículo mais icônico da Segunda Guerra Mundial: um jipe igual ao que meu pai dirigiu quando era soldado da FEB na Itália

e peça visível, do motor ao estofamento e à capota de lona militar. Meu pai contava que, durante a guerra na Itália, dirigia um desses. Assim, ter um igual, foi uma forma de homenageá-lo.

Quando o carro ficou pronto, fui mostrá-lo ao meu pai, mesmo sabendo que ele não poderia dar uma voltinha por conta da idade avançada. Mas, ao ver o jipe na calçada, meu velho não escondeu a alegria e a emoção:

– Era um igualzinho a esse!

O jipe herói de guerra iria viver dias de tranquilidade pelas estradinhas e ruas de Araras, onde todo mundo passou a me reconhecer como "aquele cara do jipe". Surgia um novo avatar muito diferente do baterista da popular banda de rock. Passear com o jipe me esfriava a cabeça e me deixava pronto para voltar ao trabalho com gás renovado.

75!
Repertório de arrepiar

Nos preparativos do *Acústico*, essencialmente um show ao vivo, mais uma vez tive ótima interação com Eduardo Lyra, nosso percussionista. Combinamos passagens somando bateria e percussão, e momentos em que eu deixava o kit para tocar o derbake e depois o timbal. Era uma ótima ocasião para adquirir um set de percussão da Paiste, um rack na forma de uma arara daquelas de pendurar roupas, onde ficam dispostos instrumentos metálicos de percussão: gongos, pratos, discos metálicos, placas sonoras, cada um com uma sonoridade especial. Um desses trecos se chamava sound disc, um grosso disco metálico com um furo no meio, preso num eixo, que permitia girá-lo em alta rotação ao ser golpeado, criando um efeito especial somado ao som de sineta do disco (parecido com o da caixa Leslie dos órgãos Hammond e dos pedais digitais de efeito *flanger*, das guitarras). Além dos sons interessantes de cada um daqueles pedaços de metal, o componente visual do rack era chamativo e o pessoal da cenografia gostou de aproveitá-lo também como elemento cênico.

Durante os ensaios, passei a usar um equipamento novo de grande impacto: fones de ouvido. Não eram fones desses de escutar música, mas profissionais, desenvolvidos para servirem como monitores de palco. Chamavam-se *in ears*, exatamente por ficarem literalmente dentro dos ouvidos do músico. Na verdade, esses fones já estavam sendo utilizados por profissionais conceituados, porque eram muito caros. Alguns modelos necessitavam do preparo de um molde de silicone ou plástico, sob medida, do ouvido interno do usuário, servindo como base para a instalação de sofisticados mini-alto-falantes. Nessa época, os fones se tornaram mais acessíveis e não exigiam moldes, apenas uma espuma expansiva para vedação sonora.

Quem trouxe a novidade foi o nosso técnico de som, Léo Garrido, incumbido de gravar a apresentação. O uso dos fones também promovia uma "limpeza" no visual (as caixas de som do retorno) e no volume de som do palco, melhorando a mixagem do show para o público e favorecendo a gravação de cada instrumento, além de diminuir enormemente a sujeira causada pelo vazamento de sons (das caixas de retorno) de um microfone para outro no palco. Era uma ótima ferramenta para melhorar a captação geral.

Todo mundo experimentou no intuito de contribuir para o resultado final da gravação, só que Herbert, Bi e Dado detestaram, se sentiram tolhidos, e não se adaptaram com aqueles trecos nas orelhas. Achavam que atrapalhavam mais que ajudavam. Com certeza, se alguma coisa fica no seu caminho bloqueando o seu astral para tocar, não tem como abrir concessão. No meu caso, achei ótimo, senti conforto e controle de volume inéditos. Era diferente de tocar com aqueles incômodos headphones acolchoados no estúdio. Eu já vinha tentando me proteger nos últimos anos dos possíveis danos à audição causados pela longa exposição a volumes elevados. Costumava usar espumas de neoprene nos ouvidos, que cortavam quase 90% do volume, e, mesmo assim, conseguia ouvir tudo durante os shows.

Os fones *in ears* possibilitavam atenuar os volumes naturais da bateria, principalmente dos pratos, que sempre emitem um som ora explosivo (nas acentuações), ora penetrante (nas marcações do contratempo e no prato de condução). Além disso, esses fones me permitiam ouvir com mais clareza a voz do Herbert – que até então quase sempre ficava embolada com o instrumental –, assim como os outros instrumentos.

No último ensaio, definimos as músicas que tocaríamos. Algumas eram interpretações de outros artistas e bandas, caso de *Feira moderna*, imortalizada por Beto Guedes, que ficou incrivelmente bonita com a roupagem que criamos com os sopros e as sutilezas instrumentais que respeitavam o arranjo original. A cada vez que tocávamos essa música, sentíamos a emoção aflorando e todo mundo comentava no fim que tinha se arrepiado. Ficou realmente emocionante.

Depois que convidamos o Dado para participar do acústico, era inevitável tocar uma música da Legião Urbana. As opções eram muitas, mas começamos fazendo uma versão de *Eu sei* que figurou durante um tempo no repertório dos nossos shows-teste. Só que, no apagar das luzes, Herbert achou que poderíamos fazer uma releitura de *Que país é este?*, num desafio extra para reformatar um hino punk com violões e naipe de sopros. Surtiu o efeito esperado e ficou como um dos melhores exemplos do que desejávamos realizar com o *Acústico MTV*: suavizar as sonoridades sem perder a pegada. Mais uma música do show que marcava elevados índices no "arrepiômetro".

Tentamos aprofundar um pouco mais explicitamente nossa personalidade latina ao interpretar a parceria inédita de Pedro Luís e Herbert em *Sincero breu*. Nesta, eu e Lyra usamos toda a nossa bagagem de latinidades para criar o clima salseiro que a música pedia, com levadas de conga, breques e quebradas nas convenções, que realçaram a pontuação dos sopros. Não podíamos estar mais latinos. O clássico da Nação Zumbi, *Manguetown*, ganhou uma outra intenção com a levada de timbal, deixando a música mais acelerada. A composição do Herbert gravada por Fernanda Abreu, *Um amor, um lugar*, com introdução de piano mais suave, ganhou outras colorações. Por falar em introdução, mesclamos um dos maiores grooves já criados na música brasileira, *Sossego*, do mestre Tim Maia, com o início de *I feel good*, de James Brown, um dos hinos da black music. Não poderíamos ficar mais funky do que isso.

Navegar impreciso, com inflexões jazzísticas, surpreendeu a nós mesmos. A escolha de *Life during wartime*, dos Talking Heads, reafirmava nossa intenção de conseguir o limite do peso que um show acústico poderia conter. A música ficou um trem, mas um trem a vapor, daqueles que ninguém fica na frente. Uma outra ideia de Herbert para fugir do comum foi convidar a grande Zizi Possi para cantar *Meu erro*, talvez a música mais óbvia dos Paralamas presente no repertório do álbum acústico. Só que Herbert tinha planos... O objetivo era esconder a música e surpreender o público quando ele começasse a cantar. Daí, entraria Zizi na segunda parte. A introdução ficou um singelo arpejo de piano, somado com os violões. Depois, todos entravam na harmonia num andamento compassado, com o baixo e os sopros dando ares de uma orquestra de câmara. Não poderíamos ficar mais clássicos do que isso.

76!
Acústico, sim, mas sem perder a pegada

O tão aguardado dia da gravação do *Acústico MTV* chegou. Seriam duas apresentações, em dois dias, para termos material suficiente e escolher as melhores interpretações para o programa e o álbum. O lugar da filmagem foi resultado de uma cuidadosa pesquisa em espaços que oferecessem condições de um belo cenário com acústica razoável. Depois de idas e vindas, optamos pelo palacete do Parque Lage, no Jardim Botânico, aos pés da encosta do Corcovado, uma sugestão do Bi. Ali tinha sido uma fazenda de açúcar comprada por um rico cidadão, que, nos anos 1920, construiu a mansão para sua esposa, uma cantora lírica italiana. Muitos anos depois, a mansão foi tombada e virou atração turística. Nos anos 70/80, foi palco de shows de todas as vertentes. Nós mesmos tocamos lá em 1983. Como o cenário estava bem delineado e prometendo uma filmagem primorosa, a MTV custeou uma cobertura completa do pátio para evitar a interrupção dos trabalhos em caso de intempéries.

Chegamos no começo da tarde para os ajustes necessários. Dias antes, o pessoal da cenografia e do guarda-roupa avaliou que a melhor cor das nossas vestes seria o vermelho. Quando recebemos o ok da equipe de câmeras e áudio, ocupamos nossos lugares para um grande ensaio. Passamos o show completo, auxiliando o diretor e seus assistentes a cobrir os momentos mais certeiros de cada música, marcando as passagens de cada um de nós no palco, para que não se perdesse nenhum detalhe importante.

Houve um cuidado especial com o tempo exato em que Zizi Possi entraria em cena e chegaria ao microfone. Essa parte não parecia complicada, mas, na hora do show, com uma certa adrenalina rolando, a caminhada que ela fez em poucos segundos pareceu durar uma eternidade. Deu um frio na barriga até ela parar certinho diante do microfone e começar a cantar. Não podíamos ser mais precisos.

Para descontrair, abrimos a apresentação com o instrumental *Vulcão dub*, emendado com *Fui eu*, que deixou de ser um ska e virou uma animada salsa, com metais em brasa. Fomos avisados pela direção que, se acontecesse qualquer coisa grave ou fora do esperado, poderíamos parar e recomeçar quando estivéssemos ok. Mas as músicas foram fluindo, se encadeando em perfeita harmonia. Estávamos muito seguros, depois de nos preparar tanto. No fundo, eu até sentia um ligeiro nervosismo que contribuiu para dar uma certa espontaneidade à apresentação, lembrar que era um show normal e não uma gravação fria e sem emoção.

Terminamos a primeira noite de gravação com entusiasmo tão grande e tão seguros da nossa performance, que nem parecia que teríamos mais um dia de filmagens. A direção do programa veio até o camarim onde Herbert já havia estourado a primeira garrafa de champanhe para nos dizer que, se tivéssemos que gravar só um dia, o programa já estaria pronto. Não podíamos estar mais felizes.

A segunda noite começou com animação redobrada. Estávamos na coxia, meio que enfileirados e ansiosos para subir ao palco, quando Herbert aproveitou para saudar cada um de nós. Eu brinquei, fazendo uma narração:

– É o general Montgomery passando as tropas em revista antes do desembarque!

Todos riram e logo depois me ocorreu que aquele dia era exatamente 6 de junho, a data histórica do Dia D, o desembarque aliado na França que mudou a maré da guerra. O nosso "desembarque" ocorreu sem nenhuma baixa, magistralmente. Difícil dizer qual das duas noites foi melhor. Nosso *standard* estava elevado, nos dedicamos durante muito tempo para esse momento. Não podíamos estar mais preparados.

Na semana seguinte ao *Acústico*, aconteceu a gravação do *Submarino verde e amarelo*, conforme o programado: ensaio na véspera e gravação no dia seguinte. Foi um privilégio contar com a boa vontade e a camaradagem daquele time seleto, todos superempolgados em cantar sua canção favorita dos Beatles. Infelizmente, Gil, Zé Ramalho e João Bosco não puderam comparecer, mas fizeram suas participações em estúdio.

A sequência foi perfeita. Mesmo assim, fizemos um segundo take para garantir uma boa edição de imagem e áudio opcional. Eu me sentia o próprio Ringo: toquei em todas as músicas. Parecia que as tantas vezes que pratiquei *air drums*, quando nem tinha bateria, me serviram bem nesse preparo. Entre as músicas, a que mais me encantou foi a suíte *Golden slumbers/Carry that weight*, cantada a plenos pulmões por Cássia Eller, com direito ao solo de bateria do Ringo que reproduzi. Realmente de arrepiar. O especial foi ao ar semanas depois com grande repercussão. Fiquei orgulhoso de realizar um projeto desses com tanta gente importante e um resultado além do esperado.

* * *

A exibição do *Acústico MTV* dos Paralamas aconteceu muito rapidamente, assim como o lançamento do CD. Na sequência, nossa agenda se dividiu entre o show "elétrico" da turnê *Hey na na*, com as torres hidráulicas, e o acústico, no clima do programa, com móveis e abajures antigos decorando o palco. A ambiência do *Acústico* funcionava melhor em lugares de pequeno e médio porte, mas conseguimos nos apresentar em espaços grandes também, como o Canecão, no Rio, e o Palace, em São Paulo. Mesmo em *Hey na na*, fazíamos o set com os violões no show convencional, e o público adorava.

Pouco depois da gravação do *Acústico*, partimos para três shows nos Estados Unidos: no famoso festival de verão em Nova York, o SummerStage, em pleno Central Park, e depois em Orlando e Miami. Enquanto seguíamos na estrada, houve a premiação da MTV, em que o clipe *Depois da queda, o coice* recebeu o prêmio de melhor edição. A vitrine dos canais dedicados à música estava se ampliando e, nesse ano, o canal Multishow exibiu *Paralamas em close-up*, o documentário que fizemos com a Conspiração.

As críticas ao nosso álbum acústico foram as melhores possíveis. A estratégia de vir na contramão da receita de grandes sucessos suavizados pelo formato pareceu surpreender não só os jornalistas como o público. Não foram poucas as vezes que vimos nas críticas e ouvimos dos fãs comentários sobre como o trabalho tinha uma pegada diferente dos outros já feitos pelo canal. Mesmo depois de meses de preparação, e agora com o show na estrada, nós mesmos nos surpreendíamos. Cada apresentação nos empolgava mais que a anterior, estávamos "flutuando acusticamente".

77! Perdas e ganhos

A entrada do ano 2000 dava uma sensação de que já vivíamos no novo século, mesmo sabendo matematicamente que só começaria em 2001. Tínhamos uma previsão de shows muito especiais: em Portugal, tocamos no Porto e em Lisboa, mas não com o formato acústico. Nos apresentamos também no Conrad, cassino em Punta del Este, no Uruguai, num palco perfeito para o acústico, além de voltarmos a Buenos Aires, onde não nos apresentávamos desde que a economia argentina começou a decair, com efeitos no showbiz. Numa dessas noites na aconchegante La Trastienda, recebemos Ricardo Mollo – ex-integrante do Sumo e agora do Divididos – para cantar e tocar conosco o clássico *Mi bandera*. Essa música entrou para nunca mais sair do nosso repertório nos shows em Buenos Aires e em Montevidéu.

Quando, ainda criança, tomei a noção de que meu pai um dia morreria foi marcante. Estava com ele no carro indo comprar pão, como fazíamos sempre. Ele dirigindo e eu com meus 5, 6 anos, no banco de trás. Do nada, perguntei se ele ia morrer um dia e ele disse que sim, que todos nós morreríamos algum dia, tentando dar um ar de normalidade à conversa e me tranquilizar. Disse que eu não precisava me preocupar, pois iria demorar muito. Mesmo assim, não consegui dormir direito. Esse momento bate forte em muita gente, quando começamos a entender que a vida é um processo com começo, meio e fim.

A hora chegou, em abril de 2000. Meu pai sofreu uma queda em casa e fraturou o fêmur, uma estatística triste e corriqueira com pessoas de idade avançada. Passou por uma cirurgia para implantar uma prótese no colo do fêmur, entrou em coma por complicações, ficou numa UTI por quase um mês e faleceu. Por mais que a gente se prepare para a sequência natural das coisas, é muita tristeza. Eu, que queria tanto ajudá-los na velhice, não pude fazer nada além do que já havia feito. Nessa hora, pensei nas coisas que falamos e deixamos por falar, mas esse é um roteiro sem ensaio. Me agarrei em tudo de bom e nas lições que meu velho me deixou. Agora era ficar firme e ajudar minha mãe no que estava por vir.

A vida seguiu adiante. Sentia que Herbert nunca esteve tão tranquilo em relação aos planos para a banda. Andou ocupado preparando mais um álbum solo, batendo bola com uma turma muito talentosa, do naipe de Cássia Eller, Paulo Sérgio Valle, Moreno Veloso e Eumir Deodato. Na produção, estavam Liminha, Chico Neves, Carlinhos Bartolini, Beto Villares e Tom Capone se revezando nesse terceiro trabalho solo dele. Mais do que nunca, uma oxigenada dessas era muito bem-vinda para a nossa banda.

O resultado não demorou a aparecer: Herbert nos mostrou uma linda balada que veio da parceria com Paulo Sérgio Valle, num clima suave com base de violão e um piano melodioso. A música prometia e ficamos na expectativa de gravá-la logo. Decidimos que era um bom momento para lançar uma segunda coletânea, um *Arquivo II*, enquanto a gente juntava inspiração para um repertório de inéditas e um novo álbum.

Nesse meio tempo, seguimos na estrada, já que Herbert não pensava em fazer shows depois de lançar seu disco. Assim, tocamos uma vez mais no Festival de Montreux e, de lá, seguimos para Tübingen na Alemanha, e Milão, na Itália. Tübingen, uma cidadezinha medieval nos arredores de Stuttgart, promovia um festival numa praça cercada de prédios seculares. A prefeitura fiscalizava se o som estava além do permitido. Os próprios moradores se encarregavam de instalar decibelímetros nas janelas de suas casas para aferir o volume. A prefeitura tentou levar o evento para fora da cidade, nos arredores de uma floresta, mas os ambientalistas impediram, temendo que o som atrapalhasse os morcegos durante a noite. O festival permaneceu no mesmo lugar. Coisa de país civilizado.

No dia seguinte ao nosso show, nos encontramos no hotel com Alceu Valença. Ele estava chegando de Milão para tocar ali e nós indo para lá, tocar no mesmo festival que ele. Sempre divertido, Alceu nos alertou para o problema da "zanzara":

– Véio, o festival em Milão é na beira de um pântano, o lugar é cheio de mosquito que lá eles chamam de zanzara! Rapaz... foi eu abrir a boca pra cantar que a zanzara entrou e foi direto na minha garganta, véio! Aí, danou-se!

Até os alemães que estavam na recepção do hotel, e não entendiam nada de português, riram. Ao chegarmos para o festival de Milão, no caminho até o camarim, os seguranças distribuíam sachês de repelente de mosquitos. Ainda bem que ninguém dos Paralamas voltou para o Brasil com alguma doença transmitida por mosquitos italianos.

O primeiro semestre de 2000 foi dedicado pelo Herbert a gravar seu novo álbum, que saiu em setembro. Logo depois disso, resolvemos gravar a parceria com Paulo Sérgio Valle, com produção de Carlinhos Bartolini. Os trabalhos começaram no estúdio Mega, no Rio, e Carlinhos faria a mixagem no seu estúdio, em São Paulo. Usei o kit do acústico com uma afinação mais grave, uma caixa mais funda e toquei com os tais *rods*, para suavizar a levada. Senti que o Herbert se inspirou naquelas músicas mais *midtempo* do Oasis e achei que essas baquetas contribuiriam para o clima. Também incluímos uma versão acústica de *Mensagem de amor*, que gravamos no Nas Nuvens, com Liminha. Tudo a tempo de a nova coletânea sair antes do fim do ano. Conseguimos uma dinâmica boa de trabalho. A música nova, que se chamou *Aonde quer que eu vá*, ficou pronta e gravamos um vídeo sensacional dirigido pelo Andrucha, com a participação de uma dupla de peso: Fernanda Torres e Debora Bloch.

Nesse período, preparei uma surpresa para o aniversário de 15 anos da minha enteada Branca. Convidei Liminha para que a gente fizesse uma apresentação na festa de aniversário dela, tocando só rocks instrumentais e criando um clima do filme *Pulp fiction*. Liminha adorou a ideia. Ele conhecia todas as músicas instrumentais do que se chamava surf music, de bandas como The Ventures, The Shadows e o guitarrista virtuoso criador do estilo, Dick Dale. Preparamos um set list matador. Como Liminha queria tocar guitarra, chamamos o assistente do estúdio Nas Nuvens Daniel Farias, filho do nosso amigo engenheiro de som Vitor Farias, para o baixo, e assim fizemos a apresentação surpresa. O resultado foi acachapante, o show empolgou todo mundo que estava na festa. De tão legal, ficamos com vontade de dar continuidade ao projeto daquela banda ainda sem nome.

Um belo dia, Liminha me chamou no estúdio: tinha conseguido que tocássemos na inauguração do Hard Rock Café, no Rio de Janeiro. Faríamos um mês inteiro como *house band*, um show por semana. Ele já havia convidado um de seus ídolos para assumir o baixo: Nenê Benvenuti, da lendária banda de rock paulista Os Incríveis. Ainda tínhamos que resolver o nome, algo que fizesse referência aos clássicos do gênero. Era um tal de "The isso", "The aquilo", até que saí com um totalmente estapafúrdio: The Silva's. Não era The Silvers, era Silva's mesmo. Todos que ouviam o nome achavam que era *silvers*, prateados em inglês. Depois que explicávamos o nome, caíam na risada. A banda estava batizada.

Liminha achou que deveríamos ter convidados especiais para cantar e assim aumentar o apelo ao público. Chamamos Frejat, Toni Garrido, Supla, Samuel, do

Skank... Foi incrível. Mas houve um desconhecido que causou sensação: Biju, surfista famoso da cena carioca que morou no Havaí e que tinha sido um dos poucos estrangeiros a ganhar respeito dos *black trunks*, os "calções pretos", a casta dos melhores surfistas locais. Biju entrava para cantar o clássico *Surfin'bird*, da banda The Trashmen, de 1963, música precursora do que veio a ser o punk rock. Ele fazia uma performance gutural, hilária. Como não era cantor na acepção da palavra, soltava a voz na cara e na coragem.

Os ensaios com Nenê Benvenuti eram uma aula de rock clássico. Ele lembrava um pouco Roy Orbison, sempre bem-vestido, de botas e camisa social. Suas histórias sobre Os Incríveis, banda dos primórdios do rock brasileiro que fez muito sucesso por décadas, eram dignas de um livro ou documentário. Nenê me disse que na turnê que fizeram na Itália nos anos 60, o baterista Netinho teve um tórrido affair com a famosa cantora de rock italiana Rita Pavone. Contou também que os integrantes brigavam tanto, que o nome da banda deveria ser Os Em Crise. Além de exímio baixista – alegadamente uma referência para Liminha –, Nenê era um sujeito muito engraçado e bem-humorado. Antes de começarmos os shows, ele falava alto, com seu sotaque paulista:

– Só não me erra, meu! – e depois dava um sonora gargalhada.

Nossa aguardada estreia na inauguração do Hard Rock Café foi nada menos que espetacular. Terminada a temporada, sempre que podíamos, nos reuníamos para fazer um show. Éramos quase uma *pub band*. Mais tarde, já com meu amigo que sabia tudo de rock Dé Palmeira substituindo Nenê, nos apresentamos na famosa casa de shows Bourbon Street, em São Paulo, e ainda fomos convidados para vários daqueles grandes shows de aniversário de rádios FM. Chamamos outros amigos para cantar, como Branco Mello, dos Titãs. Alguns meses depois, fomos convidados para um dos palcos alternativos da terceira edição do Rock in Rio, a Tenda Brasil. Nada mal para uma brincadeira que começou numa festa de 15 anos.

78!
O primeiro Grammy a gente nunca esquece

Tínhamos terminado um show no Teatro Guararapes, em Recife, quando recebemos a notícia que o nosso *Acústico MTV* tinha sido eleito o melhor álbum de rock brasileiro na histórica primeira edição do Grammy Latino. Fizemos um estardalhaço nos camarins, um clima de carnaval daqueles. Enquanto isso, o clipe da faixa inédita da nova coletânea, *Arquivo II*, ganhava alta rotação, desta vez, no concorrente da MTV, o canal Multishow.

O último ano do século XX passou voando e, quando nos atentamos, estávamos finalizando as apresentações da agenda. As duas noites do show acústico em Buenos Aires seriam bombásticas: na véspera, o Boca Juniors vencera o Campeonato Mundial, derrotando o Real Madrid. Ao chegarmos à capital argentina, fomos a nossa churrascaria favorita no Puerto Madero. Depois de um almoço espetacular, com várias garrafas de vinho – esvaziadas por Herbert, Dado e eu –, voltamos ao hotel e, no caminho, vimos o ônibus com a equipe do Boca cruzar uma larga avenida em direção ao obelisco da 9 de Julho. Sentimos até um certo pertencimento diante da massa humana que festejava o título. Dividimos com os argentinos a paixão e a sanguinidade pelo futebol.

Nos últimos meses do ano, no estúdio da casa do Herbert, começamos a trabalhar uma boa quantidade de músicas novas. Essa safra de composições do Herbert estava baseada no trio original, resolvida ali com guitarra, voz, baixo e bateria. Parecia uma volta ao básico. Quando fizemos o último show do ano, um acústico em Friburgo, na Região Serrana do Rio, tivemos a sensação de fim de uma etapa. Vínhamos tocando esse show por quase dois anos, além de rodar com a turnê do último álbum autoral.

Estávamos entrando de férias informais, merecidamente, depois de tanto trabalho. Terminado o show, nos camarins, nos despedimos e senti uma emoção no ar: reparei na forma como Herbert se despediu do Zé, depois de cumprimentar cada um de nós da banda e da equipe técnica. Na verdade, não foi muito diferente de tantas outras vezes em que chegávamos ao fim do ano e teríamos um recesso. A emoção podia ser consequência das realizações nos últimos anos, que culminaram com um Grammy. A pausa momentânea vinha em boa hora e serviria para realinharmos os planos para o novo século.

Aproveitei que estava perto da minha casa na serra e fui para lá depois do show. Ficaria sozinho por uns dias, esfriaria a cabeça e me encarregaria de preparar a reunião familiar de fim de ano. Estava empolgado com a nova safra de canções. Os encontros no estúdio do Herbert apontavam para uma espécie de recomeço dos Paralamas, e eu não via a hora de retomar os trabalhos. Enquanto isso, os pequenos encargos na produção do Natal – comprar presentes, organizar os comes e bebes etc. – compensavam pela alegria de ver todo mundo reunido, contemplar o encantamento das crianças ao ganharem presentes, dar boas risadas, relembrar histórias familiares e fumar um bom charuto ao cair da tarde. Me sentia cada vez mais privilegiado por viver do meu trabalho e ainda ter esses momentos idílicos, recarregando as baterias para um novo ciclo, um reinício constante. Assim, tinham se passado quase 20 anos desde que comecei essa incrível jornada com Os Paralamas.

* * *

O ano novo e o século XXI chegaram no Deserto do Atacama, numa viagem que eu e Charles Gavin programamos com nossas esposas. Não era toda hora que conseguíamos uma brecha na agenda de trabalho para fazer esse tipo de coisa. Quem sabe daqui em diante seria mais viável, com o avanço da idade, tirar um pouco o pé do acelerador? Não foi por esse motivo, mas, justamente nesse ano, quando nos convidaram para um outro Rock in Rio, que teria nomes de peso como Santana e Sting, Herbert achou melhor a gente ficar de fora. A decisão foi anterior à polêmica sobre um boicote de artistas brasileiros ao festival por não receberem melhores cachês e condições de se apresentarem em pé de igualdade com as atrações estrangeiras.

Naqueles dias de calor intenso no Rio, no auge do verão, Herbert me convidou para voarmos sobre o complexo do festival na Barra da Tijuca, no seu novo ultraleve, que tinha cara de um moderníssimo avião de asas baixas e não mais aquele aviãozinho com aparência de teco-teco. No dia seguinte, a gravadora promoveu um encontro entre Herbert e Bruce Dickinson, vocalista do Iron Maiden, no clube de ultraleve, por conta da paixão de ambos pela aeronáutica – e eles voaram juntos no avião novo. Dias depois, Herbert me convidou para um voo até Paraty, distante uns 45 minutos, onde pousamos, fomos de táxi almoçar num aprazível restaurante e voltamos no fim do dia. Herbert não podia estar mais feliz com seu avião novo.

Os Paralamas não tocaram no Rock in Rio 3, mas a minha banda de surf rock com Liminha, The Silva's, se apresentou no palco alternativo, a tal Tenda Brasil. Preparamos um desfile de participações, reunindo quase todos que já haviam tocado com a gente: Supla, Toni Garrido, Marcelo D2, Samuel Rosa e Branco Mello. Mesmo não sendo no palco principal e tocando por um cachê simbólico, nosso show atraiu uma plateia gigantesca e foi bonito de ver. Ainda no clima do grande festival, tive que levar minhas filhas ao show de Britney Spears. Não basta ser pai, tem que participar…

79!
4 de fevereiro de 2001

Um domingo de verão ensolarado tinha tudo para ser especial, daqueles com família por perto, total calmaria. Estava na minha casa na serra, no meio de um animado almoço que prometia se estender tarde adentro. Alguém atendeu o telefone e me passou. Quem estaria ligando num domingo de tarde?

– João, sou eu...

– *(reconheci a voz)* E aí, Mauricio, tudo bem?

– João, cara, recebi uma ligação aqui agora do Toni *(Platão)*, cara, o Herbert caiu com o avião dele na água, em Mangaratiba...

Senti o nervosismo e apreensão em sua voz, que continuou:

– Caralho! Como é que é Mauricio? Como assim?

– Ele estava indo pra casa do Dado, ele tá mal! Ele estava com a Lucy...

– Peraí, como assim? Tem certeza?

– *(soluçando)* Cara, o Toni tava lá, viu tudo... Ligou aqui agora, falou que a Lucy morreu, ela morreu... e ele tá mal, muito mal, estão esperando um helicóptero pra levar pro hospital... Me pediu pra te ligar... Liga pra alguém, pro Dado, ele tá lá, pro Zé, pro pai do Herbert... Liga a TV, já tão dando na TV...

– Tá bom... Meu Deus... caralho... não tô acreditando...

O teor da conversa e a minha cara de assustado revelavam que algo muito grave tinha ocorrido. Minha cabeça estava em branco. Sem conseguir responder direito o que me perguntavam, disse que houve um acidente com o avião do Herbert e tratei de ligar para o Zé, mas o celular dele estava fora de área. Não adiantava ligar para o Bi, porque ele tinha viajado para Cuba. Enquanto eu tentava o número do Dado, pedi para que ligassem a TV e procurassem alguma notícia sobre o acidente. O que eu mais queria naqueles segundos sem fim era que tudo fosse um grande engano, um mal-entendido, uma peça que estavam me pregando. O telefone do Dado chamou na hora em que minhas filhas e minha esposa disseram que a TV noticiou que o Herbert caiu de avião e não havia detalhes sobre seu estado de saúde. Só consegui falar, num tom assustado, que o Mauricio avisou que Herbert estava mal e que a Lucy tinha morrido. Dado finalmente atendeu o telefone:

– Dado! Aqui é o João, cara, pelo amor de Deus, me conta o que aconteceu!

– João... João... cara, o Herbert caiu de avião no mar, na nossa frente aqui...

– Não pode ser! Não tô acreditando!

– Não, João, o helicóptero acabou de decolar daqui com ele pro Barra D'Or.

– E a Lucy, cara? E a Lucy?

– Ela não resistiu, cara, não resistiu... ela tá aqui, a gente tá tomando conta... *(chorando)*

– Não tô acreditando nisso...

– A gente correu, trouxe o avião pra areia, tirou o Herbert... João, não consegui daqui falar com o Zé, com o pai do Herbert, liga pra ele, pro Hermano, avisa pra eles correrem pro hospital.

– Tá bem, tá bem, vou ligar agora...

Não precisei explicar muita coisa aos presentes. Eles estavam assistindo na TV, em edição extraordinária nos vários canais, as cenas do avião do Herbert destruído na areia de uma praia em Mangaratiba. Fui consolado por todos, que estavam como eu, em estado de choque, enquanto tentava ligar para o Zé e para o pai do Herbert. Seu Hermano disse que já sabia do ocorrido, mas que não conseguia falar com o Dado para saber o que estava acontecendo. Lembro de ter avisado sobre o helicóptero e entendi que estavam indo para o hospital Barra D'Or, mas Seu Hermano tinha a informação de que Herbert chegaria no Copa D'Or, hospital recém-inaugurado em Copacabana.

Fui para lá com meu primo Edgard, depois que todos se certificaram de que eu estava em condições emocionais de dirigir. No caminho, ouvimos uma estação de rádio de notícias que reportava o acidente: a queda do ultraleve, o falecimento da Lucy e a remoção do Herbert, em estado crítico, de helicóptero para o hospital. Ficava cada vez mais apreensivo e inconformado.

Eu e Edgard conversamos sobre o que teria causado o acidente. Contei que na semana anterior voara com Herbert a Paraty, no mesmíssimo avião. Tudo correu muito bem, ele voou com todo o rigor técnico, cumpriu como sempre os procedimentos formais de voo, usando os modernos equipamentos de fonia e navegação que o novíssimo avião dispunha. Teria voado em mau tempo? Sendo um ultraleve, considerado como avião experimental, o bom senso e a legislação para os clubes de aparelhos dessa categoria determinam que voem apenas com tempo bom e no visual. Mesmo assim, quase todos são equipados com bons rádios e, já na época, os novos GPS eram capazes de traçar rotas e proporcionar orientação extra na navegação ao piloto, aumentando a segurança do voo. Comentei também que o avião dispunha de um sistema de emergência moderníssimo, composto por um paraquedas balístico que podia ser acionado por uma alavanca, se o avião estivesse em determinada altura e velocidade, caso o motor falhasse ou houvesse um problema mais grave, garantindo uma queda suave. Aparentemente, não houve tempo de acioná-lo.

Pelo rádio, ouvimos a notícia de que o helicóptero de resgate já havia deixado Herbert no hospital em Copacabana, o que fez aumentar minha ansiedade. Como era cedo naquela tarde de domingo, o trânsito permitiu que chegássemos rapidamente à cidade. Corri à emergência, onde já se encontravam o pai do Herbert, Zé Fortes e Simon Fuller, nosso amigo de longa data, que chegaram quase ao mesmo tempo que o helicóptero. Nos abraçamos consternados tanto pela terrível perda da Lucy, algo ainda difícil de aceitar, como pelo sofrimento do Herbert.

Naquele momento, a equipe médica do hospital estava terminando exames numa sala da emergência. Rapidamente, Zé me reportou que os médicos não sabiam se ele sobreviveria. O estado era gravíssimo. A escala de Glasgow, usada para avaliar o rigor de quem sofre traumatismo craniano, estava no seu nível mais elevado: 3. Herbert já tinha sido entubado, foi feita uma tomografia e constatado muitos coágulos no cérebro e um aumento perigoso na pressão intracraniana. Uma junta médica, chefiada pelo neurocirurgião Paulo Niemeyer, já estava a postos para decidir os procedimentos.

As múltiplas lesões no cérebro se deviam à fortíssima desaceleração na hora do choque do avião com a água. Qualquer acidente violento, seja uma queda ou uma batida de carro, pode fazer com que o cérebro sacuda fortemente dentro da caixa craniana, causando hematomas e coágulos. Lembrei do acidente do Senna, grande ídolo do Herbert, que morreu por conta desse tipo de extrema desaceleração. Um procedimento comum é a colocação de drenos para ajudar a aliviar o inchaço cerebral. Em algumas situações mais graves, é preciso até mesmo abrir a caixa craniana para aliviar o inchaço dos coágulos sobre os ossos da cabeça.

Quando os médicos saíram da sala de tomografia, pude ver Herbert rapidamente pela porta entreaberta. Não conseguia ver o seu rosto, apenas as pernas. Estava entubado, com a respiração mantida por aparelhos. Tive vontade de chegar mais perto, segurar sua mão, abraçá-lo. Ele estava sendo removido da emergência para a UTI. Não bastasse o quadro neurológico, os médicos nos reportaram que aspiraram impurezas e água do mar de dentro dos pulmões dele. A pele das costas estava queimada devido ao contato com a grande quantidade de combustível que vazou do tanque do avião. E ainda veio um outro diagnóstico grave: uma fratura numa vértebra no meio das costas, na região torácica, que poderia comprometer os movimentos das pernas. Havia um esmagamento da medula, mas não uma ruptura. Era torcer para que, depois de fixar a coluna, procedimento para recompor uma ou mais vértebras e devolver a integridade da espinha dorsal, Herbert ainda pudesse recuperar os movimentos das pernas.

Um cenário muito sério e complexo que exigia várias intervenções na esperança de recuperar nosso amigo, reestabelecer seus sinais vitais e trazê-lo de volta, a qualquer preço. Os médicos nos garantiram que fariam todo o possível, mas o estado era delicadíssimo. Nos contaram que os heroicos socorristas que o trouxeram reportaram que ele sofreu duas paradas cardiorrespiratórias no caminho. Agora, fariam a operação para reestabelecer sua coluna cervical. Isso tudo se desenrolava na nossa frente, em poucos minutos, mas a tensão fazia com que o tempo se arrastasse em câmera lenta.

Depois de horas no hospital, fomos aconselhados a ir para casa, já tarde da noite. Não havia nada que pudéssemos fazer ali, a não ser esperar e torcer para tudo dar certo. Era um misto de tristeza com impotência. Nunca fui muito católico, mas, nessas horas de incertezas e inconformismo, afloraram minhas origens cristãs e pedi a Deus que salvasse Herbert. Pensei nos seus filhos: as crianças já tinham perdido a mãe e precisariam muito do pai. Na área comum do hospital, encontramos muitos amigos e nos abraçamos e nos reconfortamos. Na porta, já havia muitos fãs e equipes de TV. Estávamos exauridos. Ficamos de voltar no dia seguinte. No momento, era tentar aliviar um pouco o choque e nos prepararmos para a despedida da Lucy.

No dia seguinte, no hospital, tivemos boas notícias sobre as medidas de emergência. Tudo havia corrido bem, a fixação da coluna, o alívio da pressão intracraniana e os cuidados para conter infecção. Também descobriram que Herbert sofreu uma fratura no punho da mão esquerda, já devidamente fixada com um fio metálico. Ele permanecia com respiração assistida, depois das muitas horas da cirurgia. Os médicos colocaram uma espécie de cesto metálico, chamado de *basket*, para substituir a vértebra que se estraçalhou e assim recompor a integridade da coluna cervical. Ainda assim, seu estado era muito grave e não havia prognóstico de que voltaria a andar, mesmo com os médicos explicando que não houve ruptura da medula, mas esmagamento da vértebra.

Herbert já estava num leito da UTI, com visitas restritas. Seus pais, irmãos, Zé e eu pudemos finalmente vê-lo. Foi uma emoção dura ver aquele cara tão forte, tão cheio de vigor e alegria – um irmão que aparece na sua vida sem que você escolha, um parceiro para o que der e vier –, ali, naquele estado de total fragilidade. Minha vontade era de ficar no lugar dele ou arrancar aqueles tubos e levá-lo para casa, qualquer coisa assim. Tive que me conter. De olhos fechados, parecia em sono profundo, um semblante que não transmitia nenhum estado emocional, desligado do mundo, algo que não combinava com o Herbert. Nesse momento, cheguei perto de um dos ouvidos dele e falei em voz baixa:

– Oi, Hebe… A porrada foi forte, mas a gente tá aqui do seu lado, vai ficar tudo bem, cara… Agora é ter paciência, muita paciência… Depois vou trazer uns CDs pra você ouvir, beleza?

Eu tinha esse sentimento forte – que percebi ser o mesmo de todos que sofreram com a notícia do acidente – de que ele estava ali se recompondo, em estado de hibernação, se reformatando. Eu tinha uma fé cega, uma certeza inexplicável de que ele voltaria à vida e a gente tocaria junto de novo. Foi o que me deu forças para encarar o baque. Um sentimento que ia além da fé. Nossa fé era Os Paralamas, o Herbert voltar para os filhos. Parecia uma corrente com elos muito fortes, que não podia se romper. Era preciso força para segurar a barra pesadíssima pela qual estávamos passando.

Os parentes de Lucy vieram rápido da Inglaterra e Bi também chegou a tempo do sepultamento. Enquanto nos despedíamos dela, soubemos que Herbert tinha precisado passar por uma delicadíssima intervenção de urgência para conter o inchaço intracraniano. Quando retornamos ao hospital, os médicos disseram que o procedimento correu bem e não havia necessidade de novas intervenções, mas que ainda era preciso acompanhar o pós-operatório e ver se os muitos edemas diminuiriam.

Os dias se passavam arrastados, todo mundo abalado com os boletins sobre o delicado estado do Herbert no hospital, entre a vida e a morte, quando começaram a surgir versões sobre as causas do acidente, alimentando a curiosidade geral. Apareceram testemunhas de todos os lados, muitas diziam que o avião fazia acrobacias, em especial, o *looping*, um giro vertical de 360 graus. Esses relatos só serviam para alimentar o sensacionalismo de certa parte da imprensa, na tentativa de explicar o que todo mundo queria saber: o que causou aquele acidente tão grave, que resultou numa tragédia e com esse gigantesco apelo midiático. Houve muitos julgamentos rasos e imediatistas.

Dos muitos fatos que a maioria dos jornalistas e quem acompanhava as notícias sobre o acidente desconheciam, estavam a seriedade com que Herbert se dedicava ao hobby – cumprindo sempre com muito rigor as exigências de segurança – e as características do aparelho. Para nós, era uma afronta insinuações de que ele fora imprudente, fazendo acrobacias com um avião que simplesmente não permitia qualquer manobra dessa natureza. Era impossível um *looping* com esse tipo de aparelho. Só quem não conhecia o Herbert poderia questionar seu cuidado e zelo ao voar, ainda mais com sua esposa ao lado. O que estava claro, tanto para nós que conhecemos o Herbert e já havíamos voado com ele, como para quem testemunhou o choque do avião na água, era de que havia ocorrido algo inesperado.

Os dias se passavam e continuamos indo ao hospital. Levei um aparelho de CD, fones, alguns discos e pedi para que as enfermeiras ajudassem a tocar para ele aquela seleção musical com coisas de seu agrado: *Pet sounds*, dos Beach Boys, *Raça humana*, do Gil, *Truth*, do Jeff Beck. Quase uma semana depois da internação, uma junta médica fez um relato cuidadoso sobre seu quadro para os familiares ingleses que estavam indo embora e reportamos tudo para os muitos amigos e alguns jornalistas que se reuniam numa sala da recepção do hospital, reservada para atendê-los.

Depois de 16 dias na UTI, mostrando considerável melhora nos sinais vitais, Herbert foi transferido para uma unidade semi-intensiva, um gigantesco alívio. Redobrávamos a esperança de que iria se recuperar. Ele já respirava sem ajuda, em alguns momentos abria os olhos, mas passava a maior parte do tempo desacordado. Continuamos nos revezando com os parentes, em turnos de manhã, de tarde e de noite ao seu lado no quarto. No dia em que foi removido, ainda estava com uma máscara de oxigênio e uma cânula da traqueostomia (uma abertura no esôfago para facilitar a respiração).

Na tarde do dia seguinte, cheguei depois do almoço para substituir Seu Hermano no revezamento. Observava o entra e sai das enfermeiras para medicações e avaliações dos sinais vitais, de hora em hora. Num momento em que estava sozinho com ele, testemunhei Herbert balbuciar palavras, tentando formar frases. Parecia que estava despertando e tive a impressão de que a cânula atrapalhava a emissão da voz. Corri até a porta e chamei alguém para avisar que Herbert estava falando. Algumas enfermeiras vieram correndo e tiraram a cânula da garganta dele. Ele fez movimentos bruscos com os braços e o tórax, que quase arrancaram os tubos do soro e da sonda de alimentação, e continuava balbuciando palavras ininteligíveis. Liguei do celular para o Seu Hermano e dei a grande notícia:

– Seu filho está acordando!

Comemoramos com as vozes embargadas, enquanto as enfermeiras sorriam diante da melhora do Herbert. Lembro de uma delas falar:

– Mais um pouco e vou poder pedir meu autógrafo!

Os dias se passavam e seguimos acompanhando Herbert. Levei mais CDs e pedimos um violão, providenciado pelo Helder, na esperança de que em algum momento reconhecesse o instrumento. Ele demonstrava estar mesmo acordando e começou a falar uma linguagem desconexa, que se assemelhava a uma mistura de italiano com russo, embolado com espanhol. Apesar de ficar mais tempo desperto, com os olhos abertos, parecia estar em outra órbita. Os especialistas em recuperação e fisioterapia revezavam sua posição, colocando-o ora deitado, ora sentado, mais uma ótima demonstração de melhora do quadro.

Nessa fase, ele já não precisava mais da alimentação via sonda. Começou a comer normalmente, com a enfermeira, porque ainda não tinha o controle para fazer a refeição sozinho. Dali a pouco, passou a falar algumas palavras elementares e a responder perguntas com "sim" e "não". Nos fez até rir quando a enfermeira perguntou se a comida estava boa e ele disse um retumbante "não". Mas ainda não demonstrava emoção, nem tristeza, nem raiva. Estava apenas desperto. Aos poucos, nosso herói estava voltando...

80! A volta triunfal do Scretch da Boca

Numa dessas longas tardes, quem apareceu foi Mauricio Valladares. Ficou animado para vê-lo depois de receber do Herbert, pelo telefone, um "alô" e um "beleza!". Ao chegar, Mauricio foi reconhecido no ato por ele, uma grande emoção. Estávamos ali sentados ao redor do Herbert, conversando e lembrando de nossas tantas passagens engraçadas, quando Mauricio resolveu puxar a escalação do nosso hilariante Scretch da Boca – aquela seleção de nomes engraçados que surgiu numa tangueria em Buenos Aires. Mauricio se aproximou um pouco dele e perguntou:

– Herbert, e se eu mandasse aqui agora a escalação completa do Scretch da Boca? Então pega daí: Tia! Boca Chupada! Vermelhão, Tonto e Treme-Treme!

Foi então que, para nossa surpresa, Herbert correspondeu:

– Vinicius Pai, Peruquinha e Mister Magoo!

Era o meio-campo da escalação! Mauricio continuou com os atacantes:

– Fantoni, Bolinha e...

Mauricio propositalmente deixou Herbert dizer o último nome da escalação, que veio certeiro:

– Balão!

Difícil expressar o sentimento que aflorou enquanto a nossa "escalação" ainda era narrada. Uma alegria e um êxtase testemunhar Herbert falando aqueles nomes. Nos emocionamos, não sabíamos se ríamos ou se chorávamos, e ao fim nos abraçamos, como se fosse um gol, mesmo o Herbert ainda meio sem entender direito o que estava acontecendo. Liguei na hora para o Zé avisando que o Herbert tinha acabado de narrar a escalação da Boca.

– Ele tá voltando! – eu disse, entusiasmado

A permanência do Herbert na unidade semi-intensiva ainda teria algumas passagens muito tocantes. Uma delas foi a visita de seus filhos. Eu não estava nessa hora, mas me contaram sobre a reação dele ao vê-los. Outro momento emocionante foi quando, depois de tantas vezes incitando-o a pegar o violão, ele finalmente tocou alguma coisa: *Come as you are*, do Nirvana. Aquele riff nas cordas graves que abre a música foi a primeira coisa que soou de suas mãos. Além da forte carga emocional ao vê-lo conseguindo tocar, nos aliviamos em constatar que a fratura no punho esquerdo aparentemente não comprometera sua habilidade no instrumento. Nesses dias, houve outras amostras de que sua memória musical estava atuando: tocou músicas nossas, do Lulu Santos, da Legião e até do Lobão.

81!
Um novo começo

Os 45 dias de internação do Herbert pareceram meses e agora começava uma nova fase: ele recebeu alta e foi para casa. Continuamos firmes no revezamento com os enfermeiros que faziam os cuidados de manhã, de tarde e de noite. Havia um colchão no quarto dele, onde dormimos por muitos dias. Herbert saía da cama para uma cadeira de rodas com ajuda nossa e do enfermeiro e o levávamos para tomar sol pela manhã. Um pequeno elevador foi instalado para acesso da garagem à sala e ao andar do quarto.

Quem também participou dessa fase foi o Dado, que ligou um par de pequenos amplificadores perto do Herbert e pegou duas guitarras para que tocassem juntos. Num desses dias, quando chegamos para trocar de turno, Dado nos contou sobre um episódio engraçado: eles começaram a tocar aleatoriamente. Era a primeira vez que Herbert botava as mãos na guitarra. Dado, num gesto de cordialidade ao vê-lo tocando tão bem, depois de tudo o que passou, disse:

– Herbert, você está tocando melhor do que eu!

Ao que Herbert respondeu:

– Ué? Mas eu sempre toquei.

A demonstração de sagacidade do Herbert se explicava pelo fato de conhecer Dado desde moleque, muito antes de pensar em ser guitarrista. Dado sempre se referiu ao Herbert como um dos culpados por ele também ter se tornado guitarrista. Nada como rir de si mesmo, ainda mais depois de uma situação tão extremada como a que ele enfrentava. Era mais uma comprovação de que nosso herói continuava no seu caminho de recuperação.

82!
Superação da dor

De volta ao lar, Herbert estava com a memória afetada e ainda não reconhecia muito bem pessoas e lugares, problema que esperávamos que o tempo se encarregasse de solucionar. Aos poucos, criou-se uma nova rotina no seu entorno, que foi debelando as dificuldades e favorecendo a reconstrução necessária para aquela nova realidade, tanto para ele quanto para nós. Sua melhora era notável a cada dia. A memória musical parecia preservada quando pegava o violão. A "jukebox humana" - como eu costumava chamá-lo, por saber tocar qualquer música - continuava ali. Certamente sua melhora se devia em muito ao extremado amor, carinho e atenção de todos ao seu redor. Sem isso, nem o melhor remédio faria efeito.

Médicos e terapeutas nos incentivaram a motivá-lo a tocar sempre que possível. Uma das rotinas que estabelecemos foi a de levá-lo ao estúdio da sua casa. Fazíamos praticamente sessões de musicoterapia com ele, que nos surpreendia com sua incrível memória musical. Sabia tocar e cantar tudo, era simplesmente impressionante. Ele puxava as músicas e nós seguíamos, meio como sempre foi.

À medida que aumentamos a frequência de nossos encontros musicais, ele foi melhorando, surpreendentemente. Em certo momento, tentamos ver como reagiria ao escutar as músicas novas que havíamos gravado ali mesmo, em ensaios, meses antes do acidente. Algumas ele lembrou facilmente. Outras, foi preciso que a gente escutasse várias vezes até ele conseguir tocá-las. Era notável sua destreza.

Os terapeutas estavam espantados, parecia qualquer coisa perto de um milagre. Eles explicavam que as células neurais estavam se reconectando, abrindo novas linhas de transmissão, num processo chamado de plasticidade neural. A música fazia o papel de um remédio sem similar na recuperação do Herbert. E de todos ao redor também.

83!
Turnê com a rainha do rock

A vida seguia seu curso, enquanto Herbert se recuperava. Fui chamado por amigos – Branco Mello, Frejat, Zizi Possi – para gravar algumas músicas. Incrementamos a agenda de shows do The Silva's, mas um dos convites teve peso maior do que os demais: gravar o novo álbum de Rita Lee e Roberto de Carvalho, dedicado aos Beatles. Mais uma vez, fiquei muito feliz. Cheguei em São Paulo direto para o estúdio e, rapidamente, gravamos algumas faixas. Como era prazeroso estar outra vez com aqueles ícones da nossa música. E ainda com o grande baixista Lee Marcucci, outra lenda do rock.

Após a gravação, Rita e Roberto me convidaram para participar da turnê que iniciariam em breve. Falei com o Zé e recebi o ok. Os ensaios foram em São Paulo e até achei bom poder voltar um pouco às viagens daqui pra lá, deu uma sensação de retomada. Assim viviam também meus amigos: Zé acertou um período trabalhando com Zeca Pagodinho, grande sambista, um cara muito alto-astral. Bi formou uma banda de reggae batizada de Reggae B, com a nobre presença de João Fera, nosso trombonista Bidu Cordeiro, o ex-Planet Hemp Black Allien e novos talentos da cena musical carioca. Nos ocupamos dessa forma, sem pressa, enquanto Herbert se recuperava.

A banda que Rita e Roberto formaram para a turnê do álbum intitulado *Aqui, lá, em qualquer lugar* era só de medalhões: no baixo, Dadi Carvalho, ex-Cor do Som, o eterno leãozinho da canção do Caetano. Na percussão, Ary Dias, também ex-Cor do Som. Nas teclas, William Magalhães, um virtuoso tecladista filho de uma lenda da música: Oberdan Magalhães, multi-instrumentista, arranjador e fundador da Banda Black Rio. Não demorou para que o repertório fosse consolidado e caíssemos na estrada, lançando o álbum no Rio e em São Paulo, nos melhores palcos possíveis.

Para a turnê, pedi um kit especial aos meus patrocinadores, uma linda Tama de purpurina verde só com três peças: bumbo, tom-tom e surdo – mas o bumbo era de 24 polegadas. Usei um set com apenas três pratos, praticamente um "kit Beatle". Além do mais, eu não podia ir ao casamento e aparecer mais que a noiva. Mesmo com uma bateria bem enxuta, ainda foi necessário usar um rebatedor acústico de acrílico ao redor do kit, a última moda que os técnicos de áudio inventaram, para limpar o som, evitando que o alto volume de tambores e pratos vazasse nos microfones. Eu não achei ruim, não havia diferença sonora para mim. Visualmente era engraçado, me sentia como um peixe num enorme aquário.

O repertório do show era um primor: clássicos dos Beatles em versões repaginadas, entre eles, *In my life* e *With a little help from my friends* vestidas de bossa nova, *A hard day's night* com uma batida samba funk, além das pérolas *Ovelha negra*, *Doce vampiro*, *Ando meio desligado*, *Lança perfume* etc., etc. Rita e Roberto fizeram questão de homenagear Os Paralamas tocando *Óculos*, música que eles adoravam, numa versão superlegal, em forma de rockabilly, um dos grandes momentos nas apresentações.

A vivência com meus nobres amigos de banda foi a melhor possível. Passávamos muito tempo juntos em deslocamentos numa van azul com um motorista hilário, cujo apelido era Smurf, talvez porque sua van fosse azul – nunca explicaram a razão. Quando estávamos todos num ônibus, Rita adorava ouvir as histórias hilárias de Dadi e Ary, especialmente uma musiquinha pornográfica sobre o "sapo-cururu".

Tocar com esses caras era uma escola. Dadi, sempre elegante, não jogava uma nota fora. Ary, dono de uma das maiores qualidades de um percussionista e de um músico: não fazer nada além do necessário para a canção. William demonstrava um conhecimento musical, uma habilidade nos floreios, melodias, parecia uma espécie de Amadeus pop. Numa de nossas noites pós-show, voltando ao hotel, ele se sentou ao piano do bar e começou a tocar. As pessoas pararam de conversar para ouvi-lo e depois aplaudir. Certa vez, ele me disse que agradecia ao seu falecido pai, Oberdan, que sempre lhe dizia: "Filho, se quiser ser alguém na vida, aprenda a tocar piano. Você vai ser bem-recebido em qualquer lugar".

Roberto de Carvalho é um cara reservado e talvez por isso nunca tenha recebido devidamente o crédito pelo seu trabalho brilhante, inspirado e dedicado na parceria com Rita. Ele foi responsável pela arquitetura do gigantesco sucesso das músicas que ela cantava. Claro que Rita sempre dava seu aval final, mas Roberto era quem desenrolava o tapete vermelho para a rainha do rock desfilar. Foram meses aprendendo alguma coisa e, mais que tudo, me divertindo com essa trupe de primeira linha.

Tocar na banda de Rita e Roberto foi a mais importante experiência de convívio musical e profissional que tive fora dos Paralamas. Também ajudou a me reconstruir enquanto Herbert se recuperava

Rodamos o Brasil com o show que Rita e Roberto criaram usando músicas dos Beatles com tempero brasileiro, além de clássicos dos Mutantes e sucessos da carreira solo da rainha do rock nacional

Consegui conciliar as viagens na turnê de Rita Lee com nossa retomada de ensaios na casa do Herbert. Aos poucos, estávamos configurando músicas gravadas no período pré-acidente. Num certo momento, resolvemos promover um primeiro ensaio com a banda completa – sopros, teclados e percussão – para tocar outras músicas e ver se estaríamos em condições de fazer uma apresentação completa. Nesse dia, com Zé presente, tocamos um set list muito perto do que seria um show. Herbert estava animado e muito afiado. De tarde, foi emocionante ver as crianças chegando da escola com a mãe do Herbert para assistir ao fim do ensaio. Estavam animadas e felizes em vê-lo atuante, dono do que fazia. Quando terminaram os trabalhos, Zé – que, sempre muito contido, raramente deixava transparecer a emoção – declarou com os olhos marejados:

– Estamos de volta!

84!
Herbert irrefreável

A incrível força do Herbert impressionava todo mundo. Nós, que estávamos tão perto o tempo todo, víamos claramente o papel de antídoto que a música provocava ao que havia acontecido. Quase um ano depois da tragédia, entramos num estúdio de gravação convidados para um álbum do Gilberto Gil de tributo a Bob Marley. Mais emoção pela frente: além do reencontro com nosso grande mestre, era um primeiro ato no retorno de Herbert.

O segundo ato aconteceu no dia 31 de julho de 2002, numa apresentação do Reggae B na casa de shows Ballroom, no Humaitá. Combinamos que Herbert subiria de surpresa no fim do set da banda. Alguns amigos muito próximos foram avisados: Dado Villa-Lobos, George Israel e Nando Reis compareceram para a efeméride. O lugar quase veio abaixo com a entrada do Herbert no palco, a emoção tomou conta de todos. Lá estava ele, a "jukebox humana", mandando ver sucessos do UB40. E ainda tocou *O calibre*, música inédita que iríamos gravar no novo álbum. Controlando nossa empolgação, encerramos a canja com *Meu erro*, para depois nos reunirmos no camarim chorando e rindo de emoção com um monte de amigos. Estávamos voltando...

Outra prévia da volta do Herbert aos palcos, ainda sem Os Paralamas, aconteceu dias depois, quando ele foi convidado para o show do Fito Paez, no Canecão. Fito o chamou e o apresentou como "uma força da natureza". Cantaram juntos *Trac trac*, música do argentino que transformamos num hit nas rádios brasileiras. O público foi tomado de emoção e, no dia seguinte, virou notícia em todo o país.

Nosso grande apoiador no início da jornada, Lulu Santos, nos convidou para tocar em seu novo disco. Ele nos apresentou uma base, um tema instrumental com um groove delicioso. Depois de ouvir, eu e Bi acertamos o baixo e a bateria, asfaltando a estrada para que as guitarras de Lulu e Herbert brilhassem. A música foi batizada de *4 do 5*, em referência ao dia do aniversário dos dois.

Aos poucos retomávamos a normalidade. A sensação de recomeço era um bálsamo diante das nossas tantas dúvidas e incertezas sobre o que estaria por vir. Ver o Herbert bem, tocando feliz e empenhado, causava enorme emoção. Nós o vimos entre a vida e a morte e ele estava ali vivo, muito vivo!, como dizia Alceu Valença na sua canção de mesmo nome. O tal novo século chegou balançando nossas estruturas, causando transformações profundas, mas era um anúncio das grandes mudanças pelas quais todos nós passaríamos. Novos desafios, novas metas, o que pode ser mais edificante que um novo começo? Parece até o título de mais um capítulo da saga *Star Wars* que o Herbert tanto aprecia: "Os Paralamas do Sucesso, um novo começo". Não poderia ser mais apropriado.

A primeira vez que Herbert voltou a um estúdio após o acidente foi quando Gilberto Gil nos convidou para gravar em seu álbum-tributo a Bob Marley, no começo de 2002. A emoção foi gigante. Em breve, seria a vez de um novo trabalho dos Paralamas

Agradecimentos

Muito do que está escrito aqui fazia parte de um dito "rascunho do inferno", que resolvi tomar coragem e enviar para Candice Soldatelli, depois que nos conhecemos através do Twitter e soube que ela havia traduzido os livros do Neil Peart lançados no Brasil. Foi Candice quem me incentivou a arrumar a bagunça e seguir em frente contando esta história. Daí, foi uma questão de tempo, até que conheci o Gustavo Guertler, que também acreditou que "aquilo daria nisso". Conversei com Renata Sturm, que me ajudou a pôr lenha nessa fogueira. Pedi a opinião do Luiz Felipe Carneiro, que deu uma olhada no tal rascunho e me falou para também seguir adiante.

Acabou que nessas encruzilhadas conheci Luiz André Alzer e Bruno Thys, por indicação do Arthur Dapieve, para conversar sobre a publicação do "rascunho do inferno", este mesmo agora em suas mãos. Um agradecimento subliminar vai para meus queridos Dado e Fernanda Villa-Lobos, que certa feita me deram de presente um livro do Paul Auster, que muito me inspirou a escrever. Outra inspiração veio da autobiografia do Bob Dylan, que, com sua narrativa coloquial, chega até a nos fazer acreditar que ele é um cara normal. Aqui fica o meu mais sincero muito obrigado pelo incentivo e inspiração que essas pessoas me deram.

Os inevitáveis e imprescindíveis agradecimentos à família: minha esposa, Janete, meus filhos Clara, Laura e Vicente, meu neto Luca, a sempre presente lembrança de meus pais, João e Elisa, meus irmãos João Henrique, João Guilherme e Maria Elisa, e meus sobrinhos; aos meus outros pais Paralamas: Jorge Ribeiro e Luciana Nóbrega (pais do Bi), Seu Hermano e Dona Tereza (pais do Herbert) e seus filhos e irmãos. Aos muitos amigos de longa data, especialmente os da Rural, e aos novos amigos que, mesmo não citados aqui, ainda assim fazem parte desta história. A toda equipe dos Paralamas, em especial, ao João Fera, que ajudou muito na conclusão desses escritos ao fornecer os seus dados caprichosamente anotados dos tantos shows já realizados, com as precisas datas e locais, o que me reavivou lembranças de nomes, lugares e ocasiões. Ao Carlos Savalla, certeiro em me confirmar ou esclarecer algumas histórias de shows e gravações. Ao Mauricio Valladares, o detentor da maior parte da nossa memória fotográfica, técnico do imortal Scretch da Boca. Ao meu cachorro Zion, que em nossos passeios em manhãs ensolaradas e tardes chuvosas durante a pandemia me ajudou a revisitar muitas passagens aqui incluídas.

Lembrando que "esta história não se estanca por aqui", como bem diziam nossos queridos amigos da dupla Tangos e Tragédias.

Créditos das fotos

Este livro ganhou mais sentido com o acréscimo das fotos que pontuam a narrativa. Existia um vácuo na minha história pré-Paralamas, onde fizemos um esforço para aproveitar o pouco material existente do meu acervo familiar. Por sorte, minha irmã Maria Elisa havia guardado muitas fotos em papel extraviadas na casa de nossos pais, que eu pensava estarem perdidas para sempre. Foi emocionante revê-las. Dessa fase também agradeço ao velho amigo Gonzalo Moya, que me mandou a única foto que sobrou de quando tocávamos juntos na casa do Lula, na Rural.

Mauricio Valladares, sempre ele, detentor da memória visual dos Paralamas, foi certeiro ao apresentar uma foto que virou a capa do livro no primeiro instante em que batemos os olhos nela. Valeu, Áquila!

Foi um golpe de sorte achar imagens do início dos Paralamas, como as inéditas fotos da Maria da Piedade Morais, que registrou nosso show incomum no reduto punk da Zona Norte carioca, ainda no fim de 1982. As fotos estavam embaralhadas no meio do acervo do Circo Voador e me foram gentilmente encaminhadas por Amanda Braga, que passou o contato da Maria. O punk não morreu!

Durante meu curto porém intensamente feliz tempo tocando com Rita Lee e Roberto de Carvalho, me lembro que tirava fotos numa câmera digital com memória em disquete! Essas imagens se perderam nas tantas mudanças de mídias dos computadores. Para minha sorte, Patrícia Albuquerque - que trabalhava com Rita na época - me enviou algumas ótimas lembranças daquela turnê. Quem me ajudou a reencontrá-la foi o jornalista Beto Feitosa, especialista na obra de Rita Lee.

Agradeço também a outros fotógrafos que registraram momentos fundamentais da trajetória dos Paralamas, que tornaram este livro mais completo. São eles Marcelo Jesuíno, presente nos camarins do Canecão no lançamento da turnê de *Bora Bora*; Marcelo Benzaquen, que registrou as gravações do álbum *Big Bang*; Cristina Granato, com seu olhar sempre atento durante as gravações do clipe de *Aonde quer que eu vá*; e Priscila Casaes Franco, que registrou a volta de Herbet aos estúdios depois do acidente, numa gravação ao lado de Gilberto Gil.

Caso alguma foto deste livro não tenha sido devidamente creditada, basta que os autores entrem em contato com os editores para que a inclusão seja feita nas próximas edições.

Este livro utilizou as fontes Glosa e Clarendon. A primeira edição foi impressa em julho de 2024 na Gráfica Rotaplan, 42 anos depois que João Barone entrou para Os Paralamas do Sucesso num show no bar Shopstake, em Seropédica, na Zona Oeste do Rio.